Miguel Herz-Kestranek

Die Frau von Pollak
oder Wie mein Vater jüdische Witze erzählte

ibera

Meinen Ahnen – getauft und ungetauft

Miguel Herz-Kestranek

Die Frau von Pollak

oder

Wie mein Vater
jüdische Witze erzählte

ibera verlag, wien

2. Auflage 2012
1. Auflage

Miguel Herz-Kestranek:
**Die Frau von Pollak
oder Wie mein Vater jüdische Witze
erzählte**
ISBN 978-3-85052-300-4

Cover: Miguel Herz-Kestranek
Druck: Druckerei Theiss, 9431 St. Stefan

www.ibera.at

Inhalt

Wie mein Vater jüdische Witze erzählte

Der jüdische Witz ist kein Witz. Witze haben Pointen, der jüdische Witz hat Humor; mit allem, was dazu gehört – vor allem aber Lebensklugheit und Weisheit.

„Jüdische Weisheiten sind keine Witze, aber jüdische Witze sind immer weise, und wenn jüdische Witze nicht weise sind, sind sie keine jüdischen Witze, sondern nur Witze." So sagte es jedenfalls mein Vater, und was ich von ihm gelernt habe, ist, jüdische Witze ernst zu nehmen.

Mein Vater nämlich war ein begnadeter Witzeerzähler. Am trefflichsten erzählte er jüdische Witze, am besten die episch breiten jüdischen Geschichten und Anekdoten, an deren Ende oft keine Pointe im üblichen Sinn steht; was wiederum kein lautes kurzes Auflachen erzeugt, sondern mehr ein anhaltendes Lächeln, weil man gerade einen kleinen Widerschein von Jahrtausenden Judentum erlebt hat. Bis weit in mein Heranwachsen erfuhr ich mein Wissen über Juden fast nur aus den Anekdoten, kleinen Geschichten und Witzen meines Vaters.

Dazu lautet eine alte Frage: Wie lachen verschiedene Menschen über einen Witz?

Ein Bauer lacht drei Mal, wenn man ihm einen Witz erzählt: Das erste Mal, wenn man ihm den Witz erzählt, das zweite Mal, wenn man ihm den Witz erklärt, und das dritte Mal, wenn er den Witz versteht.

Ein Professor lacht zwei Mal: Das erste Mal, wenn man ihm den Witz erklärt, das zweite Mal, wenn man ihm den Witz erzählt – aber verstanden hat er ihn bis heute nicht.

Ein Offizier lacht nur ein Mal: Wenn man ihm den Witz erzählt; denn erklären lässt er ihn sich auf keinen Fall und verstehen wird er ihn auch nicht.

Erzählt man aber einem Juden einen Witz, so unterbricht er dich: „Hör auf – der hat s o an Bart!", und jetzt erzählt er dir den gleichen Witz besser und gleich darauf erzählt er dir zwei lustigere.

So lange ich mich zurückerinnern kann, besaßen wir zu Hause kein Radio, keinen Plattenspieler und schon gar keinen Fernsehapparat, es existierte also kein „künstliches“ Unterhaltungsmittel. Es war dies nicht Sparsamkeit, sondern sich einzufinden, beisammen zu sitzen und miteinander zu reden, war die Art der Unterhaltung, wie ich sie meine ganze Jugend hindurch zu Hause erfuhr. Zu zweit, mit anderen Familienmitgliedern, mit Freunden und Verwandten, mit den zahllosen Gästen und Besuchern, die sich bei uns einfanden – mit allen wurde geplaudert, diskutiert oder gestritten, Erinnerungen ausgetauscht, Probleme gewälzt, gescherzt und geblödelt und dabei auch Wahres und Erfahrenes, Geschichten, Anekdoten und Witze erzählt. Das hatte zur Folge, dass ich mit den verschiedensten Menschen aus der ganzen Welt nicht nur in Kontakt kam, sondern dabei, wie mir heute vorkommt, Jahre des Zuhörens verbrachte und mir auf diese Weise von frühester Kindheit an und lange vor dem ersten Schulbesuch schon eine Quelle des Lernens zur Verfügung stand, die mit dem Tod meines Vaters langsam versiegte. Ich habe mir später andere erschlossen, aber die alte Quelle ist es, die mich zu diesem Buch geführt hat, habe ich doch unendlich viel Erzähltes aus vergangenen Zeiten gehört, das ich erst viel später zuordnen konnte, darunter auch die jüdischen Lieblingswitze meines Vaters. Und wenn ich mir im Folgenden dazu einige autobiografische Einfügungen erlaube, dann sind es nur Ergänzungen zu jenen, die von mir in anderen Büchern schon ausgiebig erwähnt wurden.

Mein Vater war ein Witzeerzähler der alten Schule. Ob es um die von ihm hoch geschätzten langen jüdischen Geschichten ging, um jüdische Anekdoten, oder einfach um einen jüdischen Witz, alles war von ihm zuerst allein und ohne Publikum genau geprobt worden. Dramaturgie, Satzstellung und Wortwahl, die Pausen, das Timing und vor allem der Schluss, je nachdem Weisheit oder Pointe, oder beides, wurden anfangs ins Unreine gesetzt, dann vor weniger wichtigem Publikum, „Off-Broadway“ sozusagen, ausprobiert, und je nachdem wie es ankam, immer neu formuliert, so lange, bis es „saß“ und ihm „gehörte“. Erst dann war Premiere und es folgten die immer ausgefeilteren Wiederholungsvorstellungen. Und es waren auch wirklich immer kleine Solostücke mit verteilten Rollen, die mein Vater alle übernahm. Der Fundus, der ihm zur Verfügung stand, war riesig, das meiste hatte er schon von seinem Vater erfahren, aber auch mit den Geschichten, die im Laufe seines Lebens dazugekommen waren, verfuhr er auf diese Weise.

Manchmal begann er: „Dieses hat gepflegt zu erzählen mein Vater selig, wenn die Rede ist gekommen auf dies oder das und auf den oder jenen … und er wieder hat es erzählt bekommen von seinem Vater selig …“ Natürlich war das nicht seine Sprechweise, aber er gebrauchte diese Einleitung so, wie unsere Großmütter früher eine Einschlafgeschichte begannen. Und mir ist bis heute kaum mehr jemand begegnet, bei dem ich seine Art, Witze zu erzählen, wiedergefunden habe. Und ich weiß, dass dies auch nicht mehr geschehen wird.

Wozu mein Vater auch allzeit und zu jeder Gelegenheit bereit war, das war Ironie, der aber stets eine kleine, gelächelte Resignation innewohnte. Oft verwendete er seine Bemerkungen fast offensiv, und es mag sein, dass er auf diese Weise unbewusst die Trauer über den Verlust eines geistigen Umfeldes überspielte, dem er sich zugehörig fühlte. Mit Sprüchen wie: „Nebbich eine Mezzie, wie wir Ostgoten sagen“, oder: „Das hat schon mein isländischer Onkel Einstein in seiner Relativitätstheorie nachgewiesen …“ liebte er es, Humorlose wie Nichtwissende zu verwirren. Ich habe diese Ironie von ihm übernommen – leider –, bietet sich doch kaum noch Gelegenheit zur lustvollen Anwendung und noch weniger die Chance, verstanden zu werden, und ich bin überzeugt, dass die „Schulung“ dazu durch den jüdischen Witz erfolgt ist.

„Was, Albert Einstein war wirklich Ihr Onkel? Aber, sagen Sie, war der denn Isländer? Das wusste ich gar nicht!“ Solche Antworten waren schon möglich. Natürlich gab es welche, die spontan antworteten: „Angeber! Dein Onkel Albert war nie im Leben Isländer – maximal Schwede!“ Aber die sterben aus und ich kenne auch nur noch höchstens eine Handvoll.

Ich schätze zum Beispiel das „Reporter foppen“, wie ich es nenne; vor allem wenn ich aus beruflichen Gründen zu Interviews mit meist dümmlichen Boulevardjournalisten gezwungen bin und mich ihren nachträglichen Verdrehungen in ihren Klatschblättern ausgeliefert sehe, die auf triviale Oberflächlichkeiten abzielen und nie auf Inhalte. Als ich einmal, so als wäre es mir unbeabsichtigt passiert, fallen ließ: „… ich, als unehelicher Sohn des

Kaisers Franz Joseph – aber, um Gottes willen, bitte schreiben Sie das nicht –!“, ließ die Reaktion der kleinen Schreiberin keineswegs darauf schließen, dass ihr schon auf Grund der zeitlichen Unmöglichkeit die Ironie sofort klar war. Vielmehr verriet mir ihr Dummchenblick deutlich, dass es ihr durch den Kopf schoss: „Der möchte sich jetzt als Adelspromi wichtig machen! Aber das stimmt nie, dass der ein Sohn vom Kaiser Franz Joseph ist – so was wüsste man doch!“

Gut macht sich auch, wenn in einem Interview von Lieblingsmusik die Rede ist und man dabei auf klassische Musik zu sprechen kommt, mit tiefernstem Gesicht zu konstatieren: „Also ich halte Mozart ja für maßlos überschätzt. Und Beethoven – ach, ein Töner! Und hören Sie mir mit Bach auf – auch immer nur dasselbe …!“ Wenn man Glück hat, erhält man bei jedem Satz ein zustimmendes Nicken zum Geschenk und im Hochglanzblättchen steht man dann als Musikkenner.

Der bekannte Dialog: „Warum müssen Juden eigentlich auf eine Frage immer mit einer Gegenfrage antworten?“ – „Warum sollen sie auf eine Frage nicht mit einer Gegenfrage antworten?“ ist mehr als ein Witz, beweist er doch die den Juden nachgesagte Meisterschaft in Dialektik, dieser jüdischen Form des Denkens, eines gegenteiligen, eines Entgegendenkens. In der weniger bekannten Variante lautet die Antwort: „Ach, tun sie das?“

Im dazugehörigen Lieblingswitz meines Vaters herrscht der Feldwebel den kleinen jüdischen Gefreiten auf dem Kasernenhof an: „Gefreiter, warum soll der einfache Soldat seine Vorgesetzten immer grüßen?!“ – „Recht ham’ Se, Herr General, warum soll er!“

Auch die Anwendung dieser Dialektik bereitet beim Reporter-Foppen immer wieder Freude. „Sagen Sie, was unsere Leser und die Zuseher schon immer interessiert hat: Warum soll ein Schauspieler eigentlich … dies, oder jenes …?“ – „Recht haben Sie, warum soll er …!“ Herrlich vergnügliche Ratlosigkeit beim Gegenüber!

Da lob’ ich mir jene, die mit offenem Visier lügen, die fallen einem nicht in den Rücken und machen aus ihrer Sensationsgier kein Hehl; wie jener, der nach Hause kommt und schon in der Tür seiner Frau zuruft: „Mia, du kannst dir den neuen Pelzmantel bestellen – ich weiß etwas auf wen!!“

Was mein Vater immer beklagte, war, dass es immer weniger neue jüdische Geschichten und Witze zu geben schien, und erst viel später erkannte ich dies als den traurigen Beweis dafür, wie viel während der Zeitenwende, die Zweiter Weltkrieg und Holocaust bedeutet hatten, unwiederbringlich verloren gegangen war.

Zu seiner Erinnerung an jüdische Witze hatte er in kleine Notizheftchen in winziger „Futzelschrift" Stichworte notiert, die auf den ersten Blick wie unleserliche fremde Zeichen anmuten und bis heute kaum entzifferbar sind. Einige dieser Heftchen habe ich noch, und mit Lupe und einer Portion Phantasie kehren bruchstückhaft die oft gehörten Geschichten und Anekdoten, Weisheiten und Witze ins Gedächtnis zurück, denen jene Erzählform wiederzugeben, wie sie mein Vater gebraucht hat, ich im Folgenden versucht habe. Und mit ihnen tauchen Erinnerungen auf an Menschen und Situationen, an Gefühle und Merkwürdigkeiten, die damit verbunden sind.

Über den jüdischen Witz ist alles geschrieben, alles gesagt worden, er ist analysiert bis in die letzten Winkel seines jahrtausendealten Wesens und seines über Jahrtausende gewachsenen „Wissens um".

Was hat man nicht alles über den jüdischen Witz festgestellt. Zum Beispiel,

- dass er in ältester Tradition steht, soll doch schon in der Bibel die erste Reaktion des neunundneunzigjährigen Abraham auf die Prophezeiung, er werde mit der neunzigjährigen Sarah einen Sohn zeugen, ein so heftiges Auflachen gewesen sein, dass er darüber auf sein Gesicht fiel;
- dass der jüdische Witz oft tragikomische Selbstironie und Selbstverspottung zum Inhalt hat – wenn sich schon jemand über einen lustig machen will, dann doch am besten man selbst;
- dass jüdische Pointen scharfsinnig sind und frech, meist unerwartet aufblitzend Gewitztheit und Schlauheit beweisend;
- dass jüdische Witze meist bewusst übertreiben und dass Lebenssituationen und menschliche Schwächen oft ad absurdum geführt werden, was sich wiederum aus der Liebe der Juden zum Paradoxen erklärt;

- dass er Psychohygiene und Psychotherapie in einem ist, und das lange vor der Entdeckung der Psychoanalyse, deren Entdecker und Verfasser von *Der Witz und seine Beziehung zum Unterbewussten,* Sigmund Freud, wohl nicht zufällig Jude gewesen ist;
- dass absurder Tiefsinn, unbarmherzige Selbstverspottung und Verspottung der Gruppe neben bitterem Selbstmitleid stehen und den jüdischen Witz auch dadurch so unvergleichlich machen;
- dass seine Pointen gleichermaßen vulgär und geistreich sein können, aber nie derb;
- dass der jüdische Witz oft trockene Skepsis und die Erkenntnis über den himmelweiten Unterschied zwischen Traum und Wirklichkeit, zwischen unverrückbarem göttlichem Gesetz und der Schwäche des Menschen und alles Irdischen widerspiegelt; auch das Erfahren der Diskrepanz zwischen dem Anspruch, auserwähltes Volk zu sein, und der Realität von Diaspora, Verfolgung und Vernichtung, zwischen angeblichen Logiken und deren Relativierung durch die Kraft des Geistes und der Intelligenz, zwischen dem Wissen um den Tod und dessen immer neuer Überwindung im Leben; dabei immer bewaffnet mit dem Wort als bewährtester Waffe und als Trostspender und im Dialog mit einem Gott, mit dem sich vielleicht zur Not doch ein wenig handeln lässt;
- dass Dialektik mit all ihren Tricks und Finessen im jüdischen Witz genauso Verwendung findet wie die Rückbesinnung auf die heiligen Bücher;
- dass der Bogen von genüsslich ausgebreiteten, mit allen Arabesken feinsinniger Erzählkunst versehenen Geschichten und Anekdoten bis zu Kürzestwitzen in knappem Ton und mit treffsicherer Formulierungskunst reicht;
- dass ein guter jüdischer Witz ein Entwicklungsroman in wenigen Zeilen sein und in einem Ausspruch eine über Situationskomik weit hinaus gehende philosophische Abhandlung liegen kann;
- dass nicht zuletzt das Jahrtausende währende Ausgeliefertsein der Willkür meist totalitärer Beherrscher den Witz mit seiner Themenvielfalt, seinem Scharfsinn und seiner Treffsicherheit

als vielleicht letzte, jedenfalls aber wirksame Waffe hervorgebracht hat, weil Lächerlichmachen der Peiniger und das Lächeln über die Pein das Leid vergleichsweise erträglicher machen;

- dass, wie die Juden selbst, auch der jüdische Witz über die Welt verstreut ist und sich den Ländern der Diaspora jeweils angepasst hat;
- dass auf diese Weise zu den unzähligen historischen Klassikern, wie zu den kaum bekannten, etwa auch der israelische Witz hinzugekommen ist, der die Lebensumstände im ersehnten und endlich aufgebauten eigenen Land zum Inhalt hat – Ephraim Kishon war der Bannerträger dieses Humors, so wie es neben anderen Woody Allen für einen gleichfalls neueren intellektuellen jüdisch-amerikanischen Humor ist;
- dass trotz, oder gerade wegen der Assimilation nicht selten die eigene wie die neue Religion thematisiert werden;
- dass jüdischer Humor vor allem jüdischem Denken und Empfinden entspringt und weniger den Zufälligkeiten der Sprache, doppeldeutigen Redensarten und Wörtern, auch wenn vornehmlich Juden es sind, die diese Fertigkeit zur Meisterschaft bringen;
- dass der jüdische Witz auf diese Weise auch durchaus antisemitische Ansätze ebenso zum Inhalt hat wie die oft gefinkelten Auslegungen der Schriften durch Gelehrte und Weise, durch Rabbis oder Wunderrabbis;
- dass im jüdischen Witz aber immer das liebevolle Bemühen zu erkennen ist, die Menschenseele im Allgemeinen in ihrer Gesamtheit und Unergründlichkeit zu erkennen, zu benennen, aber auch zu entschuldigen und sich mit ihr zu versöhnen;
- vor allem aber, dass der jüdische Witz kein Tabu kennt;
- dass – ja, und hier ließe sich die Aufzählung endlos fortführen …

Und doch hat der jüdische Witz ein Geheimnis bewahrt, das ihn unverwechselbar macht vor allen anderen Arten des Lachenmachens, oder besser gesagt, ganz hat er dieses Geheimnis nie preisgegeben. Am nächsten kommt ihm vielleicht das zeitlose Geheimnis des Clowns. Hinter der Pointe, und weit über diese hinaus, ruht lächelnd immer noch etwas nicht endgültig Benennbares, das Überleben Sicherndes, lange vor der Erfindung der Psychoanalyse in tiefe seelische und geistige Bereiche vorstoßend und dort wirkend.

Wie versöhnt etwa wird man mit Religion, mit Gott und den irdischen Hütern seiner Gesetze, wenn man in die vielen jüdischen Witze eintaucht, die darüber existieren. Bibliotheken werden ersetzt durch die plötzlich aufleuchtende Erkenntnis, die ein jüdischer Witz über Glauben oder Lieben bringen kann, und auch die Aufzählung dieser „Mehrwerte“ ließe sich um einige fortsetzen.

Und so lässt sich auch der Seufzer: „Die Katholiken haben es fein, die können zur Beichte gehen, beten dann ihr Ave Maria und den Rosenkranz, bekommen Absolution und Kommunion, und alles ist wieder gut. – Was haben die Juden? Nur die Psychotherapie“ durchaus ergänzen mit: „– und den jüdischen Witz!“

In dessen Genuss allerdings auch die Nichtjuden gelangen.

Der jüdische Witz, der gute, der echte, jener nämlich, der anders als mit jüdischen Attributen, seien es wahre oder unterschobene, nicht „funktionieren“ würde, ist meist auch schärfer und zugleich wehmütiger als andere Witze, versehen mit einer Melancholie eigener Prägung, mit dieser dem Leben aber auch ein Schnippchen schlagend und deswegen philosophischer und weiser als andere Witze, dabei aber absichtslos, kaum sarkastisch, nie zynisch und nie verletzend.

Zum Witz verhält sich der jüdische Witz, zu Humor der jüdische Humor – im ungenügenden, aber zumindest versuchten Vergleich – wie das ausgestorbene Kabarett zur heutigen Comedy. Und nicht umsonst gehörten jüdische Witze und Weisheiten, die Mechanik des jüdischen Witzes immer zum unverzichtbaren Handwerkszeug der besten Kabarettisten.

In Abwandlung des Diktums des großen Karl Kraus, Österreicher und Deutsche würden sich durch die gemeinsame Sprache unterscheiden, könnte man auch postulieren, Witz unterscheidet sich vom jüdischen Witz durch die gemeinsame Pointe. Mit lächelnder Wehmut auf die Spitze getrieben könnte die Formulierung lauten, Kennzeichen eines guten jüdischen Witzes ist, dass er heute nicht mehr verstanden wird.

So wie Friedrich Torberg ein wenig selbstverliebt und eitel, wie er nun einmal war, sich selbst den letzten jüdischen Dichter nannte und damit sagen wollte, dass er eine gewisse Art zu schreiben, die Welt zu beschreiben, aber auch sie zu erlesen und zu verstehen, für ausgestorben hielt, so scheint auch mit gestorben zu sein, was zum Erzählen wie zum Verstehen jüdischer Witze unerlässlich scheint und was mit Tonfall oder Sprachmelodie nur ungenügend zu benennen ist.

Es ist eine Sprechvariante, die gesprochen und gehört gleichermaßen oft dort schon Verständnis gebiert, wo noch gar keine Pointe explodiert ist, ja wo oft noch nicht einmal die Erzählung begonnen hat. Ein Ton, der Noten erst zum Lied werden lässt.

Wer jemals diesen Tonfall – sei es original oder auf alten Tonträgern – noch gehört hat, wird mir beipflichten; die anderen wissen nicht, wovon ich rede. Ich meine Tonfall und Ausdrucksweise, wie sie allerdings nicht nur im jüdischen Witz selbstverständlich waren und im gleichen Maß von Juden selbst und ihren Sympathisanten angewandt wurden, sondern auch von Antisemiten, um damit den „Typus" Jude und das „typisch Jüdische" verächtlich darzustellen, bis dieser Missbrauch als gehässige, verunglimpfende Verhöhnung behaupteter Stereotypen zum tödlichen Ende führen sollte.

Diese Sprachmelodie, diese Satzstellung, dieser Akzent sind im weitesten Sinn mit „Jüdeln" zu benennen, das nicht zu verwechseln ist mit Jiddisch, der Sprache der sogenannten Ostjuden mit Elementen aus dem Hebräischen, dem Mittelhochdeutschen und anderen Sprechvarianten, die aber dort ihre Wurzeln haben.

Der Freude am Widerspruch wegen sei eine Anekdote kurz eingefügt, in welcher sich zwei Brüder, sogenannt assimiliert und im Geschäftsleben weit gekommen, darüber unterhalten, wie sehr sie als Kinder die jiddische Sprache ihrer Mutter geliebt haben.

„Weißt du", sagt der eine, „was mir unlängst eingefallen ist? Im Jiddischen gibt es kein entsprechendes Wort für ‚enttäuscht'." – „Das kann ich mir nicht vorstellen", sagt der Zweite. „Dann, weißt du was", schlägt der Erste vor, „wir rufen die Mutter an, die weiß es sicher!"

Sie rufen also ihre Mutter an und der eine sagt zu ihr:

„Mama, hör zu: Stell dir einmal vor, wir kommen dich nach langer Zeit wieder einmal besuchen. Du freust dich und hast tagelang für uns vorgekocht, wie früher. Und ein paar Stunden, bevor wir kommen sollen, rufen wir an und sagen beide aus irgendwelchen fadenscheinigen Gründen ab. Was würdst du da sagen?"

„Oj!", erwidert die Mutter, „würd ich weinen, oj – bin ich enttäuscht!"

Jüdeln nun – oder auch Jiddeln – ist, so könnte man notdürftig erläutern, ein deutscher Dialekt mit jiddischen Ausdrücken, ein eingedeutschtes Jiddisch, mit einer ihm eigenen Melodik und einem ihm eigenen Humor. Es mutet je nach Region deftiger oder subtiler, mal mehr, mal weniger gemischt mit jiddischen Wörtern, mit einer mal mehr mal weniger „schrägen" Satzstellung an wie jede andere Mundart auch, nur dass diese sich aus vielen Sprachen speist. Und dabei sind für den Kenner sofort jene feinen Unterschiede auszumachen, die das Jüdeln antisemitisch klingen lassen oder liebevoll, als vertraute Façon de parler sozusagen, die zusammen mit der passenden Stimmführung, einem charakteristischen Gestus einer jüdischen Geschichte erst jene Würze verleihen, die sie zum 3-Sterne-Menü erhebt und von Kantinenessen unterscheidet.

Das Jüdeln war nicht nur von jenen Assimilierten und Konvertiten zu hören, denen ihren ursprünglichen Akzent abzulegen oft zeitlebens nicht gelang. Fast könnte man es, so wie zum Beispiel das „Böhmakeln" oder den lebenslangen Akzent von Ungarn, als multinationales Verständigungsmittel innerhalb der Kronländer der k.u.k. Monarchie bezeichnen. So war es auch die Sprache der Budapester und Wiener Jargonbühnen, mit denen bis ins Jahr 1938 hervorragende Komiker gastierten, und es war zur Blütezeit der Wiener Unterhaltungsszene die Bühnensprache der meist jüdischen Wiener Kabarettisten, mit denen sie dem Publikum ihren unverwechselbaren Humor nahebrachten. Es war die Sprache eines Fritz Grünbaum, eines Heinrich Eisenbach und eines Armin Berg und vieler heute Vergessener, die zusammen mit ihrer Welt ausgelöscht wurden. Auch der – allerdings unvergessene – Karl Farkas gehörte dazu, diese „lebende Wiederverwertungsmaschine", wie ihn manche seiner Feinde neidvoll nannten, weil er erfolgreiche Pointen nicht nur jahrelang verwendete und sie je nach Bedarf aktualisierte, sondern weil nicht wenige von ihnen eigentlich aus jüdischen Witzen stammten.

Zum Thema Jüdeln verfasste der neben Karl Farkas bis heute ungekrönte Meister in der Wortkunst des Schüttelreimens, der Komponist und Pianist Franz Mittler – bis zu seiner Flucht vor den Nationalsozialisten in die USA unter anderem kongenialer Klavierbegleiter von Karl Kraus bei dessen legendären Nestroy- und Offenbach-Vortragsabenden – einen Schüttelreim, der seiner in nur zwei Zeilen zusammengefassten Prägnanz und Vielschichtigkeit wegen an dieser Stelle unbedingt zitiert gehört. Zum besseren Verstehen sei jedoch das Folgende vorausgeschickt: Das hauptsächlich von jüdischen Geschäftsleuten bevölkerte sogenannte Textilviertel, ein Teil des ersten Bezirkes der Wiener Innenstadt, ist vom zweiten Bezirk, in welchem bis 1938 die meisten Wiener Juden wohnten, nur durch den schmalen Donaukanal getrennt, an dessen damals „vornehmer" Seite auch heute noch der Franz-Josefs-Kai, seinerzeit nur „Kai" genannt, den ersten Bezirk mit dem Textilviertel abschließt. Der Ort Kammer wiederum ist ein bis heute gern frequentierter Fremdenverkehrsort am Ufer des Attersees, des größten Sees im Salzkammergut, jener Gegend, die zur Zeit der klassischen Sommerfrische zum bevorzugten Ziel jüdischer Ferien gehörte.

Der Schüttelreim lautet:

Was soll das Gejüdel in Kammer am See?
Sam'mer am Kai?

Dass der Verfasser sich nun nicht etwa der hochdeutschen Wendung „Sind wir am Kai" bediente, sondern dass die in ironischer Empörung gestellte Frage mit den Wörtern „Sam'mer" gejüdelt wird, das allein stellt schon fast eine Abhandlung über jüdische Geistes- und Kulturgeschichte dar.

Ein zweites, wenn auch um etliches plumperes Beispiel ist einer jener Witze, die nur gesprochen wirklich verständlich sind.

Frau Blau kommt in einen Parfümladen der Firma Farina: „Geben Sie mer a Flasche Kölnischwasser." Die Verkäuferin: „Farina?" Frau Kohn: „Nein, für mei Tochter."

So wird „Farina" von der Verkäuferin als Markenbezeichnung verstanden, von der jüdischen Käuferin jedoch als: „Für Ihn'a?" – gemeint: „Für Sie?"

Allerdings vertritt dieser Witz jene Gattung, die den Lieblingswitzen meines Vaters am wenigsten gerecht wird, beruhen doch die Pointen mehr auf unterschiedlichem Sprechverständnis und dem Spiel mit Wörtern, Silben und Buchstaben. Und auch wenn dies gerade von Juden selbst gerne und meisterlich geübt wird, wohnen ihm doch oft ein klein wenig Spott und unterschwelliger Antisemitismus bei, was allenfalls Juden selbst zuzugestehen ist. „Wir dürfen!“, wie ich etliche Male nicht nur von alten Emigranten mit genussvollem Sarkasmus erklärt bekam, „weil wir wissen, wovon wir reden.“

Ganz anders, wenn ein Wortspiel an jüdisches Denken und Empfinden rührt, an die jähe Enthüllung der menschlichen Seele durch geistesstarke jüdische Schlagfertigkeit. So zum Beispiel in der Geschichte vom Bankier Goldberger, der von einem seiner Anleihe bedürftigen Grafen spottend als „Herr Geldborger“ betitelt wird und daraufhin blitzschnell kontert: „Wenn Herr Graf nichts anderes zu versetzen haben als Buchstaben, wird es mit unserem Geschäft kaum etwas werden.“

Es ließen sich Dutzende Beispiele, Dutzende Feinheiten noch anführen, auch darüber, wie das Jüdeln mit der deutschen Grammatik auf Kriegsfuß stand und diese Auseinandersetzung oft ein Leben lang kein Ende fand oder finden wollte.

Wie auch immer, es verliert der jüdische Witz nicht zuletzt deshalb auch auf dem Weg vom Gesprochenen zum Geschriebenen mehr als nur „den Blütenstaub“. Gesprochen kann er deshalb fast stichwortartig wiedergegeben werden, lebt er doch von der Fertigkeit des Erzählers, Melodien und Akzente, Tonfall und Gebärden zu beherrschen, mindestens ebenso wie von der Pointe selbst. Immer aber lebt er dazu vom Unsagbaren, von dem, was zwischen den Zeilen steht und was ihn oft nahe zur Poesie rückt. Wenn dann die Antwort ein Schmunzeln des Verstehens ist, wenn eine stumme Geste, ein Gesichtsausdruck ein Apropos ankündigt und signalisiert, jetzt werde als Replik ein dazu passender jüdischer Witz folgen, dann hat „es“ funktioniert.

Auch das unterscheidet ihn in meinen Augen gravierend vom Witz im üblichen Sinn. Und nun stocke ich, denn präziser lässt sich schreibend das alles gar nicht oder nur notdürftig darstellen. Passt die Satzstellung, fehlt die Schreibweise, schafft man diese, fehlt der Ton, denkt man sich mit einiger Phantasie den Ton dazu, fehlt die Melodie, vermeint man sie zu hören, fehlen die Gebärden. Denn das alles und noch viel mehr ist es, was einen guten jüdischen Witz ausmacht.

Darum haben es geschriebene jüdische Witze schwer, die Wirkung von mündlich erzählten zu erzielen. Und deshalb bedarf es beim schriftlich wiedergegebenen jüdischen Witz oft nebst einem Kommentar noch diverser Ausschmückungen und Ergänzungen, welche die Geschichte erst zu einem kleinen Kultur- und Charakterbild werden lassen. Und weil mündliche Überlieferung allein in der Medien- und Informationsgesellschaft zum Erhalt des ohnehin schon dezimierten Bestandes dieses Kulturgutes kaum mehr genügen wird, unterziehe ich mich dem Versuch schriftlichen Bewahrens, wobei mir durchaus bewusst ist, dass dies nur mangelhaft gelingen kann.

Im Zuge einer trendigen Rückbesinnung auf alte Werte und Traditionen scheint es derzeit so etwas wie eine Renaissance jüdischer Witze zu geben. Bücher erscheinen, oft Witz an Witz gereiht, und wenn auch fast durchwegs in vergangenen Zeiten spielend, als noch gejüdelt wurde, sind sie dennoch merkwürdigerweise meist in heutiger Sprache geschrieben, jedes literarischen Anspruchs entbehrend, als gelte es, nur möglichst rasch den Nachweis der behaupteten Pointen zu erbringen; da und dort störend fast, weil unvermutet unterbrochen von einem gejüdelten Einsprengsel oder einem jiddischen Begriff, erklärt mittels Fußnote; einladend zum raschen Verzehr ohne Nachwirkung, geeignet mehr zum Archivieren volksregionaler Besonderheiten als zum Genuss der vorhin aufgezählten Merkmale. In Funk und Fernsehen üben sich Berufene und noch mehr Unberufene im Erzählen jüdischer Witze und zitieren dabei meist die Klassiker und doch, etwas – nein fast alles – fehlt mittlerweile.

Ob schriftlich oder mündlich: Erzählen ist eine Begabung wie jede andere auch, Witze erzählen eine besondere, aber zum Erzählen jüdischer Witze bedarf es noch etwas mehr. Und deshalb macht es mich oft elegisch, wenn diese Begabung kaum vorhanden ist; auch wenn es allemal verzeihlich und niemandem nachzutragen ist, sich ohne entsprechende Begabung eines Tuns zu befleißigen, welches eben diese voraussetzt. Bekümmert macht mich allerdings, dass gar nicht mehr der Versuch unternommen wird, adäquat zu erzählen, oder es peinlichst vermieden wird. Oft wird einfach ein Witz erzählt, der durch Auswechseln des Namens Kohn mit Huber die meisten Merkmale eines jüdischen Witzes verlieren würde. Und so sehr man sich darüber freuen mag, dass sich überhaupt noch jemand dieser Kulturform annimmt, so wenig widerlegt wird dabei die Gewissheit, dass nicht nur eine Welt und mit ihr alle, die diese verkörpert haben, untergegangen sind, sondern mittlerweile auch deren letzte Zeugen. Und es bleibt beim Lesen wie beim Hören meist die Wehmut, einem vergeblichen Wiederbelebungsversuch beizuwohnen.

Aber es scheint nach dem größten Zivilisationsbruch in der Geschichte, seit dem nach wie vor Unsagbaren – „die zweite Vertreibung aus dem Paradies", wie ich es einmal in einem Podiumsgespräch mit dem Literatur-Nobelpreisträger Imre Kertész genannt habe –, dass hier nicht nur etwas verloren ist, sondern auch nicht mehr Anwendung finden darf.

Es mag jenes längst überholte Postulat, nach Auschwitz sei kein Gedicht mehr möglich, auch die einstmals blühende Kultur des Erzählens von jüdischen Witzen und Geschichten mit dem Hautgout des Verbotenen infiziert haben. Zu eindrücklich ist noch die Monstrosität der Barbarei, zu groß die Gefahr auch nur der Anfänge einer Wiederholung. Zu nahe auch die Erinnerung, wie zu antisemitischer Propaganda neben unzähligen anderen Lügen und Gemeinheiten etwa auch verhöhnende Karikierung von Sprechweise, Tonfall oder Gesten in widerwärtiger Verformung zur Verunglimpfung alles Jüdischen gehörte und deswegen bis heute auch etwa das Jüdeln tabuisiert scheint.

Dabei lebt soeben ein ganz anderer und mittlerweile zu Oscar-Ehren gelangter Trend auf, in Filmen jüdisches Schicksal während des Holocaust komödiantisch aufzuarbeiten und die Verbrecher als Witzfiguren bloßzustellen. Das Lachen wird dabei nicht zum Selbstzweck, die Entmystifizierung schafft Distanz und führt zu Nachdenken und Erkenntnis. Politische Korrektheit scheint hier tabulos weggefegt, das Grauen mit Ironie, Scherz und tieferer

Bedeutung darzustellen und abzuhandeln wird zur akzeptierten Möglichkeit, und die Diskussionen darüber verstummen angesichts des Erfolges zusehends. So wie Arthur Schnitzler es ausgedrückt hat: *Dem Humor, dem göttlichen Kind, ist nichts verwehrt; auch nicht mit dem Schmerz, dem Elend, dem Tod zu spielen ...*

Ich habe es allerdings von Kindheit an von meinem Vater und von vielen jüdischen Menschen, die in meinem Elternhaus verkehrten, noch anders gehört und erlebt. Dazu mag die Gesellschaftsschicht, in der ich groß geworden bin, das sogenannte assimilierte jüdische Wiener Großbürgertum, beigetragen haben, deren Angehörende, so sie den Holocaust überlebt hatten, den zum Erzählen jüdischer Witze gewohnten Tonfall nebst allem anderen Ausdrucksrepertoire auch nach dem großen Morden beibehalten hatten. Und es mag durchaus sein, dass dabei jener schon zuvor gelebte Dünkelsemitismus der Assimilierten, wie ich eine gewisse Überheblichkeit der Konvertiten den früheren Glaubensbrüdern gegenüber nennen will, eine Rolle gespielt hat.

Allerdings wurde ich viele Jahre später – es war das sogenannte „Waldheimwahljahr", als jener, weniger um seiner vormaligen vergleichsweise unwichtigen NS-Rolle als vielmehr um seines nachmaligen Umganges mit der Wahrheit wegen Diskriminierte, zum österreichischen Bundespräsidenten gewählt worden war – auf eine ganz andere, bis heute nachhaltige Weise darin bestätigt, dass die Hemmung, die wir uns auferlegen, dort, wo sie am ehesten erwartet wird, nicht besteht. Ich befand mich damals auf einer Lesereise durch Israel, auf der ich auch einen Dokumentarfilm über österreichische Holocaust-Emigranten drehte. Ich war ziemlich angespannt, mich richtig zu verhalten, nichts Falsches zu sagen in diesem Land, das man als einzige Hoffnung für den Weiterbestand des Judentums ansehen kann; ich hatte mich vorbereitet, zumal in der damaligen diffizilen politischen Situation, keine noch so harmlose Bemerkung zu machen, die zu Missverständnissen führen könnte. Vor allem: „Erzähle ja keine jüdischen Witze!", so dachte ich. „Das verträgt hier niemand und noch dazu derzeit und noch dazu aus dem Mund eines Österreichers."

Als es anlässlich eines Essens beim österreichischen Kulturattaché mit geladenen Gästen aus Kultur und Presse zu ersten Begegnungen kam, verwickelten drei der anwesenden Journalisten mich sogleich in ein Gespräch. Einer stammte ursprünglich aus Prag, und schon seine Lebens- und Fluchtgeschichte vor den Nazis hätte genug Stoff für einen Film abgegeben. Der zweite war 1938 auf nicht weniger abenteuerliche Weise aus Wien entkommen, und der dritte war schon in Israel geboren.

Die beiden Älteren, mit Bildung und Formulierungen der Vorkriegsgeneration ausgestattet, als Sprache noch mehr war als medienverseuchte Sprechblasen, zeigten sich auch beim aktuellen Thema ohne jegliche Bitterkeit – objektiver als damals die Medien zu Hause, und jede Meinung respektierend –, und alsbald begannen sie mit wachsendem Vergnügen, jüdische Witze zu erzählen. Jüdelnd, gestikulierend, mit wechselndem Tonfall und Grimassen. Am meisten lachte der Sabre, der in Israel Geborene, der auf der Universität Deutsch gelernt hatte.

Auch in unzähligen weiteren Begegnungen, sowohl in Israel – wo ich in allen Interviews, die ich führte, den mir bisher nur aus den Geschichten meines Vaters vertrauten Tonfall, die Sprachmelodie, die Sprechweise wieder gehört habe –, als auch durch meine jahrzehntelange Beschäftigung mit dem Thema Exil in der Begegnung mit zahllosen 1938er-Emigranten habe ich erlebt, dass jüdische Witze nicht nur Witze über Juden sind, sondern am liebsten auch von ihnen selbst erzählt werden. Und auch diejenigen, die auf Grund ihrer Erlebnisse ungebrochen starke Ressentiments gegen ihre frühere Heimat hatten, blühten auf, wenn es um jüdische Witze ging, und überboten einander beim Erzählen im Jüdeln und allem, was eine jüdische Geschichte noch ausmacht.

Und deshalb behaupte ich, der sich Feinheiten der Sprache noch angelegen sein lässt, es kommt beim Erzählen wie beim Aufschreiben auf Lauterkeit an, auf die dabei eingenommene Haltung und auf die Absicht, die dahinter steht, ob man sich einer Interpretation liebevoll oder antisemitisch nähert, ob das Herz dabei in Respekt und Achtung schlägt, oder ob man verspotten will, ob man aufbaut oder heruntermacht. Und dies ist sofort hörbar und sichtbar beim Erzählen und sofort spürbar beim Lesen. Und es kommt auf das Wissen an über das, worüber man erzählt.

Die meisten Witze und Anekdoten spielen ja in vergangener Zeit. Und es ist nun einmal ein wesentlicher und zu kongenialer Darstellung nachgerade verpflichtender Unterschied, ob es in einer jüdischen Geschichte um einen armen galizischen Hausierer aus der Zeit der k.u.k. Monarchie oder um einen in dritter Generation assimilierten Wiener Bankier geht, um eine jiddische Mame aus dem Schtetl oder um einen Parvenu wie die Frau Pollak, deren Bemühen um die Überwindung des Jüdelns gerade den Reiz der ihr zugesprochenen Pointen ausmacht; ob der kleine Moritzl scheu, vulgär und schlau zugleich in der Schule in einen Dialog mit einem katholischen Bischof gerät, oder ob vom Ehestreit zwischen dem in New York zu Geld gekommenen polnischen Emigrantenpaar die Rede ist; ob der gelehrte alte Rabbiner richtet, der herumziehende mittellose Wunderrabbi prahlt oder der Schnorrer bei Rothschild argumentiert; ob der israelische Bomberpilot an seinen Vorgesetzten funkt oder der kleine Straßenhändler aus dem russischen Dorf feilscht, und so fort.

Wie bereits erwähnt, sind Akzent, Tonfall, Gestus und Sprachmelodie, Körperausdruck oder Blick nicht nur Grundvoraussetzung für adäquates Erzählen, sie bereiten meist den Boden für die Pointe, sind oft Bestandteil des Humors selbst und sind so über die Geschichte, die Anekdote, den Witz hinaus das anheimelnde Bindeglied zwischen Erzähler und Empfänger: und je selbstverständlicher beiden geläufig, desto besser funktionierend der Witz, desto genussreicher die Entfaltung der oben erwähnten Attribute für beide.

Ja es gibt Geschichten, deren Pointe allein aus einem Gesichtsausdruck und einer Handbewegung bestehen kann, was dann ohne Worte durchaus besagen kann: „No, mein Lieber, jetzt bist du doch gescheiter geworden, nicht wahr? … Also, siehst du's jetzt ein? … Genau, wie ich's gesagt habe, nicht wahr? … Also, was jammerst du noch?" und vieles dergleichen mehr. Folgender Dialog unterstreicht das eben Behauptete:

„Stell dir vor, Herschel hat sich beide Händ' gebrochen!" – „Um Gottes willen – mit was red' er jetzt?"

Und nicht nur um der Parität willen hier noch der Dialog zweier Jüdinnen, die einander beim Einkaufen treffen:

„Hast du gehört? – Chaje ist gestorben!"

„Was?? Chaje ist gestorben?! Halt einen Moment meinen Korb – ich muss die Händ frei haben! – So! – Jetzt: Oj wej …! Oj wej …!"

Winzig ist jenes Wort, das in seiner Wirkung gleich nach der stummen Geste kommt: bestehend nur aus zwei Buchstaben, aber so vielsagend, dass es allein oft schon die Pointe bildet. In abgewandelter Form, nämlich in Abänderung des zweiten Buchstabens, findet es bis heute Verwendung, es ist das Wörtchen: „Nu". Damals auch in nichtjüdischen Kreisen schon zu „No" mutiert – „No, geh!" und bis heute als „Na" in allgemeinem Gebrauch – „Na, was ist?"

So wie in dem Dialog zweier Juden, die einander nach langer Zeit auf der Straße treffen.

„Nu? …"

„Nu, ja …"

„Und sonst –?"

„Hm …"

„Geschäfte …?"

„Aj … me … chja …"

„Nu! … Die Frau …?"

„Oj … mhm …!"

„I … die Kinder?"

„Och … je …tje!"

„Nu!"

„Nu! – Aber a bissele Herzausschütten hilft halt doch …!"

Mein Leben lang sind mir jüdische Witze vertraut, aber erst die langsam verblassende Erinnerung – meine eigene wie die kollektive – lässt auch mich versuchen, zwischen Buchdeckeln zu bewahren, was unterzugehen droht. Ich will dabei über die jüdischen Lieblingsgeschichten meines Vaters erzählen. Die meisten davon sind keine Witze im gewohnten Sinn, denn Geschichten, Anekdoten oder Aphorismen werden nicht unbedingt zu den Witzen gezählt. Aber für mich gehören die, welche ich von meinem Vater gehört habe, auch zu den jüdischen Witzen, oder vielmehr ich zähle sie hiemit dazu.

Mein Vater war sich als reicher Sohn aus assimilierter Großbürgerfamilie seines Judentums so lange kaum bewusst, bis auch er sein Leben auf einer Flucht ins ungewisse Exil retten musste; wobei er, so wie die anderen Entrechteten und Davongejagten auch, wenn sie nicht schon bald ihrem gebrochenen Herzen oder den Strapazen der Flucht erlegen waren, neben der Heimat auch Familie und Freunde, Besitz und Beruf, die Muttersprache sowie eine vorausgeplante Zukunft und eine Vergangenheit verlor, an die anzuschließen ihm nie mehr gelingen sollte.

Und deshalb versuche ich, der mit dem zuvor beschriebenen Tonfall aufgewachsen ist, auch wenn das damals ohne geringstes Wissen um jüdische Geschichte oder um Weltgeschichte, ja auch nur um Familiengeschichte geschah, und der mit zunehmendem Alter diesen Ton immer mehr zu vermissen beginnt, die Geschichten so aufzuschreiben, wie ich sie schon als Kind gehört habe.

Mein Vater war als junger Mann das, was man einen blendend aussehenden Frauenschwarm nennt. Jugendfotos zeigen ihn als großgewachsenen Mann, mit einer schmalen, jedoch eher unsportlichen Figur; dazu dichtes schwarzes Haar, an den Schläfen gewellt und lässig zurückgekämmt, leicht verschattete dunkle Augen, die dem olivfarbenen Gesicht, dessen etwas zu weiche Züge mit einem scharf geschnittenen Profil kontrastierten, etwas Melancholisches gaben, das zeitlebens alle Weiblichkeit anzog; ein Gesicht, das streng und ernst blicken und sich blitzschnell zu einem gewinnenden Lächeln verwandeln konnte.

In Luxus und Sorglosigkeit hineingeboren, umgeben von einem illustren Familienclan, der von Großindustriellen über Philosophen und Künstler bis zu Nichtstuern reichte, die vom Durchbringen ererbter Vermögen lebten, wuchs er als hysterisch geliebtes und verwöhntes Einzelkind auf. Auf dem dünnen Eis der jungen österreichischen Republik der Zwischenkriegszeit politisch und sozial kaum gefordert, das Leben von der Schule über das Studium bis zu ersten beruflichen Schritten durch Beziehungen erleichtert bis zum großen Lebenseinschnitt 1938, erfuhr er nun über Nacht eine nie geahnte Realität, die ihn beginnend mit seiner Flucht aus Österreich zu sieben Jahren Exilerfahrung, Entwurzelung und Entheimatung führte. Danach war er ein anderer an Leib und Seele. Das Vermögen verloren, die Familie zum Teil tot, vor allem aber ohne die große Vaterfigur, gelang es ihm weder gesellschaftlich noch beruflich, noch privat, an das Leben vor dem Krieg anzuschließen.

Als ich meinen Vater bewusster „kennenlernte“, war aus dem verhätschelten Knaben ein vor der Zeit gealterter, immer noch hochgewachsener, nun aber behäbiger weißhaariger Herr geworden, dessen interessantes Gesicht von unglaublich ausgeprägten Falten beherrscht wurde; „zu viel Haut am Kopf", wie er es nannte. Alter und Schwerkraft hatten diese Haut zu dicken Hängebacken geformt, und wenn er den Kopf rasch hin und her bewegte, konnte er sie beinahe zusammenklatschen lassen, in jedem Fall aber ein schlabberndes Geräusch erzeugen, ähnlich dem satten Schmatzen beim raschen Wenden von Palatschinken in einer Pfanne.

So kannte ich ihn nur als alten Vater, dem in eine Kinderseele sich einzufühlen zeitlebens fremd blieb, und dementsprechend bestand unser Kontakt vornehmlich in erwachsenen Gesprächen.

Wenn er nun die Lippen zwischen den Hamsterbacken schürzte wie ein beleidigt schmollendes Kind, die Stirnfalten zusammenzog wie ein traurig geschminkter Clown und dabei die Augen zusammenkniff, dass die weit über die Oberwimpern fallenden Schlupflider noch tiefer rutschten, dann wussten wir zu Hause, jetzt kommt „die Stimme". Dazu hob er die Unterarme etwas an, wendete die Handflächen nach außen, hob seine Stimme ein wenig an und verstellte sie gleichzeitig zu einem leicht gepressten Singsang und zusammen mit einem undefinierbaren Akzent stellte er perfekt die verschiedensten Charaktere dar. Und so erzählte er jüdische Witze und Geschichten, und so habe ich hunderte Typen, Käuze und Originale auf eine liebevoll karikierte Weise kennen und lieben gelernt wie andere Kinder Märchenfiguren.

Mit einem „Übrigens, kennt ihr den –?" einen Witz einzuleiten galt meinem Vater als Sakrileg, und wollte jemand auf diese Weise der Unterhaltung eine heitere Wendung geben, verzog er das Gesicht und verließ meist mit einer gemurmelten Entschuldigung den Raum. Unvergesslich die sichtbaren Qualen, die er litt, wenn ihm dies aus unvermeidbarer Höflichkeit nicht möglich war. So zum Beispiel, wenn selten, aber doch einmal im Jahr der Notizbuch-Onkel zu Besuch kam, ein älterer Cousin meines Vaters zweiten oder dritten Grades, womit schon unsere verzweigten Familienverhältnisse beschrieben sind, die typisch für Familienclans jüdischer Herkunft aus vielfacher Verschwägerung herrührten.

Der Onkel, von meinem Vater sarkastisch als „der notorische Besserwitzer" betitelt, war ein kleiner, rundlicher Mann mit einem Stutzerbärtchen, der etwas gebückt ging und sich bei jener entscheidenden Lebensfrage, die an jeden alternden Mann einmal herantritt, nämlich „über oder unter?“, für „über“ entschieden hatte und somit seinen Hosenbund weit über dem Nabel trug. Und wenn er im tiefen Fauteuil hockte, auf einen Stock gestützt, reichte die Hose samt Bauch fast bis zum Kinn und durch seine etwas nach vorne geneigte Kopfhaltung schien es, als blickten einen seine Augen direkt aus der Brust heraus an. Er folgte eine Weile stumm der Konversation, bis irgendwann jener unvermeidliche Satz kam, den er dann unvermittelt auszustoßen pflegte: „Also d a s stimmt so nicht, das ist ganz anders – und im Übrigen gibt es dazu einen Witz.“ Und jetzt geschah das allseits Befürchtete. Er begann umständlich in seiner Gesäßtasche zu nesteln, zog dann mühselig ein verdrücktes kleines Notizbüchlein hervor, schwarz und speckig, an dessen Rücken, gehalten von einem breiten Gummiband, ein winziger Bleistift mit einer metallenen Kappe steckte. Er öffnete das Büchlein, zog den Bleistift aus seinem Futteral, setzte sich seine Brille auf und begann zu blättern. Dabei ließ er bei dieser oder jener Seite ein meckerndes Lachen hören, machte eine kurze Notiz, blätterte weiter, grunzte da und dort glucksend in sich hinein, bis er endlich die gesuchte Stelle gefunden hatte. Jetzt glättete er die aufgeschlagenen Seiten, streckte weitsichtig das Buch von sich und begann vorzulesen – einen Witz. Und das gehörte für meinen Vater zum am meisten Gefürchteten bei den Besuchen seines Cousins, denn die nun folgende Vorlesung hörte sich im wahrsten Sinn des Wortes auch wie eine solche an, akademisch humorlos, und alle wussten, der Onkel war jetzt für die nächste halbe Stunde nicht mehr zu bremsen. Es fehlte ihm neben dem Humor und der Fertigkeit, Witze zu erzählen, auch die Sensibilität aufzuhören, wenn es am schönsten ist. Er gehörte zu denen, die man nicht mehr stoppen kann, bei denen sich anfängliches Lachenmachen rasch zu Aufdrängerei wandelt; er war einer jener, die so lange nicht aufhören, bis keiner mehr lacht, außer sie selbst – „Pointendiarrhö“ nannte mein Vater dies –, und die dann meist mit immer zotigeren Geschützen auffahren, bis ein Ermatteter sich beherzt ermannt und rigoros ein neues Thema anschlägt.

Apropos Onkel, da fällt mir die herrliche Witz-Geschichte ein, die in den Zwanzigerjahren des letzten Jahrhunderts zu den

Kabinettstücken der Conferencen jüdischer Komiker gehörte und die auch mein Großvater oft zum Besten gegeben haben soll. Sie heißt: *Wie man einen Witz nicht erzählen soll oder: mein Onkel Sigi*. Kurt Tucholsky ist mit seiner Glosse *Ein Ehepaar erzählt einen Witz* übrigens etwas ganz Ähnliches eingefallen. Sich über das Unvermögen, Witze zu erzählen, lustig zu machen, scheint also durchaus wiederum jüdischen Witz und Humor herauszufordern. Und wenn ich nun versuche, mir den besagten Onkel Sigi ins Gedächtnis zu rufen, dann lautet der Monolog ungefähr so:

Mein einziger Onkel, den ich hab, ist sehr ein anständiger Mensch und heißt Sigi. Das ist sein Taufname … also eigentlich nicht richtig Tauf-, sondern, sagen wir, mehr Vorname. Also der Onkel Sigi erzählt ununterbrochen Witze. Aber wenn er eins nicht kann, dann Witze erzählen. Wenn mein Onkel Sigi Witze erzählt, dann geht das so:

„Hört's zu, ich hab da einen Witz – ihr habt's doch so gern Witze, also passt's auf, ich hab da neulich einen Witz gehört – oder, nein, gelesen hab ich ihn – Blödsinn, gesehen hab ich ihn in der *Muskete* – oder in die *Fliegenden Blätter* – oder – also, wo war das, wo ich den Witz gesehen hab? – Jedenfalls, ich hab so gelacht, ich hätt mich fast angewischerlt … hahaha – so gelacht hab ich! Also, was ich gelacht hab – alle haben sich umgedreht im Kaffeehaus nach mir, und haben geschaut, was da Lustiges passiert … Sitzt a Mensch ganz allein in der Ecken vom Kaffeehaus und lacht laut vor sich hin. Im Kaffeehaus!! Mutterseelenallein!! … Ich geh ja jetzt immer ins – no, wie heißt das – das beim Naschmarkt? – Daneben is diese Bank … oder w a r diese Bank – der soll ja Bankrott gemacht haben – ein lustiges Wortspiel übrigens: A Bank, die Bankrott macht … Früher war ich ja immer im Café Sperl, bis der Ober dort patzig geworden is zu mir und seitdem sehn d i e mich so bald nicht mehr – na ja, is ja egal, wie es heißt, das neue, wo ich jetzt hingeh – jedenfalls, immer nach dem Essen … Ich brauch nämlich einen kleinen Mokka nach dem Essen – bild ich mir ein zumindest. Für die Verdauung. Überhaupt mein Magen … er gefallt mir nicht – lang schon! Weiß Gott, was ich hab … ich lauf herum von einem Doktor zum anderen – nix! Unlängst war ich beim Professor Teitler, der is zwar nicht für Magensachen – aber ich hab mir gedacht, a Professor muss doch was finden … Teuer is er, wie wenn ich der Rothschild wär – also jedenfalls geh ich hinauf zu ihm – schaut er mich an und dann sagt er: ‚Sie sind im Moment nicht – aber scho gar nicht! – Nehmen Sie Soda!‘ No, dazu hab ich einen Professor gebraucht, damit ich dann Soda nehm! Und dabei hab ich mich ausziehen müssen bis auf die Strümpf! – Bin ich zum Professor Zibeles – der ist zwar mehr für – ein Gynologe, oder so – aber, jedenfalls, wie ich hinkomm, hat er keine Ordination – erst Nachmittag! Vormittag is er in der Oper – er hat ja die – die Dings, die immer die – Dings singt … no, das Lied mit die vielen Kollaturen … also, die hat er geheiratet … S i e hat ja geerbt und e r verdient Unsummen mit den Damen – aber was hilft m i r das mit meinem Magen? Nix! … Was soll ich sagen – unlängst war ich essen beim – früher war das Kurzwarengeschäft drin und er hat neulich erst aufgesperrt – denk ich mir, am Anfang bemühen sie sich noch, da is die Küche noch nicht so fett – hab ich gegessen bissl Vorspeis und Ganslsuppe – no, natürlich dann das dazugehörige Gansl und zwei Stückl Linzertorte – ah ja, Kompott noch – aber, bitte, was soll ein Kompott dem Magen schaden – und schon hab ich das Brennen gespürt da rechts oben – oder eher mittig – heute sind es eineinhalb Tag, was ich nix gegessen hab! – Aber das kann niemand verstehen, der das nicht schon erlebt hat – also, was wollt ich sagen? – Ah, ja, der Witz! Nein, den muss ich euch erzählen – ich muss immer noch lachen, wenn ich dran denk! – Allein scho das Bild – man kann das gar nicht so beschreiben, ohne dass man's sieht – also, ihr müsst's euch vorstellen: A Speisesaal in einem Restaurant – oder in einem Hotel – jeder Tisch besetzt, k e i n e i n z i g e r Platz mehr frei – Haha …! Also jedenfalls – … Nein! Verkehrt! Es war ka Speisesaal – stellt's euch vor eine Hütte – irgendwo draußen am Land – total einsam, rundherum bissl Wiese und dann a Wald – weit und breit ka Mensch – nur in der Hütte sitzen zwei Männer – beziehungsweise einer steht und der andere sitzt – oder – jetzt hab ich vergessen, ob es doch der eine war, der gesessen is … also, das is ja jetzt vorläufig egal – jedenfalls der, der sitzt, hat so einen ungepflegten Bart und so lange Haare. Er hat ausgeschaut wie der Korn aus der Grünangergasse – den kennt's ihr doch, den alten Korn? – Nicht den jungen, der is ja Prokurist bei Nagler, Blochmann & Co – soll ja gut gehen, die Firma … angeblich – aber mir sind die irgendwie nicht koscher – vor allem der Blochmann … ein unsympathischer Kerl! … I c h hab ja gehört, der soll nicht zahlen – auch seinen Angestellten nicht – oder zumindest erst auf Mahnung – no, fragt's nicht, was das Zinsen bringt …! Ich war unlängst eingeladen bei seiner Tante – ich mein' vom jungen Korn, zur Jausen. Komm ich hin, läut an – haben sie keine Türglocke – geh ich s o herein – is ka Mensch zu Haus – bin ich erst gar nicht hingegangen! M i c h werd ich frotzeln lassen von denen! – Bei d e r Tochter?! Ich möchte ja nix Näheres sagen, aber eine Unschuld vom Land is die keine – die wechselt ihre Liebhaber wie Hemden! Einmal im Monat, mindestens! … Aber, was wollt ich –? … Ah ja, der Witz! Also der Witz ist … wo bin ich stehengeblieben –? Ah ja, wo der eine sitzt, der mit den Haaren wie der alte Korn – also, den müsst's ihr euch vorstellen wie … hahaha – wie den typischen Theaterdirektor – nur mit so einem eingefallenen Gesicht – so ganz schlecht hat er ausgeschaut – das Theater wird nicht gegangen sein – ich bitt euch, wer geht ins Theater in diesen Zeiten? – Und vor ihm, so davor, steht der andere, ein blasses dünnes Jüngel … wahrscheinlich einer von seine Schauspieler … So a Komödienbürschel … Übrigens – genau so einer, wie du werden willst! Ja, du! – Was hab ich in deine Eltern hineingeredet: ‚Lasst's den Buben nicht dauernd ins Theater rennen! Das wird nix! Der will ja Komödiant werden und nicht einmal was Seriöses mit Schiller!' Gott, hab ich geredet! Aber, was hat es genützt? Was hast du gelernt? Nix hast du gelernt. Zuhaus hast du Theaterbücheln gelesen und französische Judenromane aus Algerien – Güdemopassã. Was hab ich deinen Eltern angeboten, dass du zu mir ins Geschäft kommst – wo ich keinen Sohn hab! Aber das hat dem jungen Herrn nicht gepasst, das war dem jungen Herrn nicht vornehm genug! Fünfunddreißig Jahr' bin ich am Platz – war mein Vater selig ja schon fast vierzig Jahr – und d e n Kundenstock kannst du woanders suchen! Mein Prokurist – der hat verdient … frag nicht! So, dass er sich hat selbständig machen können letztes Jahr – jetzt hat er Konkurs gemacht letzte Woche und is a gemachter Mann! Aber der junge Herr muss ja Schauspieler werden! Der will ja nix verdienen wie anständige Leut … der muss ja seinem Vater immer noch auf der Tasche liegen … Komödiant!

Aber wenn du glaubst, ich schau da ruhig zu, wie mein Bruder seinen Sohn verliert, dann ist das ein Irrtum, mein Lieber … du glaubst, zu so was schweig ich?? – Ich red nur nix …!! –"

„Aber Onkel Sigi – sei mir aber nicht bös, wenn ich's sag – aber du hast uns doch eigentlich einen Witz erzählen wollen –?"

„Was? Einen Witz? Das möchte dir so passen, dass ich das Ganze jetzt verblödel! Glaubst du, ich mach nur Witze? – Und überhaupt hab ich jetzt die Pionte vergessen …!"

Eine „Pionte", wie sie auch mein Vater oft nannte, musste so wie die Erzählung dazu für ihn zumindest ein Apropos haben. Es musste sich ein Witz als Replik oder als Ergänzung zum eben Gesagten seidenweich und wie zufällig ergeben, oder es musste eine der vielen Redewendungen und Schlagwörter zugrunde liegen, die in unserer Familie zu jeder Gelegenheit parat waren und sich meist auf jüdische Witze und Geschichten bezogen. Dann folgte entweder die beiläufig hingeworfene Pointe, indem der Vater die Kenntnis der dazugehörigen Geschichte voraussetzte, oder eine perfekt geformte Einleitung zum besseren Verständnis des darauf Folgenden, das Sprungbrett sozusagen, auf dem der Witz kurz federte und dann abschnellte. Und das allein bedeutete dann meist schon die erste Hälfte des Vergnügens.

Und so kam es, dass oft gar nicht mehr das Stück selbst und seine Darsteller, sondern nur ein einzelnes Wort daraus oder ein kurzer Satz sich im Familienjargon einnisteten und ihn bereicherten, so dass der sich mit den Jahren wie ein sprachliches Korallenriff erweiterte. Situationsschilderungen, lange Erklärungen oder Begründungen wurden auf diese Weise unter Anwendung nur noch dieser geflügelten Worte aufs Wesentliche gekürzt.

Am liebsten jedoch erzählte mein Vater, wie gesagt, die sogenannten „Langen". Das waren jene Geschichten, in deren episch ausgebreiteten arabesken Beschreibungen, Windungen und Wiederholungen lange versunkene Welten aufblitzten mit ihren Charakteren und Problemen, ja selbst Zeitgeschichte sich offenbarte und dem Erzähler wie den Zuhörern schon das Erzählen selbst zum Genuss wurde. Und wenn bei etlichen dieser kleinen Fabeln und Parabeln am Ende auch oft die explodierende Pointe fehlte, wurde man durch eine lebenskluge Weisheit oder eine unerwartete Wendung oder Konklusio, die auch ohne den großen Lacher alle Attribute eines jüdischen Witzes enthielt, mehr als entschädigt.

Viele der Geschichten hatte mein Vater, wie schon erwähnt, noch von seinem Vater, meinem Großvater väterlicherseits, gehört. Ihn, den im Alter von vierundzwanzig Jahren getauften Juden, habe ich leider nicht mehr gekannt, aber die unzähligen Anekdoten und Erzählungen über ihn sowie ein riesiger Fundus von ihm verfasster, nie aufgeführter Theaterstücke, meist Komödien, dazu Tischreden, Gedichte und Gästebucheintragungen, haben ihn mir nahe gebracht, als wäre ich ihm begegnet. Er soll die nahezu suchtartig und nicht selten ausgelebte Neigung gehabt haben, für einen Scherz, für eine Formulierung, für eine Pointe sich um Kopf und Kragen, sprich, fast um Beruf und Stellung zu bringen; eine in unserer Familie ebenso weit verbreitete Charaktereigenheit, die mir ganz offensichtlich vererbt wurde und die ich, wann immer möglich und ebenso leidenschaftlich, wenn auch absolut nicht segensreich auslebe. Legendär soll seine komödiantische Erzählkunst gewesen sein, auf die vornehmlich in großen Gesellschaften oft einen Abend lang sehnsüchtig gewartet wurde, bis sich der Erzähler endlich zur erhofften Darbietung bitten ließ. Einige der Titel dieser teils erfundenen, teils überlieferten Geschichten sind mir heute noch geläufig, weil sie mein Vater oft genannt hat, ohne sich jedoch an die dazugehörige Geschichte zu erinnern. Etliche aber hatte er noch im Gedächtnis und sie bildeten den Kern seines Fundus jüdischer Weisheiten, Witze und Anekdoten.

Tief drinnen aber war mein Vater ein schwermütiger Mensch und selbst – oder eben gerade – beim Erzählen jüdischer Witze war für Feinsinnige diese Schwermut, die immer begleitet war von einer leisen Resignation, nicht zu überhören. Überhaupt habe ich prustendes Lachen über jüdische Witze nie erlebt; eher ist es ein Lächeln, das aufsteigt und länger anhält als gewöhnlich, ein mehr nach innen gerichtetes Vergnügen, das Verstehen und Freude beinhaltet, ein „Lächeln plus", wie ich es nenne.

„Schreib doch das alles einmal auf", hörte ich oft, und so kam es zu diesem Buch.

Dass nun meine eigene Wehmut über das langsame, aber unaufhaltsame Verwehen eines Klanges, über das Vergehen einer bestimmten Art jüdischen Humors und seiner Träger am Ende doch nicht so angebracht ist, wie ich es befürchte, offenbarte sich mir beim Entstehen dieses Buches in einer Hoffnung erweckenden Antwort der Gefährtin, welcher – obwohl selbst von allem Jüdischen meilenweit entfernt – dennoch jüdischer Witz und Humor von irgendwoher zugeflogen zu sein scheinen. Als ich mit allen Zweifeln behaftet, die beim Schreiben täglich von neuem überwunden werden müssen, wieder einmal sicher war: „Was ich da schreibe, liest ohnehin kein Mensch …“, stellte sie trocken klar: „Sie müssen's nicht lesen – sie müssen's nur kaufen!“

Die Frau Pollak und wie sie meine Kindheit mit Sprüchen bereicherte

„Das hat die Frau Pollak gesagt", wusste ich schon als Kind, oder: „Was würde die Frau Pollak dazu sagen?", hieß es oft in meiner Jugend.

Und somit ist die Protagonistin genannt, die im nun folgenden Kapitel die Hauptrolle spielt; eine legendäre Figur, die im Wiener jüdischen Witz als das Synonym für die neureiche, aber herzensgute alte Wiener Jüdin gilt; der weibliche Prototypus jener Parvenus, denen die Kultiviertheit und Bildung eben jener Gesellschaftsschicht abgehen, in der sie zu verkehren suchen und von der sie zwar beneidet, aber niemals bewundert oder gar anerkannt werden, verdanken sie doch ihren Aufstieg weder ihrer Erziehung noch ihrem Geschmack, noch geistigen Werten, welche wiederum die nächste Generation nichtsdestotrotz gar nicht selten auszeichnen konnten. Es sind die Anekdoten über die Frau Pollak, von der mein Vater sagte, er habe wiederum von seinem Vater erzählt bekommen, sie sei die Ehefrau eines stehend, soll heißen im Erwachsenenalter getauften und später nobilitierten Wiener Industriellen namens Pollack von Parnegg gewesen und habe wirklich gelebt.

Ob wahr oder erfunden, und ob alle Aussprüche, die ihr seit mehr als hundert Jahren in den Mund gelegt werden, wirklich ihr zugerechnet werden können, weiß ich nicht zu sagen, für mich jedenfalls sind sie von Kind an untrennbar mit ihr verbunden. Mein Vater hat die Frau Pollak allerdings nie so geschildert, als handle es sich um eine Kunstfigur, extra erfunden für Witze, er erzählte so, als hätten sich die Begebenheiten im Bekanntenkreis zugetragen, und angeblich sollen unsere Familien über Geschäftskontakte auch miteinander bekannt gewesen sein.

Manche Pollak-Aussprüche erinnern mich entfernt an jene der unsterblichen *Tante Jolesch*, die ihrem kongenialen Chronisten Friedrich Torberg nach ja auch gelebt haben soll; obgleich diese sich durch ihre tiefgründigen wie pointierten Lebensweisheiten, die an Schlagkräftigkeit und Prägnanz ihresgleichen suchen, auszeichnet, jene aber durch ihre Einfältigkeit und Ungebildetheit, wie auch in der Reibung ihres Strebens nach gesellschaftlicher Anerkennung mit der ihr entgegenschlagenden Wiener Realität. Und doch entbehren auch manche der Geschichten über die Frau Pollak bei aller unbeabsichtigten Komik nicht jener Lebensklugheit, die den jüdischen Witz über andere erhebt.

Legendär sind jedenfalls die Aussprüche beider geworden, und wenn jenen der Frau Pollak auch die eingangs erwähnten Attribute eines jüdischen Witzes nicht durchgehend zuzusprechen sind – spiegeln sie doch oft die Schadenfreude wider, mit der viele jüdische Emporgekommene der Wiener Gründerzeit, ihrer Kaisertreue und Heimatverbundenheit zum Trotz, als Parvenus angesehen wurden –, so sind sie trotzdem auch Spiegel für jenen Überschwang von Assimilierungswut und ihre oft kuriosen Auswirkungen, die damals mit Spott bedacht, heute umso liebenswerter erscheinen.

Dies zeigt etwa die Art und Weise, wie die Frau Pollak reagiert haben soll, wollte jemand die Erhebung der Pollaks in den vergleichsweise unbedeutenden Kleinadelsstand nicht zur Kenntnis nehmen und sprach sie mit ihrem bisherigen Namen Pollak an. In diesem Fall bestand sie nämlich nicht auf dem eigentlich korrekten Pollack von Parnegg, sondern pflegte pikiert zu beunrichtigen:

„Bitte – v o n Pollak!“

„Was“, entrüstete sie sich ein andermal, „nach Ischl gehen nur Personenzüge? Bin ich a Person?“

Die Erwartung, durch die Taufe alle Hindernisse für den beruflichen wie für den gesellschaftlichen Aufstieg vermeintlich aus dem Wege schaffen zu können, Jahrhunderte der Verfolgung, der Unterdrückung und des Ghettolebens zu überwinden, trieb die seltsamsten Blüten, die natürlich auch vielfachen anekdotischen Niederschlag fanden. So gehört – wenn auch nicht als Pollak-Zitat – die Antwort des Direktors jener Wiener Privatbank dazu, mit welcher Herr Pollak seine Geschäfte abwickelte. Als man von diesem, der sich protestantisch hatte taufen lassen, wissen wollte, warum er denn nicht der in Österreich vorherrschenden katholischen Religion beigetreten sei, die ihm doch weit mehr Vorteile böte, begründete er seinen Entschluss: „Ach, wisst’s ihr – unter die Katholen sind mir schon zu viele Juden …“

In die gleiche Kerbe, wenn auch von einem anderen Betrachtungsstandort aus, schlägt die Reaktion seines arischen Prokuristen, als man diesem mitteilte, sein Direktor hege die Absicht, sich taufen zu lassen: „– Echt jüdisch!“

Nun, da wir schon bei diesem Thema sind, will es mir nicht so recht gelingen, schon zur Frau Pollak zurückzukehren, deshalb lassen Sie mich ein paar Geschichten anfügen, weil sie auch für das Folgende erhellend wirken können.

Jom Kippur gehört zu den höchsten jüdischen Feiertagen, der auch von den weniger Frommen unter anderem durch strenges Fasten begangen wird.
An diesem Festtag sitzen einmal die Beamten einer Magistratsabteilung während der Mittagspause beisammen, packen ihre mitgebrachten Brote aus und beginnen, diese behaglich zu verzehren. Nur der alte Neutitscheiner, der schon kurz vor der Pensionierung steht, begnügt sich mit dem Zusehen. Dabei seufzt er von Zeit zu Zeit tief auf.
Das bemerkt der Abteilungsleiter und fragt ihn, ob er denn krank sei, oder ob ihm sonst etwas fehle.
„Nein“, murmelt Neutitscheiner, „es is nichts … aber der Jom Kippur … ojoj, dieser Jom Kippur …!“
„Also, ganz verstehe ich das nicht“, erwidert der Chef etwas ärgerlich, „wenn Sie am Versöhnungstag arbeiten, dann können Sie ja wohl auch essen, oder?“
„Ach wissen Sie“, erwidert der Alte, „fasten brauch ich ja gar nicht, weil ich hab mich doch taufen lassen … schon vor vierzig Jahr … ich bin doch scho längst ka Jud’ mehr …“
„Und warum fasten Sie dann trotzdem, wenn Sie seit vierzig Jahren Christ sind?“
Die Antwort des alten Neutitscheiner beweist, dass kein Sakrament dazu angetan ist, zu überwinden, was jahrtausendelang gepflogen wurde.
„Ach, wissen Sie“, lächelt der Alte wehmütig, „was sind scho vierzig Jahr gegen alte Gewohnheiten …“

Die Beweggründe, die zur Taufe führten, waren nicht immer nur die zuvor geschilderten, also nicht nur berechnende, sondern es konnten ihnen durchaus Überlegungen zur Lösung psychologischer Probleme zu Grunde liegen. Das beweist die folgende Begebenheit, in welcher ein Mann aus Tarnow seinen Freund aus fernen Jugendtagen, der inzwischen in der Residenzstadt Wien zu einigem Wohlstand gekommen ist, wiedertrifft und diesen sogleich mit Vorwürfen überhäuft:

„Schöne Geschichten hört man von dir. Erst lässt du dir taufen auf katholisch – schon nicht schön! Aber – soll sein, wenn's a Herzensdrang war. Aber, auch wenn: Wer soll verstehen, wie kommt a Herzensdrang über ein Menschen, der heißt Moritz Itzigsohn und stammt aus Tarnow und schaut aus wie du? Aber – jetzt, man erzählt sich, du hast verlassen die Katholen und bist hinüber getreten zu die Evangelen …! Und du schämst dir nicht?!"

„Hör mich aus", beginnt Itzgisohn zu erklären, „und du wirst verstehen. Schuld am Ganzen is der Bezirksrichter wo ich geh oft als Zeuge. Und jedes Mal, wenn ich bin geworden aufgerufen, er hat gesagt: ‚Moritz Itzigsohn aus Tarnow – also jüdisch' … Das hat mir jedes Mal fast platzen lassen die Gall' und ich hab mir machen lassen katholisch beim Herrn Pfarrer. Und beim nächsten Mal, wie er hat gesagt: ‚Also jüdisch', hab ich ihm angelacht: ‚Was, jüdisch! Ich bin Gott sei Dank katholisch!' Und er is fast meschugge geworden vor Staunen. Also, hab ich mir gedacht, jetzt is alles gut. Aber wie ich wieder hin bin zum Gericht und antwort': ‚Katholisch' … da macht er so a hinterhältiges Gesicht und sagt: ‚Na schön … also katholisch … Itzigsohn aus Tarnow … und was waren Sie früher, Itzigsohn?' – Und ich weiß nicht zu antworten und er lacht: ‚Also jüdisch!' Da is mir geplatzt die Gall' und ich bin gelaufen zum Herrn Pastor und hab mir machen lassen evangelisch …"

„Und? Was hast du jetzt davon?", will der Freund wissen.

„Was ich hab davon? – Was hab ich davon: Spaß hab ich davon! Und eine Schadenfreud hab ich davon! Weil, wenn er mich jetzt fragt nach der Religion, dann werd ich sagen: ‚Evangelisch', und wenn er wird fragen: ‚Und früher?', da werd ich mich recken groß hinauf und antworten: ‚Katholisch, Herr Rat!' … Und jetzt soll i h m platzen die Gall' …!"

Dazu gehört auch der folgende Dialog:
Staatsanwalt: „Religion?"
Kornitzer: „Katholisch."
„Und vorher?"
„Evangelisch."
„Und vorher?"
„– Allerdings."

„Wer Juden zu Christen macht, treibt nur den Preis fürs Schweinefleisch in die Höhe", lässt wiederum Shakespeare seinen Kaufmann von Venedig sagen und beweist damit eine Ironie, die jedem jüdischen Witz Ehre machen könnte.

Konvertiten, vornehmlich diejenigen, die vom Judentum zum christlichen Glauben übertraten, wurden *Geschmat* genannt. Dass dieser Übertritt gar nicht vollzogen werden musste, um christliche Gefühle an den Tag zu legen, davon erzählt die Geschichte, die sich weit draußen im fernen Galizien zuträgt, in einer kalten Winternacht, in der ein schrecklicher Schneesturm tobt und Land und Dorf verweht hat. In einem ärmlichen Haus fühlt der alte Schloime Kotter sein Ende herannahen und mit letzter Kraft ruft er seine Frau und bittet:
„Ich möcht gesalbt und rein treten vor Gott, geh rasch zu holen mir den Priester!"
„Bist du meschugge, warum den Priester?", fragt die Frau entsetzt. „Gott soll abhüten – was bist du? Ein heimlicher Geschmat?"
„Nein, Sali, beruhig dich", lächelt der Alte schwach, „wie soll ich denn sein a Geschmat? – Ich denk nur: Warum soll man gehen den Rabbi zu stören … in einer solchen Nacht …?"

Meine Großmutter mütterlicherseits war eine Geschmat im umgekehrten Sinn. Sie war vor ihrer Heirat mit meinem jüdischen Großvater zum jüdischen Glauben übergetreten. Und weil gemäß der Halacha, dem jüdischen Gesetzeskodex, nach traditionellem Verständnis also und nach dem Diktum *Mater semper certa est* – frei übersetzt: Mutterschaft ist immer beweisbar – die Zugehörigkeit zum Judentum von der Mutter bestimmt wird, wurde meine Mutter als Jüdin geboren. Und weil jeder Mensch, der von einer jüdischen

Mutter geboren wird, Jude ist, bin demnach auch ich, obgleich katholisch getauft, Jude – zumindest fast. Es fehlt noch einiges, vor allem jener Schnitt, den heute noch auszuführen zuzulassen mich wohl auch ein äußerster Herzensdrang zum Konvertieren nicht mehr überzeugen könnte. Ich habe diese schmerzhafte Möglichkeit einmal in einem vergnüglichen Gespräch mit dem Wiener Oberrabbiner, der übrigens ein äußerst humoriger Erzähler jüdischer Witze ist, erörtert. Auch dass man mich darauf aufmerksam gemacht hätte, betreffend die Gültigkeit der Konvertierung meiner Großmutter sei erst einmal zu prüfen, ob diese nicht durch einen reformierten Rabbiner vorgenommen worden und damit streng genommen ungültig sei. Wir einigten uns, dass ich mich, sollte mich ein unstillbarer Drang zum Religionsübertritt überkommen, im Zweifelsfalle an ihn wenden solle: Er werde sicher eine für alle Beteiligten zufriedenstellende, zumindest aber schmerzlose Lösung finden.

Mein Vater, als Sohn zweier getaufter Juden selbstverständlich katholisch erzogen, wozu auch das Absolvieren des geistlichen Wiener Schottengymnasiums gehörte, war weder religiös, noch war er dem Judentum in irgendeiner Weise verbunden. Und trotzdem waren so viele jüdische Ausdrücke zu Hause so selbstverständlich, dass mir, wie schon erwähnt, lange Zeit deren Ursprung gar nicht bewusst war. Auch außerhalb von Witzen und Geschichten hatte er jederzeit einen jüdelnden Ton parat, „typisch jüdische“ Eigenschaften wurden teils scherzend, teils stolz und wehmütig zitiert, und so wurde auf eine merkwürdig intensive Art mit Jüdischkeit umgegangen, obwohl schon die beiden Großeltern meinten, diese mit Taufe und Assimilation endgültig abgestreift zu haben. So war auch zum Beispiel das Wort *Goj*, das ursprünglich eigentlich Nichtjude meint, inzwischen aber zur Benennung aller christlich Getauften angewandt wird, eine zu Hause oft gebrauchte Bezeichnung, was umso kurioser ist, als sie in diesem Fall ja von Katholiken selbst verwendet wurde, und nie wäre es uns eingefallen, jemanden mit den Worten „ein Christ“ oder „ein Getaufter“ zu benennen. Den Unterschied macht wohl der Standort aus, von welchem aus die Bezeichnung erfolgt, auch wenn dieser längst verlassen und den Familienannalen überantwortet ist.

„Ein Goj“ gehörte zum alltäglichen Sprachrepertoire meines Vaters, aber merkwürdigerweise blieb die weibliche Form *Gojte* wiederum nur den jüdischen Witzen vorbehalten. Nur als mein Vater eine Zeit lang vergeblich versucht hatte, die Restitution eines Rubens-Bildes zu erwirken, das sein Vater von einem Geschäftspartner seinerzeit zum Geschenk bekommen hatte und dessen Weg während der Nazi-Jahre aus dem Besitz meines Großvaters in ein deutsches Museum unklar geblieben war, meinte er einmal, das Wort ironisch abwandelnd:

„Ausgerechnet einen Rubens hat er sich schenken lassen müssen, der Vater … wo er doch schon getauft war. Für einen Goj wäre doch ein *Goja* passender gewesen!“

Auch zum Plural *Gójim* ist mir nur ein Spruch in Erinnerung geblieben, den mein Vater gerne als alte Volksweisheit zitierte, damit aber gleichzeitig anderen gegenüber einen besonderen Erfahrungsvorsprung für sich reklamierte:

„Die Gojim sind nicht gewöhnt an jüdische Zores.“

Und so gibt es noch eine Unzahl meist jedoch bitterer Pointen, die sich eben auf diese Unterschiede zwischen Juden und Gojim beziehen.

So sei noch erzählt, wie einmal vier vom Judentum zum Christentum Übergetretene einander ihre Beweggründe darlegen. Alle vier haben dadurch, dass sie dem Glauben ihrer Väter abgeschworen haben, Karriere gemacht, und nun sitzen sie saturiert beisammen und plaudern über die Zeiten davor.

„Wissen Sie“, sagt der Erste, „ich habe mich seit jeher mit Philosophie beschäftigt und immer mehr ist mir dabei alles Religiöse suspekt, ja gleichgültig geworden. Aber das Judentum hat sich als gesellschaftlich einfach nicht mehr vorteilhaft herausgestellt, und so habe ich es abgelegt wie ein altes Kleidungsstück …“

„Offen gestanden“, gibt sich der Zweite ehrlich, „ich habe mich aus Ehrgeiz taufen lassen. Als Jude hätte ich es niemals dahin bringen können, wo ich jetzt stehe …“

Der Dritte lächelt und erzählt:

„Bei mir war es die Liebe, die mich verwandelt hat. Die Eltern meiner Braut wollten keinen Juden als Schwiegersohn und mir war es damals ein Leichtes, ihnen und meiner geliebten Zukünftigen diesen Wunsch zu erfüllen …“

Der Vierte hat zugehört und dabei mehrmals schweigend den Kopf geschüttelt.
„Na, und Sie“, wollen die anderen von ihm wissen, „was war für Sie der ausschlaggebende Grund?“
„Ich“, verkündet der Angesprochene mit großer Geste, „ich habe mich aus tiefster Überzeugung taufen lassen!“ Da lachen alle drei laut auf und rufen gleichzeitig:
„D a s k ö n n e n S i e e i n e m G o j e r z ä h l e n!“

Nicht fehlen darf die Geschichte von dem Juden, der sich ein paar Wochen vor Ostern taufen lässt und dem Pfarrer das Versprechen gibt, ab sofort alle christlichen Gebote zu befolgen.

„Du weißt“, sagt der Geistliche, „wir haben jetzt sieben Wochen Fastenzeit und während dieser darf ein guter Katholik kein Fleisch essen. Kartoffeln, Heringe, Fische darfst du essen, aber kein Fleisch. Ich werde dich einmal unangemeldet besuchen und sehen, ob du dieses Gebot auch einhältst.“

Eines Fastentages kommt wirklich der Pfarrer überraschend zu Besuch und findet seinen neuen Schützling vor, wie der vor einem riesigen gebratenen Huhn sitzt und sich gerade ein Stück in den Mund schiebt.
„Was muss ich sehen? Wir haben doch Fastenzeit, und du vertilgst ein gebratenes Huhn?“
„Aber Hochwürden, das is doch ka Huhn, das is a Fisch!“
Diese Antwort macht den Pfarrer zornig:
„Stell dich doch nicht dumm! Das ist ein Huhn, das sieht ein jeder!“
„Herr Pfarrer“, erwidert da der Frischgetaufte, „erinnern Sie sich, wie Se mich haben getauft? Sie haben auf mich gesprengt a bissele Wasser und haben dazu gesprochen: ‚Du bist jetzt ein Katholik, du bist jetzt ein Katholik, du bist jetzt ein Katholik!‘ Und ich bin geworden Katholik. Und genauso ich hab es getan mit dem Huhn. Ich hab ihm gesprengt mit a bissle Wasser und ich hab gesprochen: ‚Du bist jetzt a Fisch, du bist jetzt a Fisch, du bist jetzt a Fisch!‘ Und so es is geworden a Fisch …“

Das letzte Wort in dieser Abschweifung, bevor es wieder der Frau Pollak zum ausgiebigen Gebrauch übergeben wird, soll Gott

selbst haben. Zu ihm kommt der alte Karpeles. Er hat sich erhängt und steht nun mit gesenktem Kopf vor seinem ewigen Richter:
„Aber Karpeles, sag, warum hast du dich umgebracht?“, fragt der Herr.
„Mein einziger Sohn, er hat sich taufen lassen!“, klagt der enttäuschte Vater.
„Aber Karpeles, das ist doch kein Grund, sich aufzuhängen! Sieh, in meiner Familie ist das auch vorgekommen!“
„No, und was hast Du gemacht, Allmächtiger?“
„Ein neues Testament!“

Und nach diesem kleinen Exkurs zu Getauften und weniger Getauften soll es nun endgültig wieder zurück zur Hauptperson gehen, die dem Kapitel seinen Namen gegeben und mir so viele Stichworte und geflügelte Worte meiner Jugend geliefert hat.

„Mir“, erklärt die Frau Pollak, „war das ganze Rituelle ja nie wichtig – von jüdischen Feiertagen halt ich heut nur noch die Grünfeld-Konzerte*.“

„Einschlafen tu ich schlecht, das kränkt mich – aber durchschlafen tu ich unberufen toitoitoi gut“, berichtete die Frau Pollak einmal ihrem Arzt. Und auch in der Fortsetzung dieser Eigendiagnose offenbart sich auf originelle Weise der Zwiespalt zwischen den beiden Religionen, jener durch die Taufe verlassenen und der durch die Taufe neu gewonnenen, in den sich konvertierte Juden damals oft unbewusst manövrierten, so dass sie nicht selten zwischen zwei Stühlen und manchmal auch noch auf beiden saßen.

„Nur wenn ich am Schabbes schlafen geh“, fuhr die Frau Pollak nämlich fort, „dann weiß ich, morgen is Sonntag und ich kann ordentlich ausschlafen. Da kränkt's mich nicht, wenn ich schlecht einschlaf.“

Zur Assimilation gehörte auch der Versuch, jeden Hinweis auf die jüdische Herkunft zu verschleiern, wobei diese Versuche

* Heinrich Grünfeld, bekanntester jüdischer Cellovirtuose seiner Zeit, dessen Konzertgastspiele fast ausschließlich von Juden besucht wurden.

natürlich auch auf eine Veränderung der meist allzu offensichtlich jüdischen Familiennamen zielten. Dafür bot die Nobilitierung naturgemäß die am meisten angestrebte Möglichkeit, welche aber nur wenigen zuteil wurde. Von den vielen Witzen, die das Spiel mit jüdischen Namen zum Inhalt haben, soll nur ein Pollak-Zitat das eben Gesagte unterstreichen.
„Mein Name ist Ungern-Kózseles, Gnädigste!“, stellt sich ein junger Mann der Frau Pollak einmal vor.
Diese nickt verständnisvoll: „No, das glaub ich – wer heißt scho gern Kotzeles?“

Nicht nur mein Vater, sondern die ganze Familie bezog eine Vielzahl unserer stehenden Ausdrücke und Redewendungen, wie sie quer durch die Generationen in ausgiebigem Gebrauch standen, aus den unfreiwillig komischen Sprüchen und Antworten der Frau Pollak. Dass die Anwendung jedoch fast durchwegs ohne die dazugehörige Anekdote und in einem ganz anderen Zusammenhang geschah und wie nicht eingeweihte Zuhörer dabei in Verwirrung gestürzt wurden, das gehört zu den Erinnerungen meiner Jugendzeit, die mich heute noch manchmal laut auflachen lassen. Die gemeinsame Freude über ratlose Gesichter und verständnislose Fragen beschwor den Zusammenhalt der Familienmitglieder oft mehr als häusliche Gemeinsamkeit oder die sogenannten Bande des Blutes und schloss für mich nahtlos an das Vergnügen beim Gebrauch von Geheimsprachen in der Kinderzeit an. Und es gehört zu meinen Freuden heute, da die Zeit untergegangen ist, in welcher das Erzählen jüdischer Witze und pointierter Weisheiten zum alltäglichen Konversationsrepertoire gehörte, wenn mir beim Zitieren eines Pollak-Spruches noch jemand begegnet, der im Wissen um die dazugehörige Pollak-Geschichte mit einem anderen Zitat antworten kann. Manchmal aber sorgten die Sprüche sogar dafür, dass sich angespannte Situationen und Aufregungen in befreites Gelächter aller Beteiligten auflösten und Missverständnisse sich segensreich klärten.

Die Lieferantin der unbeabsichtigten wie köstlichen Pointen hieß bei meinem Vater oft auch „Die Frau von Pollack selig“.Im Folgenden sei sie jedoch sowohl unter Verzicht des „ck“ in ihrem Namen und vor allem weil sie so in die Anekdotengeschichte eingegangen ist, einfach „Die Frau Pollak“ genannt, auch weil das der Buntheit der Anekdoten über dieses einzige mir bekannte weibliche jüdische Wiener Original jenen Farbtupfer hinzufügt, der sich auch mit dem Begriff Schlagobersgupf – beim gleichsprachigen Nachbarn *Sahnehäubchen* genannt – umschreiben lässt.

Mein Vater, von dem ich die Pollak-Geschichten zuerst gehört habe, hat diese immer mit dem Familienhintergrund der Hauptdarstellerin nebst einer kleinen Rahmenhandlung ausgeschmückt, wodurch es keine rasch erzählten jüdische Witze mehr waren, sondern reich verzierte Miniaturen, die dadurch den Anstrich wahrer Historie erhielten. Beim Darstellen der kleinen Szenen hat er auch das Aussehen der Frau Pollak genau geschildert, und so vermeinte man sie immer leibhaftig vor Augen zu haben.

In meiner Erinnerung beschrieb er sie als nicht allzu große resolute Person, deren Korpulenz von einem überdimensionalen und immer perlenbehangenen Dekolleté übertroffen wurde, das nahezu halslos über ein paar Doppelkinne in ein dick gepudertes Gesicht mit kirschrot geschminkten Lippen mündete. Auffällig geziert wurde es von einem meist ungenügend ausgezupften Damenbart, der wiederum zusammen mit dem stadtbekannten tiefen Organ der Frau Pollak jedem k.u.k. Offizier zur Ehre gereicht hätte. Die schütteren, rötlich gefärbten Haare, die ihr beim abendlichen Auskämmen bis über die Schultern reichten, bei Tag zu einem Zopf geflochten und diesen unter einem Haarnetz kunstvoll hochgesteckt, soll sie nicht nur keine Schönheit, sondern ein richtiges *Menuwel**, also von nachgerade ausgesuchter Hässlichkeit gewesen sein. Nie soll man die Frau Pollak anders als mit einem breiten Schultertuch gesehen haben, das sich je nach Anlass aus einfacherem oder auch paillettenbesticktem Stoff darbot. Dazu war sie bekannt für ihre auffälligen Kopfbedeckungen, Ungetüme von Hüten mit übertriebenem Federgesteck, den sogenannten Adlernestern, oder schräg sitzende Künstlerkappen aus beigem Samt und geziert von einer Straußenfeder. Vom Herbst bis ins späte Frühjahr legte sie sich, wenn sie ausging, lange Fuchspelze um Hals und Schultern, und wenn sich deren herunterbaumelnde Pfoten auf ihrem Ausschnitt ausgebreitet darboten

---

* siehe Kapitel: Keine Zores auf Vorschuss!

und die Glasaugen der präparierten Fuchsköpfe das Gegenüber anstarrten, soll das ein Bild geboten haben, das man so leicht nicht vergaß. Im Alter sah man sie angeblich nie ohne einen Schirm oder einen schlanken Gehstock, den sie beim Sitzen, den Griff in der Hand, mit ausgestrecktem Arm vor sich hinstellte, was ihre eine gewisse martialische Haltung gab. Um ihr Aussehen jedoch zusammenzufassen, soll am besten die Frau Pollak selbst zu Wort kommen.

Sie lebte ja in einer Zeit, als das Aussehen von Opernsängerinnen noch eine vergleichsweise geringere Rolle spielte als heute. Bei der Leibesfülle damaliger Gesangsheroinen konnte es durchaus geschehen, dass etwa in Beethovens *Fidelio* – wo zwar heute noch manchmal ein Koloss von *Florestan* im Kerker klagt, er sei knapp am Verhungern – die voluminöse Weiblichkeit der als junger Mann verkleideten Leonore einen daneben zerbrechlich wirkenden Heldengatten fast erdrückte und auch die schmachtende Liebe der Gefängniswärtertochter zu einem vollbusigen Jüngling den Zusehern einigermaßen unerklärlich bleiben musste.

Als nun die Frau Pollak sich einmal erkundigte, welche Sängerin denn die Partie der *Mimi* in Puccinis *La Bohème* geben werde, einer Oper, in der es bekanntlich um ein wunderschönes junges Mädchen geht, das am Ende an Schwindsucht stirbt, und als man ihr eine der damals berühmten Heroinen nannte, rief die Frau Pollak aus:

„Was? Die soll das spielen? Die schaut ja aus wie ich!“

Und so beweisen die Sprüche der seligen Frau Pollak auch eine beneidenswerte Mischung aus Naivität und Ungerührtheit, mit der sie keinen Fettnapf auslässt, dabei aber versehen ist mit der Herzensgüte einer jiddischen Mame und der Direktheit einer gerissenen Chonte*.

Mein Vater konnte trotz des Geschicks, mit welchem der zuvor verwöhnte Millionärssohn die entbehrungsreichen Jahre der Emigration gemeistert hatte, es nie überwinden, nach seiner Rückkehr in keiner Weise mehr an sein Leben vor der Flucht anschließen zu können; weder gesellschaftlich noch in seiner Lebensführung und

* Chonte, jiddisch: leichtes Mädchen, Hure.

schon gar nicht auf dem finanziellen Niveau, in das er hineingeboren war und auf dessen Grundlage er bis vor seiner Vertreibung sorglos gelebt hatte. Die Summen, die notwendig waren, den von den Nazis enteigneten und nun rückerstatteten St. Gilgner Sommerbesitz, den er nach seiner Rückkehr aus Südamerika, wohin es ihn letztendlich verschlagen hatte, zum Wohnsitz nahm, wenn schon nicht standesgemäß zu erhalten, so doch zumindest vor dem Verkauf und mehr schlecht als recht vor dem Verfall zu retten, verdiente er kaum. Die Schulden häuften sich, und viele Sommer lang wurde das Haus vermietet oder unter großen Anstrengungen aller Familienmitglieder als Pension geführt. So erfuhr er, zeitlebens mehr Gourmand als Gourmet, auch nie mehr die kulinarischen Freuden seiner Jugend, von denen er in seinem zweiten Leben oft träumerisch schwärmte. Wir aßen zwar von Familiensilber – zumindest den Stücken, die seinerzeit vor den Nazis gerettet werden konnten –, sofern es nicht gerade versetzt war, meist jedoch äußerst dürftig und karg – aber das ist eine andere Geschichte. Jedenfalls aber mussten für ihn zumindest bestimmte Rituale und Accessoires die Mahlzeiten begleiten, wie etwa der obligate Krug mit möglichst kaltem Leitungswasser. Bevor er noch richtig Platz genommen hatte, nahm er schon sein Glas – „Habt ihr das Wasser auch gut ablaufen lassen?" – und schenkte sich ein. Manchmal geschah dies fast noch im Stehen und der Wasserstrahl ergoss sich aus luftiger Höhe ins tiefer stehende Glas, worauf im Familienchor der Ruf erklang:

„Stehst scho' auf, Leopold?"

Nun ist hiemit zwar die Pointe einer der väterlichen Lieblingsgeschichten vorweggenommen, umso wichtiger also, sie von Anfang an zu erzählen.

Sie trug sich in jener Zeit zu, als auch in besten Häusern fließendes Wasser keine Selbstverständlichkeit war und es gute Gründe gab für den Nachttopf neben dem Bett. In diesen erleichterte man sich des Nachts, um nicht halb schlafend in das oft weit entfernte Örtchen torkeln zu müssen und um die Schlafunterbrechung möglichst kurz zu halten, oder vollführte dies am Morgen als erste Handlung, um danach noch eine kurze Zeit bettwarm langsam wach zu werden. Und sie trug sich bei einem überaus vornehmen Diner zu, bei welchem die Frau Pollak zusammen mit ihrem Mann Leopold eingeladen war. Die Zahl der üppigen Gänge schien endlos, zu jedem wurde ein anderer Wein ausgeschenkt, die livrierten Bediensteten wieselten um die Tafel, servierten, legten vor, räumten ab, schenkten nach – kurzum, die Frau Pollak war ob der Speisenfülle und der unterschiedlichen schweren Weine wegen leicht eingenickt. Ein Diener stand diskret hinter ihr, deren Kopf auf die Brust gesunken war, und begann geschickt, um die leise Schnarchende nicht zu stören, über ihre Schulter und mit einem langen Strahl ihr Wasserglas frisch zu füllen. Da ließ das plätschernde Geräusch die Frau Pollak aufschrecken und schlaftrunken fragte sie:

„Stehst scho' auf, Leopold?"

Diese legendäre Verwechslung von Ursache und Wirkung wurde zu einem der beliebtesten familiären Lieblingssprüche bei Tisch.

Ergänzt sei dieser noch um die Variante, die Frau Pollak habe ein verschlafenes „Herr Ober, was is das?" gemurmelt und auf die Auskunft: „Un verre d'eau" gemeint: „No, wenn Sie's sagen – aber wetten hätt ich können, es is nix als a Glas Wasser!"

Dieser Ausspruch wiederum fand bei meinem Vater immer dann Verwendung, wenn ein Gast eine Flasche eines besonderen edlen Tropfens mitgebracht hatte und nun anfing, etwas zu prahlerisch Jahrgang und Herkunft seines Gastgeschenks zu preisen.

Die Frau Pollak bediente sich jener ausgestorbenen Sprache, wie sie in Wien bis zum Zusammenbruch der k.u.k. Monarchie und noch zwanzig Jahre darüber hinaus bis zum endgültigen Untergang einer Welt von jener Gesellschaftsschicht gepflogen wurde, die von unzähligen Originalen vom Format einer Frau Pollak belebt wurde, und in dieser Sprache widerspiegelte sich das Reich der vielen Nationen und ihrer verschiedenen Sprachen und Dialekte gültiger als auf allen Landkarten; eine Mischung aus dem Judendeutsch der Ghettos und Jiddisch, gebrochen durch den Jargon, wie er dann zumeist in den Gebieten der verleugneten Herkunft gesprochen worden war, gepaart mit dem Versuch, diesen zu überwinden, dabei aber bei sich steigender Emotionalität teilweise noch dessen Begriffe und Satzstellungen verwendend. Diese Sprech-Melange war eingebettet in ein Wienerisch samt den typischen österreichischen Sprachverschleifungen, die mit der Grammatik auf ständigem Kriegsfuß standen, angereichert mit zumindest tschechischen und ungarischen Einsprengseln. Dazu kam jener unnachahmliche Tonfall jüdischer Selbstironie und allzeit angebrachten Zweifels, was wiederum eine sprachmusikalische Hervorhebung einzelner Wörter mit sich brachte, womit allein schon sich ganze Sätze einsparen ließen – kurz, es war ein Verständigungsmittel, das, so wie Codewörter es vermögen, Vertrautheit signalisierte, wie auch imstande war, Nachweis über Herkunft und gesellschaftlichen Stand des Sprechers zu liefern. Ich bin mit dieser Sprache groß geworden und weil ich mich von Kindheit an zu alten und ältesten Menschen hingezogen fühlte, habe ich diese Sprechweise lange über meine Jugend hinaus noch gehört.

Das alles schriftlich wiederzugeben ist kaum möglich, man kann sich maximal ungenügend mit der Verwendung einiger stereotypischer Wörter notdürftig behelfen. Deshalb bleibt es dem Leser überlassen, aus seiner Kenntnis, aus Gehörtem oder auch aus seiner Phantasie sich zum Geschriebenen jene Sprechmelodie dazu zu denken, die damals allgemein geläufig war und heute so gut wie verklungen ist.

Natürlich kursierten damals, wie das heute noch da und dort zu hören ist, als jüdische Witze erzählte antisemitische Spottgeschichten, die sich eines verstümmelten „typisch jüdischen" Akzents bedienten und dabei jenen Spott betrieben, dem der Übergang vom bereits gefährlich gutmütigen zum tödlichen schneller folgen sollte, als es jemals zu ahnen war.

Dass den Aufsteigewilligen der Übergang zur angestrebten Sprache der besseren Kreise aber anfangs noch schwer fiel, soll der folgende Kurzdialog belegen, weil er auf überdeutliche Art das Missverständnis sichtbar macht, wie es schon durch die verschiedene Aussprache von Buchstaben entstehen konnte.

„Mein Mann wird zu Ostern nach Holland reisen", berichtet eine Dame der Gesellschaft der Frau Pollak, was diese allerdings ein wenig verwirrt.

„Meinen Sie A u s t e r n", will diese sich vergewissern, „das jüdische Fest, oder O s t e r n, die kleinen Fischel?"

(Das Au im ersten Wort, ausgesprochen mehr mit einem langen, verschwommenen, dem Steirischen ähnelnden O-u, das zweite

Wort, das nun wirklich Austern meinen soll, wiederum ausgesprochen wie ein O.)

Dieses O-Missverständnis sollte Jahre später seine schmerzlich belächelte Fortsetzung finden beim Versuch, die Sprache jener Länder zu erlernen, in die sich die wenigen, die der NS-Mordmaschinerie entrinnen konnten, gerettet hatten.

So treffen einander zwei polnisch-jüdische Emigranten, die einander Jahre nicht gesehen haben, auf einer Straße in New York und in die stürmische Begrüßung hinein fragt der eine:

„Was machst du in New York?"

„I polish my English", demonstriert der andere stolz seine Sprachkenntnisse.

„Why –?", will der andere ihn übertrumpfen. „Your English is polisch enough!"

Dem genauen Leser ist der kleine Unterschied zwischen dem englischen *polish,* polieren, und dem gejüdelten *polisch*, gemeint ist damit ein polnischer Akzent, sicher nicht verborgen geblieben. Nun ist dies im Geschriebenen sofort erkennbar, aber gesprochen macht auch hier erst ein verschieden gelautetes „o" den Unterschied deutlich.

Aber ich schweife ab und komme deshalb zurück zu den Redewendungen meiner Jugend und zu einem Satz aus dem Munde der Frau Pollak, der in meinem Elternhaus immer dann fiel, wenn in einer Runde von Liebhabern und Kennern über eine außergewöhnliche künstlerische Leistung, insbesonders eines Musikers geschwärmt wurde. Schon wenn der Name des unbestrittenen Genies fiel, winkte man lässig ab, um dann im überheblichen Ton des Fachmannes den Genannten mit jenem Urteil der Frau Pollak abzufertigen, mit dem sie die folgende Begebenheit beschließt.

Diese spielt in einem weltberühmten Zirkus, der in Wien gastiert und den die Frau Pollak zusammen mit dem Herrn Pollak besucht. Dramatischer Trommelwirbel hat bereits den spektakulären Höhepunkt der Darbietungen angekündigt, jene weltberühmte Nummer, derentwegen die meisten Besucher gekommen sind. In dieser balanciert hoch oben in der Zeltkuppel ein Seiltänzer im Clownkostüm, und dies noch dazu ohne Stange und ohne Netz. Langsam, Fuß vor Fuß setzend, hat der Artist auch diesmal bereits die Mitte des Seils erreicht und beginnt nun mit seinem Körper leicht auf und ab zu wippen. In atemloser Spannung verharrt das Publikum, die Hälse nach oben verrenkt, da – streckt der Artist sein rechtes Bein aus, wirft zwei Ringe darüber und beginnt, immer stärker wippend, die Ringe zu drehen. Nun zieht er auch noch drei silberglänzende Keulen aus seinen tiefen Taschen und beginnt mit diesen zu jonglieren. Nicht genug, stülpt er jetzt, bis zu diesem Augenblick verborgen in seiner Mundhöhle, aus dieser noch eine winzige Geige und einen Bogen, klemmt die Geige mit der Zunge zwischen Kinn und Schulter, dann den Bogen zwischen die Zähne und wirklich – man fasst es nicht, so eine Darbietung hat noch keiner jemals gesehen in einem Zirkus – erklingt in die Stille eine kleine Geigenmelodie aus luftiger Höhe. Den Zusehern stockt der Atem, da ertönt Frau Pollaks tiefes Organ und im Brustton exklusiver Kennerschaft konstatiert sie für alle hörbar:

„Also, Paganini is er keiner!"

Selbstverständlich sprach sie es jüdelnd „kaner" aus, aber hingeschrieben ähnelt dies zu sehr der gleichlautenden Dialektform und das würde den Tonfall, den man sich beim Lesen vorstellen soll, gehörig verfälschen.

Auf jeden Fall wird obiges Urteil der Frau Pollak von mir heute noch reflexartig zur Feststellung einmaliger künstlerischer Höchstleistung getroffen und wird dabei von Uneingeweihten damals wie heute naturgemäß gründlich missverstanden. Aber eben dieses Missverstehen zu provozieren und zu genießen, gehörte zu jenen harmlosen Freuden meiner Jugend, die ich für mich in ein Heute gerettet habe. Hier lehrt mich inzwischen allerdings beharrliches Nichtverstandenwerden, dass diese Form der Ironie, mit der man oft das genaue Gegenteil ausdrücken will, ihren Platz verloren hat. Nur machmal, etwa wenn in den zuvor erwähnten Interviews über so nervenzerfetzende Themen wie die Gestaltung meiner nächsten Rolle die Humorlosigkeit des Fragenden mich an akuter Ironieverhaltung auf der Stelle sterben zu lassen droht, lasse ich mich intellektuell schmerzgeplagt noch zu besagtem Provozieren hinreißen. Außer Ratlosigkeit und Ärger jedoch über einen offensichtlich schwierigen, zumindest aber ungezogenen Interviewpartner ist dabei heute nichts mehr zu erwarten.

Um aber von der Frau Pollak weiter zu erzählen, sei von jener durchaus schlagfertigen Bemerkung berichtet, mit welcher sie ihre Erzfeindin, die Baronin Kronstein, einmal bedachte, wobei unklar bleibt, ob dies nicht doch unter geschickter Verschleierung der Absicht, die Erzfeindin zu düpieren, geschah. So beliebt die Frau Pollak auch war, mit Lucie von Kronstein lebte sie in erbitterter Feindschaft, waren doch deren Anstrengungen für eine Nobilitierung auch ohne finanziellen Nachdruck und überdies lange vor den Pollaks erfolgreich gewesen. Bei einer Einladung nun kam die Frau Pollak eben hinzu, wie Lucie von Kronstein kokett erzählte: „... Und wie mich der Arzt dann fertig untersucht gehabt hat ... und wie er mich verwundert gefragt hat, wie alt ich eigentlich bin, und wie ich zu ihm gesagt hab, man gibt mir allgemein knapp fünfunddreißig, da hat er gemeint –", an dieser Stelle setzte die Frau Pollak ein und beendete den Satz mit übertriebener Liebenswürdigkeit:

„Nimm sie, meine Liebe, sie sind a Mezzie!"

Taktgefühl war Frau Pollaks Sache also nicht; was sie zu sagen hatte, das sagte sie rund heraus, so einmal, als sie zum Tee bei einer Dame aus ersten Kreisen eingeladen war. Das Verhältnis deren verheirateter Tochter mit einem stadtbekannten Verführer war nicht ohne Folgen geblieben und nun umstand man die Frucht dieser Schande, die sekkant weinerlich im Steckkissen lag. Selbstverständlich gab man sich der Hausfrau gegenüber unwissend und überschlug sich in heuchlerischen Elogen, indem man die gute Ehe der Tochter pries.

„Und das Kindlein! Nein, wie überaus herzig", schwärmte eine, „und wie es dem Vater ähnlich sieht."

„No, das sag ich ja auch immer", meinte die Frau Pollak, „und dein Schwiegersohn behauptet immer, es schaut i h m ähnlich."

Über den Ehemann der Frau Pollak ist wenig überliefert. Wenn er in den Anekdoten, die seine Frau berühmt machten, vorkommt, dann meist als Statist, der seiner Hauptdarstellerin das Stichwort liefert oder dem nur die Pointe übermittelt wird. Eine Antwort, die in unseren Familiensprachschatz einging, gibt es aber auch von ihm und sie erfolgte, als das Ehepaar anlässlich seines dreißigsten Hochzeitstages auf Wunsch der Jubilarin und zum Leidwesen des Gatten die alljährliche Sommerfrische in Bad Ischl durch eine Reise an die Ostsee ersetzte. War die Frau Pollak schon angezogen keine Schönheit, umso mehr musste sie in Badekleidung einen nicht gerade Leidenschaft entfachenden Anblick geboten haben. Aus dunkelblauem, gewirktem Wollstoff, am Hals geschlossen und mit halbem Bein, wurde ein damaliges Schwimmtrikot, wenn es mit Wasser vollgesogen war, zu einem schweren, nassen Stoffungetüm, das um die Hüften klatschte. Am ersten Tag am Strand war die Frau Pollak schon bis zum Bauch ins Wasser gewatet und rief von dort ihrem missmutig im Strandkorb hockenden Mann neckisch zu:

„Schau, wie die Welle mich umkost."

Herr Pollak, der, angetan mit einem schwarz-weiß gestreiften Bademantel und mit seinem schwarzen Filzhut, die Zeitungen las, blickte kurz über den Rand seiner Brillengläser und stellte lapidar fest:

„Ich seh nur, wie sie sich brecht."

Und damit hatte er eine in unserem Haus gerne gebrauchte Redewendung geliefert, die zu den verschiedensten Anlässen Verwendung fand, etwa wenn von meinen Schwestern neu erstandene Kleider vorgeführt wurden, die angeblich der Figur ein nie geahntes Aussehen verliehen, oder wenn wir als Kinder im Sommer sogenannte Kunststücke in Form diverser Sprünge in den See vollführten und an den Vater die immer von neuem gestellte nervtötende Frage erging, ob er denn auch wirklich zugesehen habe und ob er auch gesehen habe, was für Wellen wir dabei erzeugen konnten.

„Gute Nacht und seid ordentlich meschugge!" Diese Aufforderung wiederum beendete den Abend, wenn es als Kind hieß, schlafen zu gehen, zuvor aber auf ausgiebige Säuberung nicht zu vergessen. Und sie rührte von der Bildungsreise der Pollaks zu den bayrischen Königsschlössern. In einem der Schlösser erklärte der Führer:

„Hier is' des Schlafzimmer von unserm König Ludwig, da hat er täglich geschlafen. Hier is' der Hausaltar von unserm König Ludwig, da hat er täglich gebetet. Und hier is' des Badezimmer von unserm König Ludwig – da hat er t ä g l i c h gebadet."

„Mein Gott“, platzte es da aus der ergriffenen Frau Pollak heraus, „der war ja wirklich meschugge!“

Und das führt zu jenen Geschichten über die Frau Pollak selig, die sich eigentlich über ihre Ungebildetheit lustig machen, über ihre Unkenntnis jeglicher Fremdsprache und über die falsche Anwendung von Fremdwörtern, worüber sie auch mit allem Reichtum und zur Schau gestellter Noblesse nie hinwegzutäuschen vermochte; welche aber auch die Unbekümmertheit zeigen, mit welcher sie völlig ungeniert nie versuchte, sich aus der Affäre zu ziehen.

Selbstverständlich sprach die Frau Pollak auch kein Französisch, ein Umstand, der umso mehr schmerzte, als im damaligen Wien gerade Kenntnisse in dieser Sprache den Nachweis adeliger oder zumindest großbürgerlicher Erziehung lieferten, und etlichen ihrer legendären Äußerungen liegt eben dieser Umstand zu Grunde.

So war das Ehepaar einmal zum Galadiner beim französischen Botschafter eingeladen und weil man den Gatten für die Anbahnung von Importgeschäften gewinnen wollte, wurde die Frau Pollak auf den Ehrenplatz neben dem Hausherrn platziert. Dort saß sie stolzgebläht und versuchte sich tapfer radebrechend in Konversation, als eine Stubenfliege sich geradewegs neben ihrem Teller niederließ.

„Regardé, Exzellenz“, zeigte sie auf die Fliege, „un mouche!“

„U n e mouche“, korrigierte lächelnd der Botschafter.

Darauf die Frau Pollak in aufrichtiger Bewunderung:

„Also – A u g e n w a s S i e h a b e n!“

Nachdem die Geschäftsanbahnungen von Erfolg gekrönt waren, reiste das Ehepaar Pollak zum ersten Mal im Leben nach Paris. Dort waren sie im teuren Hotel *George V.* abgestiegen und ausgerechnet am ersten Abend wurde die Frau Pollak von einem heftigen Migräneanfall heimgesucht. Bleich, den Kopf mit feuchten Handtüchern umwickelt, ruhte sie im Bett auf hochgestellten Kissen und läutete schwach dem Zimmermädchen.

„Oh –“, erfasste dieses beim Eintreten bedauernd die Situation, „Madame toute malade.“

„Das hilft ma jetzt auch nichts, wenn's Ihnen lad tut", stöhnte die Frau Pollak, „tun Se ma lieber übersetzen, was Aspirin auf Französisch heißt!"

Anderntags, in Begleitung der Gastgeber im Pariser Luxusrestaurant eingeladen, tut die Frau Pollak laut und vernehmlich aus der Speisekarte ihre Bestellung kund:

„Also, ich nehm – einmal das Einser-Menu."

„M e n ü!", zischte der Herr Pollak ihr zu.

„Du sei kusch", zischte die Frau Pollak zurück, „jüdeln werd ich in so an feinen Restaurant!"

„Das Eis ist gebrochen, ich denke, wir können die Tafel aufheben." Mit diesem Satz, gerichtet an die Hausfrau, pflegte mein Vater immer dann eine Familienmahlzeit zu beenden, wenn diese in dicker Luft und schweigend begonnen hatte, und wenn diese sich im Verlauf des Essens verflüchtigt und vergnügter Plauderei Platz gemacht hatte. Und auch dieser Bemerkung lag eine Pollak-Geschichte zu Grunde, die sich bei einem üppigen Bankett begab, bei dem zum Schluss Eis, damals noch „Gefrorenes" genannt, gereicht wurde. Die bis dahin animierte Stimmung trübte sich, als einer der Festteilnehmer plötzlich in sich zusammensackte und daraufhin von mehreren Herren in den Nebenraum geleitet wurde, wo man ihm Samariterdienste leistete. Nach kurzen Augenblicken schon kam einer der Herren mit der günstigen Botschaft in den Saal zurück:

„Er befindet sich wieder ganz wohl, das Eis ist gebrochen!"

Worauf die Frau Pollak sich beeindruckt zeigte:

„Was – s o schnell?"

Im Zuge des gesellschaftlichen Aufstieges war die Frau Pollak auch zum ersten Mal in der Oper eingeladen und lauschte nun ausgerechnet und darob einigermaßen überfordert Wagners *Parzifal*. Ihren Gatten jedoch schien das Werk vor allem hungrig gemacht zu haben, denn beim nachfolgenden Diner mit aus dem Ausland angereisten Geschäftspartnern häufte er sich sogleich Berge von Köstlichkeiten auf seinen Teller und begann diese, ohne sich um seine Umgebung im Geringsten zu scheren, stumm in sich hineinzuschlingen. Die Frau Pollak bemerkte die indignierten

Blicke der Übrigen, und noch ganz unter dem Eindruck des soeben Gehörten heischte sie um Verständnis:

„Sie müssen entschuldigen, aber so is er halt, mein Leopold – von Kopf bis Füß ein Gurnemanz!“

Weil dies als Nachweis von „Dazugehören“ galt, wurden mit dem Erwerb eines Logenabonnements Opernbesuche von nun an zur selten gefrönten, dafür aber umso öffentlicher ausgewiesenen Leidenschaft erkoren. Und so fügen sich zu den unzähligen Opernanekdoten über Sänger, Dirigenten oder Impresarios jene über die Opernbesuche der Frau Pollak harmonisch hinzu.

Als sie ihren Chauffeur einmal zur Opernkasse schickte, er solle dort zwei für den Abend reservierte Karten abholen, und dieser sich vorsorglich vergewisserte: „Für Madame Butterfly?“, wurde er von der Frau Pollak ärgerlich zurechtgewiesen: „Stuss! Für Frau von Pollak!“

Ein andermal hatte sie ihren widerstrebenden Ehegespons wieder einmal dazu gebracht, sie in Wagners *Lohengrin* zu begleiten. Ganz gegen die sonstige Gepflogenheit war diesmal nicht er es, der im Verlauf der nicht endenwollenden Handlung leicht eingenickt war, sondern sie. Als zum Ende hin Gralsritter Lohengrin, angetan mit seiner strahlender Rüstung, dem mit dem Nachen herangleitenden Schwan entgegensah und seine Arie begann … *Mein lieber Schwan! Ach, diese letzte traurige Fahrt, wie gern hätt ich sie dir erspart …*, hob die Frau Pollak kurz den Kopf, blinzelte zur Bühne hin und fragte:

„Was hat er gesagt, der Offizier zu der Gans?“

Das nächste Mal in der Oper, fragt sie gegen Ende des ersten Aktes: „Also wann kommt jetzt dieser Schwan?“

„Aber gnädige Frau, heute ist doch *Carmen* –!“

„Carmen? Ausgeschlossen – da kenn ich j e d e n Ton!“

Zum Wichtigsten bei einem Opernbesuch gehörte für die Frau Pollak, von Mitgliedern der Creme der Gesellschaft gesehen zu werden und diese dann möglichst auffällig zu grüßen, um damit vor möglichst zahlreichem Publikum ebenso auffällig Zugehörigkeit zu dokumentieren. Zu diesem Behufe musste ihr Mann oft schon vor Beginn, vor allem aber in den Pausen, Arm in Arm mit ihr angebliche oder wirklich einflussreiche Persönlichkeiten des öffentlichen Lebens so lange und wie zufällig umschlendern, bis der Gang seinen Zweck erreicht hatte und man sich in allseits beneideter, zumindest aber beachteter Konversation mit der gehobenen Person befand. Doch manchmal konnte es sein, dass die Pollaks, ob nun absichtlich oder nicht, einfach ignoriert wurden. Als dies wieder einmal der Fall war und sie ungegrüßt und unbeachtet in ihrer Loge Platz genommen hatten, hielt die Frau Pollak verärgert Ausschau.

„Dort drüben“, zeigte sie plötzlich aufgeregt in eine gegenüberliegende Loge, „schau – dort drüben sitzt die alte Fürstin Eszterházy! Die, wenn mich einmal einladen möcht –“

Herr Pollak zog ihr den ausgestreckten Arm hinunter: „Was regst du dich auf, die Eszterházy is doch lang tot.“

„Was heißt tot“, beharrte die Frau Pollak auf ihrer Beobachtung, „schau hinüber, sie bewegt sich doch!“

Nach einer obligaten halben Stunde des Zuhörens pflegte Herr Pollak in seiner Opernloge gewöhnlich jene Stellung einzunehmen, die es ihm ermöglichte, möglichst unbemerkt zu schlafen. Als er sich einmal darin durch seine Ehefrau gestört fühlte, die an ihrem Taschentuch knetete und zupfte, fragte er gereizt, was sie denn da tue.

„No, was mach ich?“, flüsterte sie. „Ich mach mir Knoten ins Taschentuch bei die schönsten Arien – dass ich sie nicht vergess.“

Und lieferte damit einen Nachweis tiefer Ergriffenheit, der so bald seinesgleichen nicht finden wird.

Ein andermal blätterte die Frau Pollak kurzsichtig im Programmheft, dann beugte sie sich über die Brüstung in die Nachbarloge und gab dabei ihrer Frage – schließlich war man als Logenbesitzer unter sich – einen familiären Anstrich:

„Sagt’s … ich hab nämlich meine Brille vergessen … wie heißt der Mann, der den fliegenden Holländer singt?“

„Heut is *Tosca*“, raunte man ihr zu.

„Ah so? No, da kann ich lang auf a Schiff warten.“

Und wenn ich in früheren Zeiten in der Oper einer Begleitung zuflüsterte: „Ich wart schon so lang auf a Schiff!“ und einen verständnislosen Blick erntete, dann wusste ich, aus dieser Liaison würde aller Leidenschaft zum Trotz niemals eine tiefe werden …

Als die Frau Pollak nach einer Premiere von *Arabella*, die vom Komponisten Richard Strauß selbst dirigiert worden war, zur anschließenden Feier eingeladen war, kam sie durch einen unerwarteten Zufall neben dem weltberühmten Maestro persönlich zu sitzen und es entspann sich die erwartungsgemäß ungleiche Konversation zwischen ihm und der unermüdlich Plappernden. Da schien der Frau Pollak plötzlich etwas eingefallen zu sein, womit sie hoffte, den zunehmend einsilbigeren Strauß aus seiner Reserve locken zu können.

„Sagen Sie“, begann sie, „Sie sind doch auch a Komponist – da kennen Sie doch sicher Ihren Kollegen, den Abeles Schnapp?“

Als Strauß in seiner kurzangebundenen bayerischen Art verneinte, war sie erstaunt:

„Nein? Aber Sie kennen den Donauwalzer?“

„Ja“, lächelte der Angesprochene gequält, „den kenne ich.“

„No, der is jetzt von i h m!“

Das zweifache Rätsel, wieso nämlich sie nicht etwa behauptete, der Donauwalzer sei überhaupt von Abeles Knapp komponiert worden, sondern j e t z t von ihm und was es überhaupt mit diesem Diktum auf sich hat, wartet bis heute auf seine Lösung, um danach der internationalen Musikgeschichte als sensationelle Entdeckung hinzugefügt zu werden.

So wie viele derer, die damals zu Vermögen gekommen waren, strebten die Pollaks nach gesellschaftlichem Ansehen, und so unterstützten sie großzügig neben verschiedensten Sozialeinrichtungen auch die darstellenden Künste.

„Also, ich find, Theater, das is einfach was für die besseren Leut'“, gab sich die Frau Pollak dabei auf ihre Art klassenkämpferisch, „die anderen, die wollen ja eh nix anderes wie Ponem et Circenses.“

Und wem jetzt nicht bekannt ist, dass *Ponem* das jiddische Wort für Gesicht ist, dem wird gar nicht aufgefallen sein, wie es hier der Frau Pollak gelungen ist, durch Vertauschen nur eines Buchstabens mühelos den Wechsel vom Lateinischen ins Jiddische und damit wahren Kulturaustausch betrieben zu haben.

Und so gelangte auch eine erste Wiener Bühne in den Genuss Pollak'scher Zuwendungen. Die dort engagierten Schauspieler wurden nun dazu vergattert, nach jeder Premiere, im Foyer von ihren Gönnern zu einem Glas Sekt eingeladen, deren zumeist ahnungslose Fachsimpeleien über sich ergehen zu lassen.

Nach einer Premiere von *Hamlet* erkundigte sich der Hauptdarsteller, dessen Ehefrau die Ophelia gespielt hatte, bei der Frau Pollak höflich, wie ihr denn die Schauspieler gefallen hätten.

„Großartig, durch die Bank!“, schwärmte diese. „Und Ihre Frau Gemahlin erst … hinreißend … und auch der – also, der mit dem Polonius … einfach wundervoll … no, und die Stiefmutter erst …“

„Dann finden Gnädige Frau für mich wohl gar keine Worte?“, versuchte der Mime einen Scherz.

„Für Sie? Ja, was haben S i e denn gespielt?“, war die Frau Pollak überrascht.

„Den Hamlet …“

„So? … Ach, Sie sind mir gar nicht aufgefallen.“

Nach dem Besuch der bejubelten Erstaufführung eines modernen Stückes urteilte sie hingegen achselzuckend: „Man hat sich bemüht – aber: Kein Stück für a Premiere!“

Und ich bin mir des Verständnisses des geneigten Lesers sicher, wenn es mir bis heute unmöglich ist, mich der Anwendung dieses Pollak-Urteils bei auch nur geringstem Missfallen eines Stückes zu entschlagen.

„Und wie hast d u den *Tasso* gefunden?“, wurde sie ein andermal nach dem Besuch des gleichnamigen Goethe-Klassikers gefragt.

„Nebbich der gleiche Nörgler wie mein Mann“, lautete hier ihre fachmännische Antwort.

Ein kopfschüttelnd gemurmeltes „Mon Dieu …“ genügte zu Hause als Kommentar etwa bei einem sich gerade zutragenden Streit, in welchem verbale Fetzen flogen. Es genügte im Familienkreis aber auch, um eine Klatschgeschichte abzukürzen, in welcher es um verbale Entgleisungen ging. „Was soll ich also lange erzählen – mit einem Wort: Mon Dieu!“, konnte etwa der Satz lauten, mit dem allen klar war, was geschehen war.

Und das kam so. Als die Frau Pollak eine Burgtheateraufführung des *Götz von Berlichingen* besuchen sollte, hatte man bei einem Umtrunk im Freundeskreis zuvor ausgiebig zu klären versucht, wie das berühmte Zitat, das vor allem in Wien zum absolut unverzichtbaren Bestandteil intensiverer Kommunikation gehört, im Originaltext denn nun wirklich laute, vor allem aber, ob dabei das verfängliche Wort nun wirklich falle oder nicht. Natürlich hätte man in den Goldschnittausgaben der Klassiker nachsehen können, welche die Pollak'sche Bibliothek als Meterware zierten. Stattdessen aber wurden Wetten abgeschlossen, um dem ohnehin als eher bildungslastig empfundenen Theaterbesuch zusätzlichen Reiz zu verschaffen. Die Frau Pollak war unter denen, die es für ausgeschlossen hielten, dass in einem Theaterstück – „... und noch dazu geschrieben von unserem Schiller ... und scho gar nicht im Burgtheater!“ ..., und ihr Wetteinsatz, mit dem sie beharrlich und zudem noch den falschen Dichter verteidigte, war dementsprechend hoch. Während der Vorstellung winkte man einander versteckt zu, gab einander Zeichen, und als der mit Spannung erwartete dritte Akt gekommen war, fiel wie vorgesehen Goethes auch als „Schwäbischer Gruß“ bekannter Befehl: *„Er aber, sag's ihm, er kann mich im Arsche lecken!“*

Dass einige Besucher daraufhin in die Hände klatschten und einander flüsternd beglückwünschten, dürfte die übrigen Zuseher einigermaßen verwundert haben, der Frau Pollak aber entfuhr ein lautes und vernehmliches:

„Mon Dieu – er sagt's ja wirklich!“

Einerlei, ob die Enttäuschung über die verlorene Wette überwog oder die Überraschung, das Unglaubliche im heiligen Burgtheater zu hören – bei mir überwiegen bei diesem Ausruf das Vergnügen an der Mischung aus französisch getrimmter „Foinheit“ und ungeschminkter Direktheit und die Erinnerung an eine lange verklungene Familiensprache.

Die Frau Pollak war also den schönen Künsten zugetan, allerdings ohne großes Animo. Nur dem Ballett konnte sie absolut gar nichts abgewinnen. Der ausdrucksarmen Mienen der Tänzer wegen, die ja im Unterschied zu jenen der Opernsänger, die ihren Emotionen mit übertriebener Mimik in ebenso übertrieben geschminkten Gesichtern lebhaften Ausdruck verleihen, zumeist unbewegt bleiben, bezeichnete sie Ballett als „Gehupf ohne Gesicht“ und damit stand es nicht mehr auf der Liste der gesellschaftlichen Aufstiegsverpflichtungen. Auch für Orchestermusik – „Musik ohne Singen“, wie sie es abtat – war die Frau Pollak nur insofern zu erwärmen, als einschlägige Gespräche darüber zu geschliffener Unterhaltung gehörten.

„Ehrlich gesagt, ich bin ka großer Liebhaber von der ganzen Konzertantik“, räumte sie ein und schuf mit dieser Feststellung wie nebenbei sowohl eine ihrer kostbaren Wortneuschöpfungen, „die ganze Konzertantik“, als auch zog sie die Möglichkeit, den Begriff Liebhaber auch in der weiblichen Form anzuwenden, offenbar gar nicht in Betracht.

„Aber, sagen Sie, d i e s e s Konzert muss doch heute auch Ihnen gefallen haben?“, fragte man sie nach einer bejubelten Aufführung von Beethovens Fünfter Sinfonie, die kein Geringerer als Arturo Toscanini dirigiert hatte.

„So und so“, wendete sie ihre beiden Handflächen einmal nach oben und einmal nach unten. „Etwas hat mir dabei sehr gefallen, etwas hat mir dabei nicht sehr gefallen“, war sie offenbar auch vom eben Gehörten nicht durchwegs überzeugt.

„Ja, aber – w a s hat Ihnen denn zum Beispiel nicht sehr gefallen?“

Sie legte den Kopf schief, setzte eine Kennermiene auf und stellte klar: „Nicht sehr gefallen hat mir zum Beispiel die Musik.“

Und mit dieser Konzertkritik, deren lapidare Eindeutigkeit jedem Musikkritiker zur Ehre gereicht hätte, verlassen wir die Musikgefilde, auf denen die Frau Pollak so deutliche Anekdotenspuren hinterlassen hat, und wenden uns anderen Gebieten zu, in denen sie ebenfalls mit unvergesslichen Aussprüchen brillierte.

Zum Beispiel mischte sie sich, ganz der traditionellen Rollenteilung verhaftet, zwar nie in die Geschäfte ihres Mannes ein, ja sie wusste sicherlich nicht einmal zu sagen, womit er eigentlich jenes Vermögen verdiente, das auszugeben zu ihrer Passion geworden war. Trotzdem geschah es einmal, dass sie bei einer

geschäftlichen Besprechung zugegen war, in deren Verlauf mehrmals der Ausdruck *a priori* fiel.
Abends, beim Zubettgehen, wollte die Frau Pollak von ihrem Mann wissen: „Sag, Leopold – nicht, dass ich mich berühmen will mit deine Geschäfte – aber, was genau heißt eigentlich a p r i o r i?"
„No, das könnt ma übersetzen mit von vorneherein", erklärte der.
„Dank dir!", strahlte die Frau Pollak wie von einer inneren Last befreit. „Dann weiß ich jetzt endlich auch, was apropos heißt!"

Als Herr Pollak seine Angetraute einmal ins Varieté mitnahm, wo auch eine als Nixe zurechtgemachte Tänzerin auftrat, schwärmte sie am Tag darauf beim Familienfrühstück:
„Also, diese Tänzerin gestern ... getanzt hat die ... so geheimnisvoll ... ich sag euch ... eine N a j a d e –", hier stockte sie, weil sie sich der Bedeutung dieses Wortes selbst nicht sicher war.
„Was ist das, eine Najade?", fragte prompt einer der halbwüchsigen Söhne.
„Eine Najade ... no, das is ... also eins von diese weiblichen Meeresgeschöpfe – halb Mensch, halb Jungfrau!"

„Von der Natur hab ich Bildungslücken", pflegte sie im engsten Freundeskreis freimütig zu bekennen. Und um diese Lücken ein wenig aufzufüllen, beschloss die Frau Pollak, einen Besuch im Naturhistorischen Museum zu absolvieren. Dort begleitete sie ein alter Museumswärter, um ihr die wichtigsten Exponate näher zu erläutern. Als sie vor einer Standsäule stehen blieb, auf welcher unter einem Glassturz zwei faustgroße, ovale Gebilde undefinierbarer Farbe präsentiert wurden, erkundigte sie sich interessiert:

„Sagen Sie – und das? Was sind das?"

„Dös san Straußeneier, Gnädige", erklärt der Alte eifrig, und bekräftigte, als er ihr Erstaunen bemerkte: „Ja, wirklich! – Die Eier vom Strauß!"

Die Frau Pollak war baff.

„Verfluchter Walzerkönig!", platzte sie heraus und mit diesen Worten ließ sie einen ratlos Dastehenden zurück.

Hatte die Frau Pollak Bildungslücken „von der Natur", so ließ auch die Geographie sich nicht unbedingt zu ihren Stärken zählen.

„Was, Sie sind Brünner?“, strahlte sie einmal einen Tischnachbarn an. „Genau wie mein Großvater selig!“
„Ich bin in Brünn geboren – aber in Wien zur Schule gegangen.“
„Was?!“, erschrak da die Frau Pollak. „Sie Armer – täglich den weiten Weg zu Fuß!“

Bis heute unverzichtbar, gehörte aber auch damals das Thema Wer mit Wem zum Repertoire jedes Klatschgesprächs, besonders dann, wenn dieses im Salon der Frau Pollak stattfand, und ganz besonders dann, wenn die Damen nach dem Tee zu Likör übergegangen waren.

Einmal war man gleich zu Beginn in hitzige Erörterungen des neuesten Skandals verstrickt. Es ging um den tragischen Grund für die Abwesenheit einer der Freundinnen. Diese war nämlich kurz zuvor in die Klinik eingeliefert worden, und zwar nach einem Selbstmordversuch, den sie unternommen hatte, nachdem sie sich vom Betrug ihres Mannes mit einer um vieles Jüngeren vergewissern hatte müssen. Folgendermaßen hatte sich die Geschichte abgespielt: Ob von einem angeheuerten Detektiv oder von jemandem, der die beiden zufällig gesehen hatte – der Ehefrau war jedenfalls vorgestern Mittag zugetragen worden, ihr Ehemann sei soeben gesehen worden, wie er mit besagter junger Dame ein bekanntes Stundenhotel betreten habe. Die Ehefrau war daraufhin sofort dorthin gefahren, hatte den Portier bestochen, ihr die Zimmernummer zu verraten, war daraufhin in den Raum gestürmt und hatte die beiden in flagranti ertappt. Was aber die Sache zur stadtbekannten Sensation steigerte, war das Gerücht, bei besagter Jüngeren habe es sich um die erst achtzehnjährige Nichte der Betrogenen gehandelt. Und nun kannte die Empörung der Freundinnen über den Treuebruch des Ehemannes keine Grenzen, den er noch dazu mit einem Mitglied aus dem engeren Familienkreis begangen haben sollte, was wiederum die verzweifelte Kurzschlusshandlung seiner Frau mehr als verständlich machte. Der Frau Pollak waren anscheinend neueste Informationen über die Sache zugegangen, und nun bestürmte man sie, diese mitzuteilen.

„Aber was, Nichte!“, stellte sie die Sachlage klar. „Für an Selbstmordmordversuch hat sie ü b e r h a u p t keinen Grund gehabt – es war ein wildfremdes Mädel!“

Im Unterschied zu heute jedoch bildete in Zeiten des Vielvölkerstaates mit seinem Schmelztiegel Wien das Thema Wer von wo ausführlichst bis in die letzten Verwandtschaftsglieder zu besprechen und dabei gleich auch alle Bekanntschaftsecken auszuleuchten, Ausgangs- und Endpunkt jeglicher Konversation.

„Sagen Sie, wenn Sie einmal länger in Leitmeritz waren", wurde die Frau Pollak einmal von einem Herrn gefragt, der sich aus der böhmischen Provinz auf das Wiener Parkett verirrt hatte und sich nun angestrengt bemühte, einen Anknüpfungspunkt zu finden, „dann kennen Sie doch sicher den Herrn Budlewsky?"
„Budlewsky … Budlewsky? Nein, den kenn ich nicht", bedauerte die Frau Pollak.
„Aber dann kennen Sie sicher seinen Schwiegersohn, den Jonas Biach?"
„Biach – warten Sie … Biach?", dachte die Frau Pollak angestrengt nach. „Nein, der Name sagt mir gar nichts – da kenn ich noch eher den Budlewsky!"

Diese Antwort war natürlich ein gefundenes Fressen für meinen Vater und er verwendete sie, wann auch immer er jemanden, den m a n kennen m u s s t e, nicht kannte oder vorgab, nicht zu kennen.

„Aber Vater, nur weil du nie ins Kino gehst, musst du doch den James Dean kennen! Jenseits von Eden – Giganten – James Dean! Den kennst du nicht?!"

„Da kenn ich noch eher den Budlewsky!"

Und werde ich heute von jemandem mit Fragen nach irgend jemandem belästigt, den ich aus diesem oder jenem Grund angeblich doch kennen m u s s, dann habe ich im Zweifelsfall immer noch meinen Budlewsky, der mir zwar auch nicht bekannt ist, den ich aber immer noch weniger nicht kenne als den Angefragten.

„Was soll ich lesen?", fragte ich oft als Kind.
„Lies was Geistreiches!", war die Antwort meines Vaters, und erst viel später erfuhr ich die dazugehörige Pollak-Pointe.

„Also, ich mag's absolut nicht", tat sie einmal beim Tee ihren Freundinnen kund, „wenn mein Großer nur Bücheln liest mit Tschinbumm und so andere miese Sachen. Ich sag ihm immer:

Heutzutag is Bildung gefragt – lies was Geistreiches! So über Leut, von wo du was lernen kannst fürs Leben – wie zum Beispiel die Geschichte von unserm Goethe: *Die Leiden des jungen Wertheimer*!"

Und bekräftigte damit, dass der Gedanke, ein so bedeutender Meister seines Faches wie Goethe könne etwas anderes als die Erfolgsgeschichte von Samson Wertheimer, dem legendären Rabbiner und Finanzier des Kaisers Leopold I., niedergeschrieben haben, außerhalb ihrer Vorstellungskraft lag.

Auch wenn ihr die damals schon beginnenden Bewegungen für die sogenannte Befreiung der Frauen fremd war – empfand sie sich doch weder als befreiungsbedürftig, noch machte sie sich über „sowas von Blödheiten", wie sie es nannte, auch nur die geringsten Gedanken –, hatte sie dennoch ein ursprüngliches Empfinden für die Zeichen der Zeit.

„Was Töchter sind", postulierte sie einmal, und vielleicht spielte dabei auch eine vage Selbsterkenntnis eine Rolle, „die sollen für alle Fälle was lernen – und dabei eine Fremdsprache."

„Und welche?", wurde sie gefragt.

„Egal – aber jedenfalls die, die am meisten fremd ist."

Die Möglichkeit, durch Erlernen einer Fremdsprache den Bildungsstand zu erhöhen, erschien ihr durchaus erweiterungsfähig, wenn man dabei auch einer graduellen Abstufung der Fremdheit genügend Beachtung schenkte.

Einmal entzündete sich eine Diskussion an der Lebensgefährtin des Malers Gustav Klimt, Emilie Flöge, einer für die damalige Zeit revolutionären Neuerin, und das nicht nur weil sie als Modeschöpferin ihrer sogenannten Reformkleider den Abschied der Frauen von Mieder und bodenlangen Röcken proklamierte. Die Empörung und die Ablehnung konservativer Kreise, welche dem Lebenswandel wie den Neuerungen dieser Vorreiterin der Wiener Bohème und des Fin de siècle entgegenschlugen, teilte die Frau Pollak merkwürdigerweise ganz und gar nicht, wobei sie es bei ihrer Verteidigung der propagierten Mode auf unvergleichliche Weise verstand, eine praktische Begründung mit einer moralischen zu verknüpfen. Dass sie dabei der Nachwelt einen jener typischen Pollak-Aussprüche lieferte, deren Doppeldeutigkeit ihr nicht im Mindesten bewusst war, dafür sei sie an dieser Stelle der posthumen Verehrung ihrer Geschlechtsgenossinnen versichert.

„Ich bin für kürzer – vor allem für anständige Mädeln“, verkündete sie und lieferte die Erklärung dieser anscheinend widersprüchlichen Aussage gleich nach. „A anständiges Mädel hats doch schwer heut mit die Kleider im Regen. Hebt sie das Kleid zu wenig in die Höh, leidet das Kleid – hebt sie's zu viel in die Höh, leidet ihr guter Ruf darunter.“

Um den „guten Ruf darunter“ war sie, aller Assimilierung zum Trotz ungebrochen typisch jüdische Mutter mit allem, was dazugehört, sicher gebührend besorgt.

Legendär auch ihre Anweisung an eine tiefdekolletierte Schwiegertochter:

„Entweder zieh dich höher an, oder wasch dich tiefer!“

Mit der gleichen Leidenschaft aber ließ sie über ihre Kinder, besonders über den Erstgeborenen, nicht das Geringste kommen. Umso treffsicherer schoss sie einmal in ihrem ungebrochenen Stolz über ihren Nachwuchs daneben, als sie eines ihrer Hohelieder sang, das im beseelten Ausruf gipfelte: „Also, am meisten im Leben freuen mich halt meine Kinder! Mein Haus is scho das reinste Freudenhaus!“

Und als es sich beim Tee wieder einmal um ihr Lieblingsthema, die nachwachsende Mischpoche, drehte, wollte eine der Damen wissen: „Sagen Sie, hat Ihr Ältester eigentlich schon mutiert?“

„Also, mir sagt er ja nichts“, beklagte sie sich daraufhin, „aber“, fuhr sie gleich darauf triumphierend fort, „was eine Mutter is, weiß so was trotzdem: Ja! Mit'n Stubenmädl.“

Als dieser Älteste ein paar Jahre später in einer der väterlichen Fabriken in Böhmen volontierte, telegrafierte sie ihrem Ein und Alles, er möge am nächsten Abend nach Wien kommen, sie benötige ihn bei einer wichtigen Einladung dringend als Tischherrn.

„Kann leider nicht“, telegrafierte der Sohn zurück, „liege mit Angina im Bett.“

Das prompte Antworttelegramm lautete:

„Bezahl sie, schmeiß sie raus und komm umgehend!“

„Sagen Sie, Frau Pollak", wurde sie Jahre später gefragt, „warum lässt sich Ihr Sohn eigentlich scheiden? Seine junge Frau war doch die Zierde des Salons!"

„Es is auch nicht wegen dem Salon", stellte die Frau Pollak den Sachverhalt unmissverständlich klar, „es is wegen dem Schlafzimmer."

So fanatisch sie ihre Mutterrolle ausfüllte, in die Rolle der Großmutter hatte sie sich angeblich nicht so recht hineinfinden wollen. Ihr erstes Enkelkind soll ein dünnes, blasses Jünglein gewesen sein, das sich von anderen Kindern und ihren Spielen bereits im zartesten Alter absonderte. Früher als diese konnte der Bub bereits lesen und man fand ihn bald nur noch in Bücher vergraben, was für die Frau Pollak, die mehr fürs Handfeste war und die Praxis jeglicher grauen Theorie vorzog, Anlass zu ernster Besorgnis bot. Als der Enkelsohn einmal zu ihr zu Besuch kam und sogleich in die Bibliothek stürmen wollte, um danach stundenlang die gelehrtesten Bücher zu verschlingen, fragte sie ihn streng, ob er sich schon überlegt habe, welchen Beruf er denn einmal ergreifen wolle.

„Ich –", baute sich der Gefragte vor seiner Großmutter auf und verschränkte die Arme vor der Brust, um dann altklug zu dozieren, „ich werde dereinst einmal Doktor der Philosophie!"

Durch diese Antwort schien die Besorgte einigermaßen beruhigt.

„Arzt", lobte sie, „no, das is sehr ein anständiger Beruf – aber sag mir", fuhr sie fort, „was für a Krankheit is Philosophie?"

Die Bücher für die erwähnte Bibliothek waren beim Einrichten der neuen Villa als Meterware nach Maß zu den handgefertigten Bücherschränken bestellt worden und blieben selbstverständlich unberührt, zumindest von der Frau Pollak. Durch den neuen Prachtbau führte sie jedoch, so oft sie konnte, ihre Besucher, indem sie stolz das Ergebnis eines Heeres von Architekten und Dekorateuren präsentierte:

„Hier, diese ganze Reihe da, das is meine eigene Zimmerflucht, und hier –", soll sie dabei einmal die Tür zum Schlafzimmer geöffnet haben, „hier beginnt die Flucht meines Mannes."

Als Einrichtung und Ausstattung noch in Planung begriffen waren, mischte die Frau Pollak zum Leidwesen aller Beteiligten kräftig mit. Hier sollte eine Farbe geändert, dort ein Detail ergänzt werden, und mit ihrer Mischung aus treffsicherer Geschmacklosigkeit und profunder Unbildung wurde sie dabei zum Schrecken der Professionisten. Als die Kisten mit dem teuren Porzellanservice ausgepackt waren, begutachtete sie jedes Stück und verfügte dann, der Name Pollak solle auf die Unterseite des Geschirrs gebrannt werden. Als man höflichst wissen wollte, was es denn mit diesem Wunsch auf sich habe, und ihr erklärte, dass dies außerdem im Nachhinein auch gar nicht möglich sei, schmollte sie beleidigt:

„Aber beim Rosenthal is es gegangen!“

Diese Antwort war zum geflügelten Wort meines Vaters und der ganzen Familie geworden und wurde immer dann angewendet, wenn jemand feststellte, das Gewünschte werde so nicht funktionieren, und verwirrte so im Laufe der Jahre Heerscharen von Mechanikern, Handwerkern oder sonstigen Dienstleistern, die mit unserer Familie zu tun bekamen.

Wenn sie auch in die von mir weniger geschätzte Kategorie des Spotts über den Akzent des Jüdelns fällt, sei der Vollständigkeit halber jene Antwort der Frau Pollak zitiert, die sie ihrem Dekorateur gegeben haben soll, als man über die Stühle sprach, welche den großen Esszimmertisch umrunden sollten, und als dabei die Frage zur Sprache kam: „Und woran denken Gnä’ Frau in punkto Stil?“ – „No, an Polsterstühl’ natürlich!“

Ein anderer Satz jedoch, dessen Unergründlichkeit die Frau Pollak mit ins Grab genommen hat, wodurch für immer ungeklärt bleibt, aus welcher Stilkunde sie ihr Wissen bezogen hatte und was sie damit gemeint haben könnte, fiel im Gespräch mit einem Besucher der Villa, der sich soeben einer eingehenden Führung unterzogen hatte, die im Esszimmer endete. Dort angekommen, wies die Frau Pollak stolz auf die weißen Stuckdecken, die monströsen Vitrinen und auf die in Rot und Gold gehaltene Möblierung, was insgesamt den Prunkräumen des Schlosses Schönbrunn mehr ähnelte als einem Privathaus, und schwärmte in gewählter Sprache:

„Da lässt's sich speisen, nicht wahr! Wie finden Sie unser neues Esszimmer?"
„Barock", bemerkte der Angesprochene lakonisch.
„Barock?", war die Frau Pollak verwirrt. „Aber – Barock is doch grün …?

Wenn auch diese, jede Rationalität entbehrende Antwort als gefundenes Fressen in unsere Familienannalen eingegangen ist, dann hauptsächlich, um etliche Jahre hindurch in den absurdesten Variationen abgewandelt zu werden. „Rokoko ist doch gelbgestreift, Gotik ist doch kirschrot, Renaissance ist doch getupft" und so fort … Wobei ich bis heute gar nicht so sicher bin, ob Barock nicht wirklich – …?

Zurück aber zur großzügigen Spenderin geflügelter Worte meiner Jugend.

Der neue Reichtum der Pollaks musste selbstverständlich auch in entsprechend repräsentative Kunstwerke investiert werden, und so stand das Paar eines Tages in der Frühlingsausstellung des Wiener Künstlerhauses vor einem Gemälde, das eine Dame zeigte, die, auf der Tischkante eines halb abgeräumten Esstisches sitzend, eine Zigarette raucht.

„A Schiksse", rümpfte die Frau Pollak die Nase, „sag, wie heißt das Bild?"

Herr Pollak blätterte im Katalog:

„Siesta –"

„Was heißt: Sie esst da!", kritisierte die Frau Pollak. „Sie hat doch scho gegessen!"

Bedarf es da noch der Erwähnung, dass mein Vater selbstverständlich jedes Bild, das eine Dame zeigte, mit den Worten kommentierte: „… Hat auch schon gegessen …", wobei es mit den Jahren gar keine Rolle mehr spielte, ob im Motiv auch nur ein entfernter Zusammenhang mit Nahrungsaufnahme zu erkennen war. Diese Bemerkung jedoch, beim Rundgang durch Kunstmuseen mal bei diesem, mal bei jenem Bild und mit gebotener Ernsthaftigkeit fallengelassen, ist durchaus geeignet, sich Begleitern gegenüber den Anstrich profunder Kunstkennerschaft zu geben.

Bei einem Museumsbesuch hatte es der Frau Pollak wiederum das Kolossalgemälde *Der gefesselte Prometheus* angetan. Besonders fasziniert war sie von dem Adler, der dem Wehrlosen die Leber aus seinem Leib hackt. Nach eingehender Betrachtung bemerkte sie tiefschürfend:

„Auch ka Leben für ein Adler – jeden Tag nur Leber!“

Überzeugt von ihrem Kunstverständnis, vornehmlich für Malerei, schwärmte die Frau Pollak ihren Freundinnen vor:

„Also, ich war doch mit meinem Leopold in Venedig und da hat er mir an herrlichen Tizian gekauft –“

„Was, einen Tizian?“, zweifelten alle. „Das ist doch unmöglich! Und überhaupt“, glaubten sie, die augenfällige Aufschneiderin damit überführt zu haben, „solche Kunstwerke dürfen ja gar nicht ausgeführt werden aus Italien.“

„No, eh nicht“, trumpfte die Frau Pollak mit Kennermiene auf, „drum war der Leopold so intelligent und hat an Mussolini drüber malen lassen. Aber wie ich das Bild in Wien hab abwaschen lassen, hat mir der Trottel dabei auch den ganzen Tizian weggewaschen!“

„Um Gottes willen, das ist ja ein grässliches Malheur“, stöhnten die Anwesenden, „das ist ja ein unermesslicher Schaden!“

„No, so groß war der Schaden auch wieder nicht“, beruhigte da die Frau Pollak, „stellt’s euch vor, unter dem Tizian war noch a Bild – das Porträt von unserem seligen Kaiser Franz Joseph!“

Der Kunsthändler wiederum, der das Ehepaar Pollak beriet, ließ sich eines Tages anmelden; er wolle nur mitteilen, er habe bei einem Konkurrenzantiquar ganz zufällig das zum letzthin erworbenen Gemälde gehörige Pendant gesehen. Er selbst könne dieses verständlicherweise unmöglich zu erwerben suchen, der Preis würde sofort ins Unanständige steigen, wenn aber die gnädige Frau selbst – …

Die Aussicht, wofür auch immer unanständige Preise zahlen zu müssen, erboste die Frau Pollak ungemein. So ließ sie sich am nächsten Tag zu besagtem Laden fahren, rauschte mit wehenden Röcken hinein und sagte ohne Einleitung:

„Ich komm kaufen das Pendant.“

„Verzeihen Gnädigste, aber – Pendant zu was?“, wollte der Kunsthändler wissen.
„Also das“, wies sie ihn empört zurecht, „geht S i e doch bitte gar nix an!“

Vielleicht auch um den Neid der Wiener Gesellschaft noch mehr zu schüren, in der die Pollaks ihres Geldes wegen zwar eingeladen wurden, aber nicht die erwünschte Anerkennung fanden, hatte Herr Pollak auf einer ausgedehnten Geschäftsreise, die ihn über Frankreich und Spanien bis nach Südamerika führte, bei einer Pariser Kunstauktion einen Rembrandt ersteigert. Bedeutete dies schon eine auch seine Verhältnisse fast übersteigende Ausgabe, hatte er sich zuvor aus Übersee ein Lincoln Cabriolet bestellt. Was damals als technische Sensation galt und langwieriger Vorbereitungen auf beiden Seiten des Atlantiks bedurfte, nämlich ein telefonisches Überseegespräch, nahm Herr Pollak nun einmal in der Woche auf sich und telefonierte aus dem fernen New York nach Hause, um zu erfahren, ob die Lieferungen schon eingetroffen seien. Beim vierten Anruf rief die Frau Pollak aufgeregt in den Telefonhörer:

„Leopold, Lieber, stell dir vor, eins von beiden is scho bei uns zu Haus angekommen – ich weiß nur nicht, welches!“

Auch die Ratschläge, welche die Frau Pollak ihrem geliebten Leopold auf die lange Reise mitgegeben hatte, verdienen erwähnt zu werden, zeugen sie doch davon, wie fern die Neue Welt der Alten damals noch war.

„Sperr deine Tür ab bei der Nacht!“, schärfte sie ihm ein. „Und lass dir von niemandem was einreden dort drüben! Vergiss nicht deine Manieren! Trink nicht! Rauch nicht! Courage! Vertrau auf Gott!“ Damit drückte sie ihm einen tränennassen Kuss auf beide Wangen. „Aber vor allem – hüt’ dich vor die Indianer!“

Dass sie selbst sich niemals in die Situation begeben werde, in der man sich solchen Gefahren aussetzen musste, bewies ihre Begründung, warum sie ihren Mann nicht nach Amerika begleitete.

„Für so weit auf a Schiff“, diagnostizierte sie, „für so weit auf a Schiff geh ich nicht. Da bin ich mir doch zu sehr in Gottes Hand!“

Ob der Frau Pollak selig nun auch jene Aussprüche zuzuschreiben sind, die mehr in die Kategorie der Kalauer gehören, entzieht sich meiner Kenntnis. Es ist aber heute nicht mehr wichtig, zu eng sind auch solche schon mit ihrer Person verknüpft und wie angegossen passen sie auch zu der legendären Figur, die mittlerweile aus ihr geworden ist und so die Zeiten überdauert hat.

Ob allerdings die Erklärung: „Ich hab heut an Käfig gekauft, weil mein Mann will mir von der Spanienreise an echten Murillo mitbringen", oder die Antwort, die sie einem Besucher gab, der bemerkte: „Schwül ist draußen" – „No, holn'S ihn ruhig herein", wirklich ihr zuzuschreiben ist, kann bezweifelt werden. Zu häufig sind beide in seichten Anthologien als „typisch jüdischer Witz" zu lesen.

Vielleicht aber verhält es sich gerade umgekehrt und man hat sich mit den Jahren, aus welchen Gründen auch immer, bei manchen Aussprüchen auf diese Weise einfach ihrer Urheberin entledigen wollen.

An der Urheberschaft der folgenden Antwort jedoch, die sie konsterniert gab, als sie einmal ihren Gästen stolz das neue Prunkstück des Hauses, einen überdimensionalen Bösendorfer Konzertflügel, präsentierte und man wissen wollte, ob sie denn darauf auch vierhändig spielen würde: „Was heißt vierhändig – bin ich a Aff?", dürfte kein Zweifel bestehen.

Und jetzt kann ich mich nicht beherrschen, ich muss so wie mein Vater mit einem Apropos abschweifen, weil folgende Anekdote einfach zwingend dazu passt. Ich mache es dafür kurz und berichte von dem Schnorrer, der sich einbildet, er müsse unbedingt von Rothschild selbst empfangen werden. Unglaublicherweise gelingt ihm das und er wird in ein Musikzimmer geführt, in dem gerade zwei Mädchen auf einem Flügel vierhändig spielen. An ein Wunder grenzt es auch, dass kurz darauf Rothschild persönlich eintritt und ihm wirklich das gewünschte Almosen gibt. Als der Schnorrer heimkommt, berichtet er seiner Familie:

„Also ganz versteh ich nicht, was man sich für ein Getue macht um das Geld vom Rothschild. Ich hab nix davon bemerkt, im Gegenteil: Ich hab heut genau gesehen, wie z w e i Mädel bei ihm gespielt haben auf e i n e m Klavier!"

Und so kehren wir doch noch einmal in die musikalische Abteilung der Pollak-Sprüche zurück, in die Zeit der Hausmusik und der häuslichen Soireen, und zelebrieren genüsslich einen jener köstlichen Fauxpas, die sie sich leistete, als sich der berühmte Geigenvirtuose, den sie anlässlich einer Soiree engagiert hatte, im Vorfeld erkundigte, ob er Mozarts a-Moll- oder c-Moll-Sonate spielen solle. Da fiel ihre Antwort ähnlich kenntnisreich aus wie zuvor bei der Erkundigung nach vierhändiger Klaviermusik. Die Frau Pollak dachte nämlich kurz nach und bestimmte dann: „Also, wir machen es so: Zuerst spielen Sie's a mol. Und nur wenn's bei den Gästen wirklich gut ankommt, dann können Sie's ruhig auch zeh' mol spielen." Und hatte mit dieser Anweisung in ihren Augen den Beweis für ihre Autorität als Hausherrin wie als Musikexpertin gleichermaßen geliefert.

Wer aber in ersten Kreisen darüber hinaus nachhaltige Geltung erlangen wollte, der musste mindestens einen jungen Künstler fördern, aus dem vielleicht später mit allergrößtem Glück ein Name wurde, den man sich dann stolz auf seine Mentorfahne heften konnte.

Dies gehörte auch für die Pollaks zum guten Ton im wahrsten Sinn des Wortes, und so war auch ihnen ein noch unbekannter junger Komponist zur Förderung empfohlen worden, ein sogenannter Geheimtipp, dem man mozartähnliche Genialität nachsagte, und zum Erstvortrag seiner neuesten Schöpfungen war ein Hauskonzert angesetzt worden. Gespannt, was für ein Protegé es denn sei, den ausgerechnet die Pollaks unter ihre Fittiche genommen hätten, war das Publikum zahlreich erschienen. Zum Entsetzen allerdings nicht nur der Gastgeber erwiesen die Musikergüsse des angeblichen Genies sich als unsägliche pseudomodernistische Machwerke und erzielten nicht nur keinen Zuspruch, im Gegenteil, man verabschiedete sich vor der Zeit und zusammen mit dem Klangschöpfer, der handgreiflichen Reaktionen auf seine Darbietungen durch rasche Flucht zu entgehen hoffte, stürmten auch die Gäste davon. Allein standen die Pollaks nun im leeren Salon, vor sich den teuren Konzertflügel, hinter sich das unberührte Buffet.

„Also bei dem", stellte die Frau Pollak ihre Sicht auf das soeben Geschehene klar und klappte den Klavierdeckel zu, „bei dem lassen w i r nix mehr spielen."

Als eine Woche später das verkannte Genie kleinlaut anläutete, es sei ihm überaus peinlich, aber er habe schon überall gesucht, und nun sei er sicher, beim überhasteten Aufbruch einige Blätter mit wichtigen Noten vergessen zu haben, und als ihn die Frau Pollak noch in der Tür aufforderte, sich erst einmal seine Schuhe ordentlich abzuputzen, und er dazu bemerkte: „Verzeihung, aber draußen ist heute so ein Dreckwetter", meinte sie:

„Apropos Dreck – hätten Sie sich in der Zwischenzeit nicht scho was Neues komponieren können?"

„Ich hör, man macht sich lustig hinter meinem Rücken über meinen musikalischen Geschmack", bemerkte sie einmal – und mit diesem Ausspruch verlassen wir nun endgültig die Musikgefilde –, „aber mir is das egal, weil es is sowieso alles gelogen. Da behaupten sie zum Beispiel, ich hab gesagt, die Sixtinische Kapelle gefallt mir nicht so gut wie die Wiener Philharmoniker. Also, so einen Blödsinn k a n n ich gar nicht gesagt haben – ich hab die Sixtinische Kapelle in meinem ganzen Leben noch k e i n e i n z i g e s M a l g e h ö r t !"

Einmal versuchte sich ein besonders Vorwitziger in einer Abendgesellschaft darin, die Frau Pollak besonders offensichtlich bloßzustellen, wodurch er erwartete, die Lacher auf seiner Seite zu haben.

„Stellen Sie sich vor, Frau von Pollak", hub er im Ton der Verkündung einer echten Sensation an, „sitz ich gestern im 43er, da steigt doch bei der Oper ein alter Mann ein mit einem Stock. Offensichtlich taub drängt er sich rücksichtslos durch die schimpfenden Fahrgäste, scheucht mürrisch eine junge Dame von ihrem Sitzplatz und setzt sich selbst hin, schau ich – is es der alte Beethoven!"

„So ein Stuss", replizierte die Frau Pollak überlegen lächelnd, „d i e G'schichte glaub i c h Ihnen nicht – der 43er nämlich, der hält gar nicht bei der Oper!"

Da sich mein Vater nach seinem geliebten Hund, einem Weimaraner namens Hus, den er auf seiner Flucht zurücklassen musste, nie mehr zur Anschaffung eines Hundes entschließen konnte, mutierte er in fortgeschrittenem Lebensalter, ausgelöst durch ein Familiengeschenk in Form eines winzigen Dackelwelpen, zum fanatischen Herrl mehrerer Glatthaardackel, jener äußerst eigenwilligen „Knackwürste auf vier Beinen“, die heute gänzlich aus der Mode gekommen zu sein scheinen. Mit dem ersten Tier, einem anfangs äußerst mickrigen Rüden mit dem umso bemerkenswerteren Namen Ratibor von Stieberheim, begann er, obschon im letzten Viertel seines Lebens angelangt, zur allgemeinen Überraschung Hundeausstellungen zu besuchen und wurde – besser gesagt der inzwischen zum Wunderdackel Erwachsene – nach einigen Jahren internationaler Wettkämpfe sogar zum Weltmeister gekürt. Dadurch erfuhr der Stammbaum des großen Siegers eine Aufwertung, die sich insofern auch zu Buche schlug, als der Rüde nun zu Zuchtzwecken „angemietet“ werden konnte.

So hielt das Wort Stammbaum zum ersten Mal in seiner ursprünglichen Bedeutung bei uns Einzug. Und deswegen sei die Pollak-Anekdote, welche uns bis dahin eine andere Bedeutung geliefert hatte, an dieser Stelle nicht verschwiegen.

Die Frau Pollak hatte sich nämlich, weil dies, wie sie überzeugt war, „zur Grundausstattung von feine Häuser“ gehörte, drei rassereine und entsprechend teure Windhunde zugelegt. Als sie mit einem dieser Prachtexemplare im Volksgarten einem Bekannten begegnete, überschlug der sich in Bewunderung und rief entzückt aus:

„Eine Meisterleistung der Natur! Und sein Stammbaum, der ist sicher einzigartig!“

„No, schön is er ja wirklich, der Hund’l“, entgegnete die Frau Pollak, „aber dass er zum Lullen an eigenen Baum nimmt – das hätt’ ich merken müssen!“

Aus diesem Grund hatte das Wort Stammbaum bisher zu Hause besonders dann jubelnde Verwendung gefunden, wenn wir damit Mitglieder aus Adelshäusern benennen konnten und dabei das Vergnügen am Doppelsinn am besten zu erreichen war.

Überhaupt müssen Gespräche zwischen den Familienmitgliedern Außenstehenden oft wie unverständliche Narrendialoge vorgekommen sein. Wenn mein Vater, der hin und wieder auf Messen ausstellte, wo er Kollektionen von Messern und Besteck aus seinen wenig einträglichen Vertretungen an den Mann zu bringen suchte, über lästige Kunden berichtete, die ihn stundenlang belagert, aber keine Bestellung getätigt hatten, lautete die Antwort aus dem Familienkreis: „Wenigstens haben sie nicht auf den Läufer reflektiert."

Auch dieser nicht gleich eingängige Trost führt zu einem berühmten Ausspruch der Frau Pollak zurück.

Als diese einige ihrer Einrichtungsgegenstände zum Verkauf hatte annoncieren lassen, um den Erlös einer wohltätigen Stiftung zukommen zu lassen, so auch eine Perserbrücke im Entrée, klopfte eines Morgens das Stubenmädchen an:

„Bitt'schön, Gnä' Frau, unten wär' grad ein Herr, der auf den Läufer reflektiert."

„Schmeißen Sie ihn sofort hinaus", entrüstete sich die Frau Pollak, „und dann nehmen Sie einen Putzfetzen und wischen es auf!"

Wer zu jener Zeit etwas auf sich hielt, der veranstaltete während der Ballsaison mindestens einen Hausball, so natürlich auch die Pollaks. Nach wochenlangen Vorbereitungen war endlich der erste große Abend gekommen, die Eingeladenen waren vollständig erschienen, und der Hausfrau oblag es nun, der Musik das Zeichen zum Beginn zu geben, was auch den von den Damen wie den Herren der jungen Generation sehnsüchtig erwarteten Start bedeutete, die auf den Tanzkarten versprochenen Tänze einzulösen. Die Frau Pollak postierte sich also am Dirigentenpult, und als Ruhe eintrat, erteilte sie dem Orchester mit aller ihr zur Verfügung stehenden Grazie das Zeichen. In die Stille nun begannen die Musiker zur letzten gegenseitigen Verständigung kurz ihre Instrumente zu stimmen. Da fuhr die Frau Pollak den Kapellmeister irritiert an:

„Sagen Sie, was is? Vor einer Woche hab ich Sie engagiert und jetzt erst stimmen Sie!"

Als um Mitternacht das Fest seinen Höhepunkt erreicht hatte und die Jungen ausgelassen tanzten, während die Alten zusahen, schwärmte die Baronin Popper:

„Sehr a eleganter Mann, der junge Traunstein. Und immer tanzt er mit einer gewissen Nonchalance –"

„Nebbich Nonchalance“, korrigierte die Frau Pollak, „mit der er tanzt, das is doch nur die Siddi Blau!“

Tage vor dem Ereignis war die Frau Pollak schon der Schrecken aller Lieferanten, Hausangestellten und sonstwie mit den Vorbereitungen Beschäftigten gewesen. Sie war aufgeregt hin und her gelaufen, hatte kritisiert und telefoniert und alle zur Verzweiflung gebracht. Am Tag selbst hatte man sie nur noch wehklagen gehört, alles werde ins Wasser fallen, nichts werde funktionieren, sie sei natürlich wieder einmal die Einzige, die sich um alles kümmern würde, sie selbst werde aus diesem Grunde natürlich niemals im Leben mit ihrer Toilette fertig werden, sie werde das Gespött der Gäste und unten durch sein in der Gesellschaft, und so fort. Um ihr nun den Weg zum Friseur zu ersparen, wurde der erste Coiffeur der Stadt engagiert, mit einer Gehilfin ins Haus zu kommen. Aufgelöst hatte sie ihn empfangen und sogleich in ihr Boudoir geführt, wo das Stubenmädchen schon alles hergerichtet hatte, und als sie erschöpft Platz genommen hatte, meinte der Figaro:

„Es besteht überhaupt kein Grund zur Beunruhigung, liebe gnädige Frau, wir haben Zeit zur Genüge, Sie werden sehen! Aber –“, wollte er ihr beruhigend das Haar zurechtstreichen, „Gnädige sind ja complètement zerrauft … darf ich –?“

„Hören Sie auf!“, wehrte da die Frau Pollak seine Hand ab. „Sie sollen mich frisieren und nicht sich in Familienangelegenheiten mischen!“

Apropos Familienangelegenheiten: Befand sich eine meiner Schwestern oder Schwägerinnen wieder einmal in anderen Umständen, was, wie mir damals schien, über lange Zeit nahezu alljährlich der Fall war, pflegte das Einlangen der Freudenbotschaft von meinem Vater mit einem trockenen „Bravo Prochaska“ kommentiert zu werden. Und das kam so:

Die oben erwähnten Hausbälle boten die einzige Gelegenheit, bei denen man die Frau Pollak jemals tanzen sah. War es Scheu vor öffentlich dargestellter Körperlichkeit, war es eine dabei zu Tage tretende Scham über ihre Korpulenz, man wusste allgemein, das Tanzen gehörte zumindest nicht zu Frau Pollaks Vorlieben. Trotzdem wurde sie von den älteren Herren, deren Erziehung ihnen zumindest einen Tanz mit der Hausfrau gebot, jedes Mal unbeirrt aufgefordert. Dann ließ sie sich linkisch führen, ihren Blick verschämt zu Boden gerichtet. Nun ergab es sich einmal, dass der zum ersten Mal eingeladene tschechische Gesandte sich als besonders eifriger Tanzherr erwies, der nicht müde wurde, die Hausherrin aufs Parkett zu bitten. Dort verwickelte er sie bei langsamen Tänzen in endlose Gespräche und bestand darauf, auch die schnellen Nummern nicht auszulassen.

„Sie müssen wissen", scherzte er galant, „meine Kondition ist ausgezeichnet, mein tschechischer Name Prochaska bedeutet auf Deutsch Spaziergang."

Als nach einem English Waltz das Orchester wieder zu einer Polkaserie anhob, nahm die Frau Pollak ihren Partner energisch beim Arm und zog ihn dabei von der Tanzfläche:

„Mir ist jetzt nicht so nach Tanzen", fächelte sie sich mit dem Taschentuch Luft zu, um gleich darauf mit aller ihr gegebenen Anmut fortzufahren, „aber, wissen Sie was – machen wir doch lieber einen kleinen Prochaska."

Vorausgeschickt für das Folgende muss werden, dass in der Zeit bis zum Ende der Monarchie die Monate der Pferderennsaison, und hier vornehmlich jene der Galopprennen, einen wesentlichen Bestandteil des gesellschaftlichen Jahresablaufes bildeten. Am Rennplatz bot sich für die Damen von Adel wie von Geldadel die erste Möglichkeit des Frühjahrs, ihre während des Winters in Paris neu erstandenen Modellkleider nebst auffälligstem Hutschmuck zu präsentieren; beim Turf wurden Liebschaften beendet und Ehen geschlossen, Geschäfte begründet, Karrieren und Affären begonnen und Vermögen verloren. Der von allen lang erwartete Höhepunkt war dabei der Tag, an dem das Derby geritten wurde, jenes international besetzte Rennen, das manchmal sogar vom Kaiser besucht wurde und um dessen Preisgeld die besten Jockeys von Europa kämpften. Selbstverständlich waren auch die Pollaks alljährlich dabei und dementsprechende Wichtigkeit wurde den Gesprächen im Vorfeld verliehen, die sich hauptsächlich um Wer mit Wem und Was und Warum drehten.

„Du, sag uns", wurde die Frau Pollak im Frühling von ihren Freundinnen gefragt, „was machst du eigentlich am Derby-Day?"

Die Angesprochene setzte ihr vornehmstes Gesicht auf und stellte pikiert fest: „Ich werd' euch amal was sagen: Erstens sagt ma' nicht d e r Bidet, sondern d a s Bidet, und zweitens fragt ma' sowas nicht, und drittens hängt das immer von meiner Verdauung ab."

Und wenn einer der zahlreichen Gäste in meinem Elternhaus sich exaltiert als besonders vornehm gerierte, raunten wir Geschwister uns zu: „... Derby-Day ...!" Und damit war für uns der so Titulierte auf den Boden der Sterblichen zurückgeholt.

Apropos Gäste! In ihrem Streben nach gesellschaftlicher Anerkennung war die Frau Pollak immer um ihren Ruf als perfekte Gastgeberin bemüht. Dazu pflegte sie nicht nur den vorher erwähnten eigenen Salon, zu dem sich Damen aus ersten Kreisen oder jene, die sich dafür hielten oder von der Frau Pollak dafür gehalten wurden, wenn schon nicht zu gelehrter Diskussion, so zumindest zum geschwätzigen Tee einfanden; sie lud auch, wann immer sich Gelegenheit bot, zu Diners, die ihrer Opulenz wegen weithin gerühmt und ebenso geschätzt waren.

So lautete bei uns zu Hause, wenn ein Gast mit geheuchelter Bescheidenheit das Angebot refüsierte, doch noch einmal zuzugreifen, die Antwort unweigerlich: „Wer zählt schon!" Und je höher der Rang des Besuchers, ein desto ehrlicherer Gesichtsausdruck war bei dieser Antwort verlangt, um die Mitwisserfreude mit den Eingeweihten umso voller auszukosten.

Als zu einem dieser Festmahle bei Pollaks sich einmal ein Mitglied der Hocharistokratie verirrt hatte, kannte die Beflissenheit, mit welcher die Frau Pollak persönlich den hohen Gast umsorgte, keine Grenzen. Sie scheuchte die Diener von ihm fort, nahm selbst Schüsseln und Karaffen in die Hand, scharwenzelte um den Ehrengast herum, um ihm unentwegt vorzulegen und nachzuschenken. Als dieser schweißnass und mit geöffneter Gürtelschnalle beinahe zu platzen drohte und mit halbvollem Mund aufstöhnte:

„Also, Gnädigste – bitte – jetzt ist es wirklich genug, auch von dieser Torte hab' ich mir, mit Verlaub, schon zwei Stückerln einverleibt", beruhigte die Frau Pollak ihn mit einem vertraulichen Augenzwinkern: „Ka Sorge, Kaiserliche Hoheit, es waren zwar scho fünfe, aber – wer zählt scho!"

Nach einem dieser Diners machte ein Freund des Hauses die Frau Pollak taktvoll darauf aufmerksam, er habe schon das zweite Mal bemerkt, dass beim Kaffee eine Zuckerzange fehle.
„Zu was soll a solche Zange gut sein?“, zweifelte sie.
„Schau“, versuchte der Wohlmeinende es mit einem Beispiel, „die Herren gehen doch manchmal hinaus während des Essens, nicht wahr, und wer weiß, ob sie sich die Hände waschen – verstehst du?“
„No, das versteh ich –“, gab sich die Frau Pollak überredet, „werd ich eine anschaffen lassen.“
Bei der nächsten Einladung vermisste der Freund erneut die Zuckerzange.
„Was willst du?“, grantelte die Frau Pollak. „Sie liegt doch eh scho draußen.“

Dass sie, wie auch ihr Mann, eher Gurnemanz – Verzeihung – Gourmand als Gourmet war, bewies sie, als sie einmal unangemeldet ihren Sohn und ihre Schwiegertochter aufsuchte und hereinplatzte, als diese eben beim Mittagessen saßen. Sofort bot man ihr Platz an und ließ noch ein Gedeck auflegen.
„Einen Löffel Suppe, Mama?“
„Nein, nein, dank euch vielmals, ich hab selbst grad’ gegessen –“
Mit diesen Worten löffelte sie den angebotenen Teller leer.
„Aber bissel von der Gans wirst du doch nicht ausschlagen?“
„Unmöglich, Kinder, ich brächt jetzt keinen Bissen hinunter –“
Und schon nimmt sie eine ordentliche Portion in Angriff. Da bringt das Hausmädchen einen Mohnstrudel. Die Frau Pollak bekommt leuchtende Augen:
„Mohnstrudel?“, ruft sie aus. „Also von d e m nehm ich!“

„Was sich lebt“ umschreibt all jene irdischen Reichtümer und Annehmlichkeiten, die man zu irdischem Wohlergehen nur anstreben kann. Und doch, bei der Frau Pollak ging diese Sentenz über den Tod hinaus. So, als beim Begräbnis des reichen Kronfeld der Trauerkondukt endlich beim prunkvollen Familienmausoleum ankam und sie bei dessen Anblick bewundernd ausrief: „No, bitte: D a s lebt sich!“

Selbstverständlich gehörte dieser Ausruf aus dem Pollak-Fundus zu den Lieblingssprüchen meines Vaters und war ihm vornehmlich dann zum letztgültigen Stehsatz geworden, wenn „es“ sich ganz offensichtlich gar nicht „lebte“. Je armseliger ein Hotelzimmer, je abgewohnter ein Haus, je kümmerlicher eine Wohnungseinrichtung, sein Kommentar dazu lautete unweigerlich: No, bitte, das l e b t sich!

Am treffendsten hörte ich diesen Satz von ihm allerdings einmal auf einer Fahrt durch die Wachau, als wir um eine Kurve bogen und er der Burgruine Dürnstein ansichtig wurde.

Das unübertreffliche und wie immer unbeabsichtigte Bonmot in Angelegenheiten Sterben & Co lieferte die Frau Pollak jedoch, als sie anlässlich des Todes eines allseits bekannten und beliebten Bankiers sich verpflichtet fühlte, dem jüdischen Brauch nachzukommen, dem Toten mindestens eine gute Eigenschaft nachzusagen. So ergriff sie beim Leichenschmaus – zu spät zwar, denn „die gute Nachred“ hatte eigentlich am offenen Grab zu erfolgen –, dafür aber umso nachdrücklicher das Wort und tat allen Anwesenden von Rührung übermannt aus verschnürter Kehle kund:

„Also für mich ... war er ... e i n z i g a r t i g ... was heißt, für mich – für uns alle ...“, ihre Stimme drohte zu versagen. „Also ich kann nur sagen“, hub sie von neuem an, „solche Leut wie er –“, um jetzt ihre gute Nachred ins Apotheotische zu erheben, „solche Leut sterben ...“, und jetzt mit erstickter Stimme, „l e i d e r v i e l z u s e l t e n!“

Diese Zusammenlegung äußersten Lobes mit dem gleichzeitigen Bedauern darüber, dass gerade die Wertvollsten nicht oft genug dahinscheiden, erinnert mich an die Aussprüche des zerstreuten Baurat Seidl, genannt „Saurat Beidl“, eines allerdings ganz und gar nicht jüdischen Wiener Originals, der seine ebenfalls unfreiwillig witzigen Aussprüche lange vor der seligen Frau Pollak in einem Wien lieferte, welches von vielen als das wirklich „alte“ bezeichnet wird. „Zu blöd“, quittierte er einmal eine Todesnachricht, „es sterben jetzt lauter Leut’, die früher nie g’storben sind ...“

Und ich erinnere mich, dass auch diese beiden zuletzt zitierten Erkenntnisse zu unserer Familiensprache gehörten und je nach Eignung für den einschlägigen Anlass in heftigem Gebrauch standen.

Die ihr eigene Logik demonstrierte die Frau Pollak auch mit der Antwort auf die Frage, warum sie denn eigentlich nicht zum Begräbnis einer Bekannten gehen wolle:

„No, wird s i e zu m e i n e m gehen?"

Und weil wir gerade beim Sterben sind: Um einen Ausruf der Frau Pollak, den sie meiner Einschätzung nach jedoch kaum getan haben dürfte, sei das Thema ergänzt, und wenn dieser auch zur Kategorie rabenschwarzer Humor zählt, soll er an dieser Stelle nicht fehlen, weil er gar so gut zu ihr passen würde.

Aufgelöst stürzt das Stubenmädchen ins Zimmer und stößt atemlos hervor:

„Gnä' Frau, Gnä' Frau ... – schnell bitte ... – der Gnä' Herr ... –!"

Zitternd zieht die Kleine nun die Frau Pollak ins Ankleidezimmer, dort liegt der Herr Pollak auf dem Boden und es besteht kein Zweifel darüber: Er ist tot!

„Aber Leopold", soll da die Frau Pollak die Hände zusammengeschlagen haben, „Leopold, so kenn ich dich gar nicht!"

Um die Unabänderlichkeit einer Todesnachricht im ersten Schreck mit Witz und Spott zu bannen, vor allem jedoch, wenn der Überbringer seiner Nachricht aus Sensationslust eine übertriebene Wichtigkeit verlieh, fand dieser Ausruf in leicht abgewandelter Form auch bei uns zu Hause Verwendung. Fragte etwa jemand aufgeregt: „Hast du gelesen!? Der XY ist gestorben!", dann konnte er sich der Antwort: „Ach so? Wirklich? Aber so kennen wir den gar nicht!" sicher sein. Spielregel war allerdings, es musste sich beim Dahingegangenen um eine nicht nahestehende Person handeln, deren Hinscheiden keinen Gemütseinfluss auf die unmittelbare Umgebung hatte. Trotzdem wurden mit Hilfe dieses Satzes nicht selten Leben und Tod auf makabere, aber wirkungsvolle Art relativiert.

Als die selige Frau Pollak schon alt und schwerhörig geworden war, erhielt sie einmal Besuch von einem ihrer Neffen und es ergab sich folgendes Gespräch:

„No, Tante, wie geht's dir, wie geht's mit dem Gehör?"

„Heuer? Heuer fahren wir erst im August nach Ischl –"

„Nein, Tante, wissen will ich, wie's mit deinem Gehör geht?"
„Der Willy? Der hat heuer überhaupt keinen Urlaub. Wenn überhaupt, wird der nur nachkommen können –"
„Nein – ich hab dich gefragt, wie's mit deinem G e h ö r geht!!"
„Mit dem Gehör?? – Gut!"

Ein andermal hielt sie ihre Armbanduhr ans Ohr und horchte mit besorgtem Gesicht, dann schüttelte sie die Uhr und horchte wieder und erklärte einem Besucher, der sich nach dem Grund ihrer Besorgnis erkundigte:
„Also, ich glaub, ich werd taub – ich hör meine Uhr nicht mehr."
Sie hielt die Uhr ihrem Gegenüber ans Ohr: „Hören Sie was?"
„Nein", sagte der, „aber vielleicht ist sie nicht aufgezogen?"
Die Frau Pollak schraubte am Rädchen, horchte noch einmal: Die Uhr tickte!
Erfreut rief sie aus: „No, jetzt haben Sie aber Glück gehabt! Wenn die Uhr vorher gegangen wär, dann wären Sie auch schwerhörig …!"

Mein Vater, der sich zeitlebens über seine Neigung zur Hypochondrie lustig zu machen pflegte, umschrieb dies mit den Worten: „Man muss wissen, ich hab den Wanderkrebs", bis er, an einem Krebsleiden zu Grunde gegangen, keine Gelegenheit mehr zur Selbstironie hatte.

„Und dir selbst geht's gut?", hatte jedenfalls die Frage – streng nach dem dazugehörigen Pollak-Spruch – zu lauten, erkundigte man sich nach seinem Befinden.

Die Frau Pollak nämlich, wenn jemand mitfühlend feststellte, sie sehe etwas angegriffen aus, pflegte im Alter daraufhin zu klagen: „No, was heißt! Wenn nur einer wüsst', was für Zuständ' ich hab. Meine Leber is nicht in Ordnung, die Därme grummen, im Magen tut sich's, die Verdauung macht sich nur zizerlweis, die Beine sind mir geschwollen, der Hals is entzündet – und mir selbst geht's auch nicht gut!"

Als ihre beste Freundin ihr erzählte, die Ärzte hätten ihr mitgeteilt, sie müsse sich einer lange aufgeschobenen schweren Operation nun ohne Wenn und Aber unterziehen, und sie geantwortet habe, lieber würde sie sterben, schlug die Frau Pollak mitfühlend vor: „Aber sag, bei der heutigen Medizin – kann man da nicht beides kombinieren?“

Als das irdische Ende der Frau Pollak in absehbare Nähe gerückt war und sie diesen Umstand dadurch zu negieren trachtete, dass sie fortan jeglichen ärztlichen Rat ignorierte, begann der Herr Pollak eines Abends behutsam:

„Du … ich hab heute Mittag zufällig deinen Arzt getroffen – er sagt, er macht sich Sorgen wegen deinem Herz …“

Die Antwort der Frau Pollak sei hiemit allen allzu Medizingläubigen zur gefälligen Nachahmung empfohlen. Sie sah aus müden Augen ihren Mann an:

„Was geh'n mich“, lächelte sie schwach, „die Sorgen von mein' Arzt an!“

Dass ihr, die zeitlebens mit beiden Beinen auf dem irdischen Boden der Tatsachen stand, auch wenn ihr diese nicht immer ganz verständlich waren, jede Art des Philosophierens fremd war, bewies sie in einer Sommernacht auf der Terrasse ihrer Villa. Dort stand ein Freund des Hauses und deutete auf den klaren Sternenhimmel:

„Schau dir das an, ist das nicht fantastisch … da wird einem erst bewusst, was für ein winziges Staubkorn man ist im unendlichen All … diese Millionen von Sternen …!“

„Ja …“, war die Frau Pollak auf ihre Art ergriffen, „und wenn ma bedenkt – das sind nur die von Wien und Umgebung!“

Gegen Ende ihres Lebens aber bekamen manche ihrer Aussprüche einen, wenn auch im Pollak'schen Sinn, so doch nahezu philosophischen Anflug.

„Der Tod is nix Schlechtes …“, sann sie da einmal vor sich hin, „aber noch besser is es, wenn ma gar nicht erst geboren wird – aber das“, seufzte sie, „das is ein Glück, das passiert unter Tausenden kaum einem!“

Als aber jemand in einem Gespräch meinte, die Frage Metallsarg oder Holzsarg sei ausschließlich Geschmacksache, widersprach die Frau Pollak entschieden.

„Nebbich Geschmack! Die metallenen halten länger – aber die eichernen sind gesünder!“

Wie und wann genau nun die Frau Pollak gestorben ist, weiß ich nicht zu erzählen. Sicher ist, dass dies vor den dunklen Schreckensjahren geschah und ihr somit Verfolgung und sichere Ermordung erspart geblieben sind.

Und damit sollte alles berichtet sein, was mir über die Frau Pollak zugetragen worden ist. Verlassen wir sie aber nicht mit diesen trüben Gedanken, sondern lassen wir sie zum Schluss des ihr gewidmeten Kapitels noch zweimal selbst zu Wort kommen.

Es war in den Jahren vor dem Ersten Weltkrieg, als ein französischer Apotheker mit Namen Émile Coué durch europäische Großstädte reiste und dabei die größten Säle mit Vorträgen über eine von ihm entwickelte Methode füllte. Mit dieser, so beschwor er seine Zuhörerschaft, sei es jedermann möglich, mittels bewusst gelenkter Gedankenprogramme das eigene Unbewusste zu veranlassen, die Gesamtpersönlichkeit wiederum so günstig zu beeinflussen, dass damit mehr Lebensfreude, Leichtigkeit und Gelassenheit in den Alltag einkehren würden. Die Freud'schen Entdeckungen lagen noch nicht so lange zurück und so wurde die Coué-Methode rasch zur praktizierten Modeerscheinung sogenannter aufgeklärter Kreise. Als man die Frau Pollak gewinnen wollte, einem der Coué-Zirkel beizutreten, lehnte sie entschieden ab und gebar dabei gleichzeitig eine der herrlichsten Wortneuschöpfungen zum Thema Psychologie & Co.

„Lassen Sie mich aus“, brachte sie ihre Ansicht über Coué'sche Methodik auf den Punkt, „das is nix als Automeschuggestion!“

Neben Bad Ischl und Gastein gehörten das nur eine Bahnstunde von Wien entfernte Semmeringgebiet und die Orte rund um dieses Alpenvorgebirge zu den bevorzugten Sommeraufenthalten des Wiener Großbürgertums. Orte wie Reichenau an der Rax oder Edlach oder der Semmering selbst haben in den Stücken und Romanen damaliger Schriftsteller Einzug gefunden und die große Zeit dieses heute fast im Dornröschenschlaf liegenden Landstriches beschworen.

Als jahrzehntelange „Sommerischlerin“, wie jene Sommerfrischler genannt wurden, die im Laufe der Jahre dem Kaiser Franz Joseph in sein alljährliches Urlaubsdomizil Bad Ischl nachgezogen waren, hatte die Frau Pollak zeitlebens nie die Semmeringer Gegend besucht oder die Absicht dazu geäußert. So war die Überraschung groß, als sie eines Tages trotz ihrer angegriffenen Gesundheit aus heiterem Himmel den Wunsch verkündete, sie wolle gerne einmal ganz allein auf dem Gipfel der Rax stehen. Große Bestürzung in der ganzen Familie brach aus, doch sie ließ sich nicht davon abbringen. Nach langem Zureden erlaubte sie endlich ihrem Mann, sie auf die hohe Bergspitze zu begleiten. Vom Chauffeur ließen sich beide von Wien ins niederösterreichische Hirschwang zur Talstation der Seilbahn fahren. Dort bestieg das alte Ehepaar die Gondel, und als sie den Gipfel glücklich erreicht hatten, telegrafierte die Frau Pollak stolz an die Familie: „Nous sommes parvenus!“

Und mit dieser so ungewollten wie treffenden Selbsteinschätzung, welche in einem Satz auch das gesamte Kapitel über die Frau von Pollak selig zusammenfasst, sei dasselbige mit einem wehmütigen Lächeln geschlossen.

Von Rabbis, Wunderrabbis und ganz gewöhnlichen Leuten

„Du, Vati – schau mal – dort, ganz weit hinten – siehst du? – ganz hinten – nein, schau mal dort – ich seh es doch ganz genau – dort ist – …"

Ich war etwa sechs Jahre alt und was ich dort ganz weit hinten ganz genau gesehen hatte, weiß ich nicht mehr, ich erinnere mich aber daran, wie mein Vater lachte: „No, d u hast aber einen Guck!"

„Vati, was ist das, ein Guck?"

„Das sagen Juden für –"

„Vati, was ist das, Juden?"

„Das erklär ich dir später – also das sagen Juden, wenn jemand besonders gut sehen kann, zum Beispiel etwas ganz Kleines, oder etwas, das sehr weit weg ist."

Und jetzt begann mein Vater mir zum ersten Mal die Geschichte vom weisen Rabbi von Sandez zu erzählen, die ich damals natürlich nicht verstand, die aber allein schon wegen seiner Freude beim Erzählen zu seinen jüdischen Lieblingsgeschichten gehörte und die ich danach noch viele Male und in immer neuen Ausschmückungen hören sollte. Mein Vater setzte das Jüdische-Witze-Gesicht auf und machte seine Stimme ein wenig höher und mit einem leicht gepressten Singsang im Tonfall und einem fast unmerklichen Akzent begann er:

Es ist einmal der weise Rabbi aus der kleinen Stadt Sandez im ehemaligen k.u.k. Kronland Galizien am Sabbat nach dem Gebet gesessen mit den Männern der Stadt bei einem bescheidenen, aber fröhlichen Mahl. Die Stimmung ist ausgelassen, wie es die Chassiden gerne mögen, es wird getrunken, getanzt und gesungen, da – mit einem Male verstummen alle, denn sie sehen ihren großen Rabbi wie losgelöst von allem Irdischen dasitzen und unberührt von aller Heiterkeit um ihn herum mit weit geöffneten Augen in eine unermessliche Ferne starren. Alle erkennen, jetzt ist ein großer Augenblick gekommen, ihr weiser Rabbi, den sie achten und verehren, hat wieder einmal eine Vision und wartet regungslos auf das Wunderbare, das ihm in nächster Minute offenbart sein würde. Und wirklich, nach kurzen Augenblicken schon löst er sich aus seiner Verzückung und wie aus einer anderen Welt kehrt sein Geist und mit diesem er selbst in die Wirklichkeit zurück. Doch statt einer großen Verkündigung bedeckt der Weise sein Gesicht mit beiden Händen und seine bebenden Schultern verraten, dass er angefangen hat zu weinen. Die anderen umringen ihn und drängen ihn, zu sagen, welche Schrecknisse ihm denn begegnet seien auf seiner Reise ins Göttliche, was, um Gottes willen, er denn dort erblickt habe. Der Rabbi hebt die Hände gegen den Himmel und murmelt ein Gebet, dann richtet er seinen Blick von neuem in jene unermesslichen Fernen und mit tränenerstickter Stimme beginnt er:

„Ich hab gesehen … bis weit nach Sadagora, gelegen bei der Stadt Czernowitz … hab ich gesehen … wo der große Reb Israel Friedmann … gepriesen sei sein Name – was is der größte von alle Rabbis – “, jetzt droht ihm die Stimme zu versagen, „… ich hab gesehen, meine Lieben“, hebt er von neuem an, „den selbigen Augenblick, wo er is heruntergefallen von sein Stuhl als Toter … und seine Seele is geflogen hinauf zum weiten Himmel … zu Gott.“

Die Umstehenden sind starr vor Staunen über das Vermögen ihres verehrten Rabbi, allein mit der Kraft seiner Gedanken ein Geschehen mitzuerleben, das hundert Meilen entfernt von Sandez sich begeben hat. Aber sie sind auch tief erschüttert über den unermesslichen Verlust und sie beginnen nun mit Weinen und mit Wehklagen und die Totengebete zu skandieren für das erloschene Licht Israel im fernen Sadagora.

Die Wochen vergehen und immer noch wird getrauert in Sandez über das, was der Judenheit verloren gegangen ist durch den Tod des größten aller Rabbis, des großen Rabbi von Sadagora, gelegen bei der Stadt Czernowitz im fernen Bukowinaland. Da geschieht es, dass der Sandezer Schächter Verwandte besuchen fährt in Czernowitz und dass er dort einem Reisenden begegnet, der gerade aus Sadagora eingetroffen ist. Sogleich überschüttet er diesen mit Teilnahme über den Tod des größten aller Rabbis, des Rabbi Israel Friedmann aus Sadagora, gelegen bei der Stadt Czernowitz, und er berichtet auch von dem Wunder, das sich bei ihm zu Hause in Sandez zugetragen hat, wie sein Rabbi mit seinem

Vermögen, in die fernsten Fernen zu sehen und dort Geschehnisse zu erblicken, als trügen sich diese vor seinen Augen zu, wie dieser Rabbi auch das Hinscheiden des Rabbi Israel Friedmann im fernen Sadagora, gelegen bei der Stadt Czernowitz, geradewegs mitangesehen hatte.

Mit wachsender Verwunderung hat der andere zugehört, dann fängt er zu lachen an und meint:

„Einer hat hier zum Narren gehalten – entweder du mich oder euer Rabbi euch alle. Unser großer Rabbi Israel – er soll leben bis ans Ende der Zeiten – ist gesund und munter und ganz und gar nicht gestorben."

„Was?", schreit der Sandezer. „Nisch tot? … Nisch gestorben? … Und Ihr seid ganz sicher?"

„So gesund soll ich sein und so lebendig, wie er mir gestern Abend noch ist begegnet, unser Rabbi Israel – gelobt sei sein Name – frisch wie ein Fisch …!"

Der Schächter aus Sandez kann es einfach nicht fassen: „Nisch tot…? Nisch gestorben …?", fragt er immer von Neuem. Mit einem Mal aber überzieht ein verklärtes Lächeln sein Gesicht und mit andächtiger Stimme und erfüllt von tiefer Bewunderung ruft er aus:

„Aber der G u c k von unserm Rabbi …! B i s h e r u n t e r n a c h S a d a g o r a …!"

Ich hatte natürlich kaum etwas verstanden, aber ich begann ein Gefühl für diese Geschichten zu entwickeln, das mich spüren ließ, es gab noch etwas, das zwischen den Worten verborgen lag. Und wenn Polonius in Shakespeares *Hamlet* feststellt: „Weil Kürze doch des Witzes Seele ist", trifft dies für die jüdischen Witze, wie ich sie heute liebe, kaum zu, und für jene kleinen Erzählungen und Anekdoten, in denen sich die ganze Kulturgeschichte der Juden und ihr in Jahrtausenden entwickeltes Wesen darbieten, schon gar nicht.

Deswegen war die epische Breite, mit der mein Vater seine Lieblingswitze zelebrierte, mit neuen oder bereits bekannten Ausschmückungen, auf welche die Kenner schon freudig warteten, Teil des Witzes und verlangte eine Zuhörerschaft, die bereit und gewillt war, sich dem genüsslich hinzugeben.

Von keiner dieser seit Jahrzehnten nicht mehr gehörten Geschichten ist mir auch nur der geringste Wortlaut im Gedächtnis, aber ich erinnere mich an einzelne Wörter, meist waren es eingängige und jedes Mal wiederkehrende Einleitungen oder Aussprüche, denen mein Vater den immer gleichen Tonfall gab, so dass mir diese kurzen Passagen vertraut wurden wie Refrains lange verklungener Lieder, die ich heute noch mitsingen kann, auch wenn ich den übrigen Liedtext nie konnte. Und so gebe ich den Geschichten und den handelnden Personen die Sprache und Melodie, wie sie in der Erinnerung langsam zurückkommt. Dabei spüre ich den Gefühlen von damals nach, als ich diese Geschichten hörte, und ich denke an die vielen Wörter und Sätze, die in meiner Familie zu geflügelten wurden und mir bis heute gegenwärtig sind.

So wie der „Guck" zum Wortschatz meines Vaters gehörte, gab es eine Unzahl von weiteren Sprüchen und Redensarten, die mir seit frühester Jugend vertraut sind, bevor ich auch nur im Entferntesten wusste, welchen Ursprung sie hatten, aus welchen Quellen sie sich speisten; und es wird später noch ausführlich davon die Rede sein. Aber die Anwendung heute wird mir immer schwerer; es ist, als würde ich mich innerhalb meiner Muttersprache unerlaubterweise einer Privat-Fremdsprache bedienen. Was bringt es auch, das verständisleere Fragegesicht etwa eines der ahnungslosen Jungregisseure, mit denen ich manchmal zu tun habe, mit der präzisen und alles umfassenden Erklärung, dieses oder jenes sei eine *überchochmezte Finsachblaserei*, noch ahnungsloser aussehen zu lassen? Treffsicherer nämlich ist es kaum zu benennen, wenn man ausdrücken will, ein bestimmtes Verhalten oder ein Umstand – die beide als weise, genialisch und unverzichtbar dargestellt werden – seien in Wahrheit so sehr „überweise" und übertrieben spitzfindig, dass nichts anderes mehr als heiße Luft übrig bleibe. Aber schon diese Erklärung trifft ziemlich daneben. Wie will man auch anders mit nur zwei Wörtern ausdrücken, die behauptete Weisheit sei ins Gegenteil umgeschlagen, genialisch sei dabei deshalb gar nichts, und übertriebene Beteuerungen würden die Unverzichtbarkeit von vornherein aufheben. Auch „überkandideltes Windmachen" trifft mehr als haarscharf und somit eben doch scharf daneben, und außerdem, ich bitte Sie, wer redet schon so? Also versage ich mir meist die für mich umfassend zutreffende Benennung und bezeichne die Sache in vulgär-österreichischer Tradition als einen „Schas", was mich wiederum spätestens zweihundert Meter außerhalb österreichischen Bundesgebietes schon wieder in unüberwindliche Verständigungsschwierigkeiten bringt – aber genug, ich trage diesen Wortschatz stets bei mir und nehme mit dem Aufschreiben dieser Erinnerungen die Gelegenheit wahr, die eine oder andere Perle daraus vor weiterem Vergessen zu bewahren.

Apropos, dass ich's nicht vergesse, das Vokabular weiter zu entschlüsseln. Das Adjektiv *überchochmezt*, das seinen Ursprung aus dem Jiddischen nicht verleugnen kann, ist ja bereits einigermaßen erklärt, und das Verbum *finsach blasen* lässt sich nicht wirklich kongenial übersetzen. Versuchen wir es mit „über die Maßen Wind machen", vulgo „von sich blasen", recte „sich besonders wichtig tun", woraus das Substantivum, „die Finsachblaserei", mit „übertriebene Wichtigtuerei" übersetzt werden könnte, aber auch diese Versuche lassen mein Sprachgefühl bis heute unbefriedigt.

Übrigens, als gutes Beispiel für das oben Ausgeführte sei etwa jenes Kunstgeschwätz angeführt, dessen sich heutzutage Fachleute in diversen Medien oft befleißigen, und insofern ist auch diese ganze lange Erklärung eigentlich selbst schon eine überchochmezte Finsachblaserei.

„Ach, das Leben … jammere nicht … das Leben kann nichts dafür – du weißt doch, wie das Leben ist!", sagte mein Vater, wenn ich wieder einmal dem Leben die Schuld am Leben gab. Und einige Seelenblähungen lösen sich bis heute, wenn ich mich daran erinnere, was hinter dieser väterlichen Feststellung steckte; nämlich die Geschichte vom gelehrten Belzer Rabbi, der so wie die beiden vorhin Genannten über alle Maßen geachtet und verehrt wurde von den Frommen seiner Gemeinde.

Und auch er, der sich dem Ende seiner langen Lebensreise näherte und dabei immer mehr sich zu verklären schien, so oft fand man ihn versunken in tiefes Sinnen, ganz nahe schon dem Drüben, war wieder einmal in regungsloses Nachdenken eingetaucht, so dass man fast annehmen konnte, er sei gar nicht mehr unter den Lebenden. Und so warten die Frommen schon seit Stunden auf den Augenblick seines Erwachens und sie warten auf neue Weisheiten, die er seiner Gemeinde dann enthüllen würde. Ein halber Tag vergeht, da wagt es der Älteste der Gemeinde, den Rabbi leise an seiner Schulter zu berühren, und als dieser auffährt, fragt er ihn behutsam, was er denn erfahren habe, so nahe der anderen, der geistigen Welt. Der große Rabbi hebt langsam seine Augen und spricht versonnen und kaum hörbar vor sich hin:

„Das Leben ... d a s L e b e n i s ... w i e e i n e K e t t e n b r ü c k'..." Und gleich darauf verfällt er wieder in sein unbewegtes Schweigen.

Ehrfurchtsvoll verharren die Männer und flüstern einander zu:

„Gepriesen soll unser Rabbi sein, aber – was hat er gesagt? ... W a s?"

Und jetzt beginnen heftige Debatten und nicht wenige Dispute darüber, wie dieser merkwürdige Spruch auszulegen sei. Immer hitziger werden dabei die Argumente vorgetragen, keine Einigung ist auszumachen, und als es darüber schon beinahe zu Handgreiflichkeiten kommt, besinnen sich endlich die Klügsten unter ihnen und man beschließt, den Rabbi zu fragen, was es denn mit jener rätselhaften Aussage auf sich habe, wie diese denn auszulegen sei, was er denn damit gemeint habe.

„Geehrter Rabbi", tragen sie ehrfurchtsvoll ihre Bitte vor, „wir sind verwirrt ... verzeih uns, aber wir haben nicht verstanden. Gib uns die Bedeutung, sag uns den Sinn. Warum ist das Leben wie eine Kettenbrück' ...?"

Da hebt der große Rabbi langsam seine Augen wie zuvor, dann zuckt er ganz leicht mit seinen Schultern und spricht mit versonnenem Blick:

„W e i ß i c h ...?"

„Der hat den Talmud begriffen", lautete eine beliebte Kategorisierung meines Vaters für die Intelligenz, für die Gewitztheit eines Menschen, mit welcher dieser einen anscheinend unbestreitbar unlogischen Sachverhalt so umzudeuten und zu begründen verstand, dass er sich plötzlich durch messerscharfe Logik auszeichnete, also wenn der oder diejenige dabei auch noch *Tam* bewies. Ach, Sie wissen nicht, was Tam ist? Also Tam bedeutet zum Beispiel auch, wenn – aber erfahren Sie dazu die folgende Geschichte:

In einem Schtetl im tiefsten Galizien, dessen Rabbi weithin gerühmt wird für seine Gelehrtheit und für seine klugen Antworten, warten die Bewohner wie jedes Jahr voller Bangen auf den Besuch des russischen Kreisleiters, der seit Wochen umherreist, um seine Gemeinden zu inspizieren und diverse Kontrollen durchzuführen. Als er eines Tages, begleitet von einer Horde Kosaken, einreitet, lässt er sich sogleich zum Rabbi führen und herrscht diesen an:

„Jude, ich habe von deiner Weisheit gehört und davon, dass die Schlauheit und die besondere Logik, für die ihr Juden bekannt seid, aus eurem Talmud kommen. Bring mir diese Logik bei, erklär mir den Talmud, und wenn ich ihn begriffen habe, will ich euch mit Kontrollen für dieses Mal verschonen. Ich will auch keine Messungen eurer Waagen vornehmen und euch die jährlichen Abgaben dieses Mal erlassen."

„Den Talmud begreifen", schüttelt der alte Rabbi den Kopf, „dafür seid Ihr, wie ich befürchte, schon etwas alt."

„Du willst nicht, Jude!", fährt der Beamte auf. „Was steckt da wieder dahinter?"

„Ach, wisst Ihr, da steckt nichts dahinter, nur, es is so: Damit bei uns Juden die Jungen anfangen können mit dem Studieren des Talmud, es wird ihnen abverlangt eine kleine Prüfung. Sie müssen beantworten drei Fragen, und nur wer das Richtige sagt, darf beginnen mit seinem Studium."

„So etwas Lächerliches kann auch nur euch Juden einfallen", höhnt der Russe, „los, sag mir die Fragen!"

„Nu", beginnt der Rabbi bedächtig, „die erste Frage also is – und hört mich gut aus, auch wenn sie gar nicht schwer is: Zwei Männer fallen in einen Schornstein und kommen unten wieder heraus. Nun aber – ka Wunder! – einer von die zwei er is ganz schmutzig und bedeckt mit schwarzem Ruß. Der zweite aber – a Wunder! – er is so sauber wie vorher, mit keinem kleinsten schwarzen Fleckchen. Und die Frage is: Welcher von die zwei wird sich gehen zu waschen?"

„So eine dumme Frage kann auch nur ein Jude stellen – natürlich wird sich der Schmutzige waschen."

„Nu, das ist fast richtig beantwortet – aber nicht ganz“, erklärt der Rabbi nachsichtig, „es wird sich nämlich gehen zu waschen jener ohne Fleckchen, der Saubere.“

„Was heißt der Saubere? Wieso der?“

„Nu, was tun die Männer, wenn sie sind unten angekommen? Sie werden sich freuen, dass Gott ihre Glieder gelassen hat gesund und sie werden sich ansehen gegenseitig, der Saubere den Schmutzigen und der Schmutzige den Sauberen. Und der Schmutzige wird sprechen zu sich: ‚Oj, wir sind gefallen in den Schornstein und wir sind ganz sauber, mit keinem schwarzen Fleckchen!‘ Und der Saubere wird sprechen zu sich: ‚Oj, wir sind gefallen in den Schornstein und was sind wir geworden schmutzig – gleich muss ich mich gehen zu waschen.‘ Und er wird sich gehen, zu waschen. Und so es wäscht sich nicht der Schmutzige, sondern der Saubere.“

„Schlau“, gibt der Kontrollor sich widerwillig geschlagen, „sehr schlau seid ihr Juden. Sag mir die zweite Frage.“

„Nu, die zweite Frage also is – und hört mich gut aus, auch wenn sie is nur a bissele schwerer als die erste: Zwei Männer fallen in einen Schornstein und kommen unten wieder heraus. Nun aber – ka Wunder! – einer von die zwei er is ganz schmutzig und bedeckt mit schwarzem Ruß. Der zweite aber – a Wunder! – er is so sauber wie vorher, mit keinem kleinsten schwarzen Fleckchen. Und die Frage also is –“

„Für wie dumm hältst du mich, Jude?“, fällt ihm der erregte Staatsdiener ins Wort. „Glaubst du, ich merke es nicht, dass die zweite Frage genau dieselbe ist wie die erste!“

„Nu, hört mich aus, weil es is nicht dieselbe Frage wie die erste“, versucht der Rabbi zu erklären, „es is nämlich so –“

Wieder wird er unterbrochen: „Rede doch nicht lange herum, Jude, ich habe schon verstanden. Der Saubere wäscht sich.“

„Nu, das ist fast richtig beantwortet – aber nicht ganz –“, präzisiert der Rabbi.

„Aber diesen Augenblick hast du mir erklärt –“

„Ja, diesen Augenblick – aber jetzt es is gekommen schon der nächste Augenblick und mit ihm es is dazu gekommen a ganz neues Problem. Weil nämlich der Schmutzige muss sich gehen zu waschen. Weil nämlich er hat angeschaut den Sauberen und er hat gesehen, dass dieser is so sauber wie vorher, mit keinem kleinsten schwarzen Fleckchen. Und er wird sprechen zu sich: ‚Wie kann es sein, dass einer fallt in den Schornstein und kommt unten heraus so sauber wie vorher, mit keinem kleinsten schwarzen Fleckchen?‘ Und weiter er wird zu sich sprechen: ‚Und was is mit mir? Bin ich am End’ vielleicht auch sauber?‘ Und jetzt er wird ansehen seine Händ und er wird ansehen den Schmutz auf ihnen und er wird sich gehen zu waschen.“

„Das ist ja der Gipfel jüdisch frecher Schlauheit“, wird der Mann immer verärgerter. Aber gleichzeitig ist er begierig, auch noch die letzte Frage zu hören. „Los, sag mir die dritte Frage!“

„Nu, die dritte Frage also is – und hört mich gut aus, auch wenn diese is nur a bissele schwerer als die beiden Fragen zuerst: Zwei Männer fallen in einen Schornstein und kommen unten wieder heraus. Nun aber – ka Wunder! – einer von die zwei er is ganz schmutzig –“

„Du jüdisches Schwein“, heult der Kreisleiter auf, „das ist ja schon wieder dieselbe Frage!“

„Nu, hört mich aus“, bleibt der alte Rabbi standhaft, „die Wörter, sie sehen so aus wie die Wörter von die Fragen zuerst, aber es is dazu gekommen a ganz neues Problem, weil nämlich –“

„Der Schmutzige wäscht sich, der Schmutzige!“

„Nu, das ist fast richtig beantwortet – aber nicht ganz –“

„Also der Saubere! Der Saubere wäscht sich!“, ist der Mann jetzt außer sich vor Zorn.

„Nu, das ist fast richtig beantwortet – aber nicht ganz –“

„Dann sag jetzt endlich die richtige Antwort!“

„Die richtige Antwort … nun, sie is so … nämlich man muss bemerken, dass alle drei Fragen, sie sind ganz dumm … Weil wie soll es geschehen auf der Welt, dass zwei Männer fallen in einen Schornstein und kommen unten heraus und dann is es so, dass einer von die zwei er is ganz schmutzig und bedeckt mit schwarzem Ruß und der zweite, er is so sauber wie vorher, mit keinem kleinsten schwarzen Fleckchen? Wer nicht bemerkt die dumme Frage, der wird nicht begreifen den Talmud sein ganzes Leben.“

Neben Weisheit, Schlauheit und Menschenkenntnis hat der Rabbi hier auch Tam, also kluges Geschick und Anpassungsfähigkeit bewiesen.

In seinen seltenen Erzählungen aus seinen Emigrationsjahren, die ihn letztendlich nach Uruguay verschlagen hatten, beschrieb mein Vater, es habe unter den Emigranten zweierlei Typen gegeben, die sich grundlegend voneinander unterschieden. Auch wenn nahezu alle vor Heimweh fast umkamen, gab es die einen, die nur auf den Tag des Kriegsendes warteten, um so rasch wie möglich nach Hause zu gelangen, und die anderen, die so tief verletzt waren, dass sie sich geschworen hatten, die ehemalige Heimat, ja den Kontinent Europa nie mehr zu betreten. Die Anzahl jener, die in den Ländern ihrer Zuflucht Fuß fassten, eine Existenz gründeten und aus diesem Grund nicht mehr zurück wollten, war vergleichsweise gering.

Der Postverkehr zwischen Uruguay und Österreich war in den letzten Kriegsjahren schon lange unterbrochen, aber die Zeitungsmeldungen über den langsam sich abzeichnenden Sieg der Alliierten wurden häufiger und so versammelte man sich, wie mein Vater erzählte, allabendlich im Zentrum von Montevideo. Dort stand ein Hochhaus, auf dem ein rundum laufendes Leuchtband in großen Lettern die allerneuesten Nachrichten verkündete. Als eines Abends die Nachricht vom Kriegsende zu lesen war, brach großer Jubel aus und am nächsten Morgen schon war mein Vater im Reisebüro, um sich eine Schiffspassage nach Europa zu sichern.

So kehrte er unmittelbar nach Kriegsende nach Österreich zurück und nach einiger Zeit in einem Wien, das er nicht mehr als jenes erkannte, aus dem er 1938 geflohen war, nahm er seinen Wohnsitz im während der letzten sieben Jahre von den Nazis als Müttererholungsheim geführten Sommerhaus in St. Gilgen, das nun in der amerikanisch besetzten Zone lag, wo die Nachkriegszeit vergleichsweise erträglicher zu verlaufen versprach als im viergeteilten Wien.

Das aber hatte zur Folge, dass er kaum noch Kontakt hatte zu den Freunden, mit denen er vor dem Krieg verkehrt hatte und von denen überdies etliche gestorben oder in alle Winde zerstreut waren. Und so hatte er sich selbst von der Wiener Welt seiner Jugend abgeschnitten und mit dazu von allem, was dazu gehörte. Und wie das Leben uns oft auf die unglaublichsten Wege führt, kam hinzu, dass er, der rassisch Verfolgte, der überlebt hatte, in letzter Ehe eine Sudetendeutsche mit gesinnungsnationalem Hintergrund heiratete. Er hatte sich also für ein Leben entschieden, das in vielem konträr war zu seinem Leben vor Krieg und Exil. Das brachte mit sich, dass kaum jemand da war, mit dem er den Humor, den Ton, die unzähligen Codes teilen konnte, die in der Vorkriegsgesellschaft zum täglich gebrauchten Handwerkszeug der Kommunikation gehörten. Dass es trotzdem dazu kam, dass unsere Familiensprache durchsetzt war mit Redewendungen, Ausdrücken und Wörtern, die allesamt jüdischen Ursprungs waren, ist eine der Merkwürdigkeiten, die mir erst viel später bewusst wurden. Genauso war mir dabei als Kind in keiner Weise der erwähnte Ursprung selbst bewusst. Und heute noch muss ich manchmal nachdenken, damit mir eine andere Redewendung einfällt, ein anderer Begriff als der jüdische, oder jiddische.

Auf diese vielen Wörter und Wendungen soll später noch ausführlicher eingegangen werden, deshalb zurück zu den Rabbinern. Und da erinnere ich mich, dass mein Vater fast ausnahmslos ratlose Mienen hervorrief, wenn er seinen kürzesten jüdischen Lieblingswitz erzählte. Wie bei den meisten Witzen, die er schätzte, bildet auch bei diesem keine Pointe im üblichen Sinn den Abschluss, ja eigentlich gibt es auch gar keinen solchen, dafür aber einen Anflug ins Surrealistische, der genau es aber ausmacht. Dieser jüdische Witz – nein, diese jüdische Kürzestgeschichte lautet:

In einer Februarnacht um zwei Uhr früh, bei minus achtundzwanzig Grad und orkanartigem Eissturm, treffen einander in der Mitte der Eiger Nordwand zwei Rabbiner. – Aus. Das war's.

Sich das eben Geschilderte aber bildhaft vorzustellen, und dazu ein wenig nur vom Mindestwissen eines grundgebildeten Mitteleuropäers, erschließt einem die – nein, nicht die Pointe, sondern – ach, lassen wir's einfach dabei bewenden, es würde zu weit führen. Jedenfalls pflegte mein Vater diese Geschichte in fast trotzigem Übermut und in Auflehnung gegen Nichtverstehen dieser Art von Humor am liebsten dann zum Besten zu geben, wenn ihn Geschäftspartner aus dem deutschen Nachbarland, das uns manchmal so fremd anmuten kann wie Südpolgebiete, nach dem dritten Glas Wein aufforderte: „Mensch, Doktor Kestraaanek" – dabei selbstredend die falsche Betonung auf die zweite Silbe legend und den Namen Herz überhaupt unter den Tisch fallen lassend –, „man sagte mir, Sie seien so lustig, Sie hätten so'n herrlichen We-ana jüdischen Humor … also, dann erzählen Se mal so'n richtich ulkigen jüdischen Witz … die liebe ich ja besonders – he, he!"

Und dann geschah es einmal, dass als letztgültiger Beweis völliger Ahnungslosigkeit jene ultimative Äußerung totalen Missverstehens fiel, als nämlich sich nach der Eiger-Nordwand-Geschichte das verständnisleere Gesicht eines Zuhörers plötzlich erhellte und ihm erlösend wie ein Geistesblitz die Erklärung zum eben Gehörten einfuhr:

„Ha, ha, köstlich, das … also wirklich, Kestraanek … nich wahr – ja, ja – ich weiß schon", schüttete der Kenner sich vor Lachen beinahe aus, „Rabbiner steigen nämlich nich auf Berge!"

Dem noch etwas hinzuzufügen, hieße Humorlosigkeit zum gleichsprachigen Nachbarn tragen.

„Ich habe gegen den neuen Bundeskanzler gestimmt", verriet mein Vater einmal nach einer Wahl, „glaubst du, er kommt mich jetzt aus Wien besuchen?"

„Warum sollte er –?" – „No, hör zu."

Es musste einmal die große Prager Judengemeinde nach dem Hinscheiden ihres alten, weithin berühmten Rabbiners einen neuen Rabbi wählen. Wieder sollte es ein so angesehener Mann sein wie der Dahingegangene, wenn möglich der angesehenste unter den lebenden, deshalb wandten sich die Gemeindeältesten an den Pressburger Rabbi, der alle gewünschten Vorzüge in sich vereinte. Dieser wollte dem Ansinnen auch gerne nachkommen, bat sich aber nur die eine Bedingung aus, er wolle einstimmig gewählt sein, kein Widerspruch solle seine Wahl trüben. Für die Gemeinde war es keine Frage, dass man ihm diesen Wunsch zusichern könne. Umso größer war die Überraschung, dass bei der Wahl sich eine einzige Stimme dagegen erhob, und die gehörte dem Flickschuster Sammel Fleckseif. Alle Überzeugungsversuche, wie töricht sein Widerspruch sei, waren umsonst, er blieb bei seiner Entscheidung: „Ich will ihm nicht!" Nun suchte man den Grund für sein Verhalten zu erfahren, durch das die ganze Gemeinde bloßgestellt werde. Aber es nützte alles nichts – er schwieg und änderte auch seine Meinung nicht.

Die Sache war nun unendlich peinlich, aber man musste den Rabbi von Pressburg davon unterrichten. Man erzählte also, die Wahl sei so gut wie einstimmig erfolgt, es habe nur eine, allerdings wenig bedeutende Gegenstimme gegeben, und diese gehöre dem Flickschuster Sammel Fleckseif. Dieser sei einfach ein etwas eigenbrötlerischer Kauz, und deshalb sei seinem Widerspruch in einer für die Prager Gemeinde so wesentlichen Frage keinerlei Wichtigkeit beizumessen. Sie bestürmten den Gelehrten, trotz dieser einzigen ablehnenden Stimme eines Narren das Angebot anzunehmen. Der Pressburger Rabbi gab den Bitten nach und als er in Prag angekommen war, ließ er sich gleich zu der armseligen Behausung des Flickschusters führen. Er betrat die winzige, dunkle Werkstatt, und als der kleine Schuster ihn erblickte, warf er sich auf die Knie und küsste dem Eintretenden die Hände.

„Sammel Fleckseif", sagte der Rabbi gütig und strich dem Knienden leicht über sein Haupt, „komm, steh auf und erzähle mir, was du denn nun eigentlich hast gegen mich?"

Sammel Fleckseif erhob sich und stand nun da, verlegen die Augen auf den Boden gerichtet.

„Was soll ich haben …? Gar nichts hab ich gegen Euch – Gott möcht mein Zeuge sein, verehrter Rabbi!"

„Ja aber", wunderte sich dieser, „warum hast du denn dann als Einziger gegen mich gestimmt, Sammel Fleckseif?"

Da blickte das unscheinbare Männchen auf, reckte sich ein wenig in die Höhe und sagte bescheiden:

„Nu … derf ich stellen a Frage an den Herrn Rabbiner?"

„Ja, frag nur –"

„Nu also … hättet Ihr … der hochberühmte Rabbi – a langes Leben soll Gott Euch geben – hättet Ihr jemals etwas gehört und gewusst vom armen Sammel Fleckseif, Flickschuster in der Judengass' in Prag, wenn er gegeben hätt seine Stimm so glatt wie die anderen …?"

Wenn ich mich nun anhand der kleinen Notizbüchlein mit ihren Stichwörtern langsam Stück für Stück erinnere an die Jugendjahre zu Hause, dann kommen mir immer mehr Gelegenheiten ins Gedächtnis, zu denen mein Vater ein Apropos in Form eines jüdischen Witzes wusste. Erschien zum Beispiel eine Begräbnisrede nicht endenwollend oder besonders verlogen, oder sonstwie angetan, dass man es nur mit Mühe auf seinem Platz aushielt, dann genügte ein gewisser Blick zwischen meinem Vater und mir, einer von uns beiden murmelte ein leises „fünfundzwanzig“, und damit wurde die Trauerrede, als wäre sie im Radio leiser gedreht worden, gleichsam in den Hintergrund gedrängt und mit einem unterdrückten Schmunzeln begannen wir beide, uns an die dazugehörige Geschichte zu erinnern.

Zu einem Rabbiner eines Städtchens kommt ein Mann, aufgelöst in tiefer Trauer, denn seine geliebte Frau ist gestorben, und jetzt will er für sie, die immer brav und fleißig und gut gewesen ist, eine inhaltsvolle und ergreifende Grabrede halten lassen.

„Das sollte für mich kein Problem sein“, beruhigt ihn der Rabbi, „ich habe da eine unvergessliche Leichenrede, sag ich Ihnen, wenn ich die vortrag, dann es is aufgelöst die gesamte Trauerversammlung in heiße Tränen! Selbst die Männer, sie sind gerührt fast bis zu die Tränen, wenn sie diese hören!“

„Und was soll diese Rede kosten?“, fragt schüchtern der Witwer.

„Für diese Rede – es ist fast geschenkt – hundert Kronen.“

„Verzeihung, Rabbi, aber billiger is nichts zu haben? Ich bin ka reicher Mann …“

„Nein, billiger kann ich diese Red nicht halten – aber, ich hab eine andere, die is auch sehr eine schöne. Sie brennt den Text mitten hinein in die Seelen und es schluchzen die Frauen herzzerreißend, so dass man es hört weit über die Gräber … und die Männer sie schluchzen mit … gehoben und bewegt … Diese Rede – für fünfzig Kronen es is a Mezzie …!“

Der Trauernde nestelt verlegen an seinen Schläfenlocken, denn seine bescheidenen Mittel reichen auch für diese Rede nicht aus.

„Nu“, bietet der Rabbiner da wohlmeinend an, „ich hätt da noch eine … für fünfundzwanzig – aber zu d e r möcht ich Ihnen selbst nicht raten …“

Apropos Rede – zum Rabbi kommt die Mutter einer siebzehnjährigen Tochter und will für diese eine Hochzeitsrede bestellen. Die Rede soll aber alle nur erdenklichen Qualitäten haben, sie soll kurzweilig sein und dabei inhaltsschwer, aber auch so zündend soll sie ausfallen, dass dadurch die Hochzeitsgäste von der Tatsache abgelenkt werden, dass die Tochter schon im achten Monat schwanger ist.

„Rebbe, alle Welt weiß, was für a wunderbarer Redner Sie sind, wie Sie alle entzücken und hinreißen können nur mit Ihren Worten!"

„Ich geb zu", lächelt der Rabbi geschmeichelt, „ich bin ein guter Tischredner, ich bin ein guter Grabredner, ich bin ein guter Hochzeitsredner, aber was ich nicht bin – ich bin kein Bauchredner."

Den Geschichten über Liebe, über Ehe und über den Schadchen, den Heiratsvermittler, soll nicht vorgegriffen werden, im Folgenden aber geht es auch ums Reden und vor allem um den Rabbi, der von den Eltern eines jungen Mannes gebeten wurde, sich eines großen Problems anzunehmen. Der Sohn sei längst im heiratsfähigen Alter, er sei aber so schrecklich schüchtern, dass er keinerlei Anstalten mache, sich dem weiblichen Geschlecht auch nur zu nähern. Der Rabbi sollte ihm doch das Heiraten und die Gründung eines Hausstandes irgendwie schmackhaft machen.

Der lässt nun den Ehescheuen zu sich kommen und unterhält sich ausführlich mit ihm. Nach einem halben Tag glaubt er zu wissen, wie er das Problem anzupacken habe. Er lädt den Schüchternen ein, sich auf einen Stuhl zu setzen, sich zurückzulehnen und die Augen zu schließen. Dann tritt er hinter ihn und beginnt behutsam:

„Nun sieh einmal, mein Lieber … du wohnst doch ganz allein … in deinem kleinen Zimmer … und du kommst abends müde von deiner Arbeit nach Haus … und was hast du da –? Nichts hast du da … es is kalt … es is finster … keine Ordnung is gemacht, keine Behaglichkeit … keiner is da … ", leicht fasst der Rabbi nun den jungen Mann an den Schultern, „niemand is da für zum Zuhören von deine Kümmernisse … von deine Sorgen … nicht wahr …?"

„Ja … Rabbi … ja …", sagt der Schüchterne mit geschlossenen Augen.

Der Rabbi spürt, dass seine Methode Wirkung zeigt, und redet weiter mit weicher, freundlicher Stimme:

„Siehst du, mein Lieber … und wenn du nun hast ein Eheweib … schön … und jung … und lieb … und du kommst nach Haus und es ist warm im Zimmer … und alles ist sauber und aufgeräumt … und auf dem Tisch es wartet schon dein Lieblingsessen auf dich … und du bist wie ein Fürst in dein Haus …"

„Ja … oj … ja …", wird dem jungen Mann schon etwas anders.

„Und jetzt sagen wir … du hast gehabt große Sorgen in dein Geschäft … und deine Seele sie is schwer davon und betrübt … und da kommt dein schönes junges Weib … und legt dir still die Händ auf dein Kopf …", bei diesen Worten streicht der Rabbi sacht über die Haare des Jünglings, „und dann …", steigert der Rabbi jetzt den gefühlvollen Ton in seiner Stimme, „streichelt sie zärtliche deine Wangen …" – der Rabbi tut es – „spürst du's …?"; der bisher Ehescheue hält die Augen fest geschlossen, er lächelt und atmet schwer, „… und jetzt fangt sie an zu dir zu sprechen … ganz leis … ganz freundlich … ganz zärtlich … süß …"

Der Junge ist verzückt: „Ja … Rabbi … ja … erzähl mir weiter von ihr …"

„… und sie red't", steigert der Rabbi nun sein Tempo und sein Gesicht bekommt einen sardonischen Ausdruck „… und red't …", jetzt wird auch seine Stimme immer intensiver. „Ja … ja …", haucht der Jüngling hingerissen – „und red't …", fährt der Rabbi immer wilder fort, seine Augen glühen, seine Zähne beginnen zu knirschen – da, plötzlich reißt er seine Hände weg von dem Jungen, hebt sie gen Himmel und wie in irrer Ekstase schreit er: „und red't … und red't … und red't – dir die Gall' heraus!!"

Es fällt mir ein, dass, wenn einer der Brüder frisch verliebt war und sinnlos schwärmend über Reize und Vorzüge der neuen Eroberung es zur Frage kam, wann endlich man das angebetete Objekt der Liebe zu Hause vorstellen dürfe, mein Vater trocken zu sagen pflegte: „Bring sie her und dann gib mir herunter das schwarze Büchel!"

Die Geschichte, die hinter dieser Formulierung steckt, erzählt von der Frau, die heulend zum Rabbi gelaufen kommt und sich Luft macht:

„Hör zu, Rabbi, was passiert ist: Mein Mann, der will sich scheiden lassen, und ich schwör, ich hab ihm nicht den kleinsten Grund dafür gegeben, so ich habe keine Ahnung, warum! Ich weiß mir nicht zu helfen. Bitte, Rabbi, gib mir einen Rat, gib mir eine Éjze!"

Alt und halbblind sitzt der Rabbi in seinem Lehnstuhl, er denkt eine Weile nach, dann deutet er auf sein schweres Bücherregal und sagt:

„Geb mer herunter das rote Büchl.“ Als er den gewünschten Folianten in den Händen hält, blättert er diesen bedächtig durch, von der ersten bis zur letzten Seite, aber offenbar findet er darin nicht das Gesuchte für seine Entscheidung. Also wendet er sich noch einmal an die Ratsuchende, zeigt wieder auf den hohen Bücherkasten und sagt:

„Geb mer herunter das grüne Büchl.“ Und wieder blättert er von vorne bis hinten in dem Buch – wieder nichts.

„Geb mer herunter das schwarze Büchl“, bittet er ein drittes Mal. In dem schwarzen Buch endlich findet er nach einigem Blättern seine Brille. Umständlich setzt er sie auf, dann mustert er die Frau von oben bis unten und stellt milde fest:

„Recht hat er.“

In der abgewandelten Kurzversion berichtet die Frau dem Rabbi heulend: „Mein Mann will sich trennen von Tisch und Bett!“

„Ach“, sagt der Rabbi, „essen kann er auch nicht mehr …?“

So oft ist von der Frau des Rabbi die Rede, aber in den Witzen spielt sie meist nur die Komparsenrollen der Hausfrau und Dienerin. Deshalb gehört die Geschichte vom Gehilfen hierher, der, als der Rabbi auf Reisen ist, sich dessen Frau nähert und lüstern meint: „Rebbezin … dein Mann, er is verreist … wie wäre es, wenn ich möcht schlafen bei dir in der Nacht …?“

„Was unterstehst du dich, du von Grund auf verdorbener Mensch!“, schreit die Frau auf.

„Nu, nu – soll recht sein … du willst nicht“, zieht sich der Bocher zurück.

„Von nix wollen is keine Red“, hält ihn da die Rebbezin auf, „ich wunder mich nur, wo du hernimmst diese Chuzpe!“

Als ich in die Jahre meiner ersten derartigen Erfahrungen kam, fand ich in meinem Vater jemanden, mit dem man offen reden konnte wie mit einem Freund. Aber wahrscheinlich war das, was ich damals bei meinem ansonsten ziemlich konservativen Vater als fortschrittlich empfand, mehr die Wehmut eines alternden Mannes über die verlorene Zeit. Jedenfalls saßen wir beisammen und dann konnte ich ihm erzählen, von Mann zu Mann sozusagen, und genauso beriet er wiederum mich. Manchmal lächelte er: „Wie ich sehe, brauchst du keine Hilfe und wirst allein fertig, nicht wahr?“

So wie der Rabbi, der sich mit einem seiner Schüler auf einer langen und beschwerlichen Reise befindet, auf der sie oft gezwungen sind, in schlechten, nur aus dünnen Holzwänden gebauten Gasthöfen zu übernachten, meist Tür an Tür und Wand an Wand. Im Laufe der Wochen passiert es dem Rabbi, dass er den Reizen einer Haustochter verfällt und sie zu einem Schäferstündchen in sein Zimmer mitnimmt. Am nächsten Morgen ist ihm die Sache unangenehm und vor allem fürchtet er, der Student könnte im Nebenzimmer etwas gehört haben und nach der Rückkehr in der Gemeinde Abträgliches über ihn berichten. Er beschließt daher, bei dem Jungen erst einmal vorsichtig auf den Busch zu klopfen, und so erkundigt er sich, ob dieser in der vergangenen Nacht denn gut geschlafen habe.

„Geschlafen hab ich gut“, antwortet der Student, „auch – oj Gewalt – wo Ihr so habt gestöhnt … in dem fürchterlichen Kampf!“

„Nun ja“, sagt da der Rabbi mit ernstem Gesicht, „es war auch wirklich ein fürchterlicher Kampf, was ich hab gehabt, nämlich in einem fürchterlichen Traum! Kein Wunder, wenn ich hab gestöhnt und mich hab geworfen im Bett. Mir is hergekommen im Traum der Todesengel und hat angefangen zu ringen mit mir … und zu ringen … und so ich hab müssen stöhnen deswegen …!“

„Ja, Rebbe, und wie ich hab gehört das Stöhnen, ich bin gesprungen in Euer Zimmer. Aber wie ich hab gesehen, der Engel liegt scho unten, hab ich mir gesagt: ‚Gewonnen!‘ und bin wieder heraus aus dem Zimmer, weil ich hab mir gedacht: ‚Jetzt is alles gut, der Rebbe, er braucht ka Hilfe mehr, er wird ganz allein mit ihm fertig!‘“

Apropos Todesengel: An der Tür eines armen Rabbiners in einem winzigen polnischen Dorf klopft ein Bettler an, aber es ist nur die Frau des Rabbi zu Hause. Der Bettler weiß um die Weltferne der

Bewohner in diesen kleinen Gemeinden, die in ihrem Leben kaum jemals über die Dorfgrenzen hinausgekommen sind.

„Ich bin", spricht er mit hohler Stimme, „kein gewöhnlicher Bettler, ich bin der Schwager vom Todesengel – du musst mir geben ein gutes Almosen!"

Die Frau erschrickt: „Gott der Gerechte, der Schwager vom Todesengel!"

„Hab keine Angst, ich werde dir nichts tun, wenn du mir gibst …!"

„Wenn du bist der Schwager vom Todesengel, dann kommst du doch aus dem Jenseits …?", fragt die Frau mit zitternder Stimme, „und da hast du sicher begegnet meine Eltern selig – sag, wie geht es ihnen? Sind sie gesund?"

„Ich hab sie gesehen", antwortet der Bettler, „erst gestern hab ich sie begegnet – aber es is gewesen in der Höll … und es geht ihnen schlecht … sehr schlecht … nichts für zu essen … nichts für zu anziehen … ein Jammer …!"

Als die Frau das hört, bricht sie in Tränen aus und fleht den Bettler an, er, der Schwager vom Todesengel, möge doch um Gottes willen so gut sein, für ihre Eltern Essen und Kleider mitzunehmen. Für fünfzig Zloty Botenlohn erklärt der Mann sich dazu bereit. So gibt ihm die Frau die fünfzig Zloty, dazu ihr bestes Kleid und den Sabbatrock ihres Mannes, dann packt sie einen Korb mit Vorräten aus ihrem Keller und der Bettler verspricht, alles so rasch wie möglich den armen Eltern zu bringen, und macht sich auf den Weg.

Eine halbe Stunde später kommt der Rabbi nach Hause und noch immer weinend erzählt ihm die Frau, was vorgefallen ist.

„Bist du meschugge?", schreit der Rabbi. „Der Schwager vom Todesengel? Ja, meinst du denn, der hat einen Schwager, der Todesengel?"

Er isst eilig noch ein paar Löffel Topfen und Rahm, den ihm die Frau vorbereitet hat, spannt sein Pferd ein und fährt dem Schwindler nach. Nach einiger Zeit hat er auf der Landstraße einen Mann mit einem schweren Bündel auf dem Rücken eingeholt, und wirklich ist es der Bettler von vorhin, so wie ihn die Frau beschrieben hat. Der Rabbi springt vom Bock und beutelt den Mann am Genick:

„Warte, du Dieb, du Betrüger", schreit er, „gib das Geld zurück und die Sachen, die dir meine Frau gegeben hat! Ihr hast du vielleicht können was vormachen, aber nicht mir!"

„Was schreist du?", entgegnet ganz ruhig der Bettler. „Glaubst du am End', wer gegessen hat Topfen mit Rahm, kann sich kämpfen mit dem Schwager vom Todesengel?"

Der Rabbi ist wie vom Schlag gerührt:

„Du musst wirklich sein der Schwager vom Todesengel", stammelt er, „weil wie kannst du sonst wissen, dass ich hab gegessen Topfen und Rahm?"

„Nu, ich werde dir nichts tun, aber du musst ein Bußgeld zahlen von fünfzig Zloty für den Verdacht, den du hast gesprochen gegen mich."

Zitternd gibt der Rabbi ihm das Geld, springt auf den Wagen und flüchtet in rasender Eile. Als er völlig verstört zu Hause ankommt, sagt er zu seiner Frau:

„Du hast recht gehabt, Sule, es is wirklich gewesen der Schwager vom Todesengel!"

„Nun setz dich und komm zu dir", beruhigt ihn die Frau, „aber erst geh zu waschen dein Bart – du bist ja immer noch ganz bekleckert mit Topfen und Rahm …"

„Der Wert der Zeugenaussage!" und „Erkläre das einmal einem Richter!" waren zwei Ausrufe meines Vaters, wenn es zum Beispiel um einen geschwisterlichen Streit ging, in dem er sich die abweichenden Versionen der Parteien anhörte, weil wir ihn um ein Urteil gebeten hatten. Trotzdem gehe ich nicht ungern vor Gericht, wenn ich meine, eine Angelegenheit bedürfe einer offiziellen Klärung. Und so ist mir nach vielen Begegnungen mit Anwälten, Richtern und Zeugen die Erkenntnis „Kein Unterschied kann so groß sein wie der zwischen Recht und Gerechtigkeit" zutiefst vertraut. Wenn es allerdings mit der Zeit und mit wachsender Zahl von erlebten Verhandlungen dabei auch als Beteiligter gelingt, im Geist manchmal herauszutreten aus dem unmittelbaren Geschehen und sozusagen von außen wie ein Unbeteiligter zuzusehen, erkennt man oft eine Situationskomik, die man nicht mehr missen möchte. Was mich, der Phantasie zur Berufsausübung benötigt, neben den Zeugenaussagen, die meist so gelogen sind, dass nicht einmal das Gegenteil wahr ist, dabei immer von neuem neidvoll entzückt, sind Richterfragen und die meist skurrilen Schlussfolgerungen, die ein Richter je nach Bildungsgrad, Charakter und Verhandlungsführung dann aus den Antworten zieht. Einem Richter einen Sachverhalt verständlich zu machen, gehört, wie mein Vater sagte, zum Schwierigsten bei jeder Verhandlung. Und wenn ich nicht wüsste, welche Ratlosigkeit ich im besten Fall und welche Verwarnung wegen Unbotmäßigkeit ich im schlechtesten Fall hervorrufen würde, hätte ich schon oft und allzu gern mit dem Satz jenes Rabbi geantwortet, der als Zeuge vor Gericht geladen war.

Es handelte sich darum, ein Gutachten über den Wert eines Schofars abzugeben, das in einer kleinen Gemeinde gestohlen worden war. Der Dieb des Widderhorns, aus dem am jüdischen Neujahrstag zur Erinnerung an das Gericht Gottes einige Töne geblasen werden, war gefasst worden, das Schofar aber blieb verschwunden.

Nun hat der junge Richter von diesem Instrument weder jemals etwas gehört, noch es jemals gesehen. Er hat also nicht die geringste Ahnung und fragt daher:

„Herr Rabbiner, können Sie dem Gericht zunächst einmal erklären, was das ist, ein Schofar. Die Geschädigten haben mir das bisher nicht eindeutig klarmachen können."

„Ein Schofar …", beginnt der Rabbi bedächtig, „ja, also … wie soll ich das sagen … ein Schofar … das ist eben … ein Schofar."

„Verzeihen Sie, aber diese Angabe nützt dem Gericht nichts. Auf Grund dieser Erklärung lässt sich der verursachte Schaden nicht beziffern. Geben Sie mir doch wenigstens einen ungefähren Begriff von einem solchen Schofar –", beginnt der Richter nun etwas ungeduldig zu werden.

„In der Bibel steht geschrieben: Eingestürzt sind die Mauern von Jericho –"

Der Richter unterbricht:

„Verzeihen Sie, es geht jetzt nicht darum, was in der Bibel steht, sondern um eine klare Angabe, auf die sich das Gericht bei seiner Bemessung stützen kann."

„Nu, ich erklär es ja gerade", nickt der Rabbi, „man bläst damit – und ich hab wollen sagen, dass in der Bibel steht geschrieben, die Israeliten haben geblasen die Schofars so laut, dass eingestürzt sind die Mauern von Jericho."

„Also schön", meint der Richter, „man kann also sagen, es ist eine Art Trompete."

„Sagen kann man …", stimmt der Rabbi zögernd zu.

Der Richter zum Schriftführer:

„Schreiben Sie: Bei einem Schofar handelt es sich um eine Art Trompete."

„Nu, ja, schreiben kann man …", murmelt der Rabbi.

„Schön! Wir wollen die Angelegenheit also folgendermaßen zusammenfassen: Der Angeklagte hat sich widerrechtlich in den Besitz einer Trompete gesetzt –"

Da unterbricht ihn der Rabbi: „Erlauben, Herr Gerichtsrat … aber … is es denn eine Trompet…?"

Ein Streit zwischen Eheleuten wird allerdings wohl schwerlich gleich vor Gericht abgehandelt werden, selbst wenn es sich dabei um eine Art Betrugsverdächtigung handelt.

Und deshalb kommt ein Ehepaar zum weisen Rabbi und der Mann trägt folgenden Fall vor: Er habe am Vortag zwei Pfund Fleisch gekauft und nach Hause gebracht, daraus sollte die Frau am nächsten Tag einen guten Braten bereiten. Heute Mittag sei er aber nach Hause gekommen und die Frau habe ihm weinend geklagt, die Katze habe leider das Fleisch gefressen. Er aber traue seiner Frau nicht, weil sie so gefräßig sei wie mindestens drei Katzen zusammen, und er sei überzeugt, sie sei wieder einmal ohne jede Beherrschung gewesen und habe selbst das ganze Fleisch aufgegessen.

„Gewalt – so wahr ich hier steh, ich schwör es bei meiner Mutter selig, die Katz hat gefressen das Fleisch, es ist noch keine Stunde her!"

„Nu, dann bring du mir die Katz", sagt der weise Rabbi zur Frau und als die nach Hause läuft, die Katze zu holen, weist er den Mann an: „Und bring mir du vom Kaufmann die Waage."

Als beides gebracht ist, die Katze und die Waage, legt der Rabbi die Katze in die eine der Waagschalen und in die andere legt er zwei Pfundgewichte. Und alle sehen: Beide Zeiger der Waage stehen genau waagrecht.

„Nu, also", spricht der weise Rabbi, „da sind die zwei Pfund Fleisch – aber", wendet er sich mit donnernder Stimme zur Frau, „w o i s d i e K a t z?

Der folgende Streit bedarf keines Gerichtes, zumindest keines irdischen, führt er doch im Ernstfall geradewegs zum Jüngsten Gericht.

In einer galizischen Kleinstadt hänseln einander seit Jahr und Tag der katholische Geistliche und der Rabbi.

„Sagen Sie, werter Kollege von der anderen Fakultät", stichelt eines Tages wieder einmal der Rabbi, „Ihre Karriere geht ja jetzt langsam zu End, was können Sie schon noch werden?"

„Ich? Ich kann zum Beispiel noch Pfarrer in Lemberg werden!"

„Nu, wenn schon."

„Was heißt: Nu, wenn schon? Ich kann auch Domherr in Lemberg werden!"

„Nu, wenn schon."

„Jetzt hören Sie auf mit Ihrem ‚Nu wenn schon'", und jetzt verfällt der kleine Pfarrer immer stärker in einen Rausch der Möglichkeiten, „– ich kann auch noch Bischof werden!"

„Nu, wenn schon."

„Auch Erzbischof! Jawohl, das kann ich werden!"

„Nu, wenn schon."

„Was haben Sie denn immer mit Ihrem ‚Nu wenn schon'!", erregt sich der katholische Geistliche immer mehr. „Ich kann selbstverständlich auch noch Kardinal werden!"

„Nu, wenn schon."

„Wissen Sie überhaupt", schreit er jetzt beinahe, „wissen Sie überhaupt, wer bei uns aus den Reihen der Kardinäle gewählt wird? Der Papst! Gottes Vertreter auf Erden! Das kann ich werden!"

„Aber Gott selbst können Se nicht werden?"

„Sie versündigen sich! Selbstverständlich nicht!"

„Sehn Se", lächelt der Rabbi, „aber einer von unsere Leut hat es so weit gebracht."

Von der Katze zum Floh ist es nicht einmal ein Katzensprung, und im Notizbüchel meines Vaters steht dazu: Floh – knicken – Sabbat – Laus.

„Rabbi“, fragt ein armer Schlucker den Weisen, „sag mir: Is es gestattet, tot zu knicken ein’ Floh am Heiligen Sabbat?“
„Ja, es is gestattet tot zu knicken ein’ Floh am Heiligen Sabbat.“
„Und es is keine Sünde?“
„Nein, es is keine Sünde.“
„Und sag, Rabbi, is es gestattet tot zu knicken a Laus am Heiligen Sabbat?“
„Nein, es is nicht gestattet tot zu knicken a Laus am Heiligen Sabbat.“
„Aber sag, Rabbi, warum es is eine Sünde das eine und es is keine Sünde das andere –?“
„D a r u m es is gestattet, tot zu knicken ein’ Floh am Heiligen Sabbat, weil ein Floh, er kann dir wegspringen am Heiligen Sabbat, aber eine Laus, die bleibt dir – und es kommt der Sonntag und dann derfst du!“

„Rabbi“, fragt ein steinreicher Witwer, der fast im Greisenalter noch einmal eine blutjunge Frau geheiratet hat, „ich glaub, das Kind, das meine Jettel jetzt gekriegt hat, ist nicht von mir!“
„Nu“, sagt der Rabbi, „is es von dir, es is a Wunder! Is es nicht von dir, is es a Wunder?“

Und so gelangen wir zu den Wunderrabbis. Diese kamen fast durchwegs aus dem Chassidentum, wo zur tiefen Frömmigkeit auch der Wunderglaube gehörte, und Wunderrabbis wurden als Mittler zwischen Mensch und Gott verehrt. „*Die Chassidim*, schreibt Joseph Roth, „*sind für den Westeuropäer ebenso ferne und rätselhaft wie etwa Bewohner des Himalaja ... Am Hofe eines Wunderrabbis ereignet sich aber ebenso viel Interessantes wie bei den indischen Fakiren.*“

Die meisten der Wunderrabbis aber waren arm. Oft ohne festen Wohnsitz, zogen sie mit kleinem Gefolge von Ort zu Ort und hielten ihre „Sprechstunden“ für die Gläubigen ab. In ihrer Begleitung befand sich meist ein Diener, eine Art Impresario, *Gabbe* genannt, der die Spenden der Frommen in Empfang nahm, aber auch schon zuvor für gebührende Bekanntmachung zu sorgen hatte. Dabei horchte er die Dorfbewohner, die meist abgeschieden von der Welt in tiefster Armut wohnten, über ihre Gewohnheiten und Eigenheiten aus, und die waren dann überrascht von der Kenntnis des Wunderrabbi, was der alles wusste über ihre Sorgen und wie er sich hineinfühlen konnte in die Nöte jedes Einzelnen. Wenn der Gabbe einige Tage zuvor eintraf, um Quartier für den heiligen Mann zu akquirieren, dann benutzte er die Gelegenheit, um über seinen Meister Wunderdinge zu erzählen.

Nun geschieht es einmal, dass vier solcher Vorausdiener zugleich in einem recht wohlhabenden Städtchen zugegen sind, und es entspinnt sich notgedrungenermaßen ein Wettstreit darüber, welcher ihrer vier Herren die größten Wunder zu vollbringen imstande sei. Entsprechend der in diesem Ort zu erwartenden Spendenhöhe suchen die Gabbes nun einander in ihren Schilderungen zu übertrumpfen.

„Unser Rabbi", beginnt der Erste, „er ist Gott am nächsten, denn was er ruft zum Himmel, das geschieht. So wir sind gekommen einmal in eine Stadt, und wie wir fahren durch das Tor, da sind gelaufen die Gassenjungen neben uns, und sie haben gezeigt die langen Nasen, und sie haben gestreckt heraus die Zungen, und sie haben geschmäht unseren großen Rabbi: ‚Jud, Jud!', haben sie gerufen. Da habe ich gesagt zu unserem Rabbi: ‚Rabbi, wie kannst du dir spotten lassen von der Bande? Ruf ein Wort zum Himmel, das Tor der Stadt soll gleich einstürzen und erschlagen die Buben!' – Und was tut unser großer Rabbi? Er hat mich angeschaut mit sein strafenden Blick und er hat gerufen zum Himmel: ‚Nein, n i c h t soll einstürzen das Tor!' Und was is geschehen …? Das Wunder is geschehen! Das Tor, es is wirklich n i c h t eingestürzt!"

Da beginnt der Zweite: „Das is noch gar nichts! Weil mein Rabbi, er is selbst verwandt mit die Naturgewalten, was hören auf seine Befehle. Als wir sind einmal gewesen im Schtetl Plonsk, da es is gekommen das große Feuer in alle Häuser und es hat gebrennt das Dorf von hinten nach vorne und es haben gerufen die Leut zu unserem Rabbi, dass er sie möcht retten vor dem Feuer – und was tut unser großer Rabbi? Er is gestanden mitten auf der Straße und mitten in dem Feuer und er hat gebreitet seine Arme und er hat gerufen: ‚Feuer, geh!'– Und was is geschehen …? Das Wunder is geschehen: Links is gewesen Feuer, rechts is gewesen Feuer, und in der Mitten der Rabbi hat geführt die Menschen aus dem Schtetl Plonsk in die Sicherheit!"

„Aber was unser Rabbi getan hat als Wunder, das, es is noch viel mehr!", fällt nun der Dritte ein. „Als wir sind einmal gewesen in Kutno, da es is gekommen der größte Regen, was hat es gegeben seit tausend Jahr, und es sind geflossen die größten Wasser, was sind geflossen seit tausend Jahr, und es is versunken Kutno mitsamt alle seine Häuser, und es haben gerufen die Leut zu unserem Rabbi, dass er sie möcht retten von dem Wasser – und was tut unser großer Rabbi? Er is gestanden mitten auf der Straße und mitten in dem Wasser und er hat gebreitet seine Arme und er hat gerufen: ‚Wasser, geh!' – Und was is geschehen ...? Das Wunder is geschehen: Links is gewesen Wasser, rechts is gewesen Wasser, und in der Mitten der Rabbi hat geführt die Menschen aus Kutno in die Sicherheit!"

Nun hat es der Vierte schwer, diese Wunder zu übertreffen, er denkt etwas nach, dann stellt er sich in Position und beginnt:

„Es is einmal gewesen ein Freitag und wir sind gefahren mit unserem Rabbi nach Grodno mit dem Zug. Und wie wir sind gefahren und gefahren nach Grodno mit dem Zug, da es is untergegangen die Sonn und plötzlich es hat angefangen zu sein der Sabbat, wo niemand mehr darf fahren, und schon gar nicht ein so heiliger Mann wie unser Rabbi. Und Grodno is gewesen weit und nichts haben gerufen die Leut, weil sie haben gefürchtet Gottes Zorn. Und was tut unser großer Rabbi? Er hat gebreitet seine Arme und nichts er hat müssen rufen – weil, was is geschehen ...? Das Wunder is geschehen: Links is gewesen Sabbat, rechts is gewesen Sabbat und in der Mitten es is gefahren der Zug!"

Unschlagbar in ihrer Logik ist die Antwort eines Gabbe, dessen Beteuerungen: „Unser Wunderrabbi – täglich zwei Mal er spricht mit Gott dem Allmächtigen persönlich ...!" von einigen seiner Zuhörer nun doch leise angezweifelt werden: „Woher willst du das denn wissen?", fragen sie.

„Er hat es selbst gesagt", will der Gabbe die Ehre seines Herrn hochhalten.

„Nebbich selbst gesagt – und wenn er lügt?"

„Lügen – wie soll das gehen? Meint ihr, der Allmächtige wird sprechen zwei Mal pro Tag mit ein Lügner?"

„Unser großer Rabbi kann Wunder machen, was sind die größten aller Wunder …“, schreit ein anderer Gabbe auf der Hauptstraße des Dorfes. „Wunder sind es, wie sie kann kein anderer machen von alle Rebben!“

Die Leute laufen zusammen und er fährt fort:

„Einmal sind gekommen tausend Kosaken für sein Haus zum überfallen und ihn zum töten, und was hat getan unser Rebbe? Er hat gehoben eine Hand zum Himmel herauf und hat nur gewinkt und gleich is heruntergekommen ein Engel und hat aufgehoben unseren Rabbi und hat ihn fortgetragen von der Gefahr, und weit weg von der Gefahr er hat ganz behutsam ihn wieder gesetzt auf den Boden. Und wer das nicht glaubt, der kann es sehen mit seine eigene Augen, weil morgen es wird kommen der Rabbi hierher und – e r l e b t!“

Die Fortsetzung dieser Fabel beginnt damit, dass der reichste Gutsherr der Gegend, der sich einen Spaß daraus macht, sich Geschichten von Wunderrabbis erzählen zu lassen, um für die unglaubwürdigste einen kleinen Geldbetrag zu zahlen, auch die beiden Gabbes einlädt, ihm zu erzählen. Der eine berichtet nun vom täglichen Gespräch seines Rabbi mit dem Allmächtigen, und er führt als Beweis an, Gott würde nie mit einem Lügner sprechen. Von der wundersamen Rettung seines Rabbi durch den Engel erzählt der andere, und sein Beweis ist, dass der Rabbi ja am Leben sei. Der Gutsherr befindet, der Zweite habe noch geschickter gelogen, und will diesem schon den Preis auszahlen, als der Erste sich noch einmal zu Wort meldet:

„Verzeiht, Herr, aber ich kann bezeugen, dass die Geschicht vom Rabbi mit dem Engel is wirklich wahr: Ich hab ihm gesehen fliegen.“

Dies war nun eindeutig nicht mehr zu schlagen, und der Preis war sein.

Ein Gabbe erzählt:

„Mein Rabbi bekommt jedes Wunder gesendet von Gott persönlich. Einmal er is gegangen auf der langen Straße und neben der Straße es is gelegen a ganz kleines Kindel und es hat geschrien vom Hunger. Da hat mein Rabbi von Gott verlangt a Wunder, und gleich sind ihm gewachsen Brüste und so er hat das Kind gesäugt und es is nischt gestorben ...!"

„Aber sag", fragt da einer, „hätt Gott nicht geben können a bissele Geld, zu kaufen Milch für das Kindel –?"

„Wieso? Wenn Gott kann tun a Wunder – er wird nicht hergeben Bares ...!"

Gegen Behördenwillkür und sogenannte Beamtenmentalität ein probates Mittel zu finden, ist schwer und konnte schon meinen Vater zur Weißglut bringen. Leider habe ich auch das von ihm geerbt und bin kohlhaasisch bis zur Selbstvernichtung. Wie hilfreich wären da oft die klugen wie humorvollen Antworten der Rabbis aus den uralten Witzen ...

So wird der Rabbi einer kleinen Gemeinde zum Bezirkshauptmann einer Kreisbehörde zitiert, der ihm vorhält, es sei von einem getauften Juden des Ortes Beschwerde eingereicht worden. Unter den allwöchentlichen Sabbatgebeten gäbe es auch eines, in welchem Gott angefleht wird, alle Christen, alle Heiden und überhaupt alle Nichtjuden von der Erde zu tilgen. Dem Rabbiner bleibt nichts anderes übrig, er muss bestätigen, dass solch ein Gebet existiert.

„Wenn ich auch persönlich keinerlei Abneigung gegen Juden und ihren Glauben habe, so muss ich als Behörde darauf bestehen", entscheidet der Bezirkshauptmann dezidiert, „dass diese Gebetstelle bei Ihrem Gottesdienst ab sofort unterlassen wird! Es geht einfach nicht an, hinnehmen zu müssen, dass jeden Samstag öffentlich derartige Verwünschungen gegen uns Christen ausgestoßen werden!"

Der Rabbiner, ein alter Herr, lächelt wehmütig.

„Ach wissen, Herr Bezirksvorsteher, Sie können uns ruhig weiter beten lassen wie bisher ... ganz ruhig ..."

„Was soll das heißen?"

„Sehen Sie, Herr Bezirkshauptmann ... wir Juden beten das schon weit über tausend Jahre ... und jetzt frag ich Sie: Hat es genützt ...?"

Die ständige Beschäftigung mit den Büchern, der Versuch, das Wissen um Gott und die Welt zu erweitern, schloss die Erkenntnis mit ein, dass eben mehr zwischen Himmel und Erde möglich ist, als Schulweisheit sich träumen lässt. Und mein Vater stellte fest, als er nach vielen Jahren wieder einmal in Paris war und die ungewohnt vielen Menschen sah, ihr Durcheinanderlaufen und Hasten:„Wahrscheinlich läuft in der Roten Sterngasse ein Hecht!"

Und mit diesem Satz brachte er die Geschichte vom Rabbi ins Gedächtnis, der in seinem Studierzimmer sitzt und liest. Es ist Frühling, er hält sein Fenster offen, aber er fühlt sich durch den anhaltenden Lärm von spielenden Kindern vor seinem Haus so sehr gestört, dass er sich aus dem Fenster beugt und ruft:

„Geht in die Rote Sterngasse, dort lauft a Hecht!"

Augenblicklich rennen die Kinder davon, um das Naturwunder zu sehen. Eine Weile hat der Rabbi Ruhe, doch schon nach kurzer Zeit beginnen immer mehr Leute, an seinem Fenster vorbei zu laufen. Wieder beugt er sich aus seinem Fenster und ruft:

„Was is, wohin rennen die ganzen Leut?" – „In die Rote Sterngasse, dort lauft a Hecht!"

Der Rabbi lächelt vergnügt und setzt sich wieder zu seinen Büchern. Aber das Hasten und Rennen vor seinem Fenster nimmt unvermindert weiter zu und als er auf seine wiederholten Fragen immer die gleiche Antwort erhält, besinnt er sich kurz, dann ruft er zu seiner Frau:

„Sure, bring mir Hut und Mantel, ich muss in die Rote Sterngasse – am End lauft dort wirklich a Hecht!"

„Also, die Suppe könnte im Sacher nicht heißer sein!", merkte mein Vater beim Essen nicht selten an, um mit diesem vermeintlichen Lob, das in Wahrheit blanke Ironie darstellte, zu umschreiben, dass die Suppe zu heiß sei.

Und das erinnert mich an den vierjährigen jüdischen Knaben, der, durchaus normal entwickelt, zum Leidwesen seiner Eltern jedoch noch nie in seinem jungen Leben auch nur ein einziges Wort gesprochen hat. Keiner der unzähligen Besuche bei den berühmtesten Spezialisten bringt auch nur den kleinsten Erfolg. Der Kleine bleibt stumm. Bis er eines Tages beim Mittagessen den ersten Löffel Suppe zum Mund führt, kurz kostet, den Löffel wieder zurücklegt und hierauf den ersten Satz seines Lebens spricht. Lapidar und in tadelloser Sprache sagt er:

„Die Suppe, sie is heut versalzen."

Alle sind aufgelöst vor Freude und Überraschung und man bestürmt ihn, zu sagen, was denn der Grund für sein Schweigen war, warum er denn all die Jahre nicht das Geringste gesprochen habe.

„Bis jetzt war ja alles in Ordnung", lautet die Antwort.

Die versalzene Suppe leitet über zu dem altgewordenen und kranken Wunderrabbi, der nach Jahren der Suche und des Herumziehens endlich bei weit entfernten Verwandten im nördlichsten Galizien eine Unterkunft gefunden hat. Ein Pferdehändler ist es, der sich erbötig gemacht hat, ihm eine Zeit lang ein Dach über dem Kopf und tägliche Mahlzeiten zu gewähren. Der Alte soll auf diese Weise zu Kräften kommen und dann weiterziehen.

Ein Jahr vergeht, dann zwei Jahre, und immer noch wohnt der alte Rabbi im Haus und es scheint, als würde er für alle versteckten und offenen Anspielungen taub sein. Er drückt sich im Haus herum, versucht, sich mit ungebetenen Ratschlägen und sinnlosen Handreichungen nützlich zu machen, aber die Familie ist seiner mehr als überdrüssig und will ihn lieber heute als morgen loswerden. Nur, wegjagen kann man ihn nicht, weil er dafür keinen Grund bietet, und auf alle Bemerkungen, die darauf zielen, ihn hinauszuekeln, reagiert er nicht.

Da fällt dem Hausherrn eines Tages die Lösung ein:

„Hör zu, ich hab an Plan, wie wir es machen", sagt er zu seiner Frau, „morgen Mittag bei der Supp, ich werd sie kosten und dann ausspucken und schreien: ‚Die Supp, sie is versalzen, mach mir a neue, so a salzige Supp ich ess nicht!' Und dann du wirst kosten die Supp und dann du sollst rufen: ‚Die Supp, sie is nicht versalzen. Wenn dir nicht passt die Supp, dann geh woanders zum Essen!' Und dann wir werden fragen den Rabbi, er soll entscheiden über die Supp. Und wenn er sagt, die Supp, sie is versalzen, dann du wirst ihm weisen aus unserem Haus, und wenn er sagt, die Supp, sie is nicht versalzen, dann ich werd ihm weisen aus unserem Haus!"

Am nächsten Mittagstisch beginnt die verabredete Komödie. Der Mann beschimpft wild seine Frau wegen der versalzenen Suppe, die Frau beschimpft lauthals ihren Mann wegen seiner Flüche. Nur der alte Rabbi sitzt da und löffelt ruhig vor sich hin.

„Rabbi, du musst entscheiden", ruft der Pferdehändler jetzt.

„Ja, der Rabbi soll schmecken die Supp und dann sagen!“, ruft die Frau.
Es wird still am Tisch und das Paar sieht erwartungsvoll zu dem Alten.
Der hat aufgehört zu essen und hält seinen Löffel in der Hand. Er blickt auf die Suppe, dann zu den beiden und dann meint er:
„Ich werd euch sagen, meine Kinder – für d i e paar Jahr, die ich bin noch bei euch, die Supp, sie kann so bleiben, wie se is …“

Ins Kapitel der weisen Rabbis gehört auch der *Zaddik,* ein frommer Mann, ein sogenannter Gerechter; aber auch Heilige, insbesondere aus den Reihen chassidischer Rabbis, wurden so genannt.

Der neue Rabbiner hält in einer Versammlung eine feierliche Lobrede auf den berühmten alten Zaddik der Gemeinde. Immer mehr steigert er sich in seine Begeisterung hinein, immer feuriger werden seine Worte:

„… Unser geliebter, unser verehrter Zaddik, er is a Mann von überragender Weisheit … es müssen die gelehrtesten Gelehrten sitzen zu seinen Füßen … unser Zaddik – sein Name sei gepriesen – er is von einer Güte, von einer Rechtschaffenheit, er is a Vorbild für Männer, a Vorbild für Frauen, a Vorbild für Kinder … es kommen zu ihm die Menschen von nah und von fern zu suchen seinen Rat … und er, unser einzigartiger Zaddik, er schaut den Menschen in die Seele, und sie, die Menschen, sie hängen an seinen Lippen, weil unser gepriesener Zaddik, er kennt die menschliche Seele wie kein Zweiter … unser großer Zaddik, er –“

Da zupft der alte Mann den Rabbi am Ärmel und flüstert:

„Vergiss nicht zu sprechen von meiner Demut und von meiner Bescheidenheit!“

Die nächste Zaddik-Geschichte erinnert mich an meinen Freund und Lehrer Bhante, einen buddhistischen Mönch aus Sri Lanka, der seit Jahrzehnten in Österreich lebt. Mit ihm habe ich viele Stunden und Tage verbracht und dabei auch viel gelacht. Einmal sagte ich zu ihm:

„Wenn du so argumentierst, erinnerst du mich an einen weisen Rabbi, einen Talmudlogiker, dessen Interpretationen der Bücher auch oft überraschend gefinkelt sein können.“

Anlass zu dieser Äußerung hatte mir Bhante, geboten, als er erzählte:

„Gestern waren Mönche aus Vietnam zu Besuch und zeigten sich indigniert, dass ich, als buddhistischer Mönch, dem geboten ist, sich seinen täglichen Unterhalt zu erbetteln oder schenken zu lassen, in der Küche stehe und mein Mittagessen koche. Ich sagte ihnen, dass ich keineswegs koche, sondern nur Buddhas Wunsch erfülle, dass jeder Mensch für seinen irdischen Leib – ein hohes Gut – verantwortlich ist und vor allem dafür, dieses Gut pfleglich zu behandeln, also auch zu nähren und angemessen mit Speisen zu versorgen. Deshalb war meine Antwort: ‚Ich koche nicht, ich bereite nur Speisen zu, um damit dem ausdrücklichen Wunsch des Buddha nachzukommen.'"

Hat Buddha jüdische Witze gekannt? Möglich wäre es allemal. Und apropos Kochen: Eine an der Deutung der Bücher geschulte Auslegung findet sich auch in der Geschichte über den Rabbiner, der ein winziges Dorf besucht, um einen weit über die Grenzen hinaus berühmten Zaddik zu sehen.

„Was hat euer Zaddik schon alles bewirkt, dass er so berühmt und geachtet ist?", erkundigt sich der Rabbi zuvor.

„Unser Zaddik, er fastet – schon drei lange Jahre!"

„Drei Jahre?", kann dies der Rabbi nicht ganz glauben. „Wenn er gefastet hätt drei Jahre, er wäre doch lang schon verhungert!"

„Das ist richtig", sagt der Angesprochene, „aber es is so: Unser großer Zaddik, er weiß genau, dass er würd die Leute beschämen, wenn er täte fasten die ganze Zeit hindurch. So, er isst ganz normal vor die Leute, und er hält es als Geheimnis, dass er fastet …!"

„Unser großer und weiser Zaddik", berichtet ein anderer, „er hat zu Gott gebetet, die Reichen sollen geben den Armen und – was tut Gott in seiner unermesslichen Weisheit und Güte? – er hat schon erfüllt die Hälfte der Bitte!"

„Ach – und wie hat Gott das gemacht?"

„Die Armen, sie haben sich einverstanden erklärt, zu nehmen das Geld!", lautet die entwaffnende Antwort des weisen Zaddik.

Dass Zaddik und Rabbi durchaus in einer Art Konkurrenz stehen konnten, beweist die nächste Geschichte, in der ein weiser Zaddik nach dem Freitagabendgebet in der Synagoge einen Fremden, der offensichtlich allein und ohne Ansprache im Schtetl weilt, zu sich zum Essen und zum Nachtquartier einlädt. Dies gebietet ihm auch die jüdische Tugend der Gastfreundschaft, die es für einen gläubigen Juden undenkbar scheinen lässt, zuzulassen, dass ein Fremder den Vorabend des Sabbat allein und ohne Familie oder sonstigen Anhang zubringen muss. Der Gast nimmt also am frugalen Mahl mit der Familie des Zaddik teil, er wird auf das Aufmerksamste umsorgt, er übernachtet in einem wunderschönen Zimmer in Bettwäsche aus feinstem Leinen und am nächsten Morgen erwartet ihn schon ein köstliches Frühstück, wie es in keiner Herberge hätte besser sein können.

„Wie kann ich Ihnen jemals vergelten, was Sie mir für unvergessliche Stunden geschenkt haben", sagt der Fremde beim Verabschieden bewegt, „es war einer der schönsten Abende, ja die tiefste Gastfreundschaft, die ich mein Lebtag genossen habe!"

„Das ist nicht schwer", erwidert der Zaddik, „ich hab Ihnen schon hergerichtet Ihre Rechnung. Sie ist nicht übertrieben hoch, aber dem Gebotenen sie ist allemal angemessen!"

„Rechnung!?", ruft der Fremde überrascht und einigermaßen verärgert aus. „Sie erwarten doch nicht, dass ich für Ihre Einladung bezahle?"

„Wieso nicht?", erwidert der Zaddik. „Verzeihen Sie, aber Sie haben zweimal königlich gespeist, Sie haben getrunken meinen teuersten Wein, Sie haben geschlafen in meinem besten Zimmer, Sie haben benützt meine edelste Bettwäsche – das werden Sie ja wohl nicht alles bestreiten?"

„Was heißt bestreiten –? Ich bin zutiefst empört! Sie haben mich gestern eingeladen, Sie haben mich geradezu genötigt, zu Ihnen zu kommen, um Ihr Schabbesgast zu sein! Das ist eine Schamlosigkeit, wie ich sie noch nie erlebt habe!"

„Regen Sie sich nicht unnötig auf, mein Freund", sagt der Zaddik ruhig, „wir können ja gehen zum Rabbi, um klären zu lassen unsere kleine Meinungsverschiedenheit."

Beim Rabbi des Ortes angekommen, erzählt der Fremde wütend die Geschichte. Dann legt der Zaddik den Sachverhalt aus seiner

Sichtweise klar. Der Rabbi macht ein bedenkliches Gesicht: „Und“, wendet er sich an den Zaddik, „es is wirklich wahr, was jenner behauptet?“

„Ja, natürlich, es stimmt alles, Wort für Wort“, bestätigt der Zaddik.

„Nu“, meint der Rabbi, „ich habe beide Versionen der Geschichte gehört, ich habe alle Möglichkeiten der Lehre abgewogen, ich mache mir diese schwere Entscheidung wahrlich nicht leicht, aber nach den vielen Jahrzehnten meines Talmudstudiums es bleibt mir nur eine Möglichkeit als Lösung“, er wendet sich an den aufgebrachten Fremden, „du wirst bezahlen die Schabbesrechnung!“

Der Mann glaubt, sich verhört zu haben, aber der Rabbi hat gesprochen, und so beugt er sich diesem unverständlichen Urteil.

Als die beiden Männer wieder auf der Straße stehen, zieht der Mann wortlos und zutiefst getroffen seine Brieftasche.

„Was tun Sie denn da?“, unterbricht ihn der Zaddik in seinem Tun. „Sie wollen mir doch nicht etwa etwas bezahlen? Es war mir ein Bedürfnis, Sie einzuladen, Ihnen meine Gastfreundschaft zu schenken, so gut es mir möglich ist. Glauben Sie im Ernst, ich würde Geld nehmen von einem Schabbesgast?!“

„Aber –“, stottert der Gast verwirrt, „Ihre Rechnung – das Urteil des Rabbi –?“

„Nebbich – Urteil! Ich wollte Ihnen nur zeigen, was für einen Vollidioten von Rabbi wir haben in unserer Gemeinde!“

Weil vorher von Gericht die Rede war und jetzt von Gerechtigkeit – da fällt mir ein: Mein Vater war promovierter Jurist, übte aber zeitlebens den Beruf nicht aus. Auf Grund – besser gesagt, trotz – dieser juristischen Schulung aber hatte er einen ausgeprägten Gerechtigkeitssinn und lehrte mich schon früh, dass bei Gericht wohl Recht, selten aber Gerechtigkeit gesprochen wird. Als Beispiel für Gerechtigkeitssinn erzählte er mir die folgende Parabel:

Die Frau eines Rabbi, der für seinen unbeirrbaren Gerechtigkeitssinn bekannt war, beschuldigte eines Tages das Hausmädchen des schweren Diebstahls. Das Mädchen beteuerte weinend seine Unschuld, aber die Rebbezin bestand auf Klärung des Falls durch das Gericht. Als sie sich mit der heulenden Magd auf den

Weg machen wollte und der Rabbi gleichfalls seinen Mantel anzog, um sie zu begleiten, sagte sie zornig. „Du brauchst nicht mitkommen, ich kann die Anklage gegen diese Diebin schon selbst richtig vorbringen!"

„Daran zweifle ich nicht", lächelte der Rabbi, „aber wer wird ihr Verteidiger sein?"

Ein kleiner Seitenschritt sei erlaubt, aber das Stichwort Jurist verleitet einfach dazu.

Dr. Blaustein, ein erfolgreicher Anwalt, teilt seinem künftigen Schwiegersohn und Kanzleipartner vertraulich mit, er werde ihm nach der Hochzeit zusätzlich zur Mitgift eine Causa anvertrauen, an der eine Menge zu verdienen sei. „A s o l c h e Erbschaftssache!", verrät er augenzwinkernd.

Gesagt, getan, der Schwiegersohn übernimmt den Fall und bringt ihn mit Geschick und Fleiß innerhalb weniger Wochen zu einem erfolgreichen Ende.

„Schwiegerpapa", kommt er freudestrahlend in die Kanzlei gelaufen, „gratulier mir! Ich komm grad vom Gericht – wir haben ihn gewonnen, den schweren Prozess!"

„Gewonnen? Den Prozess?", fährt Blaustein erschrocken zusammen. „Bist du denn meschugge? – Von dem hab ich fünfzehn Jahr lang g e l e b t!"

Zurück aber zu den Rabbis und ihren Geschichten. Mehr als heute fiel früher einem Rabbiner nicht nur auch die Aufgabe des Deuters der gelehrten Schriften und des Erklärers der Welt zu, er war auch Anlaufstelle für Fragen aller Art, zum Schlichten von Streit, oder um für Probleme jene Lösung zu finden, die dem gewöhnlichen Sterblichen nicht einfallen, im Zweifel jedenfalls war er die entscheidende Instanz. Über jedes Problem musste der Rabbi zuerst *klären*, eine Form des Nachdenkens und Abwägens unter Zuhilfenahme von Lebenserfahrung und Talmud, von gesundem Menschenverstand und Akzeptanz göttlicher Gesetze, an dessen Ende eine Erkenntnis stehen sollte. Dafür, aber auch um seinen Antworten zusätzliche Autorität zu verleihen, ließ sich der Rabbi oft Zeit, blätterte bald in diesem, bald in jenem alten Talmudbuch, bis er seine Meinung mit jener der Schriften in Übereinstimmung gebracht hatte. Weil „in die Bücher“ ist alles geschrieben, man muss nur weise genug sein, es auch zu finden.

Drei Lieblingsgeschichten meines Vaters, welche diese Weisheit widerspiegeln, wie er sie auch jedem jüdischen Witz zusprach, seien am Ende erzählt.

So kommt zum Dorfrabbi ein Mann und klagt über sein Problem, das er seit Tagen allein nicht mehr zu lösen vermöge; niemand könne ihm noch helfen als der geehrte große Rabbi, der würde in seiner weithin gepriesenen Weisheit eine Lösung wissen, und er, der Mann, werde sich jedem Urteil beugen.

„Ich habe nämlich“, schildert er seine Notlage, „nur einen Hahn und nur eine Henne, und jetzt is Pessach und meine Frau will bereiten ein Festmahl mit einem von die zwei Geflügeltiere. Aber mir sind so lieb geworden beide und jetzt ich weiß nicht, wen ich darf opfern. Schlacht’ ich die Henne, kränkt sich der Hahn, schlacht’ ich den Hahn, kränkt sich die Henne! Wie, Rabbi, soll ich entscheiden?“

Der Rabbi schüttelt bedächtig den Kopf:
„Ein Problem, über das ich muss klären und nachschauen in die Bücher. Komm zu mir morgen.“
Und tief stützt der weise Mann nun seinen Kopf in beide Hände und beginnt nachzudenken.
Die Nacht vergeht und zu Mittag des nächsten Tages endlich wird der Mann in das Zimmer des Rabbi gerufen.
„Nu, Rabbi, du hast geklärt? … Sag mir, was bitte soll ich tun?“, fragt der Mann hoffnungsvoll.
„Ich hab geklärt den Abend … ich hab geklärt die Nacht … ich hab geklärt den Morgen …“, verkündet der Rabbi feierlich, „schlacht die Henne.“
„Aber – dann kränkt sich der Hahn!“
Wieder schüttelt der Rabbi bedächtig den Kopf: „Ein Problem, über das ich muss klären und nachschauen in die Bücher. Komm zu mir morgen.“
Und wieder stützt der weise Mann seinen Kopf in beide Hände und beginnt nachzudenken.
Es vergeht die Nacht und zu Mittag des nächsten Tages endlich wird der Ratsuchende wieder in das Zimmer des Rabbi gerufen.

„Nu, Rabbi, du hast geklärt? – Sag mir, was bitte soll ich tun?“, fragt der Mann zum zweiten Mal.
„Ich hab geklärt den Abend … ich hab geklärt die Nacht … ich hab geklärt den Morgen …“, verkündet der Rabbi feierlich, „schlacht den Hahn.“
„Aber – dann kränkt sich die Henne!“
Da hebt der Rabbi Hände und Schultern und befindet kurz und bündig:
„Soll se sich kränken.“

Zum weisen alten Rabbi einer kleinen Gemeinde kommt der arme Jossel gelaufen und beschwert sich bitter:
„Rabbi, was soll ich machen, mein Freund, der Mordechai, hat geerbt a Million und jetzt er will nix mehr wissen von mir. Er ist nebbich geworden a solcher Snob und so egoistisch, dass man möcht schreien. Ich kann das überhaupt nicht verstehen! Der älteste Freund, den ich gehabt hab –!“
Der Rabbi nimmt den kleinen Mann sanft beim Arm, führt ihn zum Fenster und sagt: „Jossel, schau da hinaus – was siehst du?“
„Nu, was soll ich sehen? Die Häuser … die Straße … die Bäume … den Himmel … die Leut –“
Nun führt der Rabbi ihn zu einem Spiegel und sagt:
„Jossel, schau da hinein – was siehst du?“
„Nu, was soll ich sehen? Mich.“
„So ist es“, antwortet der Rabbi, „und jetzt du wirst verstehen: Es is einfaches Fensterglas und du kannst sehen hindurch auf die ganze große Welt. Aber tu dahinter nur a bissele Silber – und schon du siehst nur noch dich selbst.“

In erbitterten Streit verstrickt, laufen zwei Männer zum Rabbi und ersuchen ihn um Schlichtung der Fehde und um sein gerechtes Urteil.
Der Rabbi hört sich die ausführlichen Darlegungen des einen Kontrahenten an, mit allem Für und Wider, mit allen Argumenten.
„Geh hin“, legt er diesem schließlich die Hand auf die Schulter, „und bleib friedlich – d u hast Recht!“
Triumphierend läuft dieser davon. Als er nicht mehr zu sehen ist, wendet sich der Rabbi an den Zweiten und dieser beginnt den

Streit aus seiner Sicht darzulegen, genauestens und mit allen Einzelheiten. Der Rabbi hört den Ausführungen zu, nickt ein paar Mal und schließlich urteilt er: „Geh hin und bleib friedlich – d u hast Recht!“
Als auch der Zweite sich überglücklich entfernt hat, wendet sich ein Dritter, der in der Nähe gestanden ist und den Streit und seine Schlichtung verfolgt hat, an den Rabbi:
„Verzeih mir, Rabbi – aber gerade hast du doch zu beiden das Gleiche gesagt. Ich bin verwirrt, weil das ist doch nicht möglich – es können doch nicht beide Recht haben?“
Der Rabbi sieht ihn fröhlich an, dann nickt er und sagt:
„Geh hin und bleib friedlich – d u hast Recht.“

Und damit könnte das Buch schon wieder enden, denn viel mehr Beispiele bedarf es nicht zur Erklärung von Wesen und Weisheit eines jüdischen Witzes – gäbe es da nicht noch so viel zu erzählen …

Was, bitte heisst Zapichiss?

Bis zum Beginn des Gymnasiums erschien mir meine Schulzeit glücklich und problemlos, auch wenn ich schon in der Volksschule mehrere Schulwechsel zu absolvieren hatte. Umso albtraumhafter verliefen dann die folgenden Schuljahre, und ich bin sicher nicht der Einzige, der sich heute noch hin und wieder nachts in Träumen wälzt, die von irgendeiner Niedertracht handeln, die man in der Schule erlebt hat. Ich wurde zwar meistens zu den Intelligenten in den diversen Klassen gereiht, die ich durch mehrmaliges Wiederholen und einen letzten schmerzhaften Schulwechsel besuchte, aber in mir steckte ein scheinbar unüberwindlicher Widerwille gegen Schule an sich, und deswegen verweigerte ich jede Art des Lernens und war zudem schon in der ersten Gymnasialklasse nicht nur der Schlimmste der Klasse, sondern ich zählte, der zu dieser Zeit ein körperlicher Winzling, ja fast zwergwüchsig und somit immer der Kleinste der Klasse war, zu den Verrufensten der ganzen Schule. Das gehört, wenn man die damals herrschenden autoritären Verhältnisse bedenkt, die heute unvorstellbar erscheinen, zu dem Wenigen in meinem Leben, worauf ich stolz bin.

Die Qualen änderten sich erst in der Oberstufe in der tiefsten Provinz, wo ich mich wie verbannt fühlte, aber einen Klassenvorstand hatte, dem ich heute noch dankbar bin, legte dieser doch damals schon eine Pädagogik an den Tag, von der sich heute, fast fünfzig Jahre später, etliche Schulpsychologen und Lehrer etwas abschauen könnten.

Die geschilderten Umstände der ersten Jahre brachten es nun mit sich, dass ich von Beginn an Nachhilfelehrer hatte, denen bis zur Matura noch etliche folgen sollten. In meinem Buch *Mit Éjzes bin ich versehen* habe ich dem ersten, einem unvergessenen Kauz, ein Denkmal gesetzt; und es heißt da:

Mein erster Nachhilfelehrer, „der Pollach“, fällt mir ein, ein Original seltenen Formats, wie es mir seither nie mehr begegnet ist. Er war von Art und Aussehen der sprichwörtlichen gefräßigen Jeschiwe-Bocher, jener Talmudschüler, die durchzufüttern heilige Pflicht eines strenggläubigen orthodoxen Juden ist. Meiner Ein-

schätzung nach besaß er nur einen Anzug, schwarz und schiefsitzend, und ein Paar ausgetretene Schuhe. „Der Pollach" hatte ständig verschwitzte Hände, war immer leicht unrasiert und roch nicht nur ungewaschen. Er war offensichtlich homosexuell und unübersehbar in jeden seiner Schüler verliebt, und die gleichzeitige Unterdrückung seiner unauslebbaren Sehnsüchte hatte eine auffallende Art der Körperhaltung und der Bewegungen zur Folge. Er schmachtete mich Zehnjährigen aus verschatteten dunklen Augen an, wand und krümmte sich wie ein Wurm, schlang die verschwitzten Finger ineinander, und ich erwähne dies auch deshalb, weil „der Pollach" neben Griechisch und Latein originellerweise auch Stepptanz lehrte. Der Anblick, wie er mir mit weichen, dem Stepptanz ja gerade konträren Schlangenbewegungen die verschiedenen Figuren vorführte, erinnerte eher an einen verkappten Bauchtanz, doch bis heute habe ich die wenigen Schritte, die ich damals lernte, nicht vergessen.

Und so sind es die Stichworte „Jeschiwe-Bocher" und „Nachhilfestunden", die mich zu weiteren jüdischen Lieblingswitzen meines Vaters führen und mich an die Frage erinnern lassen, die er mir nach den ersten Nachhilfestunden stellte:

„Ich hoffe, er hat dir wenigstens schon beigebracht, was Zapichiss heißt?"

Was er damit gemeint hat, erklärt die Geschichte von dem Jeschiwe-Bocher, der zum Ausgleich für tägliche Mahlzeiten, für den Aufenthalt in warmer Stube und die dürftigen Geldzuwendungen, die ihm von einem frommen jüdischen Ehepaar zuteil werden, dessen kleinem Sohn ein wenig Unterricht im Lesen der Heiligen Schriften gibt. Der Bocher selbst studiert schon seit vielen Jahren die Schriften, und so hat er sich schon bei etlichen Familien durchgeschnorrt und viele kleine Jungen unterrichtet, so dass ihm mittlerweile der Ruf eines guten Melamed, eines Kinderlehrers vorauseilt und er darum gerne von den Familien eingeladen wird.

Einmal geschieht es, dass der oben genannte Junge gerade jene Stelle im Buch Moses übersetzt, in der vom Manna erzählt wird, das vom Himmel fiel, als Moses und die Juden halbverhungert durch die Wüste zogen. Der Kleine hat alles richtig übersetzt, nur als es heißt: *„... und es war weiß wie Koriandersamen und schmeckte wie Zapichiss mit Honig"*, stockt er beim Wort „Zapichiss". Er weiß nicht, dass die Bedeutung dieses Wortes seit langen Zeiten nicht mehr bekannt ist, verweht in den Jahrtausenden, und deshalb fragt er:

„Rebbe, was bitte heißt Zapichiss –?"

Der Student streicht sich etliche Male über seinen Bart, denkt kurz nach und sagt dann freundlich:

„Nu ... du hast doch gerade gelesen, wie die Juden sind gewandert durch die Wüste ... und wie sie nichts mehr gehabt haben zu essen ... und wie ihnen der Herr der Welten – gepriesen sei sein Name – das Manna hat heruntergeschickt vom Himmel oben. Und was das ist, das Manna, das weißt du ja schon ... und dieses Manna, siehst du, das hat geschmeckt wie ein Zapichiss in Honig – eben so süß wie Honig."

„Ja, Rebbe", antwortet der Kleine, „das versteh ich Rebbe – aber, was bitte heißt Zapichiss?"

Der Bocher kratzt sich seinen Schädel, zwirbelt nervös seine Schläfenlocken, dann räuspert er sich und versucht es noch einmal.

„Du bist doch", beginnt er freundlich, „schon so ein gescheiter Junge, nicht wahr? ... Was verstehst du denn dabei nicht? ... du weißt doch – und wir haben das ja auch schon gelernt – wie schlecht es den Juden gegangen ist in Ägypten, nicht wahr ... Da war der böse Pharao, der hat sie verfolgt und geplagt und sie haben das schon nicht mehr ertragen können, die Juden ... und dann ist gekommen der Moses und der hat die Juden herausgeführt aus dem Land Ägypten, aber bevor sie gekommen sind in das gelobte Land Israel, da haben sie wandern müssen vierzig Jahre durch die große Wüste. Und was eine Wüste ist, das weißt du doch auch schon, nicht wahr? Nu, eine Wüste, das ist ein großes Land, dort ist kein Wasser weit und breit und keine Tiere und keine Bäume, nicht einmal das kleinste Gras, nur Steine und Sand ... Und da haben die Juden nichts gehabt für zu essen, weil Steine und Sand kann man nicht essen, das verstehst du doch? Und jetzt sie haben angefangen zu weinen und zu klagen zu Gott im Himmel – und da hat ihnen der große ewige Gott herabgeschickt von seinem Himmel das Manna ... und dieses Manna, verstehst du, dieses Manna hat gehabt einen Geschmack wie ein Zapichiss in Honig – das ist doch nicht schwer zu verstehen? Und dass Honig süß ist, das weißt du doch auch schon – nu, und wie hat also das Zapichiss geschmeckt …? Richtig, es hat geschmeckt so süß wie ein Honig, nicht wahr … Und nun übersetz brav weiter aus dem heiligen Buch, mein Junge."

Aus großen Kinderaugen sieht dieser seinen Lehrer fragend an und wiederholt dann zaghaft:

„Ja – aber, was bitte heißt Zapichiss –?"

Der junge Lehrer schlägt die Beine übereinander, schiebt die Hände dazwischen und wiegt sich verlegen vor und zurück, dann atmet er tief ein und wieder aus und spricht:

„Hör zu, ich will es dir erklären. Also es war doch so, dass Vater Isaak hat gehabt die zwei Söhne, den Jakob und den Esau … und von diesem stammen ab die Völker der Welt, und von Jakob, verstehst du, von dem stammt ab das Volk der Juden. Und jetzt es ist so, dass das Volk der Juden eigentlich abstammt von den zwölf Söhnen, welche gehabt hat der Jakob … Nu, jedenfalls aber war einer von diesen Söhnen der Joseph … und den, nicht wahr, den hat Jakob geliebt noch mehr als alle die anderen von die Söhne, weil er is gewesen ein so hübscher und lieber Junge … und er ist auch gewesen ein ganz verständiger Junge, so wie du einer bist, nicht wahr, und deswegen hat ihn auch gehabt sein Vater so lieb. Und der Joseph, er hat brav gespielt mit die anderen Kinder, und zu Hause er hat brav gelernt mit sein Vater, und deswegen der Vater hat ihm auch machen gelassen einen schönen neuen Rock. Und du lernst ja auch so brav, und deshalb weißt du auch alles von den Träumen, was der kleine Joseph hat gehabt, und wie seine Brüder sind neidig geworden davon, und wie sie ihn gebracht haben, um zu verkaufen an die Zigeuner … nu, und die haben ihn dann zurück verkauft zu Ägypten … Und du weißt es ja, wie er ist geworden … ein großer Mann und ein Vizekönig … und wie er ist gewesen der Vizekönig und gekommen ist die Hungersnot und gekommen sind die Brüder für Brot zu holen und der Erzvater Jakob ist auch gekommen zu wohnen in Ägypten … Und was war der Pharao, der hat so lieb gehabt den Joseph mit seine Brüder und alle Juden auch, und wie es allen gut gegangen ist damals … das hast du doch noch nicht vergessen, nicht wahr …?

Und wie der neue Pharao nicht mehr lieb gehabt hat die Juden und ist losgegangen und hat befohlen zum töten die neu geborenen Knaben und zum ertränken in dem Fluss … Ja, und das war die Zeit, wo es so schlecht war mit den Juden in Ägypten, und genau da ist gekommen der Moses sie zu führen in das gelobte Land Israel … Und was haben wir da schon gelernt? Wir haben gelernt, dass sie vierzig Jahre sind gegangen durch die Wüste ohne Tiere, ohne Wasser, ohne Gras, nur mit Steine und Sand, und da hat ihnen heruntergeschickt Gott – er soll gepriesen sein bis in alle Zeiten –, er hat heruntergeschickt das Manna zu essen gegen den Hunger, nicht wahr … und das Manna, es hat geschmeckt – und so es steht geschrieben in der Bibel – das Manna hat geschmeckt wie Zapichiss in Honig. Es war so süß und so schmeckhaft, ganz wie Honig. Du schmeckst doch auch so gern den süßen Honig, nicht wahr?“

„Ja, Rebbe, ich schmeck den süßen Honig auch so gern – aber, was bitte heißt Zapichiss –?“

Der junge Lehrer schiebt abrupt seinen Stuhl hinter sich, steht auf, geht einige Schritte im Zimmer umher, bleibt dann stehen und sieht seinen kleinen Schüler an. Er will etwas sagen, dann besinnt er sich, setzt sich wieder und mit nun schon etwas gehobener Stimme fängt er von Neuem an:

„Du bist doch ein so gescheiter und guter Junge. Warum verstehst du nicht, was man zu dir spricht? Es ist doch nicht so schwer! Also pass gut auf. Wir haben doch gelernt, dass Noah war ein Gerechter … Nun, was ist ein Gerechter? – Von Noah sagt die Bibel: ‚Er ist gegangen mit Gott –!‘ Nu, das heißt nicht, er is herumgegangen mit Gott, weil mit Gott niemand kann einfach nur so herumgehen, weil niemand kann Gott sehen in sein Gesicht – nur Moses hat können als einziger Mensch sehen Gott von Gesicht zu Gesicht. Also, wie ist das zu verstehen …? – Nu? – Es ist zu verstehen, dass Noah ist gegangen mit Gott in sein Herz … Noah, so gesagt, hat gelebt, so wie Gott es hat den Menschen befohlen. Aber die Menschen waren nicht so gut wie Noah und darum war Gott böse und er hat gewollt ertränken die Welt und die Tiere … Aber dann Gott hat nachgedacht um die Welt und wie schade das Ertränken is um alles … und weil er Noah lieb gehabt hat, so er hat ihn zu bauen geschickt die Arche, nicht wahr … Du weißt es ja … ein großer Kasten … wo hineingelaufen sind die Familie von Noah und von alle Tiere immer zwei und von alle Vögel immer zwei … Nu, und dann? – Dann er hat heruntergeschickt vom Himmel die Sintflut, was war ein großer Regen, was alle Schlechten sollte ertränken – nur nicht den Noah mit seiner Familie! Und so ist auf die Welt gekommen unser Erzvater Abraham … Und du hast gelernt von dem Sohn mit Namen Jizchok und dass der Abraham sollte töten Jizchok als Opfer für Gott. Und jetzt Gott hat gesagt, er soll leben und darum er hat gehabt zwei Söhne, den Jakob und den Esau. Und Jakob hat gehabt zwölf Söhne, von denen er am meisten geliebt hat den Joseph – nicht wahr, das habe ich dir ja gerade erzählt, was mit dem Joseph war. Und ich habe dir auch genau erzählt, wie es gegangen ist mit den Juden in Ägypten, nicht wahr? Wie es ihnen zuerst gut gegangen ist und dann schlecht wegen dem ersten, und dann wegen dem anderen Pharao – bis Moses ist gekommen und hat die Juden herausgeführt in die Wüste ohne Tiere und ohne Wasser und nur mit Steine und Sand – davon haben wir doch gerade gesprochen, oder etwa nicht? – Nu eben, also was ist daran so schwer zu verstehen? – Und weil die Juden in der Wüste nichts gehabt zu essen haben für vierzig Jahre, so hat ihnen unser Gott eben das Manna geschickt herunter von seinem Himmel – eben deswegen, weil Gott nicht gewollt hat, dass die Juden vom Hunger sterben – – so, jetzt verstehst du es, nicht wahr! Und das Manna war von einem köstlichen Geschmack! Und es steht in die Bücher, dass jeder konnte sein Lieblingsessen schmecken in dem Manna …! – Ich geb dir ein Beispiel: Du hast am liebsten Rosinen – nu, was hättest du in dem Manna geschmeckt – das ist doch ganz leicht – richtig, Rosinen! – Und wenn man Rosinen schmeckt, dann sind die doch nicht bitter, sondern im Gegenteil, sie schmecken ganz süß! – Sie schmecken wie Zapichiss in Honig! – Weil eben der Honig, der ist so süß wie die Rosinen … was sag ich – der Honig ist ja noch viel süßer wie die Rosinen und jetzt kannst du dir vorstellen, wie süß das Manna war – nicht wahr! Also, hast du das jetzt endlich verstanden –!?“

„Aber, Rebbe …“, sagt der Junge leise und kann dabei seine Tränen kaum mehr zurückhalten, „was, bitte, ist Zapichiss?“

Der Jeshiwe-Bocher springt auf, rennt zur Zimmerwand und schlägt seine Stirne einige Male gegen die Mauer, dann ringt er die Hände und ruft aus:

„Was soll ich mit dir anfangen, wenn du nicht zuhörst, was man zu dir spricht? Wie soll ich erklären, wenn du nicht willst verstehen? Wie Gott hat geschaffen die Welt, da war nichts! Kein Himmel, keine Erde, gar nichts! Verstehst du? Da hat Gott geschaffen die Erde und alle Bäume und Berge, und er hat geschaffen alle Tiere, und er hat geschaffen die Menschen. Und der erste Mensch er hat geheißen Adam. Und die erste Frau sie hat geheißen Eva. Und sie waren verheiratet und sie haben gelebt im Paradies! Aber im Paradies hat auch gelebt die Schlange und der Apfel. Du kennst doch die Geschichte davon? Ich muss dir doch nicht alles neu erzählen? Und du weißt doch, wie Gott sie hat beide vertrieben aus dem Paradies, wegen dem Baum der Erkenntnis. Und die Geschichte vom Kain und vom Abel, die hast du auch sicher nicht vergessen! Und von Noah und von der Sintflut habe ich dir gerade alles erzählt … Der große Kasten und die Familie und die Tiere … Und unser Erzvater Abraham … Und du weißt den Isaak und du weißt den Joseph in Ägypten … Und den Juden in Ägypten, es is ihnen so gut gegangen, aber der neue Pharao, er hat sie nicht mehr gewollt, und so es is geworden schlechter und schlechter für die Juden und immer bitterer – oj Gewalt, o Herr im Himmel – und da is gekommen der Moses und hat die Juden alle herausgeführt aus dem schlechten Ägypten, und vierzig Jahre er hat sie geführt und geführt, weil in der Wüste, es gibt nicht zu essen, weil Steine und Sand niemand kann essen – was ist denn daran nicht zu verstehen? Und die Juden haben geweint und geklagt! Und warum haben sie geweint und geklagt? Nu, weinst du etwa nicht und klagst, wenn du essen willst und es ist nur da Steine und Sand für zu essen? Und so wie dir dein Vater gibt für zu essen, genau so der barmherzige Vater im Himmel, der Vater von alle Menschen, er hat den Juden in der Wüste gegeben zu essen und er hat heruntergeschickt von seinem Himmel das Manna, das schmeckige Manna, das süße Manna, das so süß ist wie Zapichiss in Honig! Das heißt, es war das Manna gerade so süß wie süßer Honig! Was soll ich noch sagen? Hast du denn noch nie Honig gegessen, dass du nicht verstehst, was man sagt zu dir?“

Da schluchzt der Kleine laut auf und unter Tränen stößt er hervor:

„Ja, Rebbe – aber, was – bitte – heißt – Zapichiss?“

Da ist es bei dem Lehrer vorbei mit seiner Beherrschung und außer sich schreit er:

„Starrkopf, nichtsnutziger, hör mir zu: Was v o r der Erschaffung der Welt is gewesen, darüber weiß niemand was zu sagen! Schluss jetzt mit Gefrage – w e i t e r l e s e n!!“

Ich habe immer weitergelesen, hunderte Bücher verschlungen als Junger, ausgeborgt damals in der katholischen Bibliothek und später als Mitglied in einer der früher so gängigen Buchgemeinschaften. Ich habe immer lieber gelesen als gelernt, und heute überlege ich, ob das zu bereuen ist oder nicht, musste ich mir doch etliches Schulwissen später selbst aneignen, und vieles davon weiß ich bis heute nicht. Und so bin ich immer noch zu überraschen, wenn anderen etwas völlig selbstverständlich ist, und mir fällt der Satz meines Vaters ein: „Genau wie sich der kleine Moritzl das vorstellt!“

Dieser Kommentar kann zweierlei bedeuten. Entweder eine Sache von Bedeutung wird so lange mystifiziert, dass kein Mensch mehr auf die Idee kommt, dass in Wahrheit alles ganz primitiv und einfach abläuft, eben genau, wie sich der kleine Moritzl das vorstellt. Oder etwas überaus Diffiziles und schwer Durchführbares, was nur ein Narr für rasch lösbar halten kann, wird als die simpelste Sache der Welt dargestellt und ist in Wahrheit eben n i c h t genau so, wie sich der kleine Moritzl das vorstellt.

Die Erkenntnis, dass auch die erhabensten Götter sich im Zweifelsfall als die gleichen Gauner entpuppen wie wir Menschen, kann als Beispiel für die erste Möglichkeit gelten.

Die von Politikern vor der Wahl groß hinausposaunten Absichten für die Zukunft geben ein ideales Beispiel für die zweite Möglichkeit ab. Wie sich das der kleine Moritzl – nebbich – so vorstellt.

Der kleine Moritzl ist mir also von Kindheit an vertraut als jener vorwitzige, oft vulgär realistische, merkantile und entwaffnend illusionslose jüdische Knabe und Protagonist unzähliger

Witze, dessen Auftrittsort zumeist die Schule ist und dessen Antagonisten die Erwachsenen, meist seine Lehrer oder andere höher gestellte Personen, sind. Und ich muss lange nachdenken, ob mir zum Kommentieren der erwähnten Beispiele eine aussagekräftigere Formulierung einfällt als „Wie der kleine Moritzl sich das vorstellt".

Als ich etwa drei Jahre alt wurde, beschloss der familiäre Erziehungsrat, ich – der sich bis dahin im Winter auf seinem Kinderschlitten ziehen ließ – sei jetzt groß genug, endlich allein einen kleinen Abhang hinunter zu rodeln. Die Familie zog also eines Nachmittags mit dem Jüngsten und seinem Schlitten zu einer kleinen Rodelwiese. Mein angstvolles Brüllen jedoch schon auf dem Weg dorthin ließ nichts Gutes erahnen, und wirklich war ich unter keinen Umständen dazu zu bewegen, mit meiner Rodel die lächerlich kleine Abfahrt zu bezwingen. Mein Vater kam und drohte mit Ohrfeigen, seine Frau kam und redete mir gut zu, die älteren Brüder kamen und appellierten an meine Männlichkeit, vergeblich, ich stand auf der Wiese und brüllte. Da kam die älteste Schwester, flüsterte mir etwas ins Ohr, woraufhin ich schlagartig verstummte, mich auf den Schlitten setzte und flugs bergab fuhr, und unten angekommen, wollte ich den Schlitten gleich wieder zu einer weiteren Abfahrt hinaufziehen. Man konnte es nicht glauben und das Erstaunen war groß.

„Was, um Gottes willen, hast du ihm gesagt?", fragte man die offensichtliche Meisterpädagogin.

„Ich habe ihm gesagt: Wenn du runterfährst, kriegst du einen Schilling –!"

Ob sich die Geschichte wirklich so zugetragen hat, weiß ich nicht, sie gehörte jedenfalls zu den Familienanekdoten und wurde immer als wahr erzählt. Heute zweifle ich daran, denn man hat mir mit dieser Geschichte eine merkantile Ader zugesprochen, die sich seit der Schlittenfahrt bis heute nicht nur nicht erfüllt, sondern geradezu ins Gegenteil verkehrt hat. Die Geschichten über den kleinen Moritzl aber habe ich mir gemerkt, und die zur eben erzählten Familienfabel gehörende passierte folgendermaßen:

In der winzigen Volkschule von Pinsk, in der die wenigen Klassen gemeinsam in einem einzigen Raum unterrichtet werden, hat sich höchster Besuch angesagt. Der Bischof aus Warschau persönlich will auch die Schulen in den kleinsten Orten inspizieren, um sich ein Bild über den katholischen Religionsunterricht zu machen. Nach der feierlichen Begrüßung durch die beiden Lehrer und den Kinderchor bittet der Bischof alle Kinder in die Klasse, er wolle dort ein kleines Ratespiel abhalten. Als Belohnung für die richtige Beantwortung der Preisfrage stellt er fünf Zloty in Aussicht.

„Nun, meine lieben Kleinen“, beginnt der Bischof freundlich und sieht sich dabei in der Runde der Schüler um, die ihn mit offenen Mündern anstarren, „wen sollen wir am meisten lieben von allen? Ihr wisst, wer die Frage richtig beantwortet, bekommt heute fünf Zloty.“

Die Kinder überlegen eine Zeit lang, dann hebt einer der Älteren schüchtern seine Hand.

„Nun, mein Sohn, hab keine Angst“, ermuntert ihn der Bischof, „was meinst du? Wer ist es, den wir am meisten lieben sollen von allen?“

„Wir – wir sollen unsre Eltern am meisten lieben“, stottert der Junge heraus.

Der Bischof nickt wohlwollend.

„Nun ja, das ist eine schöne Antwort, mein Sohn. Unsere Eltern haben uns das Leben geschenkt; sie kümmern sich um uns, so lange wir hilflos sind; sie ziehen uns groß und sorgen sich um uns … ja, du hast ganz Recht – deshalb sollen wir unsere Eltern lieben und ehren, wie es ja auch in den zehn Geboten steht. Aber hört gut zu, meine Kinder“, der Bischof faltet jetzt seine Hände und hebt sie vor sich, „da gibt es noch jemanden, den wir mehr lieben sollen als unsere Eltern … Und wer ist das? … Nun, mein Junge –?“, wendet er sich an den Primus in der ersten Bank.

„Wir sollen unsere Lehrer am meisten lieben“, sagt der Klassenerste, schnellt dabei in die Höhe und setzt sich gleich wieder.

„Nun ja, das ist sehr brav, nicht wahr … und auch eine schöne Antwort … unsere Lehrer geben uns alles Wissen, welches wir im Leben einmal brauchen … und deshalb stehen sie unserem Herzen fast so nahe wie unsere Eltern … und deshalb lieben wir unsere Lehrer und schulden ihnen tiefen Dank – aber ich meine nicht unsere Eltern und ich meine nicht unsere Lehrer … Es gibt da noch jemanden, dem wir noch mehr Liebe schulden … Nun? – Denkt einmal nach!“

Niemand meldet sich, da sieht der Bischof in der letzten Reihe den Kleinsten, bei dem es den Anschein hat, als wolle er etwas loswerden.

Der Bischof wendet sich zu ihm und ermuntert ihn:

„Nun, mein Kleiner, du willst doch etwas sagen, nicht wahr? Sprich rund heraus, fürchte dich nicht – wer ist es, den wir mehr lieben sollen als alles und als alle?“

Der Kleine ist aufgestanden, seine Finger ineinander verknotet, den Blick zum Boden gerichtet, endlich sagt er leise: „Mehr sollen wir lieben als alles und als alle … unseren lieben Herrn und Heiland Jesus Christus …“

„Bravo!“, ruft der Bischof und klatscht in die Hände. „Das ist die richtige Antwort … mehr als alles und mehr als alle sollen wir unseren lieben Herrn Jesus Christus lieben … Komm her zu mir und lass dich ansehen, mein Sohn.“

Zögernd kommt der Kleine nach vorne. Der Bischof streicht ihm über seinen Lockenkopf und stockt plötzlich: „Nenn mir doch einmal deinen Namen“, fordert er freundlich.

„Der Tate nennt mich Moritzl –“

Der geistliche Herr zuckt ein wenig zusammen und zieht seine Hand vom Kopf des Buben, dann fragt er erstaunt:

„Bist du denn ein Israelit, mein Sohn … von mosaischem Glauben?“

„Ja, Herr Bischof“, antwortet der kleine Moritzl.

„Das ist erstaunlich … Wieso kommt es, dass du zur Einsicht gelangst, dass wir am meisten unseren Herrn und Heiland lieben sollen?“

Der kleine Moritzl wiegt sich verlegen ein paar Male hin und her, dann nimmt er allen Mut zusammen und sagt treuherzig:

„Aber, Herr Bischof – für fünf Zloty …!“

Eine Variante dieser Geschichte soll an dieser Stelle nicht vorenthalten werden. In dieser setzt der Bischof fünf Zloty aus für die richtige Beantwortung der Frage nach dem größten Mann in der Geschichte. Die Schüler raten von Alexander dem Großen bis Karl dem Großen, und wieder ist es der kleine Moritzl, der mit

Jesus Christus als Einziger die richtige Antwort weiß. Daraufhin fragt ihn der Bischof: „Nun verrate mir aber, mein Sohn, wo du doch von mosaischem Glauben bist, wieso hast du dann nicht euren Moses genannt?“, worauf der kleine Moritzl antwortet:

„Wissen Sie, Herr Bischof: Moses is Moses – aber Geschäft is Geschäft!“

Und in diesem Sinn sollen jetzt unkommentiert einige der vielen Moritzl-Moritaten folgen, „Moritztaten“, wie sie bei uns hießen, in denen der kleine Moritzl und die Schule die Hauptrolle spielen.

Als der kleine Moritzl schon eine höhere Klasse besucht, bespricht der Lehrer, welche Persönlichkeiten die Welt maßgeblich geprägt haben, und will von den Schülern ein paar Beispiele wissen.

„Jesus Christus!“, ruft einer.

„Albert Einstein!“, ein zweiter.

„Sigmund Freud!“, tönt es aus einer Bank.

„Karl Marx!“, übertrumpft ein anderer.

Der kleine Moritzl zeigt heftig auf:

„Bitte, Herr Lehrer, derf's auch a Goj sein?“

Aufgeregt kommt der kleine Moritzl an seinem ersten Schultag in die Klasse, setzt sich, steht jedoch sofort wieder auf mit den Worten: „Das soll die erste Klass' sein? Und wo sind die gepolsterten Bänke?“

Der kleine Moritzl kommt von seinem ersten Schultag nach Hause und antwortet auf die Frage, wie es ihm dort gefallen hat:

„Oj wej, was hab ich mir da angefangen …!“

Der kleine Moritzl berichtet:

„Heut haben wir gelernt von die Tausendfüßler!“

„Tausend Füße?“, scherzt der Vater. „Wer hat die gezählt?“

„Wer wird gezählt haben – die Gojim!“

„Moritzl, wann hat Moses gelebt?“

„Äh – …?“

„Aber, Moritzl, im Geschichtsbuch steht doch deutlich: Moses 2647 – hast du das nicht gesehen?"
„Oja, aber ich hab geglaubt, das is die Telefonnummer –"

Der kleine Moritzl wird mit sechs Jahren getauft. Nach seinem ersten Kirchenbesuch erzählt er: „... Und am Balkon is der liebe Gott gestanden und hat geschimpft."

„Moritzl, was weißt du von Moses?"
„Moses ... Moses war der Sohn von einer ägyptischen Prinzessin –"
„Nein, Moritzl, sie hat ihn nur gefunden –"
„Ja, sagt s i e!"

Die Klasse macht einen Winterausflug. Der Lehrer bei einem zugefrorenen Bach:
„Seht, Kinder, die Allmacht Gottes! Noch vor wenigen Monaten floss dieses Bächlein munter dahin und jetzt ist es erstarrt zu blankem Eis ...!"
Der kleine Moritzl: „Kunststück – im Winter!"

Der Lehrer erzählt von der Volkszählung, die der König Herodes befohlen hatte, und davon, dass dafür jeder in seinen Geburtsort kommen musste und dass deshalb auch Josef und Maria von Nazareth nach Bethlehem reiten mussten.
„Also", fragt der Lehrer, „was war nun das Unangenehme an dieser Volkszählung für die Israeliten?"
Der kleine Moritzl: „Dass sie mitten ins Weihnachtsgeschäft gefallen is!"

„Moritzl, wenn ich sag: Der Vater hat Geld gehabt – was ist das für eine Zeit?"
„Die Zeit vor der Inflation –"
„Nu, dann frag ich anders: Der Vater hat kein Geld gehabt – was ist das für eine Zeit?"
„Die Zeit nach dem Konkurs!"

Prüfung in Naturgeschichte über die Raubtiere.
Der kleine Moritzl: „Der Löwe – der Tiger – und … der Wolf – und … der Panther … und –"
„Noch zwei, Moritzl, dann warst du brav!"
„Und … zwei Leoparden!"

„Wer mir noch die nächste Frage richtig beantworten kann, bekommt einen Zloty", sagt eines Tages der Lehrer scherzend. „Also passt gut auf: Wie viel Haare hat a Esel?"
„188.456.703!", kommt wie aus der Pistole geschossen die Antwort vom kleinen Moritzl.
Der Lehrer ist verblüfft. „Wieso?!"
„Das, Herr Lehrer, wär scho die zweite Frag!", meint der Moritzl unschuldig.

„Moritzl, wie alt bist du denn?"
„Meinen Sie zu Hause oder in der Straßenbahn?"

„Moritzl, was kannst du mir sagen über Friedrich den Großen?"
„Nur das Allerbeste, Herr Lehrer!"

„Moritzl, bild mir einen Satz mit Syntax!"
„Sünntags sind die Geschäfte geschlossen."

Der kleine Moritzl übersieht auf der Straße seinen Lehrer. Der hält ihn auf:
„Du hast mich nicht gegrüßt!"
„Ich hab Ihnen gegrüßt –"
„Ich habe S i e gegrüßt!"
„Sie haben m i r gegrüßt?"
„Sie haben m i c h gegrüßt!"
„No, hab ich Ihnen d o c h gegrüßt!"

Der kleine Moritzl soll einen Brief von der Schule zur Post tragen und sagt:
„Ich geh jetzt auf der Post."
„Brav, Moritzl, aber es heißt auf d i e Post!"
Nach einer halben Stunde kommt Moritzl zurück:

„Ich komm von die Post."
„Brav, Moritzl, aber es heißt von d e r Post!"
„Heißt a Geschäft –", seufzt der kleine Moritzl verwirrt, „aufn Hinweg heißt es d i e Post, aufn Rückweg sagt ma d e r Post –?"

„Moritzl, wieso bist du nicht gekämmt?"
„Aber Herr Lehrer, ich bin doch da!"

Eine Geschichte, die mich immer an meinen ersten Nachhilfelehrer erinnert, ist jene vom armen Hauslehrer, der mittlerweile so sehr zum Familienmitglied geworden ist, dass man ihn zu seinem Geburtstag einlädt, mit der ganzen Familie ins Theater zu gehen. Man hat nur eine kleine Bitte oder besser gesagt eigentlich eine Bedingung: Im Theater sei man, wenn schon nicht festlich, so zumindest ordentlich gekleidet. Ein neuer Kragen sei schon das Mindeste, ein bisschen gekämmt und den Bart faconiert, könne nicht schaden, und – er solle das nicht falsch auffassen, aber im Theater sitze man eben mit so vielen Menschen auf engem Raum zusammen – ein paar frische Socken anzuziehen sei sehr angebracht. Der Melamed verspricht, alles genau so zu tun, und als man sich am Abend trifft, ist der Hauslehrer kaum wiederzuerkennen. Den Bart gestutzt, die Haare gewaschen, einen blütenweißen Kragen umgetan, so steht er verlegen lächelnd da und weiß nicht so recht, wohin mit seinen Händen. Als alle in der Vorstellung sitzen, breitet sich bald ein unangenehmer Geruch aus, der eindeutig von dem jungen Mann herrührt. Der Vater beugt sich zu ihm:

„Ich sehe, Sie sind gewaschen und rasiert, haben einen frischen Kragen um, aber – verzeihen Sie, wenn ich das frage – haben Sie auch ein frisches Hemd angezogen?"

Der Melamed nickt errötend mit dem Kopf. „Und frische Socken hab ich auch angezogen! Sehen Sie", und jetzt zieht er das Paar getragene Socken aus seiner Hosentasche, „ich hab mitgebracht die alten – zum Beweis!"

Aber auch der kleine Moritzl hat einen Hauslehrer für das Lesen der Bibel in hebräischer Sprache, und als er einmal zur Stelle kommt, wo es heißt, „Watomoth Sarah" – „Und Sarah ist gestorben", fragt er den Melamed:

„Rebbe, was heißt *watomoth*?"
Der Lehrer erklärt: „Watomoth – ist gestorben, Sarah – Sarah! Also, wer ist gestorben?"
„Watomoth is gestorben", antwortet der kleine Moritzl.
„Nein, Moritzl, das ist falsch. Watomoth heißt d e u t s c h: ist gestorben! Also, wer ist gestorben?"
„Deutsch is gestorben –?", sagt Moritzl mit leichtem Zweifel in seiner Stimme.
Der Melamed wird ungeduldig: „Das ist doch zu dumm. Ich sag dir schon zehn Mal: Watomoth, das heißt deutsch: ist gestorben! Sarah heißt Sarah! Watomoth Sarah – Sarah ist gestorben! Also, wer ist gestorben?"
Moritzl, den Tränen nahe: „Ich kenn mich schon gar nicht mehr aus, Rebbe. Alle sterben; Watomoth is gestorben, Deutsch is gestorben und jetzt is auch Sarah gestorben – wer lebt überhaupt noch?"

Einmal beschwert sich der Hauslehrer beim Vater des kleinen Moritzl darüber, dieser solle sich doch bitte mehr waschen, denn er rieche schon vor Unsauberkeit.

„Was wollen Sie", weist ihn der Vater zurecht, „ich hab Sie genommen, dass Sie ihm lernen, nicht dass Sie ihm riechen!"

Die Großen und Bedeutenden, sei es in der Kunst oder der Wissenschaft, während der sogenannten Ringstraßenära, die als Blütezeit in der Geschichte der k.u.k. Monarchie gilt, waren fast durchwegs Juden, die meisten assimilierte. Zum Zauberwort Assimilation gibt es auch einen Moritzl-Witz.

Weil der kleine Moritzl zu Hause nicht zu bändigen ist, steckt ihn sein Vater in ein geistliches Internat auf dem Land. Die strenge Zucht der Klosterbrüder, so hofft er, soll aus seinem Moritzl wieder einen anständigen und fleißigen Schüler machen. Nach etlichen Monaten beschließt er, sich nach seinem missratenen Sohn zu erkundigen. Angekommen in Internat, geht er zum Bruder Pförtner und sagt:

„Guten Tag, ich komm zu besuchen meinen Sohn Moritz."

Der Mönch deutet hinter sich: „Die Kindelach sennen im Hof."

Ob in Berlin, in Wien oder im Schtetl, der kleine Moritzl und alles, was ihm in den Mund gelegt wird, steht stellvertretend für andere Schüler in diesem Alter und deshalb mag die eine oder andere Geschichte geographisch oder etymologisch ungenau sein. Das tut aber weder dem Witz noch seiner Hauptfigur Abbruch, und so wechseln die Orte und Umstände, wie ich es mir gemerkt habe.

Begleiten wir den kleinen Moritzl darum jetzt nach Hause; da sitzt er einmal vor einem Buch, eifrig vertieft, und wiegt dabei seinen kleinen Körper nach vorne und nach hinten.

„Zu Dionys … Dionys? … etwas a Mensch, was hat geheißen Dionys … ‚dem Tyrannen' … Tyrann … Tyrann? … a Melech, a König – was is wild … und grausam … ‚dem Tyrannen schlich' … Schlich? … Is gekommen zu geh'n … ‚Damon' … Damon … etwas a Mensch, was hat geheißen Damon … ‚den Dolch' … Dolch … a Schwert – a scharfes Messer … ‚im Gewande' … Gewand? … etwas a Röckele … etwas a Kaftan …"

„Moritzl, sag, was treibst du da eigentlich?", fragt aus dem Nebenzimmer der Vater.

„Was ich treib?", erwidert der kleine Moritzl. „Du hörst doch: Ich verdeutsch' mir den Schiller …"

Als er wiederum „Das Lied von der Glocke" studiert, kommt er über die Stelle nicht hinaus:

Doch furchtbar ist die Himmelkraft
Wenn sie der Fessel sich entrafft

Was „Fessel" sein könnte, dieses Rätsel zu lösen übersteigt alles, was er bisher gelernt hat. Er wendet sich also an den Kinderlehrer, der ihm manchmal beim Lesen der Bibel die Dinge erklärt, die er nicht versteht, denn der weiß so vieles und der würde bestimmt auch wissen, was Fessel ist.

„Was", lacht dieser, „du weißt nicht, was Fessel ist? Fessel, das is a ganz kleines Fass!"

Ich habe in meiner Schulzeit etliche Nachhilfelehrer verbraucht, Hauslehrer, wie sie manchmal noch genannt wurden, denn sie kamen damals „ins Haus"; man hatte einen regelmäßigen Stundenplan, sie aßen oft mit am Familientisch und wurden bald so etwas wie eine Instanz über die Gebiete hinaus, die sie unterrichteten. Die einzigen Gegenstände, in denen ich nicht ständig gefährdet war durchzufallen, waren neben Turnen und Musik das Zeichnen, wie es damals noch hieß, und Deutsch. Meine Zeichnungen waren meist auf dem Schulgang ausgestellt, und als in der Oberstufe das Lernen der Kunstgeschichte dazukam, schaffte ich es mit Hilfe meiner Zeichnungen und Malereien, trotzdem positiv abgeschlossen zu werden. Genauso ging es mir in Deutsch, wo ich beim Schreiben von Aufsätzen sozusagen automatisch auf die Note „Sehr gut“ abonniert war, wodurch zumindest eine negative Gesamtnote abgewendet wurde, da ich auch in diesem Gegenstand absolut nicht bereit war, auch nur das Geringste zu lernen. So war mir auch das Reimen von Kindheit an vertraut, war es doch ein in unserer Familie allzeit gebrauchtes Ausdrucksmittel. In unseren vielen Gästebüchern finden sich die kuriosesten Gelegenheitsgedichte, und zu den verschiedensten Anlässen wurde auch von uns drauflosgereimt, was das Zeug hielt. Umso schöner war es, wenn mein Vater die folgende Geschichte zum Besten gab, die ohne Jüdeln gar nicht zu erzählen ist.

Daniel Pniower, der Hauslehrer für Hebräisch, findet eines Tages den kleinen Moritzl in verdrossener Stimmung vor, und auf seine Frage erzählt ihm der Kleine, er bemühe sich schon seit Stunden, ein Geburtstagsgedicht für seine Mutter zu verfertigen, aber es wolle ihm einfach nicht gelingen. Bei einer Stelle sei er stecken geblieben und er komme nicht weiter, so sehr er sich auch anstrenge, einen passenden Reim zu finden.

„Nu“, tröstet ihn Pniower, „da kann ich helfen. Wie ich jung war, ich hab viel gedichtet für was sind Geburtstagsfeste, oder was sind Hochzeiten – sag mir, welchen Reim findest du nicht?“

„Es fehlt mir a Reim auf ‚Form‘ …“

„Form … Form … aber das is doch ganz leicht“, strahlt Pinower nach kurzem Nachdenken, „Form – Worm …!“

Nach einer Weile sieht er, wie der kleine Moritzl wieder unruhig an seinem Bleistift kaut.

„Nu, Moritzl, was fehlt dir jetzt für a Reim?“

„Es fehlt mir a Reim auf ‚Schirm‘ …“

Pinower denkt nach: „Schirm … Schirm … gleich hab ich’s … Schirm – Würm …!“

Aber gleich darauf wird seine Reimkunst wieder auf die Probe gestellt, denn Moritzl seufzt:

„Jetzt mir fehlt noch a Reim – auf ‚Turm' ..."

„Turm ... Turm ...?", murmelt Pinower und zupft an seinem Bart. „Das is ...äh ... also – a Reim auf T u r m – nu, da weiß ich selbst keinen ...!"

„Rebbe, wie weit is entfernt der Saturn von der Erde?", fragt der kleine Moritzl seinen Hauslehrer. Der kratzt sich den Schädel: „Der Saturn von der Erde ... is entfernt ... also m i n d e s t e n s ...", er blättert in einem Schulbuch, „ja, hier steht es – man kann sagen eintausendeinhundertdreiundneunzig Millionen Kilometer ...!"

„Sooo –?", zeigt sich der kleine Moritzl enttäuscht. „Also d a s hab ich mir weiter vorgestellt."

Die quälende Frage, wie ich meinem Vater schlechte Schularbeitsnoten möglichst schonend beibringen sollte, stellte sich in den ersten Jahren meiner Gymnasialzeit kaum, denn es waren nahezu ausschließlich negative Noten, die ich nach Hause brachte. Mit der Zeit hatte man sich so daran gewöhnt, dass schon bei einer nur knapp positiven Note eine Flasche Sekt geöffnet wurde. Später erfolgte dann die Strafversetzung durch die Eltern, zuerst in ein Albtraumjahr mit Schlägen und Unterdrückung, anschließend in den „Gulag am Ende der Welt", wie ich das Provinznest empfand, aus dem ich dann irgendwann mit dem Maturazeugnis nach Hause kam. Das Problem der väterlichen Unterschrift unter die Schularbeit hat auch der kleine Moritzl.

Sein Vater hat vor kurzem einen Herzinfarkt erlitten und der Arzt hat jede Aufregung verboten. So wird auch der kleine Moritzl angewiesen, unerfreuliche Nachrichten aus der Schule, wenn schon überhaupt notwendig, dann nur äußerst schonend vorzubringen. Am Tag der Zeugnisverteilung kommt er nach Hause und selbstverständlich weiß auch der Vater, welcher Tag heute ist, und gespannt wartet er auf seinen Sohn.

„Und –?", fragt er deshalb, als der kleine Moritzl betreten ins Zimmer kommt. Der schweigt einen Moment, dann sagt er aufmunternd:

„Also ... Papa – Hauptsach, man is gesund!"

Dieser Satz findet sich übrigens auch in der alten jüdischen Volksweisheit: „Hauptsache gesund – aufhängen kann man sich später immer noch!“

Ein anderes Mal kommt Moritzl nach Hause und fragt den Vater:

„Gibt es eigentlich Menschen, die mit verbundenen Augen ihren Namen schreiben können?“

„Ja, Moritzl, solche Menschen wird es schon geben!“

„Kannst du das auch?“

„Ja, ich glaub schon!“

„Dann unterschreib mir so die Schularbeit …!“

Eine Moritzl-Geschichte aus der Gegenwart noch, weil in ihr auf anschauliche Weise die Schwierigkeit klar wird, heutigen Schülergenerationen Religion anhand von Fabeln nahezubringen.

In Houston, Texas, kommt der kleine Moritzl von der Talmudschule nach Hause und berichtet:

„Heute hat uns der Lehrer die Story erzählt, wie General Mose die Army von President Pharao gefightet hat. Der General war also mit seinen Truppen auf dem Vormarsch Richtung Rotes Meer, aber das Wasser war zu tief für einen Brückenkopf. So hat General Mose die Luftwaffe angewiesen, eine Atombombe abzuwerfen. Die Druckwelle hat das Meer einige Zeit in zwei Hälften geteilt, so konnte der General mit den Juden durchs Meer gehen, und wie ein paar Stunden später die ägyptischen Truppen gerade mitten im Meer waren, hat die Druckwelle nachgelassen, das Wasser ist zurückgekommen und alle sind ertrunken. General Mose aber ist weiter marschiert bis nach Israel.“

„D a s hat der Lehrer euch heute erzählt?“, staunt der Vater.

„Na ja, nicht direkt“, meint der kleine Moritzl salopp, „aber wenn ich dir sag, was der uns wirklich erzählt hat, du würdest sofort brüllen, ich bin meschugge …!“

Bekannt ist der kleine Moritzl auch für seine nicht unpikanten Äußerungen eines Frühreifen. Und wenn ich schon im zartesten Alter zum Erstaunen wie zum Schrecken der Erwachsenen altkluge Bemerkungen über Eros und Liebe von mir gab, was bei zwei älteren Brüdern nur eine logische Entwicklung darstellte, dann meinte mein Vater: „Unser kleiner Moritzl weiß schon wieder alles!“

Und groß war auch die Zahl der Moritztaten, die er zu diesem Thema zu erzählen wusste.

Weil der Klassenlehrer krank ist, bekommen die Kinder einen Aushilfslehrer. Dieser will herausfinden, wie weit die Klasse über die Herkunft des Menschen informiert ist. Er ruft einen Schüler auf:
„Was kannst du mir über die Entstehung des Menschen sagen?“
„Herr Lehrer … der Mensch …“, stottert der Junge, „… also der Mensch …“
„Du weißt also gar nichts darüber, na ja, dann … frag ich eben dich“, zeigt er auf einen anderen. Der erhebt sich:
„Wie die Entstehung des Menschen war … da … bitte, da hab ich Mumps gehabt, Herr Lehrer!“
„Na gut, dann setz dich“, ist der Lehrer nun schon leicht verärgert. Er zeigt auf den kleinen Moritzl:
„Was kannst du uns zur Entstehung des Menschen sagen?“
„Herr Lehrer“, erwidert der in vertraulichem Ton, „ich weiß es und Sie wissen es – aber is es wirklich a Frage für die zweite Klass?“

Der kleine Moritzl muss nachsitzen und weil der Lehrer gerade Unterricht in einer höheren Klasse hat, nimmt er ihn in diese mit und setzt ihn in die letzte Reihe, dort soll er seine Aufgaben machen. Mit eintöniger Stimme beginnt der Lehrer nun mit einem langweiligen Vortrag zu Grundbegriffen des Eherechtes: „Wenn Mann und Frau heiraten, dann schließen sie den sogenannten Ehebund –“, leiert er seinen Text herunter. Jetzt sieht er, dass zwei Schüler in den hinteren Reihen miteinander tuscheln und nicht aufpassen. Von einem Wort auf das andere hebt er seine Stimme und ruft in schneidendem Ton in Richtung der Unaufmerksamen:

„Was schließen Mann und Frau, wenn sie heiraten?“

Der kleine Moritzl, gebeugt über seine Aufgaben, erschrickt ob der plötzlichen Lautstärke, springt auf und ruft: „Tür und Fenster, Herr Lehrer!“

„Die Kreidefelsen von Dover …“, raunte mir mein Vater manchmal in Gesellschaft und unhörbar für die anderen zu. Dazu nickte er unauffällig in eine Richtung und dort stand dann meistens ein – ja, wie soll ich es benennen –, also ein überaus aufregend attraktives Wesen weiblichen Geschlechts mit einem „samenlösenden Blick“ – was übrigens auch zu den väterlichen Formulierungen gehörte.
„Moritzl“, so lautet die Frage des Lehrers in der dazugehörigen Geschichte, „was denkst du beim Anblick der Kreidefelsen von Dover?“
„Ans Vögeln, Herr Lehrer …“
„Das ist unerhört! Was ist das für eine Antwort – wieso denkst du beim Anblick der Kreidefelsen von Dover ans Vögeln?“
„Ich denk immer ans Vögeln, Herr Lehrer –!“

Der kleine Moritzl sitzt im Zimmer und spielt, während der Vater Kreuzworträtsel löst. Er ruft in die Küche:
„Idealer Liebesgenuss mit acht Buchstaben –?!“
Der kleine Moritzl ruft:
„Umesunst!“

Ersetzen wir für die nächste Begebenheit den Lehrer durch eine junge Lehrerin, weil es irgendwie besser passt. Diese spricht also einmal mit den Kindern über die Angst und wie man am klügsten mit ihr umgehen kann. Die Kinder sollen an Hand von Erlebnissen erzählen, wie sie einmal Angst gehabt hätten und wie es ihnen dabei ergangen sei. Und dann solle jeder sagen, wie er sich verhalten hätte.

Die verschiedensten kleinen und großen Kinderängste kommen nun zur Sprache. Einer hatte sich einmal auf einem Ausflug mit den Eltern allein in einer Höhle verirrt und hat erst nach einigen Stunden zu seinen Eltern zurückgefunden. Ein anderer erzählt von einem Feuer in der Nachbarschaft, ein Dritter von einem Gewitter mit Blitz und Hagel, nur der kleine Moritzl sitzt wie versteinert da und scheint nicht mitmachen zu wollen.
„Na, Moritzl“, fragt die Lehrerin, „hast du schon einmal Angst gehabt?“
„Mhm …!“
„Na, Moritzl, willst du es uns nicht erzählen?“
Der kleine Moritzl schüttelt den Kopf.

„Na, komm, Moritzl, ich helf dir: W a n n war denn das, wie du Angst gehabt hast?"

„Vor drei Tagen –"

„Vor drei Tagen?", hilft die Lehrerin weiter. „Und, Moritzl, w o war denn das?"

„In der Hochzeitssuite im Hotel Stefanie –"

„In der Hochzeitssuite im Hotel Stefanie?", wundert sich die Lehrerin.

Da platzt es aus Moritz heraus:

„Ja! Vor drei Tagen hat meine Schwester geheiratet und wir hab'n gehabt das ganze große Hochzeitsfest im Hotel Stefanie … Und für meine Schwester und ihren Bräutigam hab'n se gemietet die Hochzeitssuite für die Hochzeitsnacht … Und ich hab wissen wollen, was das is, eine Hochzeitsnacht … Und da bin ich schon vor der Nacht geschlichen ins Zimmer und hab mich versteckt – im Nachtkasterle … Und dann – dann is hereingekommen meine Schwester und der neue Mann … Und dann hab'n se sich hingestellt zum Bett und hab'n se angefangen mit Küssen und so … Und plötzlich hat e r gesagt: ‚Du, Sarah – ich hab an Prügel, ich könnt' das Nachtkasterle zertrümmern!' – Da hab ich Angst gehabt!"

Ein anderes Mal fragt die Lehrerin:

„Wer weiß eine schöne Geschichte?"

Eifrig zeigt der kleine Moritzl auf.

„Nein, Moritzl, du lieber nicht!"

„Aber sie is ganz kurz –"

„Ich hab' aber gesagt: Nein", wendet sich die junge Lehrerin den anderen zu.

Die erzählen der Reihe nach von der Frau Holle, vom Dornröschen, vom tapferen Schneiderlein. Da beginnt der kleine Moritzl bitterlich zu weinen.

„Na also gut, dann erzähl auch du deine schöne Geschichte", gibt die Lehrerin nach.

Moritzl strahlt: „Ausgeblieben!", sagt er.

„Was heißt a u s g e b l i e b e n?"

„Gestern hab ich gehört, wie unser junges Kindermädchen zu meinem Vater gesagt hat: ‚Ausgeblieben', und da hat er gesagt: ‚Das ist eine schöne Geschichte!'"

Die Lehrerin zum kleinen Moritzl:
„Nenne mir einen sichtbaren Gegenstand."
„Meine Hose, Frau Lehrerin."
„Na ja, schön – aber jetzt nenne mir einen unsichtbaren Gegenstand."
„Ihre Hose, Frau Lehrerin."

Eines Tages fragt der kleine Moritzl seinen Vater, wo er denn eigentlich hergekommen ist.

„Dich hat der Storch gebracht", druckst der Vater etwas herum.
„Und sag, wo bist du dann hergekommen –?"
„No, mich hat auch der Storch gebracht", wird der Vater jetzt schon etwas sicherer.
„Und der Großvater –?"
„Nu, was glaubst du? Den hat natürlich auch der Storch gebracht!"
„Und der Vater vom Großvater –?"
„Also das ändert sich ja nicht!", beendet der Vater den Dialog, der mühsam zu werden droht. „Gib jetzt Ruh!"

Ein paar Tage später wird er in die Schule zitiert. Dort zeigt der Lehrer ihm den letzten Aufsatz seines Sohnes, darin steht: „Nach glaubwürdiger Aussage meines Herrn Vater hat in unserer Familie seit mindestens vier Generationen kein Geschlechtsverkehr mehr stattgefunden."

Ein paar Jahre zuvor, der kleine Moritzl spielt noch mit anderen Kindern in der Sandkiste und sie unterhalten sich darüber, wie sie auf die Welt gekommen sind, weiß die kleine Rosi: „Mein Papa hat in einer Gärtnerei eine Rosenwurzel gekauft und zu Hause hat er die Wurzel in einen Blumentopf gegeben und hat sie viel gegossen und so bin ich daraus geworden."

„Mein Papa", erzählt die kleine Lisi, „der hat eine wunderschöne Puppe gekauft und die hat er der Mama am Abend in das Bett gelegt, und wie die aufgewacht ist, da bin aus der Puppe ich geworden."

Der kleine Moritzl hat neidig zugehört und sagt dann traurig:

„Mein Papa, der hat ka Geld zum Wurzelkaufen und auch ka Geld für eine schöne Puppe – der muss alles selber machen …!"

Der achtjährige kleine Moritzl ist verliebt.
„Du“, prahlt er ganz stolz vor der neunjährigen Sarah, „ich weiß schon, wie man Kinder kriegt!“
„No und? Ich weiß schon, wie man keine kriegt!“

Einmal drängen sich die Schüler verstohlen in einer Ecke zusammen und beratschlagen, was der schönste Körperteil bei einer Frau sei.

„Der Arm!“, traut sich der kleine Kobi verschämt als Erster.
Der kleine Jossel ist schon mutiger: „Der Fuß!“
Da trumpft ein Dritter auf: „Der Mund!“
Und der kleine Ariel platzt heraus: „Stuss – der Busen!“
„Pscht!“, flüstert da der kleine Moritzl. „Der Lehrer kommt! Hörts auf jetzt mit der Raterei – am End sagt noch einer das Richtige …!“

Frau Morgenstern bekommt Vierlinge. Der keine Moritzl fragt seinen Vater: „Wern'se jetzt alle behalten, oder war das nur a Auswahlsendung?“

Und dieser frühreife Geschäftssinn des kleinen Moritzl erinnert mich an jenen Satz, mit dem mein Vater auszudrücken pflegte, wie alt der Witz sei, den man ihm gerade erzählen wollte: „Du traust dich was! Meinen Großvater hat man schon 1864 aus der Börse werfen wollen, als er diesen Witz erzählen wollte!“

Vielleicht gehören die bis hierher zitierten Moritzl-Witze in die „Börsenkategorie“, aber für mich gehören sie zu den mir vertrautesten, hat sie mein Vater doch während meiner Schulzeit so oft erzählt, dass mir der kleine Moritzl wie ein Bruder ans Herz gewachsen ist.

Und so will ich mit zwei Lieblingswitzen meines Vaters zum Ende kommen, zu Begebenheiten, die sich zugetragen haben da oder dort … mit diesem oder jenem Lehrer …

So muss ein Dorfjude schweren Herzens seine sieben Söhne in die Stadt bringen, um sie von einem Lehrer unterrichten zu lassen. Zu Hause ist die Mutter schwer erkrankt und der Mann sieht keine andere Möglichkeit, die Kinder ordentlich versorgt zu wissen. Er gibt dem Lehrer genaue Angaben über den Wissensfortschritt jedes Einzelnen, am wichtigsten aber, so schärft er dem Lehrer ein, seien ihm ein tadelloses Benehmen, gute Umgangsformen, Herzenswärme und Höflichkeit, weil das im Leben wertvoller sei als alles Schulwissen, und darauf solle der Lehrer bei seinem Unterricht besonders achten. Nach einem halben Jahr kommt der Vater zu Besuch, um sich über die Fortschritte seiner Söhne ein Bild zu machen. Diese scheinen gut gelernt zu haben, aber, so stellt er fest: „Ich habe doch ausdrücklich gebeten, meinen Söhnen zu allererst Herzenswärme und Höflichkeit beizubringen. Und jetzt komme ich von zu Hause und sie haben mich nicht einmal gefragt, wie es der Mutter geht!"

Der Lehrer ist bedrückt: „Es tut mir aufrichtig leid, ich werde alles tun, wie Sie es gewünscht haben. Ich verspreche Ihnen, bei Ihrem nächsten Besuch, die Kinder sie werden gelernt haben Höflichkeit und Herzenswärme."

Ein paar Monate später kommt der Vater wieder zur „Inspektion". Als er ins Zimmer tritt, laufen die Söhne auf ihn zu, stellen sich vor ihm auf und fragen alle gleichzeitig im Chor:

„Vater, Vater, ist die Mutter schon gesund?"

Mein Vater – und das habe ich offenbar geerbt oder ahme es unbewusst nach – konnte sich, wenn er etwas suchte und nicht fand, so ärgern, so lautstark darüber lamentieren, dass das Haus zusammenlief und dachte, es sei etwas Schreckliches passiert. Oft war es, so wie bei mir heute, seine Brille, die er suchte. Die fand sich dann meistens, wenn schon nicht auf die Stirn geschoben, so doch an einem so nahen und naheliegenden Ort, dass sich die Situation bald in Lachen auflöste und er sagte – nein, das verrate ich jetzt nicht. Erfahren Sie die dazugehörige Geschichte:

Ein Hauslehrer fährt mit dem Zug für ein paar Tage in sein Heimatdorf. Still sitzt er auf seinem Platz in der dritten Klasse. Plötzlich fährt er auf – sein Geldbeutel ist fort! Er reckt die Hände zum Himmel und schreit verzweifelt:

„Oj Gewalt – mein Geldbeutel is verloren! Was soll ich machen ... wie soll ich leben ... wie soll ich kommen nach Hause ohne mein Geld?"

Die Mitreisenden beginnen zu suchen, sie suchen den ganzen Waggon ab, in den Gepäcknetzen, unter den Bänken, in jeder Ritze – sie finden nichts.

Jetzt beginnt der junge Melamed zu weinen:

„Zwei Jahre geschunden! Zwei Jahre ertragen die Kinder! Die faulen, die dummen, die widerspenstigen … zwei Jahre gespart und alles fort! … Alles umsonst!"

Er schreit, er wirft sich hin und her, er rauft sich die Haare und jammert laut:

„Oj Gewalt … keinen Kreuzer für Pessach … keinen Kreuzer für zu leben …!"

Da wendet sich einer der Mitreisenden zu ihm und versucht ihn mit sanfter Stimme zu beruhigen: „Sehen Sie, oft glaubt man nur, dass etwas ist verloren gegangen. Mir ist das auch schon einmal passiert. Da ist es doch oft so, dass sich etwas versteckt hat in der eigenen Tasche in einem kleinen Winkelchen, und wenn man dann zu Hause ist, plötzlich findet sich alles wieder. Suchen Sie doch zuerst noch einmal gründlich Anzug und Mantel durch, vielleicht findet sich Ihr Geldbeutel doch in einer Ihrer Taschen!"

„Was soll ich?! In den Taschen suchen soll ich?!", verfällt der Melamed in ein noch lauteres Klagen. „Aber, wenn er in den Taschen dann auch nicht ist – wär ich doch g a n z verloren!"

Und wenn mein Vater seine Brille in seiner Brusttasche wiedergefunden hatte, sagte er: „Also doch nicht ganz verloren …"

Und so komme ich wieder auf den Anfang zurück und erinnere mich an die unglaublichsten Ausreden, die ich mir in meiner Schulzeit einfallen ließ. So erklärte ich einmal einem Professor, der nach der Unterschrift meines Vaters unter eine negative Note fragte, unser junger Hund habe das Heft genau an der Stelle zerfetzt, wo die Signatur gestanden sei, und mein Vater sei jetzt auf Geschäftsreise und eine neuerliche Unterschrift sei überhaupt erst in einigen Wochen möglich. Selbstverständlich hatte ich das Schulheft mit meinen eigenen Zähnen und mit einer Beißzange entsprechend präpariert, aber meine offensichtlich doch nicht so geniale Ausrede führte keineswegs zum gewünschten Erfolg. Die Sache flog doppelt auf und die Strafe in der Schule wie auch zu

Hause folgte auf dem Fuße. Hätte ich allerdings die beiden Ausreden des kleinen Siegfried Jeiteles gekannt, wer weiß, was mir erspart geblieben wäre.

Der kommt mit dem schlechtesten Zeugnis der Klasse nach Hause und bricht vor seinem strengen Vater sofort in Tränen aus und schluchzt: „Wer kann sich das vorstellen …? Die ganz Klass' …! Alle Lehrer – r e i n e Antisemiten!"

Gegen dieses Argument fällt dem Vater nichts ein, und so beschließt er, seinen Sohn taufen zu lassen. Aber das nächste Zeugnis des neuen Christenjungen ist genauso schlecht wie das zuvor. Nun ist der Vater wirklich wütend, aber da bricht Siegfried wieder in Tränen aus und klagt:

„Du machst dir keinen Begriff …! Diese grässlichen Judenbuben in unserer Klass' …!! Wie die sich immer vordrängen …!"

„Ein Judenbub in der Klass'" war auch der kleine Moritzl, und seine Gewitztheit ist unübertrefflich. Als einmal die ganze Klasse besonders unruhig gewesen ist, hält der Rechenlehrer eine jener gefürchteten Strafprüfungen ab, die jede Antwort in die negative Note münden lassen, er prüft, wie es im Schülerfachjargon heißt, „auf ein Nicht genügend"!

„Fritz, nenne mir eine zweistellige Zahl!"

„86 –"

„Warum nicht 68? Nicht genügend, setzen!"

„Maria!"

„47 –"

„Warum nicht 74? Nicht genügend, setzen!"

„Moritzl!"

„33 –"

„Warum nicht – äh – also, Moritzl – antworte gefälligst, was man dich fragt, und lass auf der Stelle diese jüdischen Drehs!"

Und nach dieser schönen Demonstration der Irrationalität von Antisemitismus, aber auch, weil bis hierher immer noch nicht geklärt ist, was, bitte, Zapichiss heißt, sei auch dieses Kapitel für diesmal geschlossen.

Und wer is im Geschäft?

Auf einem Trödelmarkt im Westen Londons greift eine Dame nach einer verbogenen Blechgabel, die nur noch drei Zinken hat, und fragt nach dem Preis.
„Ein Penny“, gibt der Händler Auskunft.
„Ein Penny?! Das ist zu viel!“, entrüstet sich die Dame.
Der Händler darauf: „No, machen Se mir a Angebot!“

Als der getaufte Jude Blattgold mit der Brautwahl seines Sohnes absolut nicht einverstanden ist, argumentiert er: „Du kannst dieses Mädel nicht heiraten! Erstens, sie is a Jüdin – und wir sind doch Christen. Und zweitens, sie kriegt nebbich nicht einmal tausend Kronen Mitgift – und wir sind doch Juden!“

Mit diesen zwei Kürzestbeispielen ist nicht nur sprichwörtlich jüdischer Geschäftssinn beschrieben – was auch immer sich jeder darunter vorstellen mag –, sondern auch der schon zuvor erwähnte Zwiespalt zwischen Anpassung und Herkunft.

Ich bin schon mein ganzes Leben lang ein schlechter Geschäftsmann, noch nie habe ich gut verhandelt oder irgendein vorteilhaftes Geschäft gemacht, und als Verkäufer wäre ich überhaupt gänzlich ungeeignet. Umso neidvoller hörte ich schon als Kind die Geschäftswitze, von denen die meisten auch wahr sein könnten oder denen vermutlich eine wahre Begebenheit zu Grunde liegt.

Wie die vom jüdischen Antiquitätenhändler, zu dem ein Sammler kommt und sich in jedem Winkel des geräumigen Ladens nach seltenen und besonderen Stücken umsieht. Plötzlich fällt sein Blick auf eine alte Taschenuhr.

„Ich seh, Sie sind a Kenner“, befleißigt sich der Händler, ihm den Kauf schmackhaft zu machen. „Diese Uhr – sie is die größte Seltenheit, was es gibt auf der Welt! Diese Uhr – sie hat gehört Maimonides, gepriesen sei sein Name, jennem Maimonides, was is gewesen der größte Philosoph und Arzt, was gelebt hat unter die Juden! Diese Uhr – Maimonides hat sich nach ihr gerichtet, wenn er gefühlt hat den Puls von die Kranken! Diese Uhr – Maimonides hat mitgebracht von seinen Reisen durch Amerika! Diese Uhr –"

„Sagen Sie, was reden Sie da?", unterbricht ihn der Kunde. „Wie Maimonides gelebt hat, da war Amerika doch noch gar nicht entdeckt!"

„Da haben Sie's!", ruft der Händler leidenschaftlich aus. „Gerade das is ja das Merkwürdige, und eben deshalb, diese Uhr – sie is so a seltenes Stück!"

Übrigens, fraglich ist, ob jener den Antiquitätenhandel auch wirklich verstanden hat, der ins Antiquitätengeschäft gestürmt kommt mit dem Ruf: „Guten Morgen – es gibt was Neues?"

Es war doch jeder schon einmal in der Situation, in der man die Frage „Was kostet es?" zu vermeiden sucht, weil man sie aus irgendwelchen Gründen als zu direkt empfindet. Für diesen Fall sei die Formel „Unter was nehmen Se nicht" empfohlen. Sie eignet sich hervorragend, war auch in meiner Jugend zu Hause in den verschiedensten Abwandlungen gebräuchlich und ist es mir bis heute noch.

Perl Lobositzer, erfolgreich in Import-Export, kommt zum Herrenausstatter, um sich einen Anzug auszusuchen.

„Hören Sie", fertigt er den Geschäftsinhaber gleich beim Eintreten ab, „ich handel prinzipiell nicht. Ich zahl, was Sie verlangen, aber Sie müssen mir machen den äußersten Preis!"

„Bitte, das brauchen Sie mir nicht erst zu sagen", erwidert der Ladenbesitzer, „ich brauch nicht zu nennen den äußersten Preis, weil bei mir es gibt nur Fixpreise!"

„Nu, dann – unter was nehmen Se nicht für diesen Anzug?", zeigt der Kunde auf ein Modell.

„Unter was ich soll nicht nehmen? Ich sag nicht 30, ich sag nicht 25, ich sag nicht 20 – aber unter weniger als 18 ich kann nicht nehmen."

„Nu, und ich", bleibt Lobositzer knapp, „ich sag nicht drei, nicht vier und nicht fünf – aber unter mehr als 10 ich geb nicht."

„Jossel", ruft da der Chef zum Angestellten, „pack ein den Anzug für den Herrn!"

Meine Lieblingsformulierung in ihrer Gewundenheit ist jene, mit der sich der arme Schlucker Aaron Pinowitzer in einem noblen Juwelierladen nach dem Preis erkundigt. Lange ist er vor der Auslage gestanden, aus der ihm eine wunderschöne Brillantnadel in Schmetterlingsform ins Auge gestochen ist. Mehrere Male hat er sich losgerissen, immer ist er einmal noch zurückgegangen und immer hat er einmal noch mit klopfendem Herzen auf die Brosche gestarrt, die ihm als das ideale Geschenk für seine Braut erscheint, ist diese doch ganz vernarrt in Schmetterlinge. Endlich nimmt er sich ein Herz, betritt zögernd das teuere Geschäft und fragt schüchtern:

„Verzeihen Sie gütigst, Herr Juwelier, wenn ich komm zu fragen – aber: Unter was Sie benötigen nicht zu nehmen für den Flatterer?"

„Versicherungen sind behördlich konzessionierte Verbrechergesellschaften!", so habe ich es von meinem Vater oft gehört, und ich habe bis heute nichts erfahren, was mich zur gegenteiligen Behauptung nötigen könnte. Und so kommt es wohl auch zu dem Witz von den beiden Geschäftsleuten, die einander im dichten Menschengewühl auf der Straße treffen.

„Fritz", ruft der eine im Herbeieilen, „was is passiert?! Ich hab gehört, in deinem Warenlager hats gebrannt!"

„Pschtt!!" Erschrocken presst der Zweite den Finger vor den Mund, sieht sich dabei ängstlich nach allen Seiten um und flüstert dann verschwörerisch: „Erst Dienstag!"

„Das Geschäft geht unberufen so glänzend", berichtet ein anderer stolz seinem Freund, „dass ich mir hab versichert sogar mein ganzes Lager gegen Feuer und gegen Hagel!"

Der Freund wiegt nachdenklich den Kopf: „Gegen Feuer – gut! Aber wie macht man Hagel?"

An dieser Stelle sei an den Satz des deutschen Klassikers Lessing erinnert: *Wenn ein Jude betrügt, so hat ihn unter neun Malen ein Christ vielleicht siebenmal dazu genötigt.*

„Restlverwerter“ hießen bei meinem Vater jene Zeitgenossen, die es sich nicht versagen konnten, an jedem Geschäft, in welches sie nur am Rande und oft gar nicht selbst beteiligt involviert waren, zu ihrem Vorteil zu partizipieren, also „mitzuschneiden“. Und wenn er von seinem Schneider sprach, fügte er hinzu: „So eine Fahne!“ und deutete mit beiden Händen die Größe an.

Ein Zeugnis davon, was damit im wahrsten Sinn des Wortes gemeint war, liefert uns die Geschichte von Joss Turteltaub, einem Schneider, dem man nichts anderes nachsagen konnte, als man Schneidern schlechthin nachsagt, nämlich dass sie Diebe sind. Keine Diebe im ruchlosen Sinn selbstredend, die ihre Finger in fremde Taschen stecken. Aber wessen Hände so oft über kostbare Stoffe gleiten, dem kann es schon passieren, dass er da ein Stückchen wegschneidet, dort ein Restchen sich einbehält. Und so tat es auch Joss Turteltaub.

Da kam ein berühmter Maggid ins Schtetl, einer jener Wanderprediger, wie sie damals herumzogen und gegen die Sünde wetterten und furchtbare Strafen im Jenseits in Aussicht stellten. In seiner flammenden Rede kam der Maggid auch auf die Schneider zu sprechen, von denen er genau zu wissen angab, dass sie alle und gegen Gottes ausdrückliches Gebot sich Stoffreste von ihren Kundschaften auf die Seite legten.

„So wisset, ihr gottlosen Schneider“, donnerte er, „euch wird erwarten ein schreckliches Gericht! Denn jedes einzelne Stücklein, das ihr gestohlen habt in eurem Leben, es wird gesammelt von Gott, und wenn betritt der Dieb die andere Welt, so es wird ihm entgegen getragen eine große Fahne, welche ist zusammengesetzt aus allen diesen Resten!“

Joss erschrak zutiefst, und wenn er an all die vielen Stoffteile dachte, die er in seinem Leben bereits sich sündig angeeignet hatte, und wenn er sich die Größe der Fahne vorstellte, die ihn erwarten würde, dann wurde ihm ganz schlecht vor Furcht. Und so gelobte er bei sich, von nun an seiner Gewohnheit und Leidenschaft zu entsagen.

Doch wie es nun einmal im Leben ist, es vergingen ein paar Monate und der reichste Mann des Schtetls kam, um sich einen langen Mantel aus kostbarem Samt anfertigen zu lassen. Schon beim Zuschneiden der großen Bahnen zitterten Joss die Hände vor Versuchung. Es schrie nachgerade danach, ein großes Stück für sich abzuschneiden. Aber er dachte an die Fahne und versagte sich die gewohnten Schnitte, die ihm einen großen Rest dieses edlen Stoffes bescheren würden. Aber als er so weiter arbeitete und als er den Samt fühlte, seine Qualität, seine Weichheit, da konnte er sich nicht länger beherrschen, und wie im Fieber murmelte er vor sich hin: „Von diesem Samt kein Stücklein abzunehmen? … Aber, das Jüngste Gericht … aber die Fahne! …" Dabei schoss es ihm durch den Kopf, wie viele Stücke Stoff er in seinem Schneiderdasein sich schon auf die Seite gelegt hatte, und er stellte eine Rechnung darüber an, und da wurde er mit einem Mal ganz ruhig, denn es ergab sich: „Die Fahne im Jenseits, sie wird sein unermesslich groß –", und mit diesen Worten packte Joss Turteltaub seine Schere, „… und so – jetzt ist scho alles egal – soll auch sein a Stückele Samt in der Fahne!", und mit einem kräftigen Schnitt war ein großes Stück sein.

Mein Vater hatte sich ein paar recht und schlecht gehende Handelsvertretungen aufgebaut und reiste viele Jahre lang zwei Mal jährlich durch Österreich, um seine Kunden zu besuchen. Auf die Frage, wie viele er denn aufsuchen müsse, seufzte er: „Am liebsten nur zehn!"

Das schien einerseits verständlich. Andererseits aber meinte ich einmal, sei es nicht so, je mehr, desto besser? Mein Geschäftssinn sei messerscharf, bestätigte er, aber meistens gehe es ihm wie dem Reisenden, der sich stundenlang vergeblich bemüht hat, dem Inhaber einer Handelskette einen großen Posten seiner Ware anzudienen. Endlich seufzt der Vertreter erschöpft:

„Solche Kunden wie Sie möcht ich zehn haben!"

„Zehn", wundert sich der Einkäufer, „aber ich habe Ihnen doch nicht e i n Stück Ihrer Sachen abgekauft!"

„Eben", erwidert der Reisende resigniert, „deswegen will ich ja zehn solcher Kunden haben – weil, leider ich hab zweihundert solche!"

Das Geld war knapp, seine Autos waren klein und billig und die Reisen entsprechend beschwerlich. „Nicht für Kaiser und Reich", kommentierte mein Vater diesen Umstand mit bitterer Ironie.

Und nahm damit Bezug auf Opitzer, Reisender in sortierten Knopflöchern, der sich im überfüllten Zug nach Lemberg einmal die erste Klasse leistet. Nun thront er stolz in den Samtpolstern des vornehmen Coupés. Ihm gegenüber sitzt, Zigarre paffend und mit abweisendem Blick, einer der drei k.u.k. Parlamentspräsidenten. Opitzer, politisch völlig ungebildet, hat nicht die geringste Ahnung, welch hochstehende Persönlichkeit sein Visavis darstellt. Im Bewusstsein des ungewohnten gehobenen Reisestatus fühlt er sich jedoch nach einer Weile zu höflicher Konversation verpflichtet.
„Und –", beginnt er leutselig, „für wen reisen Sie?"
„Für Kaiser und Reich!", kommt barsch und reserviert die Antwort.
„Für Kaiser und Reich?", wiederholt Opitzer interessiert und nickt dazu mit bedeutungsvoller Miene. „Ah, ja …!" Und damit scheint das Gespräch erst einmal beendet.
Da schnalzt Opitzer plötzlich mit den Fingern vor seinem Gegenüber: „Sagen Sie, die Frau Reich – ist die nicht eine geborene Krakauer?"

Das lässt mich an die unzähligen Konversationen denken, denen ich als Kind beiwohnte, in denen es stundenlang darum ging, wer mit wem verwandt, verschwägert, verheiratet sei, wer geschieden, verwitwet oder wiederverheiratet. Eine Art von Gesprächen, die zusammen mit den vergangenen Generationen ausgestorben ist; scheint doch auch die Zeit des Vielvölkerstaates, in dem Familienmitglieder aus den verschiedensten Ländern ein und desselben Reiches stammten und die Verwandten dementsprechend verstreut lebten, so lange vorbei zu sein wie die Punischen Kriege.

Und dazu fällt mir noch ein, wie einander zwei jüdische Handelsvertreter treffen:

„Gestatten, Rotholz", stellt sich der eine vor.

„Rotholz, Rotholz …?", überlegt der Zweite. „Der Cousin vom alten Rotholz? … Sagen Sie, sind Sie nicht so ein kleiner Dicker mit Glatze?"

Auch wenn er sich einen oder gar mehrere Angestellte nicht hätte leisten können, sprach mein Vater oft davon, dass es heutzutage ohnehin vergeblich sei, nach einem „Sechsgulden-Moischele" Ausschau zu halten, so etwas gäbe es nicht mehr.

„Vater, was ist das, ein Sechsgulden-Moischele?“ – „Dazu erzähle ich dir die folgende Geschichte, hör zu:

Bei einem Getreidehändler stehen zwei junge Männer in Dienst, die beide Moischele heißen. Nun hat der eine zwei Gulden Lohn in der Woche, der zweite aber sechs Gulden. Der mit den zwei Gulden Wochenlohn arbeitet schon viele Jahre lang brav und fleißig vor sich hin, der mit dem dreifachen Gehalt hingegen ist erst seit zwei Monaten angestellt. Das kränkt den ersten dermaßen, dass er erbost zu seinem Chef gelaufen kommt und sich bitter über diese augenscheinliche Ungerechtigkeit beschwert.

Der Händler lächelt und sieht aus dem Fenster, dort stehen acht schwer beladene Wagen im Hof. „Sei doch so gut“, befiehlt er an Stelle einer Antwort, „geh hinunter und frag nach, was die Wagen führen!“

Der Zweigulden-Moischele geht und kommt mit der Meldung zurück: „Mais führen Sie –“

„Nu, dann geh hinunter und frag, wohin sie führen den Mais!“

Wieder läuft der Zweigulden Moischele eilfertig von dannen und erreicht die Wagen, wie sie gerade in die Ausfahrt biegen.

„Sie führen den Mais nach Brody“, berichtet er atemlos bei seiner Rückkehr.

„Nu, dann geh hinunter“, ersucht der Getreidehändler wieder, „und frag, zu wem in Brody sie führen den Mais!“

Der Zweigulden-Moischele rennt den Wagen nach, so schnell er kann, holt sich die gewünschte Auskunft und kommt abgehetzt mit der Antwort zurück: „Sie fahren zu führen den Mais zu Chaim Koshinsky –“

„Nu, dann will ich noch wissen, was soll er kosten der Mais?“

Nun muss der brave Junge den Wagen schon auf der Landstraße hinterher rennen, eine halbe Stunde läuft er sich die Seele aus dem Leib, dann kommt er halbtot vor Erschöpfung zurück und stammelt: „Der Mais – er soll kosten – sieben Gulden und elf Kreuzer –!“

Da ruft der Chef den Sechsgulden-Moischele und sagt nur:

„Ach, sieh doch einmal nach, was es auf sich hat mit den Wagen, welche gestanden sind im Hof.“

Der Sechsgulden-Moischele schnappt sich das schnellste Pferd im Stall, reitet den Wagen nach und kommt nach zwanzig Minuten zurück:

„Sie führen Mais nach Brody zu Chaim Koshinsky, dem Getreidehändler – nebbich a Konkurrenz – er will zahlen sieben Gulden und elf Kreuzer! Hab ich geboten sieben Gulden vierzehn, wenn sie liefern in der nächsten Stunde und laden alles in unsere Speicher. Sie fahren schon zurück und in der nächsten Stunde sind unsere Speicher voll!"

Da wendet sich der Händler an den Zweigulden-Moischele:

„Nu? Hast du bemerkt den Unterschied zwischen einem Zweigulden- und einem Sechsgulden-Moischele …?"

Und weil gerade von einem schnellen Pferd die Rede war, erschiene es mir geradezu fahrlässig, die Anekdote von dem jüdischen Fuhrmann zu verschweigen, dem allerdings eine gänzlich andere Geschäftsauffassung zu eigen war. Er hatte ein ausgezeichnetes Pferd, aber die Geschäfte gingen schlecht und gutes Futter ging ins Geld, also verfiel der brave Mann eines Tages auf die Idee, seinem Pferd das Fressen abzugewöhnen. Dabei ging er methodisch vor und verkleinerte die Rationen anfangs von Woche zu Woche, und als dies zu funktionieren schien, von Tag zu Tag. Dann versuchte er, für das Pferd einen Fasttag einzulegen, und das steigerte er allmählich auf vier Fasttage pro Woche. Das Pferd lebte nun schon fast ohne Futter, aber eines Tages hatte es sich wohl anderes überlegt, denn von einem Augenblick zum anderen fiel es um und war krepiert.

Da reckte der Fuhrmann die Hände zum Himmel und klagte lauthals:

„Oj, Gewalt … oj, Pferd … so gut hast du schon gekonnt das Fasten – und ausgerechnet jetzt du musst mir draufgehen …!"

Rothschild hieß mein Kölner Großvater mit Nachnamen – nein: Leider nicht verwandt! Denn frei nach dem geliebten Ausspruch, mit dem einer den behaupteten Reichtum eines stadtbekannten Angebers kommentiert, als dieser wieder einmal von seinem Gestüt in Ungarn schwärmt: „Also, hab ich scho ka Pferd – aber s o ka Pferd wie d e r …!", frei nach diesem Befund muss auch ich mit Bedauern feststellen: „Es sind ja viele nicht verwandt mit der Dynastie Rothschild – aber s o nicht verwandt wie mein Großvater war …!"

Ach ja, apropos Pferd:
Weinländer, ein stadtbekannter Händler für Waren aller Art, hat sich eines Tages mit einem Posten Pferdedecken eingedeckt. Aber das erweist sich alsbald als ein Fehlgeschäft, da die Decken nicht die notwendige Größe haben. Als er versucht, sie einem Pferdehändler anzudrehen, erklärt auch der, sie seien zu klein für seine Gäule. Da reißt Weinländer eine Decke an sich, entfaltet sie mit großer Geste, wickelt sich vollkommen darin ein und ruft mit lodernder Stimme:

„Nu, sagen Sie mir – wie sollen diese Decken zu klein sein? Kennen Sie a größeres Pferd, als ich bin …?"

Zurück aber zu meinem deutschen Großvater. Er war der Vater meiner Mutter und stammte aus Herne in Westfalen. Mit siebzehn heiratete er die erst sechzehnjährige Tochter eines Polizisten dieser Kleinstadt, meine Großmutter. Diese konvertierte vor ihrer Heirat, wie schon erwähnt, zum Judentum. So heirateten sie nach jüdischem Ritus und gemeinsam zogen sie nun als Marktfahrer für Herren- und Damenbekleidung übers Land. Mein Großvater war ein kleines, schlaues Handelsjüdlein; anders kann ich ihn nicht nennen, denn von Kind auf erzählte er mir jedes Mal, wenn wir zusammenkamen, von einer klugen List oder Gewitztheit, mit der er wieder diesen oder jenen „überholt" und auf diese Weise ein glänzendes Geschäft gemacht hatte. Dabei hatte er immer einen leicht spöttisch überlegenen Zug um den Mund und ließ dazu ein schnelles Auflachen hören.

Ich kannte den kleinen, schmächtigen Mann mit dem Menjou-Bärtchen und der auffallend großen Nase erst, als er in Köln als typischer Vertreter der sogenannten Wirtschaftswunderzeit schon zu einigem Wohlstand gekommen war. Immer übertrieben elegant gekleidet, trug er Krawattennadel und Stecktuch zu den teuren Anzügen, am Handgelenk hing eine schwere goldene Uhr und vom kleinen Finger blinkte der Stein eines protzigen Ringes. Am liebsten fuhr er teure, ledergepolsterte Cabriolets, und jedes Mal, wenn ich in seinen Wagen stieg, erzählte er:

„Da fährt ein kleiner Junge, elegant angezogen, in einem teuren offenen Auto mit Chauffeur an zwei armen Juden vorbei. Fragt der eine beeindruckt: ‚Wer war das?' Sagt der andere: ‚Nu, das war der kleine Rothschild.‘ Da seufzt der Erste: ‚Joj – so klein und scho Rothschild …!‘“ Und nun lachte mein Großvater ein wenig zu selbstgefällig auf: „Ich fahre ohne Chauffeur und bin trotzdem der kleine Rothschild!“

Rothschild-Witze gibt es natürlich hunderte, stand doch seinerzeit dieser Name nachgerade als Symbol für unermesslichen Reichtum und übte auf Juden die Faszination des Unerreichbaren aus, und so soll auf diese Familie und ihre Vertreter noch im Kapitel über Schnorrer ausgiebig eingegangen werden. Die Macht aber und den Einfluss, den diese Dynastie über ihren Reichtum hinaus innehatte, erhellt die Antwort der Mutter des ersten „großen“ Rothschild, mit der sie in jener Zeit, als dräuende Kriegswolken den europäischen Himmel zu verdunkeln drohten, eine besorgte Freundin beruhigte:

„Hab keine Angst, es kann nicht kommen ein Krieg – mein Sohn, er wird ka Geld hergeben!“

Ich war als junger Mann etliche Sommer hindurch mit dem englischen Zweig der Familie, die lange Jahre die Führung des Clans innehatte, verbunden und habe die Begegnungen und Erlebnisse mit diesen bemerkenswert feinen und zurückhaltenden Menschen schon in einem früheren Buch ausführlich beschrieben.

Als mein Kölner Großvater … – der Assoziationen werde ich kaum Herr, denn dazu fällt mir wieder ein, wie bei dem armen Flickschuster das Telefon läutet und eine strenge Stimme knapp fragt: „Rothschild?“ und als Antwort der tiefe Seufzer tönt: „Gott sind Sie falsch verbunden!“

Aber auch eine Variante eines Rothschild-Telefonates darf an dieser Stelle nicht vorenthalten werden. In der kommt ein kleiner Stoffhändler nach Hause gestürmt: „Lea, du errätst nie, wer mich gerade angerufen hat!“, sprudelt es aufgeregt aus ihm hervor, und bevor seine Frau noch zu Wort kommt, fährt er triumphierend fort: „Rothschild persönlich!“

Die Frau schlägt die Hände zusammen und wird weiß vor freudigem Erschrecken „Und –“, stammelt sie, „was hat er gesagt?!“

„Falsch verbunden!“

… – ich fange also noch einmal an: Als mein Großvater dieses Namens 1938 aus Deutschland fliehen musste, reiste ihm seine

Frau, die nach Lesart der Nazis ja nicht als Jüdin galt, solange seine Fluchtstationen noch in Europa waren, überall hin nach, um ihn zu besuchen. Sie hatte ihre Ersparnisse zu Brillanten gemacht, die brachte sie ihm dann, versteckt in Kondomen, die sie wiederum in Körperöffnungen verbarg, von denen sie hoffen konnte, dort nicht kontrolliert zu werden. Durch den Verkauf der Steine war er während seiner Emigrantenjahre, die ihn schlussendlich nach Argentinien führten, niemals in großer Not. Nach Kriegsende zurückgekehrt, gelang es ihm mit diversen von ihm schlau eingefädelten Geschäftsgebarungen, die man durchaus *Machelojkes* nennen könnte, den Generalauftrag zur Einkleidung der neuen deutschen Bundesbahn zu erhalten, und das brachte ihm den Reichtum, den er bei jedem unserer Zusammentreffen überdeutlich herausstrich. Ich weiß noch, dass mir dies, je älter ich wurde, zunehmend peinlich wurde, und deswegen fiel ich bei ihm, der bis dahin nur mich, den Enkel, als männlichen Nachkommen hatte, zusehends in Ungnade.

Zuvor aber hatte er mir etliche Male vom armen Pinkus Rosenstein erzählt, der unter chronischer Schlaflosigkeit leidet. Alles hat er schon probiert, von der stärksten Schlaftablette bis zu den alten Hausmittelchen, vom warmen Fußbad bis zur heißen Milch, nichts will helfen. Da fragt ihn einmal ein Freund: „Hast du es schon mit Schafezählen versucht? Es ist das einzige Mittel, das garantiert jedem hilft! Versuchs doch gleich heute Abend und sag mir morgen, wie es gewirkt hat.“

Rosenstein ist begeistert und will es in der folgenden Nacht noch probieren. Am nächsten Morgen begegnet er seinem Ratgeber: „Nu, wie wars, hast du geschlafen?

„Nu, wie war es –“, berichtet Rosenstein gerädert und mit rotumrandeten Augen, „es war so: Ich hab gezählt Schafe und habe gezählt Schafe und ich bin gekommen auf zwölftausend, ohne zu schlafen. Da hab ich angefangen, die Schafe zu scheren, und wie ich hab geschoren alle zwölftausend Schafe, ich hab immer noch nicht geschlafen. Da hab ich geschneidert aus der Wolle zwölftausend Mäntel – und da bin ich geworden immer müder und müder –“

„Nu, siehst du, was hab ich gesagt?!“, ruft der Freund erfreut aus.

„Hör mich aus", erwidert Rosenstein mit gequältem Gesichtsausdruck, „ich war so erschöpft, dass ich scho fast hab geschnarcht – und da plötzlich, es is passiert ...!"

„Was um Gottes willen ist passiert?"

„Es is mir gekommen a Gedanke und ich hab darüber denken müssen die ganze Nacht –!"

„Was für ein Gedanke?"

„Ich hab mir überlegt, wo nehm ich her das Futter für die zwölftausend Mäntel?"

Mein Großvater war inzwischen von meiner Großmutter geschieden, die während der mörderischen Bombenangriffe, die Köln zu einer der meistzerstörten Städte Deutschlands machten, sozusagen die Stellung gehalten und ihm damit eine vergleichsweise sorgenfreie Rückkehr ermöglicht hatte. Dass immer hübsche junge Damen auf dem Nebensitz saßen, wenn ich bei meinen Besuchen mit dem alternden Beau in seinen Luxusautos spazieren fuhr, dass er einige von ihnen heiratete und wieder „entließ", war mir nie weiter aufgefallen; dass er mit der letzten allerdings noch einen späten Sohn zeugte, merkte ich daran, dass ab diesem Zeitpunkt die weihnachtlichen und sonstigen Zuwendungen des reichen Opas aus dem fernen Deutschland ein Ende fanden.

„Opa Köln" und „Oma Herne" wurden die beiden ihrer Wohnorte und zur Unterscheidung der österreichischen Großeltern von mir genannt.

Aber das war es nicht, was ich eigentlich erzählen wollte, sondern ich erinnere mich, dass ich durch meinen Opa Köln, dessen Grab auf dem Kölner jüdischen Friedhof ich einmal im Jahr besuche, ein gänzlich anderes Judentum erfahren habe, als es sich mir zu Hause vorwiegend aus Witzen und Anekdoten erschloss. Ich weiß noch, dass auch er ständig jüdische Witze und Sprüche parat hatte, aber es ist mir kaum einer im Gedächtnis geblieben. Allerdings erinnere ich mich, dass auch er jüdelte, wenn er Witze erzählte, allerdings mit einem „kölschen" Einschlag, und dass er dabei viele jiddische und religiöse Begriffe verwendete. Er war immer stolz auf sein Judentum, das er insbesondere seines erlittenen Unrechts und des Schicksals seiner Familienmitglieder wegen, von denen die meisten im KZ ermordet worden waren, sehr ausstellte und betonte. Ich entsinne mich vieler Bücher und Bildbände über den Holocaust, von dem ich damals noch keine Ahnung hatte, und an die verschiedenen jüdischen Versatzstücke in seinem Haus, wie die Menorah, den siebenarmigen Leuchter, oder an der Eingangstüre die Mesusa, deren Bedeutung mir damals noch fremd war. Zu diesen Mesusot, den kleinen, länglichen Kapseln, in denen ein zusammengerollter Pergamentstreifen mit einem wichtigen Bibelspruch steckt und die von frommen Juden oft auch in teurer handwerklicher Ausführung an jedem Türpfosten des Hauses befestigt werden, erzählte er mir folgendes:

Der kleine Jankl Bär aus Lowicz besucht seinen Cousin, der nach London ausgewandert ist. Staunend fährt er durch die große Stadt und bewundert die prächtigen Stadtvillen.

„In solche Häuser, wenn ma möcht' wohnen … das wär a Leben!", staunt er andächtig bei jedem Haus. Als sie beim Buckingham-Palast vorbeifahren, schweigt er allerdings, und als ihn sein Cousin scherzhaft fragt, ob er denn in diesem Haus nicht auch gerne residieren würde, schüttelt er den Kopf: „Mhm … in jennem lieber nicht – scho wegen der Mesusot!"

Einer der wenigen Verwandten meines Opa Köln lebte in New York und von diesem hatte er, wie er mir sagte, den Witz gehört vom Herrenkleidermacher Berinsky, der sich auf seine alten Tage den typischen Europatrip leistete, wie er alljährlich Horden von amerikanischen Reisegruppen im Schnellverfahren durch die europäischen Touristenzentren schleust. Was zum bekannten Ausspruch eines US-Touristen geführt hat: „Venedig? …Venedig? – Ach, ja, das war die Stadt, wo ich meine Zahnbürste vergessen hatte!"

„Und in Rom", berichtet hingegen der Schneider nach seiner Rückkehr begeistert, „da hatten wir sogar eine Audienz beim Papst im Programm!"

„Beim Papst? Oj, der Papst! … Und sag, wie sieht der eigentlich aus?"

„Nu, kein unattraktiver Mann, etwas schmal und bissl intellektuell – ungefähr Größe 50, würd ich schätzen, aber mit längeren Ärmeln …"

Sich gute Witze zur Erinnerung zu notieren, scheint in einer Zeit allgemein gebräuchlich gewesen zu sein, als man wesentliche Lebenszeit im Kaffeehaus verbrachte, das so vielfältige Funktionen des zwischenmenschlichen Austausches zu erfüllen vermochte; war es doch verlängertes Wohnzimmer und Börse, Marktplatz und Ort weltpolitischer bis privatester Entscheidungen, oder einfach nur öffentliche Rückzugsstätte, frei nach der Beschreibung des Essayisten Alfred Polgar: „Nicht zu Haus und doch nicht an der frischen Luft". Oft habe ich in meiner Kindheit vom Notizbuch erzählen gehört, das bis an den Rand voll mit Pointen jederzeit gezückt wurde, wenn ein geeignetes Opfer oder ein Anlass in Sicht war. Und so sitze auch ich jetzt vor den kleinen Heftchen meines Vaters und entziffere nahezu unleserliche Stichwörter und hingekritzelte Satzfetzen. Etlichen Seiten ist der Buchstabe G für Geschäft vorangestellt und ich will im Folgenden und ohne ausgewiesene Reihenfolge versuchen, aus den Bruchstücken die Geschichten so zu formen, wie mein Vater sie erzählt hat.

Und so wirft gleich der erste Dialog jene Frage auf, die im Geschäftsleben wohl am meisten gestellt wird, auf die am meisten gelogen wird und deren Beantwortung Schadenfreude wie Neid gleichermaßen hervorruft, wobei im folgenden die Entscheidung darüber im Unklaren bleibt.

„Wie gehen die Geschäfte?"

„Ach – ja …"

„Für d i e Jahreszeit ist das aber doch nicht so übel!"

Von übel ist es nicht weit zu Kompagnons, und von diesen Geschäftspartnern zum viel zitierten Chef ist es nur ein kleiner Schritt.

„Dieser Gauner, dieser Pollatschek!", erregt sich der Konfektionär David Wolff von Wolff & Compagnon. „Selbständig hat er sich gemacht! Hinter meinem Rücken! Belogen hat er mich! Betrogen! Bestohlen! Schon wie er noch bei mir im Geschäft war! Und jetzt? Jetzt schimpft er öffentlich über mich, dieser miese Gauner, dieser undankbare! Dabei: Wo hat er a l l e s, was er kann, gelernt? Nur bei mir!"

„Wo waren Sie so lange, Silberer?", tobt der Chef. „Ich hab Se geschickt zu Opitzer, zu holen das Geld, das er mir schuldet!"
„Ich bin ja gewesen, aber –", will Silberer sich rechtfertigen, da wird er schon cholerisch unterbrochen:
„Gewesen, gewesen – haben Se mit ihm persönlich gesprochen, Sie Trottel? Was hat er gesagt, der Gauner?"
„Ich hab nicht können sprechen mit ihm, weil erstens –"
„Was, erstens?", brüllt der Chef.
„Bitte, es war nicht möglich zu sprechen mit ihm persönlich, weil erstens – er is gestorben zwei Stunden vorher –"
„Ja, nu? Und z w e i t e n s??!!"

Ein anderer Chef, es könnte aber auch der selbige gewesen sein, überreicht jedem seiner Angestellten anstatt einer Neujahrsremuneration sein Fotoporträt mit einer Widmung. Als er das Foto mit gemurmelten Wünschen dem alten Neumann in die Hand drückt, sieht dieser es kurz an und konstatiert lapidar: „Das sieht Ihnen ähnlich!"

Pollak und Kohn wiederum sind Kompagnons, wobei aber Pollak selbstherrlich schaltet und waltet und Kohn Jahre hindurch der untergeordnete Teil des ungleichen Paares bleibt. Er erträgt alles geduldig, bis ihm eines Tages dann doch der Kragen platzt. Mit finsterer Miene baut er sich vor seinem Partner auf, holt tief Luft und brüllt:

„Pollak! Seit sechs Jahren wir sind nebbich Kompagnons! Seit fünf Jahren Sie machen mir unlautere Konkurrenz mit an eigenen Geschäft und mit u n s e r e m Kundenstock! Seit vier Jahren Sie haben a Verhältnis mit meiner Frau! Und seit vier Monaten meine Tochter is in der Hoffnung von Ihnen! Pollak, ich sag Ihnen eines – t r e i b e n S i e m i c h n i c h t z u m Ä u ß e r s t e n !!!"

Zum Äußersten getrieben ist auch ein Herr in einem Nichtraucherabteil des Zuges nach Rowno. Darin hat er den letzten Sitzplatz ergattert. Auf diesem hockt er nun eingezwängt zwischen einer Horde von verrotzten und lärmenden Kleinkindern und einem abgerissenen Juden, der sich eine Zigarette nach der anderen anzündet. Nach geraumer Zeit beschwert sich der Mitreisende durch die Rauchschwaden hustend: „Sie, wenn Se nicht auf der Stelle aufhören zu rauchen, werd ich Ihnen Schwierigkeiten machen!"

Der Angesprochene steckt sich eine neue Zigarette an und wendet sich mit galligem Lächeln an den um Luft Ringenden: „Hören Sie mich aus! Vor drei Tagen es is durchgegangen mein Kompagnon mit der Kassa – vorgestern meine Frau is davon mit dem Buchhalter – gestern es is abgebrannt mein Haus – beim Umsteigen in Tarnopol es is mir gestohlen worden das ganze Gepäck und die restlichen Geschäftsunterlagen – die Kinder sie haben die Feuchtblattern – und was der Schaffner mir gerade gesagt hat, wir sitzen im falschen Zug – und S i e wollen mir nebbich Schwierigkeiten machen?"

In einem billigen 3. Klasse-Abteil sitzen zwei Handelsvertreter einander gegenüber. Sie kennen einander nicht und finden auch keinen Anknüpfungspunkt für ein Gespräch. Von Wien bis Lemberg sitzen sie. Fast einen Tag. Nach achtzehn Stunden Fahrt seufzt der eine tief auf: „Oj wej ...!"
Darauf der andere trocken: „M i r woll'n Se erzählen ...?"

Und da drängt es mich noch zu einem der vielen Bahnwitze. In diesem kommt ein Ephraim Fleckstein zum Fahrkartenschalter des Wiener Nordbahnhofs und erkundigt sich nach dem Preis einer einfachen Fahrt nach Tarnow. „Fünfundzwanzig!", lautet die knappe Auskunft. „Fünfundzwanzig ...?" Fleckstein streicht sich den Bart. „Fünfundzwanzig – es is nicht wenig ...!" Er wiegt seinen grauen Schädel hin und her: „Fünfundzwanzig ... sagen Sie, es geht nicht billiger? Sagen wir –", da unterbricht ihn der Bahnbeamte scharf:

„Hören Sie zu, hier wird nicht gehandelt!"

Fleckstein wedelt mit seinen Händen: „Nu, nu! Wenn Se wollen grob sein mit mir – werd ich fahren mit der Südbahn!"

In den Wirren der Nachkriegsjahre war mein Vater, der mit einer Art Diplomatenbescheinigung als – nebbich – Konsul von Uruguay sich zwischen den österreichischen Besatzungszonen hin und her bewegen durfte, einmal in eine Kaffeeschmuggelaffäre verwickelt.

Genaueres ist mir nie bekannt geworden, die Sache hatte sich vor meiner Geburt abgespielt und das Thema war keines, das beim Familientisch erörtert wurde. Als es aber doch einmal kurz zur Sprache kam, tat es mein Vater mit den Worten ab: „Ach die Hasenfuttersache ...“

Und dazu formt sich mir aus den in den Büchlein notierten Stichworten die Geschichte von Levi Karpeles, offiziell Reisender in Sachen Import-Export, inoffiziell Schmuggler in Sachen Kaffee. Sein Trick besteht darin, als Handelsreisender möglichst oft die Grenze zu passieren und den Kaffee als Reisegepäck mit in den Zug zu nehmen. Mittlerweile kennen ihn alle Zollbeamten, er wird als unverdächtig eingestuft und schon lange nicht mehr kontrolliert. Bis eines Tages eine neue Zollmannschaft ihren Dienst versieht.

„Was führen Sie in dieser kleinen Holzkiste mit?“, wird er gefragt.

„In dem Kistele? Zwei lebendige Hasen.“

„Zeigen Sie her!“ Und jetzt trauen die Beamten ihren Augen nicht, denn in der Kiste sitzen wirklich zwei ausgewachsene große Hasen.

„Und in den zwei Säcken – was befindet sich darin?“, insistieren die Zollbeamten weiter.

„In den Säckele – no, Futter für die Hasen!“

Die Inspekteure greifen in die Säcke – Kaffeebohnen!

„Sie, Herr, Sie wollen uns doch nicht einreden, dass die Hasen Kaffee fressen?!“

„Nu“, meint Karpeles ungerührt, „fressen se nix, so kriegen se nix –!“

Neben den längeren liebte mein Vater die fast surreal anmutenden Witze, wie zum Beispiel:

Bei Kohn & Co. läutet das Telefon. Kohn hebt ab:

„Sami Kohn –“

„Handel mit Posamentrie“, fragt eine Stimme am anderen Ende der Leitung, „oder der König von Norwegen?“

Dieser Kürzestwitz verträgt es, in den verschiedensten Variationen vorgetragen zu werden, wobei der Phantasie für das Spiel mit den beiden Alternativen keine Grenzen gesetzt sind.

Nicht zwingend, aber auch nicht unelegant verweist sie uns auf die beiden nächsten Witze, in denen auch die Erkundigung nach einer Person im Mittelpunkt steht.

Ein Jude kommt zum ersten Mal aus seinem Schtetl nach Warschau und sucht einen gewissen Goldstein. Gewöhnt, dass jeder jeden kennt, hält er den nächsten Vorübereilenden auf und fragt gutgläubig: „Verzeihung, aber Sie wissen, wo der Goldstein wohnt, der Seifenhändler?"
„Goldstein ... Goldstein", überlegt der Angesprochene, „Se meinen wahrscheinlich Goldblatt –!"
„Nein, ich mein Goldstein –!"
„Sie, Herr, Sie kommen von auswärts, Sie können sich verlassen auf mich, dass Sie meinen Goldblatt –!"
„Was heißt verlassen – ich such den Gold s t e i n und nicht ich such den Gold b l a t t – oder jedenfalls ... Wie? ... Nein! Ich weiß, dass ich such den Seifenhändler, welcher heißt Goldstein ... Oder ...?"
„Was sagt man? Vierzig Jahr ich wohn in Warschau und Sie kommen mir einreden Goldstein oder Goldblatt –? Soll es geben an Seifenhändler Goldstein in Stanislawów, soll es geben an Seifenhändler Goldstein in Lwów, soll es meinetwegen geben an Seifenhändler Goldstein in Moskau – aber hier, lieber Herr, bei uns in Warschau wohnt der Seifenhändler Gold b l a t t! Wenn Sie wollen, ich kann Ihnen sagen, wie Sie finden zu ihm. Also: Sie setzen sich hier in die Straßenbahn Nummer 5 und Sie fahren hinunter bis zur Marszalkowska! Nicht ganz in dreißig Minuten, Sie sind da. Dort, Sie steigen aus und setzen sich in Straßenbahn Nummer 17 und fahren ... nu, und dann Sie fahren weiter ... so nicht mehr als vierzig Minuten – bis kommt die große Kirche. Da fahren Sie weiter und weiter, so zwanzig Minuten ... und jetzt – passen Sie auf – Sie kommen zu einer kleinen Gasse rechts. Da Sie steigen aus und Sie gehen in diese Gasse nicht hinein! Nämlich, Sie gehen zurück a Stückele, bis Sie sehen a größere Gasse links hinein. Nach ein paar Schritten, es is zu sehen a kleine Synagoge. Da gehen Sie weiter und gehen Sie weiter, bis Sie kommen zu so kleine Häuser. Die sollen Sie aber nicht interessieren, weil Sie gehen weiter a paar Minuten, bis Sie kommen zu dem großen grünen Haus. In jennem Haus im Parterre, dort hat der Seifen-

händler Goldblatt nie gewohnt. Aber im dritten Stock, den Gang hinunter und dann rechts um die Ecke – da er hat gewohnt bis vor vier Jahren …! Ob er jetzt noch wohnt dort – ich weiß es nicht."

Die zweite Suchgeschichte – lassen wir sie in Lemberg spielen. Dorthin kommt auch ein Jude aus dem Schtetl und sucht einen gewissen Reb Laub, den Schuhmacher. Er begegnet einem Alten und fragt ihn: „Ich will fragen – Sie kennen vielleicht Reb Laub? Er macht Schuhe."
„Reb Laub? Was für ein Reb Laub?"
„No, Reb Laub, der mit dem Buckel!"
„Mit dem Buckel … ich weiß nicht, wen Se meinen …"
„Ein Aug fehlt ihm … Reb Laub!"
„Reb Laub … ein Aug fehlt ihm? … Mit Buckel? – Nein, ich weiß nicht …"
„Aber Reb Laub … ein Aug fehlt ihm, das andere, es trieft … Reb Laub …!"
„Ein Buckel? … Ein Aug fehlt …? Das andere trieft …? Ich weiß nicht … ich weiß nicht …"
„Aber, wie is das möglich? Jeder kennt ihn! Reb Laub, mit der gespaltenen Lippe und der Glatze …!"
„Gespaltene Lippe? … Glatze? … Buckel? … Ein Aug fehlt ihm, das andere trieft? … Aah – ist es vielleicht …? – Oder, nein, jetzt ich weiß nicht, wen Se könnten meinen."
„Aber es kann nicht sein – Sie müssen ihn kennen! Jeder kennt ihn! Die ganze Stadt kennt ihn! Er hinkt!"
„Reb Laub – er hinkt, sagen Sie? … Ein Auge fehlt, das andere trieft? … und einen Buckel hat er, sagen Sie? … Und die Glatze? … Ich bin unsicher … ich kann Ihnen wirklich nicht sagen …"
„Aber, wie – Gott soll helfen! – kann man nicht kennen Reb Laub? Der Buckel, das Auge, was fehlt, das andere, was trieft, die Glatze, und er hinkt, nu?! Und auf der Glatze er hat die Kopfkrätze … Reb Laub – der Schuster!"
„Ach, Reb Laub der Schuster!! Ein Lahmer mit Buckel und mit dem triefenden Auge und dem anderen, was fehlt … und die Glatze mit der Kopfkrätze! … Natürlich ich kenn ihm! Er wohnt doch gleich hier, sehn Se, das Haus gegenüber – a feiner Jud, a schöner Jud!"

Wien, die Hauptstadt des Kaiserreiches und für die Bewohner der äußersten Gegenden der Monarchie so weit entfernt wie ein anderer Kontinent, blieb deshalb für viele das ersehnte Ziel aller beruflichen Träume. Der Sohn von Nehemias Willomitzer, einem Schneider aus Grodno, ist einer, der es geschafft hat und in einem guten Modewarengeschäft in der Wiener Innenstadt als Kommis untergekommen ist. Nun hat sich sein stolzer Vater aufgemacht, seinen Sohn im fernen Wien zu besuchen. Als er jedoch von der langen Reise zurückgekehrt ist, scheinen Stolz und Freude merklich getrübter zu sein als vor der Abreise. Ob es denn dem Sohn nicht gut gehe, wird er gefragt, wo dem doch das Glück einer Anstellung im feinsten Modesalon der Metropole zuteil geworden sei.

„Spaß!“, brummte Willomitzer. „Mein Sohn! In was für Unternehmen er arbeitet! Ihnen gesagt – nebbich a Firma is das! Man fragt sich, wie lange es die geben wird! Vielleicht z w a n z i g Kompagnons sind beteiligt noch am Geschäft! Man kann sich gar nicht alle merken“, und indem er einen speckigen Zettel aus seinem schwarzen Mantel zieht, „ich hab mer aufgeschrieben die Namen – hören Sie“, und jetzt beginnt er buchstabengetreu vorzulesen: „Modes – Robes – Ruchés – Peluches – Dentelles de Bruxelles – Pineles und Kompagnie …“

Die meisten seiner jüdischen Witze ließ mein Vater, wenn nicht angesiedelt im galizischen Schtetl, vornehmlich in Wien spielen, und das mit einer Selbstverständlichkeit, die mich, der ich im Dorf St. Gilgen und dann in den Kleinstädten Salzburg und Bonn aufwuchs und später in den Gymnasiums-Gulag Ried im Innkreis verbannt war, ein Wien kennenlernen ließ, wie ich es dann während meines Studiums und seitdem dort zu Hause nie erlebt habe.

„Erklären Se mir mal Wien“, feixt der zugereiste Dalles aus Berlin jovial zu seinem neuen Geschäftspartner Mohnstern, „diese Stadt is ja richtich ulkich, die musst’e erst mal vastehn, sonst laufen die Jeschäfte janz ins Leere, nich wah’?“

„Ach wissen Sie“, lächelt Mohnstern, „Wien … das kann man nicht erklären, das muss man erleben.“

„Dann berichten Se mir erst mal was über den Herrn Löwy, der wird ja unser zweiter Kompanjong!“

„Der? Um Gottes willen!“ Mohnstern scheint außer sich vor Verachtung. „A ganz mieser Ganef, a Betrüger, a verhinderter Zuchthäusler!“

Als Dalles am Nachmittag ins Kaffeehaus kommt, sitzt Mohnstern seelenvergnügt mit Löwy am Tisch und beide unterhalten sich lachend wie die besten Freunde. Der Berliner winkt Mohnstern zur Seite: „Ick seh wohl nich richtich? Heute morjen sagen Sie mir, der Löwy is n' mieser Ganef, ein Betrüger, ein verhinderter Zuchthäusler, und jetzt sitzt ihr beide fröhlich zusamm'n am selben Tisch?“

„Nu“, sagt Mohnstern stolz und liefert damit die gewünschte Erklärung, „das is Wien.“

Und dieser Kurzbeschreibung – eine von vielen möglichen, aber eine der treffendsten – ist kaum etwas hinzuzufügen.

„Das ist Chrzanów“, könnte man die nächste Geschichte übertiteln und sie führt mit einem Lächeln zurück zur eingangs erwähnten den Juden nachgesagten Geschäftstüchtigkeit.

In einem ungewöhnlich strengen Winter wendet sich die Gemeinde Chrzanów in Galizien an den jüdischen Inhaber einer Wiener Kohlengroßhandlung mit dem flehentlichen Ersuchen – „nachdem dass die Lage auf Grund außergewöhnlich härtester Wetterumstände zu größter Besorgnis Anlass zu geben gebietet“ –, fünfzig Waggonladungen Kohle zu schenken oder zu einem günstigen Preis zu überlassen.

Der Besitzer hat ein mildes Herz und teilt der notleidenden Gemeinde mit, er werde fünfzig Waggonladungen wie gewünscht zur Verfügung stellen, und auf Grund der außerordentlichen Umstände sehe er sich imstande, fünfzig Prozent Preisnachlass zu gewähren. Überdies sei er bereit, die Bezahlung bis ins darauf folgende Frühjahr zu stunden.

Überglücklich bedanken sich die Chrzanówer und schreiben nach Wien, sie wüssten das wohlwollende Entgegenkommen überaus zu schätzen, und um die Großzügigkeit nicht über Gebühr auszunützen, würden sie vorerst versuchen, mit fünfundzwanzig

Waggonladungen das Auslangen zu finden; in der Folge könne man immer noch sehen, wie sich die Notlage weiter entwickeln würde. Und schon ein paar Tage darauf treffen fünfundzwanzig Waggons mit Steinkohle in dem kleinen Städtchen ein.

Der Winter vergeht und ein milder Frühling ist angebrochen und lässt die harten Monate langsam vergessen. Schon ist ein heißer, langer Sommer fast vorbei, aber die mildtätige Firma im fernen Wien wartet immer noch auf die Bezahlung. Mit einigen höflichen Erinnerungsschreiben hat man versucht, der Gemeinde die getroffene Vereinbarung ins Gedächtnis zu rufen, jedoch es kommt nicht einmal eine Antwort zurück. Da lässt der Prokurist endlich eine energische Mahnung los und droht schließlich mit sofortiger Klage, sollte die Rechnung nicht binnen einer Woche beglichen sein.

Es begibt sich nun der Gemeindevorsteher Salomon Komorschinksy auf die beschwerliche Reise in die Hauptstadt und lässt sich beim Chef der Firma anmelden, der ihn einigermaßen frostig empfängt.

„Hochwohlgeboren", beginnt Komorschinsky mild, „verzeihen, aber es muss vorliegen a großer Irrtum in Ihren Büchern. Sie fordern von uns bezahlt zu kriegen fünfundzwanzig Waggons mit Kohle, aber verkauft Sie haben uns fünfzig Waggons zu fünfzig Perzent Nachlass in großer Güte – is es nicht a so?"

„Es ist so, ja freilich", erwidert etwas ärgerlich der Firmeninhaber, „aber Sie haben sich doch nur fünfundzwanzig Waggons liefern lassen –"

„Nu, sehen Se, was sag ich –!", unterbricht ihn der alte Gemeindevorsteher erfreut. „Diese Güte, diese Mildtätigkeit! Und das eben sind ja genau die fünfzig Perzent, die Sie haben nachgelassen der Gemeinde …"

Vergeblich um Prozente wird man bei der Berufsgruppe ansuchen, der im Folgenden Wort und Pointe eingeräumt werden soll.

„Dass Sie noch so spät in der Nacht zu mir gekommen sind, das werd ich Ihnen besonders hoch anrechnen, Herr Professor", haucht der Kranke.

„Ich Ihnen auch, Herr Kommerzialrat", entgegnet schlicht der renommierte Chirurg.

Dieser hat auch einmal den Fürsten Liechtenstein operiert. Nach gelungenem Eingriff staunt der Genesene über die horrende Summe auf der Honorarnote: „Wenn ich mir erlauben darf – für einen Gallenstein – ist das nicht ein bisserl viel?", und erhält ungerührt zur Antwort: „Für einen Gallenstein ist es vielleicht viel – für einen Liechtenstein ist es wenig!"

Frei nach dem jüdischen Diktum „Ein Held ist jener, der sich einen guten Witz verbeißt" und weil ich durchaus kein Held bin, verbeiße ich mir nicht, noch zwei kurze jüdische Arztwitze zu erzählen. Den einen von Herschel Staub, der wegen plötzlicher starker Unterleibschmerzen einen Arzt aufsucht. Dieser erkundigt sich nach eingehender Untersuchung:

„Und … in welcher Gegend haben Sie die Schmerzen zum ersten Mal gespürt?"

„Am Nordbahnhof, Herr Doktor!"

Und den von Schmuel Lebrovsky, der im Krankenhaus liegt und bei dem der Professor bei der Visite einen unverkennbaren Fortschritt seines Befindens konstatiert.

„Sie haben noch etwas geschwollene Füße, aber daraus mache ich mir nichts!", schließt er die Untersuchung.

„Herr Doktorleben", antwortet Lebrovsky mit einem schiefen Lächeln, „wenn S i e haben geschwollene Füß, ich werd mir auch nix draus machen!"

Begeben wir uns wieder in die östlichen Gegenden, dorthin, wo so viele jüdische Geschichten herstammen, über die wir heute wehmütig lächeln, erinnert uns doch diese Wehmut immer daran, was hier unwiederbringlich vergangen, verweht, verloren ist …

Im Zeitalter der ersten Automobile versagt im letzten Winkel von Galizien einem solchen Ungetüm, chauffiert vom Grafen der Gegend und begleitet von dessen Frau, der Motor. Der Wagen steht und ist trotz aller Bemühungen seines Besitzers nicht mehr in Gang zu bringen. Die Leute laufen zusammen und umringen staunend die Seltenheit und einer macht sich erbötig, Levi Weintraub herbeizuholen. Der soll ein wahrer Zauberer sein im Umgang mit allem Mechanischen und, wie man gehört hat, soll er sich sogar schon auskennen mit diesen neuartigen Gefährten. Dem könnte es gelingen, den Wagen wieder zum Laufen zu bringen. Gesagt, getan, Levi wird herbeigeholt. Während die Menge gebannt gafft, schreitet der bedächtig um das Auto herum. Dann öffnet er die überdimensionale Motorhaube, blickt, beide Hände am Rücken verschränkt, lange in den Motorraum hinein. Schließlich fingert er aus seiner Hosentasche ein winzig kleines Hämmerchen heraus und klopft einmal kurz auf einen Teil der Maschine – und siehe da, mit Fauchen und Zischen springt der Wagen wieder an. Die Umstehenden stehen wie vor einem Wunder und nach einer kurzen Schrecksekunde brechen alle in Jubel und Applaus aus. Überglücklich erkundigt sich der ölverschmierte Besitzer nach dem Preis:

„Einhundert Zloty“, sagt Levi bescheiden.

„Einhundert Zloty – bist du verrückt?“, bellt der Graf. „Du hast doch nichts weiter gemacht als einen ‚Plong‘ mit deinem Hämmerchen! Wie kommst du da auf den Wucherpreis von einhundert Zloty?“

„Nu, Herr Graf, es is so: Getan einen Plong mit meinem Hämmerchen macht 1 Zloty – gewusst wie: 99!“

Eine schöne alte Geschichte, die viele kennen. Aber das „Gewusst wie“ als Lebenseinstellung zu erkennen, lohnt allemal, die Begebenheit immer wieder zu erzählen…

Dazu passt das Gelübde des Simon Lazarus. Der hat sich auf dem Markt einen jungen Hengst gekauft und reitet stolz nach Hause. Er ist gerade auf freiem Felde, als direkt über ihm ein schwereres Gewitter aufkommt. Rechts und links von ihm schlagen die Blitze ein, das Pferd steigt auf und scheut und droht durchzugehen und der unglückselige Reiter sieht schon seinen Untergang vor Augen. Da entringt sich seiner Brust ein heißes Stoßgebet: „Gott, der Du gepriesen bist durch alle Zeiten, wenn Du mich aus dieser Hölle heil herauskommen lässt, ich werde zurückreiten zum Markt, werde verkaufen das Pferd und zukommen lassen das gesamte Geld einer wohltätigen Stiftung!“

Nach kurzer Zeit schon klart der Himmel auf und die ersten Sonnenstrahlen kommen hervor. Simon ist gerettet, und wie soeben geschworen, reitet er schnurstracks zurück zum Markt. Dort angekommen, ersteht er nach einigem Handeln zu einem äußerst günstigen Preis am Geflügelstand ein Huhn. Hierauf wendet er sich an die Menschen und preist an:

„Ich hab zu verkaufen dieses wunderschöne Pferd … es is jung, es is stark … kauft, ihr Leute, diesen prächtigen Gaul!“

Rasch meldet sich ein Interessent: „Was soll er kosten, der Loschek?“

„Es is a Mezzie, aber – ich verkauf ihn nur zusammen mit dem Huhn!“

„Nu gut! Also, was soll das kosten?“

„Das Pferd“, gibt Simon bereitwillig Auskunft, „einsfünfzig – das Huhn sechshundert …!“

Der Umgang mit Feuerwaffen ist Quell der vielfältigsten Erzählungen, wie jene vom alten Sammel Fischteich, der seit Jahrzehnten durchs Land zieht, seinen Hausiererkasten auf dem Rücken, voll mit bunten Zopfbändern, Nadeln, Fingerhüten, Halstücheln und dem ganzen Kram, den die Bauersfrauen ihm seit Jahr und Tag abkaufen.

Auf seinen Tagestouren in die umliegenden Dörfer hat er öfter einen Wald zu durchqueren, der dafür berüchtigt ist, dass darin Wegelagerer hausen, die keinen verschonen, der hier vorüber muss. So drängen ihn Frau und Kinder, doch wenigstens jetzt im Alter nicht mehr ohne eine Waffe aus dem Haus zu gehen, um sich vor den Räubern zu schützen, und als er wieder einmal aufbricht, nötigen sie ihm einen großen altmodischen Revolver auf. Mit spitzen Fingern verstaut Sammel Fischteich das ihm suspekte Kampfgerät in seinen tiefen Manteltaschen und brummt: „Gut, es soll schützen mich der Pistol – aber: W e r w i r d i h m s c h i e ß e n?“

Wie man nun einen Raubüberfall mit Schlauheit und Dreistigkeit, also mit Chuzpe, glimpflich übersteht, ohne einen Groschen zu verlieren, zeigt die Geschichte von Löb Bernstein, der als Inkassant für ein Lemberger Kaufhaus unterwegs ist. Auf dem Heimweg von einem Kunden, bei dem er Geld eingetrieben hat, muss auch er durch einen kleinen Wald, als ein Räuber mit gezücktem Revolver hinter den Bäumen hervorspringt. „S’ Geld, oder s’ Leben!“ Mit diesen Worten setzt er dem armen Bernstein die

Waffe an die Brust. Zuerst zu Tode erschrocken, fasst dieser sich jedoch langsam und beginnt vorsichtig:

„Wenn Se mich so fragen – nu, werd ich Ihnen geben das Geld! Aber“, fährt er fort, während er in die Tasche greift, „es is viel … es wird sein mehr, als Sie werden erwartet haben … und so Sie könnten mir tun an kleinen Gefallen.“

„Einen Gefallen?“, herrscht ihn der Strauchdieb an, ohne die Waffe abzusetzen.

„Sehn Se, es is a so: Wenn ich komm nach Haus, so ganz ohne Geld, es wird sein a Geschrei. Niemand wird mir glauben, dass gesprungen is a Räuber von hinter dem Baum, mit dem Pistol, und mir genommen hat das Geld. Man wird sagen, dass ich selbst hab behalten das Geld und hab mir nur ausgedacht den Räuber mit dem Pistol. So, dass man mir glaubt, Sie könnten mir schießen ein kleines Mal durch den Hut.“

Mit diesen Worten nimmt er seine Kopfbedeckung ab und legt sie auf den Boden. Da knallt auch schon ein Schuss und der Hut hat ein Loch. Löb Bernstein dreht ihn in den Händen und betrachtet ihn von allen Seiten. Dann schüttelt er den Kopf und meint: „Entschuldigen Se, Herr Räuber, wenn ich bemerken darf, das Loch, es is a bissele klein. Man wird sagen, dass ich hab mich nicht gewehrt genug. A kleines Löchele noch, wenn ich darf bitten.“

Ungehalten schießt der Räuber ein zweites Mal.

„Jetzt ich kann erzählen von dem Überfall“, meint Löb Bernstein, „aber –“, wendet er noch einmal ein, „Se werden verstehen – für die Lebensgefahr, wofür ich werd geben das viele Geld“, dabei zieht er seinen Rock aus und hält ihn mit ausgestreckten Armen vor sich, „es wären noch gut ein – wenn geht – zwei bescheidene Löchele in mein Rock.“

Der Räuber verliert seine Beherrschung und mit wütenden Schüssen durchlöchert er mehrere Male die beiden Ärmel. „So, du Narr, das wird wohl genug sein. Mehr kann ich nicht!“

„Warum, bitte, Se können nicht –?“

„Weil ich keine Kugel mehr im Pistol habe“, schreit der Räuber, „her jetzt mit dem Geld!“

Da zieht Löb Bernstein bedächtig seinen Rock wieder an, stülpt sich den Hut auf den Schädel und sagt heiter:

„Nu, dann es is a so: Hast d u ka Kugel, hab i c h ka Geld!“

Diese Kombination von Patronen und Geld verlangt noch jene Ergänzung, in welcher die beiden Händler Rubiner und Itzig vor dem Kriegsministerium aufeinander treffen.

„Itzig, was machst d u im Ministerium?“, erkundigt sich Rubiner mit geheucheltem Interesse bei seinem Konkurrenten.

„Ich liefer Gewehre, fürs Militär“, berichtet Itzig stolz.

„Gewehre fürs Militär – du? Wenn du lieferst Gewehre, die gehen doch nix los!“

„Geschenkt! Aber was tust d u im Ministerium?“, fragt Itzig scheinbar gleichgültig.

„Ich liefer Tuch fürs Militär!“, brüstet Rubiner sich.

„Tuch fürs Militär – du?“, Itzig setzt ein schiefes Lächeln auf. „No, das muss a feine War sein!“

„Was wett ich, Itzig“, kontert darauf Rubiner, „dass mein Tuch wird früher schießen als deine Gewehr …?!“

Und so darf zuletzt auch die Episode vom Duell nicht fehlen, zu welchem Moische Mannheimer nach einem Streit mit einem stadtbekannten Antisemiten gezwungen worden ist. Angriffsbereit ist dieser zum vereinbarten Zeitpunkt am vereinbarten Ort in Begleitung seiner Sekundanten erschienen. Aber über eine Stunde warten sie vergeblich auf Mannheimer. Da erscheint atemlos ein Telegrammbote und überbringt eine Depesche folgenden Inhalts: *Leider verhindert – Wäre Sünde, Sie zu enttäuschen – Ersuche daher, keinesfalls zu warten, sondern anfangen zu schießen – Mannheimer.*

Ich habe zuvor von einer lockeren Reihenfolge ohne ausgewiesene Absicht gesprochen, deshalb lassen wir jetzt einen kleinen Wanderzirkus ins Schtetl kommen. Als Attraktion sind vom Zirkusausrufer zwei dressierte Löwen angekündigt worden. Aber die Wahrheit ist, dass dem Zirkusdirektor schon vor geraumer Zeit einer der beiden verendet war. Nun hat er sich das Fell des toten Löwen gerben lassen und sucht in jeder Stadt einen Freiwilligen, der für ein geringes Salär in die Löwenhaut schlüpfen und den wilden Löwen mimen will. So findet sich auch diesmal einer, es ist Sami Weintraub, ein junger, starker Bursche aus einem der umliegenden Dörfer. Am Abend der Vorstellung wird der also in die Löwenhaut eingenäht, und als die Löwennummer kommt, stürmt er auf allen Vieren in die Arena, knurrt laut und schlägt mit dem Schweif wie ein richtiger Löwe. Da sieht er auf einmal, wie von der anderen Seite ein Löwe in die Arena springt und geradewegs auf ihn zuläuft. Er erstarrt vor Schreck, und das Erste, was ihm stammelnd über die Lippen kommt, sind jene Worte, die jeden Juden, wenn er von tiefer Angst ergriffen wird, vor Unheil schützen sollen. Es ist der Anfang des jüdischen Glaubensbekenntnisses, „Sch'ma Jisroel –!"

Kaum hat er die heiligen Worte hervorgestoßen, stutzt der zweite Löwe kurz, sein Gang wird langsamer, schließlich trottet er an Sami vorbei, fletscht kurz die Zähne und ergänzt knurrend: „Adonoj elonhejnu, adonoj echod – Der Herr, unser Gott, ist einzig …"

Das führt uns ohne Umweg wieder einmal zum gelehrten Rabbi als der Schlichtungsinstanz für Zank und Hader – und rühren diese auch von einem geschäftlichen Zerwürfnis her. So kommt zum Rabbi der Kaufmann Hersch gelaufen:

„Stell dir vor, Rabbi, mein Schuldner, seit Monaten er zahlt nicht, so wir haben uns gestritten; und da sagt er mir doch, ich soll ihm in Arsch lecken! Rabbi, hilf – was soll ich machen?"

Der Weise richtet seine Augen in jene Fernen, wo Irdisches und Göttliches miteinander verschmelzen, dann wendet er den Blick zu dem Ratsuchenden, sieht diesen eine geraume Weile an und spricht dann die goldenen Worte:

„I c h würd' es nicht tun …!"

Anders ergeht es dem bislang mäßig erfolgreichen Kaufmann Isidor Soffer, der zum Neid aller „für a großes Geschäft abzuschließen" ins litauische Hoschischuk gefahren ist. Aber, was tut Gott, er gerät dort in einen furchtbaren Streit mit dem vorgesehenen Geschäftspartner, auf dessen Höhepunkt dieser dem armen Soffer etliche kräftige Ohrfeigen versetzt und ihn hinauswirft. Als der Geschlagene in seine Heimatstadt zurückkommt, hat sich das – im wahrsten Sinn des Wortes – geplatzte Geschäft bereits herumgesprochen, und nun schlägt ihm allenthalben kaum verhohlene Schadenfreude entgegen.

„Nu, Isidor“, schwingt sich endlich einer seiner Hauptkonkurrenten zur spöttischen Bemerkung auf, „ma hat gehört, du bist gewesen in Hoschischuk für große Geschäfte und was du gekriegt hast, waren saubere Petsch …?!“

Da streckt Soffer sich und quittiert den Hohn mit einem verächtlichen Achselzucken: „Hoschischuk! – Auch a Stadt!“

Dazu sei mir ein Apropos gestattet. Eine meiner Lieblingsgeschichten handelt in jener Kleinstadt, in der mein Vater die meisten seiner Witze ansiedelte, nämlich Rzeszów, tief drin gelegen im einstmaligen Galizien und für mich seither der Prototyp für ein jüdisches Schtetl jener Zeit. Es ist der Dialog, wie er zwischen zwei Handelsjuden sich täglich abspielte im Kaffeehaus, auf der Straße, im Bad oder vor der Synagoge …

„Was gibts Neues in Rzeszów?“

„Es gibt nix Neues in Rzeszów … a Hund hat gebellt …“

„A Hund hat gebellt in Rzeszów? Warum es hat gebellt a Hund in Rzeszów?“

„Weiß i c h? … Man hat ihm getreten auf die Pfoten …“

„Rohheit! Wieso man hat ihm getreten auf die Pfoten?“

„Weiß i c h? … Es is gewesen a Menschenmenge.“

„A Menschenmenge in Rzeszów? – Wo is gewesen a Menschenmenge in Rzeszów?“

„Vor deinem Haus.“

„Vor meinem Haus? A Menschenmenge? Warum is gewesen vor meinem Haus a Menschenmenge?“

„Weiß i c h? … Die Polizei war da.“

„A Menschenmenge in Rzeszów? Vor meinem Haus? Und die Polizei war da? Warum?“

„Weiß i c h … sie is gekommen zu verhaften …“

„Die Polizei is gekommen zu verhaften? – Wen?“

„Deinen Schwager.“

„Was? Die Polizei is gekommen zu verhaften meinen Schwager? – Wie das?“

„Weiß i c h? … Er hat zu kommen gehabt zur Verhandlung beim Gericht.“

„Wieso hat mein Schwager zu kommen gehabt zur Verhandlung beim Gericht?“

„Weiß i c h? … Er hat gefälscht Wechsel."
„Aber, dass mein Schwager fälscht Wechsel, is doch nix Neues –!"
„Nu? Ich hab doch gesagt, es gibt nix Neues in Rzeszów."

An dieser Stelle ist es Zeit für einen kurzen Exkurs über das Wesen eines Schtetls, über das zu lesen ist, dass sich dort eine eigene jüdische Volkskultur und ein unabhängiger Lebensstil zur Blüte entwickelten, aus der wiederum die originellen Charaktere voller Widersprüche und eigenen Humors hervortraten, erlebte im Schtetl doch die Jüdischkeit ein goldenes Zeitalter. Der Dichter Manès Sperber beschreibt es so: *Im Schtetl waren die Juden bei sich zu Hause … hier gab es nicht die Spur eines Minderwertigkeitsgefühls wegen der Zugehörigkeit zum Judentum und daher nicht die geringste Neigung, das eigene Wesen zu verhüllen, oder wie die anderen zu werden.*

Auf der Fahrt von Tarnopol nach Lublin kommt ein Schnittwarenverkäufer mit einem reichen Tuchhändler aus Lublin ins Gespräch.
„Aus Rzeszów sind Sie", stellt der wohlhabende Firmeninhaber etwas maliziös fest, „da hab ich früher gelebt … a schönes Schtetl – nur leider so wenig ehrliche Leut!"
„Wenig ehrliche Leut?!", ist der Rzeszówer aufgebracht. „Also, ich kann Ihnen auf Anhieb nennen mindestens zwei Dutzend ehrliche und anständige Leut in Rzeszów!"
„Nu, wenn Se mir können sagen e i n e n, wir könnten kommen ins Geschäft!"
„Gemacht", ruft der Vertreter, „scho abgeschlossen das Geschäft! Also da haben wir erst gleich einmal den … nein – der vielleicht nicht … no, und dann ist da der … nein, der auch nicht … aber der … nein, d e r scho gar nicht …!" Verzweifelt kratzt sich der Handelsreisende am Kopf, dann fragt er sein Gegenüber: „Sagen Se – Sie müssen ausgerechnet gelebt haben in Rzeszów?!"

Und so soll ein kurzer Lieblingswitz meines Vaters, der durchaus in die Abteilung Geschäfte zu reihen ist, den Ausflug in mein Lieblingsschtetl abschließen. Es ist jener von dem kleinen Juden,

der am Bahnhof in Rzeszów aussteigt und sich bescheiden an den Nächststehenden wendet:
„Verzeihung, aber wo wohnt hier der Beschneider?“
„Sie gehen von der Bahnstation hinunter die Straße und dann Sie biegen die erste Gasse nach links, dort wohnt er.“
„Was denn?“, tut der Ankömmling erstaunt. „Gleich neben dem Puff?“
„Nein, der Puff ist doch in der zweiten Gasse links.“
„Oh, da dank ich verbindlichst!“, erwidert der Ortsfremde und eilt freudig von dannen.

Eine Überleitung von der letzten Episode zur Ehe ist gar nicht so erzwungen, wie es dem geneigten Leser im ersten Augenblick erscheinen mag. Im Gegenteil, finden Sie nicht? Und zur Mitgift ist es wieder nur ein Schritt und schon sind wir angelangt beim jungen Feichtelbaum. Der hat geheiratet und seine Braut hat 50 000 Mitgift in die Ehe mitgebracht. Ein Vermögen, das nach der Meinung des Schwiegervaters nie ausgehen kann. Aber schon nach einem Jahr ist alles weg.

„Das ist doch nicht möglich!“, ruft der Schwiegervater aufgebracht. „Wie ist das zu verstehen?“ Und er beginnt vorzurechnen. „Also: Du wirst gehabt haben – soll sein – 25 000 Schulden. Bleiben 25 000! 5000 es wird gekostet haben die Einrichtung, 5000 ihr werdet gebraucht haben im Haushalt – bleiben immer noch 15 000!“

„Bleiben, bleiben …“, verteidigt sich der Schwiegersohn im Brustton der Überzeugung, „und Geschäfte hab ich k e i n e gemacht?“

In eine ähnliche Kerbe schlägt Kobi Tulpenthal, der seinem Vater auch in fortgeschrittenen Jahren immer noch als Sorgenkind auf der Tasche liegt. So zitiert der alte Herr seinen missratenen Sohn einmal im Monat zum Rapport, wo dieser Nachweis über Taschengeldverbrauch und Lebenswandel abzulegen hat. Einmal entspinnt sich dabei der folgende Dialog.

„Tateleben“, fängt Kobi selbstbewusst an, „ich hab gespielt gestern im Kasino und ordentlich gewonnen! 1 5 0 0! Was sagst du?!“
„No, da hör ich endlich einmal was Erfreuliches von meinen Sohn!“

„Nu – es is a so: Ganze 1500 sinds vielleicht nicht – aber 500 sind es bestimmt …"
„No, das is aber a Unterschied!"
„Nu – a kleiner Unterschied is es wirklich … ich hab gehabt an geringen Verlust – aber der war bestimmt nicht über 200 –"
„200 Verlust?!"
„Nu – auf den Groschen gesagt, es waren 1500, aber – auf mein Ehrenwort – keinen Pfennig darüber!"
„Was – du Lump?! Was erzählst du mir erst von an Gewinn, du Lügner?!"
„Nu, siehst du, Tateleben, weil du dich immer so aufregst – ich wollt dich nur schonend vorbereiten."

Jetzt haben wir uns eine Weile entfernt von den von meinem Vater so geschätzten episch breiten jüdischen Geschichten, und um diese Lücke wieder zu schließen, begeben wir uns tief hinein in ein Ungarn, wo die Ebenen sich weit erstrecken, wo die Wiesen weiß sind von den tausenden Gänsen, die auf ihnen weiden, dorthin, wo die Csikós, die ungarischen Pferdehirten, in ihren blauen Trachten ihre wilden Reiterkunststücke vollführen. Dort lebte dereinst ein kleiner Landhausierer mit dem großen Namen Moses Mendelsohn. Seine ärmliche Hütte stand am Rand eines weitläufigen Parks, der eines der vielen Jagdschlösser des Grafengeschlechtes derer von Batthyány umschloss.

Die Juden im Dorf sagten von Moses, er sei eigentlich gar nicht der Sohn des Mendel, er sei sicher in der Wiege vertauscht worden, denn Mendel war ein weiser Lehrer, aber Moses war, man kann es nicht anders sagen, dumm. Dazu war er noch ein bisschen stolz und sehr misstrauisch. So hatte er in seiner Einfalt seinen Warenkasten mit drei schweren Schlössern versehen, da es ihm gar nicht in den Sinn kommen wollte, dass es für einen Dieb leichter sein würde, einfach den ganzen Kasten mitzunehmen, als ihn aufzubrechen. Wie es auch sei, Moses hatte auch eine brave, aber ebenso einfältige Frau, und jedes Jahr wuchs die Kinderschar der beiden um eines an. So zog er mit seiner Warenkiste die ganze Woche hindurch und Jahr um Jahr über die Dörfer, und was er am Freitagabend vor dem Sabbat an kümmerlichem Verdienst heimbrachte, das reichte gerade zum Essen für die nächsten Tage.

Jetzt aber waren mit einem Mal schwere Zeiten gekommen. Unwetter, Dürre und Missernten hatten die Bauern verarmen lassen und so gingen auch die bescheidenen Geschäfte des Hausierers immer schlechter. Und immer sorgenvoller und immer drückender wurde das Leben der Familie. Schon waren die beiden Ziegen verkauft, nur noch ein Huhn lief im Haus herum, aber die Zeiten wollten nicht besser werden. Und noch dazu stand das Pessachfest vor der Tür, und da hätte Moses seinem Weib und den Kindern so gerne neue Kleider gekauft und er hätte so gerne einen guten Braten gegessen und ein wenig gefeiert. Und daraus sollte nun nichts werden?

Er zerbrach sich den Kopf, was zu tun sei, denn um betteln zu gehen, war Moses Mendelsohn zu stolz. Da sagte die Frau eines Abends: „Moses“, sagte sie, „da is mer gekommen etwas von an Gedanken!“

„Nu, was wird dir scho gekommen sein von an Gedanken?“, erwiderte Moses mürrisch.

„Ich hab gehabt den Gedanken, dass es gibt nur einen, der kann helfen: G o t t!“

„Gott, er kann helfen“, stimmte Moses Mendelsohn zu, „aber wie soll man kommen zu Gott, ihm zu sagen? Was wird man brauchen? Man wird brauchen Protektion! Und wenn ich frag die anderen nach Protektion zu bekommen für Gott, se werden sagen: ‚Moses Mendelsohn fragt nach Protektion zu kommen zu Gott. Was will Moses Mendelsohn von Gott? Wenn Moses Mendelsohn will kommen zu Gott, er wird brauchen etwas von Gott. Wie schlecht also es wird gehen Moses Mendelsohn …?‘ Und so ich werd verlieren den letzten Kredit.“

Frau Mendelsohn schwieg ehrfürchtig vor so viel Scharfsinn. Dann meinte sie nach einer Weile leise:

„Aber was is, wenn du möchtest schreiben einen Brief an Gott? … Wo du doch schreiben kannst“, fügte sie stolz hinzu. „Gott, er wird lesen und Gott, er wird denken: ‚Moses Mendelsohn hat geschrieben! Jenner, der immer hat gehalten meine Gebote, jenner, der immer war ehrlich und fromm – was möcht es schaden, wenn ich ihm möcht helfen?‘ Und dann er wird tun vielleicht a kleines Wunder. Was is a kleines Wunder schon für Gott? Und was es möcht ihm scho schaden, wenn er möcht tun a kleines Wunder …?“

Jetzt war es der Mann, der ehrfürchtig schwieg vor so viel Weitsicht seiner Frau. Und so setzten sie sich nach einer Weile beide hin und begannen gemeinsam das schwierige Unterfangen, einen Brief an Gott zu verfassen. In diesem Schreiben zählten sie nun auf den Kreuzer genau auf, wie viel die notwendigsten Wünsche kosten würden, und dabei versicherte Moses Gott, den er in jeder neuen Zeile mit „Seine hochwohlgeborenste Hochwürden, Herr Gott" titulierte, dass er ein ehrlicher Mann sei und dass die angegebene Summe von „sechsundzwanzig Gulden und neunundsiebenzig Kreuzern" wirklich und unbeeinspruchbar das Alleräußerste sei, was er verlangen würde. In Anbetracht, dass hochwohlgeborenster Herr Gott ja sicher täglich neue Wunder vollbringen müsse, seien ihnen beiden die Auswirkungen auf die göttlichen Finanzen wohl bewusst und sie hätten sich darum bei ihren Wünschen auf das Allernotwendigste beschränkt. So habe Moses, wie er nicht verabsäumen wolle zu erwähnen, etwa schon auf das Paar neue Stiefel verzichtet, könne man doch die alten sicher einmal noch neu besohlen. Und sie beendeten den Brief, indem sie Gott ihrer ergebensten Verehrung versicherten, und schlossen die besten Grüße nicht nur an Seine Hochwohlgeborenst selbst, sondern auch an die verstorbenen Eltern selig und alle Ahnen an. Art und Weise, wie er ihnen seine Hilfe zuteil werden lassen wolle, legten sie in die Hände seiner Allmacht und Allwissenheit.

Über diese Arbeit war die halbe Nacht vergangen und als es Morgen geworden war, faltete Moses das Blatt fein säuberlich zusammen und warf es durchs Fenster ins Freie.

Nun kam es, dass just in diesem Augenblick der Graf durch seinen Park ritt und ihm der Morgenwind das weiße Blatt Papier vor die Hufe seines Rosses wehte. Er stieg ab, hob es auf und erblickte viele fremde Schriftzeichen, die er nicht enträtseln konnte. Neugierig geworden, ließ er den Pfarrer kommen, und dieser erkannte sogleich, dass es sich um hebräische Buchstaben handelte, die da in unbeholfener Schrift auf das Papier gesetzt waren, dass er selbst diese aber nicht entziffern könne; dem Rabbi aber werde das sicher keine Schwierigkeit bereiten. Nachdem der herbeigeholte Rabbi den Brief gelesen hatte, lächelte er und erklärte, dass hier ein Paar von schlichtem Gemüt in ehrfürchtigem Gottesglauben ein Bittgesuch an Gott eingereicht habe.

Über diesen Gedanken zeigte sich der Graf so amüsiert, dass er sogleich seinen Nachbarn Moses Mendelsohn zu sich rufen ließ. Dieser kam herbei und verbeugte sich tief, an allen Gliedern zitternd, erwartete er doch, dass er nun aus irgendeinem ihm unbekannten Grund eine Strafe erhalten würde – zwanzig Stockhiebe, das war üblicherweise das Mindeste.

„Du host geschrieben änen Brief on liebän Gott –?“, hob der Graf launig an. Da schoss es Moses Mendelsohn plötzlich siedend heiß durch den Kopf und er stammelte:

„Ich weiß, Euer Gnaden Graf – bitte untertänigst um Vergebung – ich hab vergessen königlich ungarischen Gesuchstempel – ich will – ich werde –“, jetzt versagte ihm die Stimme, weil er wusste, dass die hohe Behörde in solchen Dingen keinen Spaß verstand und nun wohl die gerechte Strafe für seine Unterlassung folgen sollte.

„Abär dummär Kerl, hör zu: Ich sog dir, Gott hat ärfüllt deinen Wunsch. Hat er mir gäschickt heute zum Frühstück diesen Fünfzig-Gulden-Schein für dich!“ Und dabei holte der Graf eine große Geldnote aus seiner Brieftasche. „Da hast –“, warf er sie ihm vor die Füße.

Moses Mendelsohn wurde schwarz vor Augen. Sein Gesicht verzog sich zu einem ungläubigen Staunen und so blickte er blöde von einem zum anderen, dann bückte er sich, ergriff mit unsicheren Fingern diese unvorstellbar wertvolle Banknote, wie er sein ganzes Leben noch nie eine in der Hand gehalten hatte. Mit gerötetem Antlitz besah er sie von allen Seiten, strich darüber und fühlte das steife Papier, roch den eigentümlichen Geruch, den es ausströmte, dann steckte er den Geldschein langsam in seine Rocktasche. Jetzt öffnete er den Mund, als wolle er etwas sagen, aber es kam kein Ton von seinen Lippen. Sein Blick ging noch einmal von einem zum anderen und wie durch einen Nebel sah er, dass sie ihn anlächelten. Da drehte er sich abrupt um und lief davon.

„No bittä, sehr märkwürdiger Kerl – hätte sich schon wenigstens bissel bedanken können!“, schüttelte der Graf den Kopf, und daraufhin wandten sich die Herren zum Gehen.

Als Moses Mendelsohn nach Hause kam, lief ihm schon seine Frau mit den Kindern entgegen.

„Nischt is geschehen dir an deinem Leben etwas? – Du bist gesund –"

Moses unterbrach sie:

„Was soll mer sein geschehen? Nichts is mer geschehen! Gott hat dem Grafen geschickt das Geld, und der Graf hat mir gegeben das Geld", erwiderte Moses Mendelsohn mit einem Mal mürrisch.

„Und du bist gefallen zu seine Füß und hast ihm geküsst seine Händ –!"

„Was hab ich zu küssen?" Moses wurde immer griesgrämiger.

„Aber fünfzig Gulden, Moses – f ü n f z i g Gulden!", versuchte die Frau einzuwenden.

„Fünfzig – nebbich fünfzig Gulden", begehrte Moses Mendelsohn unwillig auf und dann murrte er verdrossen in seinen Bart „aber wer weiß, wie viel e r verdient hat, der Graf, bei dem Geschäft!"

Kehren wir nach Wien zurück und springen wir um einige Jahrzehnte nach vorne in die Zeit der beiden nicht mehr existierenden koscheren Wiener Restaurants *Tonello* und *Neugröschl*.

Dem legendären Inhaber des letzteren übrigens, einem Original, bekannt für seinen rüden Umgangston gegen jedermann, vornehmlich seinen Gästen gegenüber, ist ja in der Anekdote über den Streit zwischen ihm und einem Gast, darüber, ob es sich bei Zwetschgenröster um Kompott handle, bereits das ultimative Denkmal gesetzt. Von Herrn Neugröschl hätte daher auch jene Antwort stammen können, die ein Gast auf die kurzangebundene Frage: „Schmeckt's?" und seinen schüchternen Einwand „Verzeihen – aber, ich hab schon einmal an besseren Fisch gegessen" erhält: „Bei mir sicher nicht!"

Es war die Zeit der großen Weltwirtschaftskrise, als auch einer der führenden Maschinenfabrikanten des Landes in Schwierigkeiten geraten war. Als Stammgast des Restaurants Tonello winkte er nach dem Essen den Kellner, mit dem ihn ein, wie er wähnte, langjähriges Naheverhältnis verband, zu seinem Tisch und sagte in vertraulichem Ton: „Ich bin gerade in einer momentanen Verlegenheit – Sie könnten mir für heute aushelfen? Wenn Sie mir bis morgen fünfzig Schilling leihen das Mittagessen zu zahlen – ich verpfänd Ihnen meine Fabrik samt Inventar!"

Der Kellner zog die Augenbrauen hoch. „Tut mir leid", lehnte er mit eisiger Miene ab, „aber die Zeiten werden nicht besser. Am Schluss geben Sie mir nicht zurück den Fünfziger und dann steh ich da mit der ganzen Maschinenfabrik ...!"

In die gleiche Zeit der Depression fällt der kommerzielle Seufzer:

„Mein Geschäft – nu, es geht so mittel ... vormittags, es is nix los, und nachmittags, es lässt a bissele nach!"

Meinem Vater einen jüdischen Witz zu erzählen, den er nicht kannte, war schwer. Schon wenn er ihn als alt und nicht als uralt klassifizierte, galt das als Kompliment. Wenn er aber wirklich einen neuen hörte und dieser noch dazu gut war, dann erhellte sich sein Gesicht und bekam den überraschtesten Ausdruck, den ich jemals bei ihm sah, und er strahlte wie ein Kind über das langersehnte Weihnachtsgeschenk. Meist ging er sofort, ein paar Stichworte in eines seiner kleinen Notizheftchen zu kritzeln, und setzte ein Rufzeichen hinzu, was bedeutete: „Neu! Merken! Später genauer ausführen!"

Die milde Ironie aber auf den Versuch, einen ihm schon bekannten Witz zu erzählen, mit der er, wie schon erwähnt, auf seinen Großvater verwies, den man schon 1864 aus der Börse werfen wollte, weil er versucht hatte, diesen alten Witz zu erzählen, die erscheint mir bis heute allemal charmanter als der Hinweis auf den langen Bart, den eine bekannte Geschichte hat.

Als ich als kleiner Bub einmal fragte, was denn das sei, die Börse, erzählte mein Vater:

Sigi Morgenthau hat Pleite gemacht und es geht ihm entsprechend schlecht. So ziemlich alles Wertvolle hat er auch schon verkauft, aber die Aussichten bleiben mies. Da findet er eines Tages in seinem Schreibtisch ein kleines Säckchen mit Muscheln. „Vielleicht man kann damit ein Geschäft machen", denkt er sich, und eine Viertelstunde später sitzt er schon in seinem Kaffeehaus. Er hat das Säckchen vor sich auf dem Tisch liegen und lässt die Muscheln wie unabsichtlich durch seine Finger gleiten. Da tritt

Leo Kronstein an den Tisch, sieht eine Weile zu und fragt dann beiläufig: „Sag … was sind das?“

„Das … sind Krunkews“, meint Morgenthau lässig.

„Krunkews? – Was sind Krunkews?“

„Du weißt nicht Krunkews?“, tut Morgenthau überrascht. „Das ist die kalaysche Valuta!“

„No, natürlich weiß ich“, verbessert sich Kronstein rasch fragt wie nebenbei, „wie stehen die übrigens heute?“

Morgenthau: „68 ¾ –“

„68 ¾? Nicht ganz so hoch, wie ich gedacht hab …“, tut Kronstein mäßig interessiert, „aber heut hab ich Laune … so ich möcht dir abnehmen den Posten.“

„Ich verkauf nur zum Tageskurs“, repliziert Morgenthau ungerührt, „es kostet mich selbst so viel –“

„Gut! Gemacht!“

Das Geschäft wird mit Handschlag besiegelt, ein Packen Scheine wechselt den Besitzer, und Morgenthau geht glücklich und reich nach Hause. Nachts aber beginnen ihn Gewissensbisse zu quälen, Kronstein ist sein Freund, und gerade den hat er jetzt übel hereingelegt. So beschließt er, das Geschäft am nächsten Tag rückgängig zu machen. Schon morgens sitzt er wieder im Kaffeehaus und wartet auf Kronstein. Als dieser eintritt, stürzt Morgenthau auf ihn zu:

„Hast du die Krunkews noch?“

„Ja, hab ich, warum?“

„Ich möcht die Sache rückgängig machen. Hier hast du dein Geld zurück und gib du mir zurück die Krunkews.“

Da schüttelt Kronstein den Kopf und mit einem schlauen Lächeln winkt er ab:

„Heute? – Wo sie stehen auf 75!?“

Und dann ergänzte mein Vater: „Schon der alte Spekulant Kohn hat immer gesagt: ‚Mit den Kursen an der Börse es is genau wie mit einer Lawine – einmal herunter, einmal herauf …!‘“

Und mehr verstehe ich von der Börse bis heute nicht. Und ich bin mir gar nicht sicher, ob man überhaupt mehr davon verstehen kann.

Eine Wechselrede zum Thema kann ich aber noch hierhersetzen, vor allem wegen der darin enthaltenen Kuss-Aufforderung, die bei uns zu Hause vielgebrauchtes Zitat war.

„Sag, kannst du mir geben an heißen Börsentipp?"

„Kauf Perner!"

„Perner? – Ich weiß nicht – ich glaub, Anglo sind besser …"

„Dann kauf Prager Maschinen!"

„Prager Maschinen? Ich weiß nicht – ich glaub, Magnesit sind besser …"

„Weißt du was – dann küss mich am Bauch!"

„Am Bauch? Was heißt das?"

„No ja! Weil du immer das Gegenteil machst!"

Und ein letztes Mal noch zur Börse:
Ein bekannter Wiener Börsenspekulant erkrankt drei Monate nach seinem fünfundachtzigsten Geburtstag schwer.

„Aber Sie sind doch in so einer guten Konstitution – Gott, er wird Sie werden lassen wenigstens neunzig!", sprechen ihm die anderen Börsianer Mut zu.

Der Alte lächelt müde:

„Was soll er mich nehmen mit 90, wenn er mich haben kann für 85 ¼?"

„Zu weit?", fragte mein Vater mokant, und machte sich damit über einen der größten Träume meiner Jugendzeit lustig. Wem es nämlich in jenen Jahren gelungen war, in den Besitz einer heiß ersehnten Blue Jean zu gelangen, wie sie damals das Hollywood-Idol James Dean oder der Rockstar Peter Kraus trug – ein Luxus, der für normalsterbliche Jugendliche in diesen Zeiten als nahezu unerreichbar galt –, der zog diese bockigen, möglichst um eine Nummer zu klein gekauften Ungetüme zu Hause an und setzte sich damit stundenlang in eine mit kaltem Wasser gefüllte Badewanne. Dies sollte den schweren Stoff etwas geschmeidiger machen und den Hosen körpereigene Passform verleihen. Anschließend hüpfte man, angetan mit den triefenden Hosen, auf einem ausgebreiteten Handtuch umher und verbrachte dann bibbernd weitere Stunden im Badezimmer, bis die starren Beinkleider einigermaßen zu trocknen begannen. Dann zog man sie vorsichtig aus, um

Form und Falten nicht zu zerstören, und legte sie zum völligen Trockenwerden auf den Boden. Ob der gewünschte Effekt dadurch tatsächlich eintrat, weiß ich nicht mehr, aber an das Gefühl der klatschnassen, eiskalten Hosenbeine, des starren dunkelblauen Tuches und der kühlen Nieten erinnere ich mich bis heute.

Natürlich war in der Frage meines Vaters auch der entsprechende jüdische Witz enthalten. Nämlich der von dem alten Juden, der in der Wiener Taborstraße im zweiten Bezirk mit einem schweren Packen auf dem Rücken dahintrottet. Da wird er von einem Herrn angesprochen, der offenbar von auswärts kommt: „Sagen Sie, ich bin fremd hier, können Sie mir ein paar schwarze Hosen verkaufen?"

„Ich kann …", sagt der Alte, „es sind schwarze Hosen … es sind gute Hosen … aber sie werden Ihnen zu weit sein."

„Das macht nichts", erwidert der Herr, „wenn sie schwarz sind, wenn sie gut sind – ich nehm sie."

„Gut sind sie, schwarz sind sie", beteuert der Alte noch einmal, „aber zu weit sind sie doch …"

Von diesem zum wiederholten Male geäußerten Einwand lässt sich der Kauflustige offensichtlich nicht abschrecken, denn er schließt sich dem Alten an und zu zweit gehen sie weiter. Sie gehen die Taborstraße bis zu ihrem Ende … sie gehen weiter bis zur Donau … sie gehen über die Brücke und kommen bald zur Stadtgrenze … sie befinden sich bereits auf der Landstraße, da ruft der Herr ungeduldig aus:

„Jetzt sagen Sie mir mal, guter Mann, wo haben Sie denn eigentlich Ihre Hosen?"

„Wo ich sie hab? … No, in Brünn hab ich sie, die Hosen …"

„In Brünn?!", schreit aufgebracht der Herr. „Und da schleppen Sie mich mit – das is doch eine Gemeinheit!"

„Schleppen? – Was schlepp ich?", erwidert der Alte gleichmütig. „Ich hab doch gesagt, die Hosen, sie werden Ihnen zu weit sein …"

Die geschlossene Faust mit nach oben gestrecktem Daumen markig vor sich gehalten, bedeutet etwa ein stummes Einverständnis zu einer als gut befundenen Sachlage. Mein Vater bediente sich dieser Geste, wenn in allzu bigotter Weise von der katholischen Kirche die Rede war. Allerdings zeigte er mir dann meist den Daumen unter dem Tisch oder halb verdeckt von der anderen Hand. Und dann wusste ich, was er meinte. Nämlich den Witz vom alten Perlstein, der mit seinem Enkel über den Wiener Stephansplatz geht. Der Kleine ist zum ersten Mal aus dem zweiten Bezirk herausgekommen und staunt jetzt über die große Stephanskirche, die er noch nie gesehen hat:

„Du, Großvater, sag, was is das für a Haus?“

„Das? Das is der Dom!“

Der Kleine sieht seinen Daumen an und fragt zweifelnd: „Da Daum’?“

„Nein! Nicht da Daum’! Der D o m! Gottes Haus!“

„Gottes Haus ...?“ Der Junge denkt eine Weile nach, dann wendet er ein:

„Du, Großvater, das versteh ich nicht. Weil, ich hab einmal zugehört in der Religionsstunde bei die Katholen und da hat der Herr Katechet gesagt, dass Gott wohnt oben, im Himmel –“

Perlstein sinnt einen Moment nach, dann nickt er bestätigend und sagt: „Der Katechet er hat recht gesprochen. Wohnen er tut oben – unten hat er nur das Geschäft.“

Die folgende Geschäftsidee reicht vielleicht nicht ganz an die eben erzählte heran, könnte aber durchaus von den gleichen Personen handeln. Sie erzählt jedoch von Moidele Binkel, der seit Jahren davon träumt, ein kleines koscheres Restaurant zu eröffnen. Das Lokal hat er schon gekauft und das hat seine gesamten Ersparnisse aufgefressen. Nun arbeitet er weiter als kleiner Flickschuster, spart sich wieder jeden Zloty vom Mund ab, um ihn in die Einrichtung von Küche und Gastraum zu stecken. Endlich ist er so gut wie fertig, nur das Geld für eine Eröffnungsfeier fehlt noch, da passiert etwas Furchtbares: Im Nebenhaus rechts eröffnet einer ein kleines koscheres Restaurant und schreibt darüber: *Die beste koschere Küche in ganz Sokolow!* Binkel ist verzweifelt. Da will es das Unglück ein paar Tage später, dass im Nebenhaus links ein zweites kleines koscheres Restaurant aufmacht, dessen Besitzer mit einem großen Schild kundtut: *Die beste koschere Küche in der ganzen Gasse!*

Moidele hadert mit seinem Schicksal – da kommt ihm mit einem Mal eine Idee. Er kauft sich Pinsel und Farbe, bemalt auch ein Schild und hängt es über seine Tür. In großen Lettern verkündet es: *Eingang hier!*

Und irgendwann ist es aus mit den irdischen Geschäften, und dann steht man vor der letzten, der großen Abrechnung. Dass aber auch ein Begräbnis einen der Trauergäste nicht daran hindern kann, daraus ein Geschäft zu machen, beweist der jüdische Freund des reichen Goj, der ohne Familie gestorben ist und in seinem Testament seine drei besten Freunde zu gleichen Teilen bedacht hat: einen Russen, einen Deutschen und den Juden. Eine Bedingung allerdings hat er an das Testament geknüpft: Jeder der drei soll ihm einhundert Rubel ins Grab legen.

Das prächtige Begräbnis ist im Gange, der Sarg steht noch über der Grube. Da tritt der Russe vor und legt mit ernster Mine ein kleines Säckchen mit Goldstücken im Wert von einhundert Rubel auf den Sarg. Der Deutsche geht hin, in seiner Hand ein Kuvert aus Bütten, darin liegt ein Einhundert-Rubel-Schein. Er deponiert den Briefumschlag auf dem Sarg, streicht noch einmal darüber, verbeugt sich stramm und tritt zurück. Zum Schluss kommt der jüdische Freund. Gramgebeugt steht er minutenlang vor dem Sarg, endlich gibt er sich einen Ruck, nimmt behutsam das Säckchen mit den Goldstücken an sich, steckt vorsichtig das weiße Kuvert mit der Geldnote ein, dann fingert er aus seinem Kaftan ein Papier, faltet es auseinander und legt es zart auf den Sarg. Es ist ein Wechsel, ausgestellt auf dreihundert Rubel.

Dass allerdings Intensität der Trauer mit dem Rang des Geschäftsstandes nicht zwingend in verkehrt proportionalem Zusammenhang stehen muss, beweist die Schilderung von Ariel Silberstein, der vom Begräbnis seines Bruders in Lemberg zurück nach Brzozów kommt und noch ganz aufgewühlt ist von den Ehrbezeugungen, die dem Verstorbenen, der lange Jahre als Prokurist in einem großen Geschäft gearbeitet hatte, erwiesen worden sind.

„Ich kann euch sagen“, erzählt er immer noch ergriffen, „der Sarg … er is hinabgeglitten in das Grab … und es hat gesprochen der Rabbi den Segen … und es hat geweint die Trauergemeinde bis ins letzte Glied … Und an dem Grab es sind gestanden von Trauer wie erschlagen die Männer und die Frauen … und auch es is gestanden der Chef von mein Bruder … und jenner – er hat – “, jetzt wird Silberstein von Rührung übermannt, er muss sich Tränen von den Augen wischen, dann spricht er schluchzend weiter: „er hat geweint am lautesten … geweint vor Schmerz …! Ein Mann, was hat ein E n g r o s g e s c h ä f t!!“

Ich erinnere mich an das jüdische Begräbnis meines Großvaters Rothschild, den leider nicht verwandten, und an die vielen schwarz gekleideten Männer mit breitkrempigen Hüten auf ihren Köpfen, an meine Verwunderung über die Schmucklosigkeit des Sarges und an den Eindruck, den es mir machte, als im Augenblick, in welchem die schlichte Bretterkiste versenkt war, die Männer mit Schaufeln und mit Füßen begannen, das Grab wieder mit Erde zuzuschütten, und wie sich daraufhin alle entfernten.

Und dabei musste ich daran denken, wie beim Begräbnis des alten Barons Rothschild ein unbekannter Mann auffällt, der sich dem schweigenden Trauerkondukt angeschlossen hat und durch hemmungsloses Schluchzen seiner offensichtlichen Trauer lautstarken Ausdruck verleiht. Immer stärker wird sein Weinen, er krümmt sich, er biegt sich im Schmerz, er rauft sich die Haare, so dass ihn endlich einer aus dem Trauerzug fragt, ob er denn ein naher Verwandter des Verstorbenen sei.

„Nein“, presst der Mann stockend und unter Tränen hervor, „verwandt bin – ich – nicht.“

„Ja, aber warum weinen Sie dann so?“

„E–ben – da–rum!“

Und ich erinnere mich, der größtenteils auf dem Land und in einer Atmosphäre von Bigotterie, aber auch mit allen durchaus geschätzten katholischen Jahrestraditionen aufwuchs und „richtige“ Juden nur aus den jüdischen Geschichten und Witzen meines Vaters kannte, dass ich damals begann, mich mit meinem eigenen Judentum zu beschäftigen. Und ich begann auch die Bedeutung jener Bemerkungen der letzten Frau meines Vaters zu deuten, die vier Kinder in die Ehe mitgebracht hatte und manchmal meinte, von allen Kindern bedürfe ich ihrer Liebe am meisten, weil ich ja als Einziger die Last zu tragen hätte, „ein Mischling zu sein". Und das wiederum führte Jahrzehnte später zu besagtem Gespräch mit dem Wiener Oberrabbiner über mein Jude-Sein.

Ach ja, einen jüdischen Witz meines Opa Köln weiß ich noch, weil er in Preußen spielt und weil ihn mein Großvater immer so erzählte, als sei er derjenige gewesen, der am Schluss die Pointe bringt.

In ein Feldlazarett kommt der preußische Kaiser Wilhelm zu Besuch und fragt einen protestantischen Verwundeten: „Sag er, Soldat, werden wir den Endsieg erringen?"

Der nimmt mitsamt seinen Verbänden Haltung an und schnarrt: „Jewiss Majestät, janz jewiss!"

Daraufhin wendet sich der Kaiser mit derselben Frage an einen katholischen Lazarettinsassen. Der schlägt ein Kreuz und antwortet schneidig:

„Wenn wa' nur jenüjend auf Jott vertrauen, Majestät, dann ist der Sieg unser!"

Da sieht der Kaiser einen israelitischen Verwundeten und fragt auch diesen. Der kleine jüdische Gefreite streicht sich übers Kinn und wiegt dabei überlegend seinen Kopf hin und her: „Majestät", sagt er dann, „es wird sein, dass wir den Endsieg erringen –"

Der Kaiser will sich schon abwenden, da hört er:

„– aber, wenn Se mich scho fragen, Majestät – i c h möcht Ihnen raten: Überschreiben Se Mark Brandenburg sicherheitshalber auf Frau Gemahlin!"

Meinen Wiener Großvater habe ich nicht mehr gekannt, er ist, wie gesagt, vor meiner Geburt gestorben, und seine Leidenschaft, für eine gute Pointe und für verbale Streiche Kopf und Kragen zu riskieren, worauf er auch noch als Generaldirektor eines großen Industrieunternehmens und Inhaber mehrerer Vorstandsposten nicht bereit war zu verzichten, habe ich bereits erwähnt. Durchaus zuzutrauen wäre ihm deshalb auch der folgende Brief gewesen, mit dem der Geschäftsinhaber Moritz Singer auf die letzte energische Mahnung reagiert, in welcher ihm bereits die gerichtliche Pfändung angedroht wird:

„Geehrte Herren! Sie haben die Frechheit gehabt, mir eine unverschämte Zahlungsaufforderung zu übersenden. Hiemit teile ich mit, dass ich alle unbezahlten Rechnungen in einer extra dafür leergeräumten Schublade meines Sekretärs zu deponieren pflege. An jedem ersten Tag eines Neuen Jahres wird diese Lade geöffnet, wahllos eine Rechnung herausgezogen und der Bezahlung zugeführt. Sollten Sie sich noch einmal dazu hinreißen lassen, mir ein derart schamloses Mahnschreiben zu schicken, wird dies zur Folge haben, dass Sie von der Lotterie ausgeschlossen bleiben! Hochachtungsvoll …"

Zur gefälligen Nachahmung empfohlen ist auch das folgende, sicherheitshalber vorbeugende Geschäftsschreiben:

„Anbei erhalten Sie bestellte Waren, Rechnung beiliegend, Betrag zahlbar netto bei Erhalt! Mit gleichem Datum haben wir die Angelegenheit unserem Rechtsanwalt übergeben. Hochachtungsvoll …"

Wie oft mein Vater die Geschichte vom Finderlohn erzählte, weiß ich nicht, aber wenn er mit dieser Parabel anfing, die als Loblied die Ehrlichkeit preisen sollte, dann riefen wir im Chor: „Jaaa, wir wissen es: Hundert Rubel!" Aber bis heute überlege, kläre ich, ob nun die Entscheidung des Rabbi schlau, boshaft oder moralisch war. Oder von allem ein wenig und noch etliches dazu.

Der Bettler des Schtetls findet eines Tages eine prall gefüllte Geldtasche mit dem für ihn unvorstellbaren Vermögen von neunzig Rubel. Dazu einen Zettel, auf welchem jedem ehrlichen Finder ein Lohn von zehn Rubel zugestanden würde. Aus den Initialien schließt er, dass die Brieftasche nur dem reichsten Mann der Stadt, Schlomo Hirsch, gehören kann. Beglückt eilt der Bettler zu dem vornehmen Haus und überreicht dem Besitzer seinen Fund.

„Du hast dir", bemerkt Hirsch von oben herab, indem er die Scheine zählt, „wie ich sehe, deine zehn Rubel ja schon genommen!"

„Zehn Rubel – ich – nein – gewiss nicht – ich –", der Bettler bricht fast in Tränen aus, „ich schwöre es – Herr!"

„Hundert Rubel waren in der Brieftasche – neunzig sind noch da. Glaubst du, ich kann nicht zählen? Also, verschwinde!"

„Aber Herr, ich kann es beschwören, bei meinen seligen Eltern."

Die Tür fällt ins Schloss, der Mann steht da und kann es nicht glauben. Verstört läuft er zum Rabbi und erzählt ihm die Geschichte.

„Lass uns doch die Sache gemeinsam aufklären", entscheidet der und also begeben sich beide zu Schlomo Hirsch. Dieser erzählt dem Rabbi seine Version der Geschichte und schließt: „Also, Rebbe, glaubst du nun mir oder diesem verkommenen Herumtreiber?"

„Selbstverständlich glaube ich dir", sagt der Rabbi sanft, nimmt dem darob Verdutzten seine Brieftasche aus der Hand und gibt sie dem Armen.

„Was machst du, Rabbi – was soll das bedeuten?" Hirsch ist empört.

„Nun", erwiderte der Rabbi, „ich handle nur gemäß dem, was du behauptet hast. In der Brieftasche, sagst du, waren einhundert Rubel. Jener sagt, es waren neunzig drin. Die Brieftasche kann also nicht deine sein."

„Und was ist mit meinem Geld?", schreit Hirsch aufgebracht.

„Nun", meint der Rabbi, „da musst du warten, bis jemand eine Brieftasche mit hundert Rubel findet …"

„Post müsste man sein!" Dieser oft gehörte Seufzer meines Vaters – der sich als alternativen Wunsch an die Fee das Ideal ausmalte, wie er des ständigen Überlebenskampfes trotz schwerer Arbeit durch ein einfaches Leben enthoben sein würde, wäre er Eigentümer der dörflichen Tabaktrafik – war mir schon als kleiner Bub vertraut, als mir mein Vater anlässlich eines lehrhaften Gespräches den Postwitz erzählte.

In diesem fragt der kleine Sohn den Vater:

„Tate, wovon lebt sich die Post? Gibt man ihr zwanzig Groschen, man kriegt a Zwanzig-Groschen-Briefmarke, gibt man ihr dreißig Groschen, man kriegt a Dreißig-Groschen-Briefmarke –"

„Es is a so, mein Sohn", belehrt der Vater den Wissbegierigen, „und schau, es is ganz einfach: Zwanzig Groschen nimmt die Post, wenn ein Brief wiegt zwanzig Gramm. Nu, und wiegt jeder Brief zwanzig Gramm? Siehst du! Und an der Differenz, es verdient die Post!"

Und apropos Fee und ihr legendäres Füllhorn:

Zwei Juden träumen vom unermesslichen Reichtum.

„Wenn ich hätt an Wunsch frei", sinnt der eine vor sich hin, „ich tät mir wünschen a riesiges Schloss, mit zwanzig Stockwerke … und in jedem Stockwerk es sollten sein zwanzig Zimmer mit Parkettboden, mit Kristalllüster und goldene Möbel … und in jedem Stockwerk mindestens eine Küche … und dazu Personal … und –"

Da unterbricht ihn der Zweite: „Sag, wenn du hättst das Schloss – würdest du mich wohnen lassen von die vielen Zimmer in einem?"

Der Zweite lehnt abrupt ab: „Nein!"

„Aber das, es is nicht nett von dir", ist der Erste betroffen. „Du hättst a riesiges Schloss und tätst mich nicht wohnen lassen in an einzigen kleinen Zimmer – wieso??"

Darauf der Erste: „Wünsch dir selbst a Schloss!"

Keines der Geschäfte, die mein Vater nach seinen Jahren im Exil anfing, wollte wirklich gelingen, Sorgen und Schulden blieben zeitlebens drückend.

„Gott, hab ich Sorgen wegen meiner Schulden …", stöhnt auch Moische Karpeles, „ich schlaf keine Nacht –!"

„Ja, sagen Sie, wie halten Sie denn das aus?", wird er gefragt.

„Nu, ich schlaf bei Tag!"

Der Luxus, bei Tag zu schlafen, war meinem Vater nicht vergönnt. Den einzigen Überfluss, den er sich etwa alle zehn Jahre dennoch gönnte, nicht zuletzt auch deshalb, weil er seit einem als junger Mann erlittenen schweren Unfall eine Beinverletzung mit sich trug, das waren Maßschuhe. Allerdings wurden die vom alten Dorfschuster in St. Gilgen und dementsprechend preiswert angefertigt. Dass dieser wiederum einer der fanatischen Nazis des Ortes gewesen war, das gehört zu den vielen schillernden Mosaiksteinchen gelebter Zeitgeschichte, die ich beobachten konnte und aus denen ich, wenn schon nicht weltgeschichtliche Erkenntnisse, so doch eine Wahrheit gelernt habe: Nichts ist schwarz oder weiß, schon gar nicht jene immer noch nicht zur Gänze bewältigte Zeit, die bis heute vielfach unerklärbar bleibt. Dazu gehört auch – ob man diese nun als Charakterstärke oder als Charakterschwäche bezeichnen will – die rachelose und nachsichtige Einstellung meines Vaters den ehemaligen Verbrechern gegenüber. Nachdem schon 1938 aller Haus- und Wohnungsbesitz samt Inhalt in Wien und St. Gilgen enteignet worden war, wurde nach der Rückkehr meines Vaters im Jahr 1946 zumindest ein Großteil des Grundbesitzes wieder zurückerstattet. In dieser Zeit begegnet mein Vater auf dem St. Gilgner Dorfplatz einem einheimischen früheren Segelkameraden. Der hat einen gutsitzenden Steirerrock an und begrüßt den Zurückgekehrten stürmisch. Als mein Vater ihm auf den Kopf zusagt, dass dieser Trachtenjanker eigentlich seiner ist und er das an den speziell gearbeiteten Hirschhornknöpfen erkennen könne, zieht der Überführte das gestohlene Kleidungsstück aus und übergibt es dem Eigentümer auf offener Straße mit gutmütiger Miene: „I bin ja net a so, Stefan – kriagst halt den aa wieder z'ruck!"

Von einem daraus folgenden Zerwürfnis zwischen den beiden ist mir nichts bekannt geworden.

Aber, apropos Maßschuhe:

Mit schwerem Gang schleppt sich Moses Pereles durch die Straßen nach Hause. Ab und zu bleibt er stehen, stöhnt, wischt sich den Schweiß von der Stirn, dann rafft er sich auf und humpelt weiter. „Oj wej!", ruft er bei jedem Schritt. „Oj wej!"

„Um Gottes willen, Pereles, was is los mit dir?", fragt ein Bekannter, der ihn vor seinem Haus antrifft, mit ausgestreckten Armen und den Kopf zwischen die Schultern gesenkt an die Hausmauer gelehnt.

„Was los is?", stöhnt Pereles mit schmerzverzerrtem Gesicht. „Meine Schuh bringen mich um!"

„Deine Schuh? – Was ziehst du keine andern an?"

„Andere?", erwidert Pereles. „Das kann ich dir erklären … ich zieh an – oj wej – keine andern, weil –", er holt ein paar Mal tief Luft, „hör mich aus: Mein Geschäft … es geht – also, dreckig wäre geprahlt! Schulden hab ich bei die Lieferanten, bei der Steuer, beim Vermieter, beim Bäcker, beim Gemüsehändler, beim Metzger. Mein Sohn – a Ganef, er stiehlt, er betrügt … meine Frau – sie keift von in der Früh bis in der Nacht, sie macht mich noch verrückt … meine Tochter – a hässliches Menuwel …

welcher Meschuggene wird sie heiraten? … Jeden Tag ich komm nach Haus und denk mir: Soll ich mich aufhängen oder erschießen …? Aber dann … ich setz mich hin und zieh mir aus die Schuhe … und auszuziehen diese Schuhe – es is a solche Wohltat …! Ich kann dir sagen, es is das Einzige, was mir das Leben noch lebenswert macht!"

Zur resignierten Auskunft, dreckig wäre geprahlt, passt die folgende Prahlerei, die durchaus das gleiche Resultat zeitigt, jedoch ungleich eloquenter vorgetragen wird.

„Ha'm Se gehört?", fragt Grünzweig. „Mandelbaum hat verdient in einer Woche 50 000 Dollar!"

„Kommen Sie, Grünzweig, das soll glauben, wer will, aber mich machen Sie nicht blöd!"

Da ruft Grünzweig zu Pelzmann hinüber:

„Du, Eisenbach will mir nicht glauben, dass Mandelbaum in Chikago in einer Woche verdient hat 50 000 Dollar –! Nu, is es wahr oder nicht?"

„Wahr is es schon", ruft Pelzmann zurück, „nur a paar Details stimmen nicht ganz: Erstens, es war nicht Chikago, sondern Wiener Neustadt. Zweitens, es war nicht in einer Woche, sondern in einem Jahr. Und drittens, es waren nicht 50 000 Dollar, sondern 5000 – und die hat er nicht verdient, sondern verloren …"

Mit der Wahrheit ist es im Geschäftsleben so eine Sache, wie der folgende Gerichtsdialog beweist.

„Können Sie einen Eid darauf ablegen, dass der Wechsel, den Sie dem Kläger in Zahlung gegeben haben, echt war?", fragt der Vorsitzende den wegen Wechselfälschung angeklagten Mundi Penizcek.

„Wahrscheinlich … er dürfte echt gewesen sein –"

„Wahrscheinlich dürfte …", herrscht ihn der Richter an, „das ist keine Antwort! Sie müssen sagen: ‚Der Wechsel war echt, oder: Der Wechsel war gefälscht.'"

„Sehr richtig, Herr Rat", strahlt Peniczek erleichtert, „genauso möcht ich schwören!"

„Hast du eine Gans geschickt?“, lautete die väterliche Frage an alle, die von einem schwebenden Prozessverfahren berichteten. Und dabei dachte er an Baruch Springer, den Gänsehändler, der mit seinem Konkurrenten Ignaz Tauzner schon seit Monaten einen langwierigen Prozess führt. Der schlägt eines Tages seinem Anwalt vor, ob der nicht meine, man könne dem Ganzen eine günstige Wendung geben, wenn er dem Richter eine schöne, fette Gans schicken würde.

„Was glauben Sie“, schreit der Anwalt seinen Klienten an, „das wär glatte Bestechung! In einem solchen Fall haben wir auf jeden Fall schon verloren! Es kommt nicht in Frage – nicht mit mir!“

Eine Woche darauf findet die nächste Tagsatzung statt, und nach kürzester Zeit schon weist der Richter die Klage von Tauzner glatt ab und entscheidet zugunsten von Springer.

Nachher, vor dem Gerichtsaal, wendet sich der Anwalt zufrieden an seinen Klienten:

„Sehn Sie, Springer, was glauben Sie, wenn Sie dem Richter die Gans geschickt hätten – dann wär die Sache nicht so gut ausgegangen!“

„Nu, Herr Doktor“, meint Springer da, „wenn ich Ihnen verraten darf a kleines Geheimnis: Ich hab geschickt die Gans zu dem Herrn Gerichtsrat –“

„Was? Das ist nicht wahr – das haben Sie wirklich gemacht?“

„Ja“, antwortet Springer vertraulich, „ich hab ihm geschickt die Gans – aber“, und jetzt sieht er sich vorsichtig nach allen Seiten um, „... ich hab beigelegt die Geschäftskarte von Herrn Tauzner ...!“

Was Springer sich da ausgerechnet hat, ist also voll aufgegangen. Was man sich noch so alles ausrechnen kann, erzählt die folgende Geschichte, die in Prossnitz, einem kleinen, arbeitsamen Nest spielt, welches aber den Ruf genießt, das größte Klatschnest der Welt zu sein. Einer kennt den anderen, und wenn die Frau vom Rechtsanwalt Stein morgens mit Schnupfen aufwacht, weiß es mittags die ganze Stadt.

Einmal fährt der Prossnitzer Kaufmann Sigmund Lobositzer, der in Brünn zu tun gehabt hat, mit der Bahn nach Hause nach

Prossnitz. Er fährt dritter Klasse, denn die Geschäfte gehen schlecht. Ihm gegenüber sitzt ein junger Mann, den er nicht kennt, und das ist eigenartig, denn nach Prossnitz fahren keine Fremden. Lobositzer fängt an zu überlegen. „Wer kann das sein?"

Es lässt ihm keine Ruhe, mit einem Unbekannten die Strecke Brünn–Prossnitz zu fahren. „Ein Geschäftsreisender kann er nicht sein", überlegt er, „er hat keinen Musterkoffer mit ... Außerdem – ich kenn alle Geschäftsreisenden, die kommen nach Prossnitz ... und überhaupt is jetzt ka Saison ... Ganz abgesehen davon, dass a Reisender hätt scho längst angefangen, mir Witze zu erzählen ... Nein, er is nicht Reisender! ... Also, wer is er? ... Ich hab's: Goldman & Co sind in Konkurs – er is a Anwalt aus Brünn, den se sich genommen haben als Ausgleicher ... aber wer'n se sich können ausgleichen, bei d e n Gläubigern ...? No, vielleicht wer'n se ... Aber auch wenn se nicht werden – der Neffe vom alten Goldman is doch Anwalt in Prossnitz – no, der wird sich wegnehmen lassen von seinem Onkel das Brot ...? – Also Anwalt is jenner hier nicht ... Wer kann es also sein? ... Ich hab's: Löwenbergs waren heuer im Sommer in Karlsbad ... die junge Löwenberg hat dort angefangen a Techtelmechtel mit an jungen Bildhauer aus Prag ... der, was nebbich is a Maurer aus Leitmeritz – es wird sein der Maurer, der zu Malwine zu Besuch kommt ... obwohl – seine Händ sind keine Maurerhänd ... Und besuchen lassen ...? Das traut die sich nicht, bei d e m Vater ... und außerdem, wenn die will sich zusammen treffen mit dem Geliebten, sie wird ihm doch nicht kommen lassen nach Prossnitz ... sie wird ihm treffen heimlich im Hotel in Brünn, wo se nicht können beobachtet werden ... D e r also is es nicht ... Wer aber is es? ... Ich hab's: Jentel Klatscher soll heiraten – man sagt, man hat ihr angetragen einen Arzt aus Olmütz, einen gewissen Moldauer ... er soll nicht unvermögend sein ... No, a gute Uhr hat jenner ...Und wie er dasitzt – studiert könnt er haben ... Es is der Dr. Moldauer, der jetzt fahrt nach Prossnitz, um sich anzusehen Jentel Klatscher ...!"

Und Sigmund Lobositzer lüftet seinen Hut:

„Verzeihen Se, ich hab das Vergnügen mit Herrn Dr. Moldauer aus Olmütz?"

Überrascht erwidert der junge Mann:

„Ganz recht, mein Name is Dr. Moldauer, aber – kennen wir uns denn?“

„Das nicht“, lächelt Lobositzer bescheiden, „ich hab Se mir nur ausgerechnet …!“

„Sagen Sie, was hab ich gehört, Ihr Kassier ist durchgegangen und hat mitgenommen die Kassa und Ihre Tochter? Is das wahr?“

„Wahr is es, aber wie es scheint, tuts ihm jetzt schon leid. Er hat nämlich begonnen, das Gestohlene zu ersetzen.“

„Was Sie nicht sagen! Hat er Ihnen schon Geld geschickt?“

„Das noch nicht – vorläufig erst die Tochter.“

In meiner frühen Jugend, als man noch Briefe schrieb und telegrafierte, hatte ein Telefonapparat für Heranwachsende noch eine gewisse Anziehungskraft, und wir Kinder machten ausgiebigen und oft stundenlangen Gebrauch von der Möglichkeit, etwa die geliebten Stimmen der jeweils Angebeteten zu hören und sich dabei in sinnlosem, nicht endenwollendem Geschwätz zu ergehen. Die Telefonrechnungen waren dementsprechend hoch, und so wurden immer wieder kleine Telefonschlösser auf der Wählscheibe angebracht und der Schlüssel nur nach vorheriger Angabe des Grundes für das Telefonat herausgegeben. Aber bald hatten wir herausgefunden, dass sich eine Nummer bei abgehobenem Hörer auch durch zifferngenaues Schlagen auf die beweglichen Kontakte wählen ließ, und so mussten wir folgenden väterlichen Satz auswendig lernen, der in Folge regelmäßig bei Tisch abgeprüft wurde: „Das Telefon ist eine technische Einrichtung zur Übermittlung kurzer, wichtiger und unaufschiebbarer Nachrichten.“ Dass es hiezu eine Entsprechung in einem jüdischen Witz gibt, versteht sich von selbst.

Eine junge Jüdin ist eines Knaben genesen – sie hat also einen Buben bekommen. Der junge Vater will das freudige Ereignis sofort an seine Mutter telegrafieren und setzt folgenden Text auf: „Rüfke glücklich entbunden – Sohn“. Der Schwiegervater, ein erfolgreicher Kaufmann, schüttelt missbilligend den Kopf:

„Da sieht ma gleich, du bist ka guter Geschäftsmann – a Telegramm, es kostet! Wer telegrafiert an solchen Roman? So viele überflüssige Wörter, was du schreibst! Schau her: Rüfke! Was heißt Rüfke? Natürlich Rüfke! Wer sonst? Wirst du telegrafieren, wenn a fremde Frau hat gekriegt das Kind? – Und dann: glücklich! No, was d e n n? N i c h t glücklich? Wenn es, Gott soll abhüten, nicht glücklich ausgegangen wär – du hättest telegrafiert? No, eben! – Weiter: entbunden! No, was d e n n? Das Kind is vom H i m m e l gefallen? – Und wozu schreibst du S o h n? Wann ma sich freut und scho telegrafiert – was sonst wird es sein als a Sohn? Bei einer Tochter wär die Freud doch weniger groß! Also und ergo: Wozu überhaupt das teure Telegramm?"

Die Tochter meines Opa Köln, meine Mutter, musste mit erst sechzehn Jahren und von der Schulbank weg fliehen und war ihrem Vater nach Südamerika gefolgt. Dort brachte sie sich die Jahre über, obwohl sie zuvor noch nie auf einer Bühne gestanden war, als Schauspielerin am deutschen Theater in Buenos Aires durch, bevor sie gegen Ende des Krieges in Montevideo meinen Vater kennenlernte und mit ihm nach Europa zurückkehrte. In der kurzen Zeit, die ich sie vor der baldigen Scheidung meiner Eltern und danach nur wenige Wochen im Jahr bis zu ihrem frühen Tod bewusst erlebte, kann ich mich nicht erinnern, von dieser überaus lebenslustigen und jederzeit zu Späßen aufgelegten jungen Frau jemals einen jüdischen Witz gehört zu haben oder irgendeine Bemerkung, die auf eine Affinität zu dieser Form des Humors schließen ließ. Das ist umso bemerkenswerter, als meine Stiefmutter, deren Familienhintergrund ja nun wirklich das Gegenteil dessen darstellte, was Grundlage zum Verstehen jüdischen Geistes und Witzes bildet, die jüdischen Begriffe und Redewendungen meines Vaters zitierte und anwendete, als hätten sie von Kind auf zu ihrem ureigenen Sprachschatz gehört. War es Anpassung, war es Gewöhnung oder geschah es, weil auch sie die Treffsicherheit erkannte, welche diesen Ausdrücken eigen ist – ich weiß es nicht.

Aber Reb Levi aus dem kleinen galizischen Schtetl fällt mir ein, der in der Synagoge von einem Brief erzählt, den er von seinem im fernen Wien lebenden Sohn erhalten hat.

„Nu, und was hat er geschrieben, der Herr Sohn? Wie geht's ihm? Was machen seine Geschäfte?", will man wissen.

„Ach, danke der Nachfrage! Es is nischt so Gutes … seine Frau, sie is ihm gestorben … ganz a junge Frau noch … so er sitzt mit fünf kleine Kinder … schön wie ein Engel war se … aber jetzt er hat – gepriesen sei Gottes Wille trotz allem Unglück – nur mehr vier Kinder, weil der Sohn, er is geworden krank und er auch is gestorben … das Haus es is geworden gepfändet … wegen dem Geschäft, was nicht hat floriert … so er hat angefangen a neues Geschäft … was is abgebrannt nach zwei Wochen … jetzt er sitzt da ohne Geld … ohne Kleider… ohne Essen … es is bitter … es is traurig … sehr traurig …“

Reb Levi seufzt auf. Aber im gleichen Augenblick erhellt sich seine Miene und er setzt nach:

„Aber, ein Hebräisch schreibt er, ich sag Ihnen – a Vergnügen zu lesen!“

„Tateleben, du hast gemacht dein ganzes Leben lang Geschäfte – sag mir, wie lang dauert es, bis a Mensch kommt zu an Vermögen?“

„Mein Sohn, ich kann dir nur sagen: Ehrlich währt am längsten …!“

Dieser Rat schlägt die direkte Brücke zu dem jungen Mann, der bei einer Tierkörperverwertung angestellt ist und eines Tages des Diebstahls einer Ladung Knochen überführt wird, deren Wert so hoch war, dass er auf der Stelle fristlos entlassen wird.

„Eine Bitte hätt ich noch“, ersucht der Dieb, „könnten Sie mir ausstellen a Zeugnis?“

„Das ist ja eine unglaubliche Unverfrorenheit!“, schreit der Chef erbost. „Du bestiehlst mich und willst dafür auch noch ein Zeugnis? Was, glaubst du, soll ich denn da hineinschreiben?!“

„No ich hätt mir gedacht, Sie schreiben: Er war treu und ehrlich bis auf die Knochen …!“

Und so soll sich der Kreis der Geschichten um Handel und Geschäfte mit zwei Erzählungen schließen, in deren erster der Held sich nachgerade als Vorreiter heutiger Lebensmittelproduktion erweist. Es ist Ludwig Weizmann, der Weinhändler. Ein wohltätiger und vor allem gottesfürchtiger frommer Mann, der, von den schädlichen Auswirkungen übermäßigen Alkoholgenusses überzeugt, sein ganzes Leben nur einer Sache geweiht hat, der Erzeugung eines Weines, mit dem sich Gojim wie Juden nicht allzu sehr besaufen sollten. Das Städtchen war gesegnet mit einer guten Wasserquelle und auch Gott war mit dem frommen Mann, und so ging das Geschäft zeitlebens gut. Aber eines Tages kam auch für ihn die Stunde, wo es ans Sterben ging, und so rief er seine Söhne ans Bett und sprach mit ersterbender Stimme:

„Hört mich an, meine geliebten Kinder … ich muss sterben und ich weiß es und ich bin bereit … Aber ihr, meine geliebten Kinder, wenn ich bin gestorben, ihr werdet übernehmen meinen Weinhandel … und dafür ich muss euch anvertrauen a großes Geheimnis, was wichtig is für Weinhandel … So wisset denn, meine Kinder“, hauchte der Sterbende, „Wein – man kann ihn auch aus Trauben machen …!“

Die Nachfolgegeschichte dazu spielt im Gerichtssaal. Weizmanns Sohn hat sich das Geheimnis seines seligen Vaters nicht zu Herzen genommen, sondern munter weiter gepantscht. Jetzt ist er angeklagt wegen Weinfälschung. Seine Verteidigungslinie ist ganz auf Unwissenheit aufgebaut, und so wendet er sich höflich an den Vorsitzenden:

„Wenn ich darf fragen, Herr Gerichtsrat – Sie wissen von Chemie?“

„Das ist zur Urteilsfindung absolut nicht notwendig“, erwidert verärgert der Richter, „dazu habe ich meine Sachverständigen!“

Weizmann wendet sich nun an den anwesenden Sachverständigen: „Wenn ich fragen darf, Herr Sachverständiger – Sie wissen von Gesetz?“

Auch diese Antwort fällt knapp aus: „Das ist zur Erstellung eines Gutachtens absolut nicht notwendig, dafür gibt es ja Richter!“

„Nu, sehen Sie“, der Angeklagte hebt die Hände, macht ein betroffenes Gesicht und sagt in klagendem Ton, „aber a armer kleiner Jud soll wissen von beidem?“

„Da glaubt die ganze Welt, man macht glänzende Geschäfte“, sinniert der alte Blumenkron vor sich hin, „dabei – ich kann Ihnen sagen: Ka einziges Geschäft, wo ich nicht was zusetz’ … von Verdienst ka Red!“

„Aber, sagen Sie, woher nehmen Sie das Geld, um jedes Mal zuzusetzen?"

„Ich werd Ihnen verraten a Geheimnis: Jedes Mal ich fang an a noch größeres Geschäft, damit ich decken kann den früheren Verlust und a bissele was bleibt – für zum Essen …"

„Aber das muss doch einmal ein Ende haben!"

„Ende …? Schließlich hilft Gott und – so Er will – mittendrin man stirbt."

Und mit dem Lüften dieser beiden Geschäftsgeheimnisse geht – und das wirklich mittendrin, denn was gäbe es dem Erzählten nicht noch alles hinzuzufügen – auch das Geschäftskapitel zu Ende.

Oder, nein – ein Wort noch zu Gott und zu denen, die ihr Schicksal vertrauensvoll in seine Hände legen in der Gewissheit, dass er, was immer auch kommen mag, helfen wird.

„Ich weiß, Gott, dass Du für uns sorgst", ist ein armer Straßenhändler im frommen Gespräch mit dem Herrn versunken, „aber wäre es Dir nicht möglich, uns auch schon zu versorgen, bevor Du für uns sorgst …?"

Und diesem Vorschlag ist kein weiterer hinzuzufügen – vielleicht geht Gott ja eines Tages auf ihn ein.

Schadchen, Schnorrer und Schlemihle

Vier Mal war mein Vater verheiratet, was innerhalb der Familie, nachdem zusammen mit der vierten Ehefrau auch streng katholische Bigotterie eingezogen war, zum geheimnisumwitterten Tabuthema wurde. „Ich bin eben ein starker Heirater“, beschrieb der altgewordene Charmeur seine lebenslange Neigung, tiefer gehende Liaisonen sofort legitimieren zu wollen, was in einem merkwürdigen Widerspruch zu seinem Ruf als Frauenheld stand. Sollten es also Liebesheiraten gewesen sein? Wir haben nie darüber gesprochen, die väterliche Autorität war zu jener Zeit, als ich mit ihm hätte darüber reden können, zu groß, um als Sohn solche Themen anzuschneiden.

Überhaupt, ich darf bei dem Thema eigentlich gar nicht mitreden, habe ich doch Ehe & Co bis dato nur als stiller Beobachter, und vielleicht gerade deshalb manchmal auch als Schlichtungsinstanz erlebt. Aber recht genau hingesehen und hingehört habe ich und mache mir, was die Haltbarkeit betrifft, über die Vorteile der in der kulturgeschichtlich doch recht jungen Idee der Liebesheirat gegenüber einer arrangierten Ehe hin und wieder so meine Gedanken. Und die führen mich geradewegs zum Schadchen, dem jüdischen Heiratsvermittler, über dessen Berufsausübung es so viele Geschichten und Anekdoten gibt. Sinn und Zweck des Schadchens liegen tief in jüdischen Traditionen begründet und haben vornehmlich mit der Erhaltung des Volkes Israel zu tun; und so unterlagen etwa Gebühren für eine erfolgreiche Heiratsvermittlung sogar rabbinischen Entscheidungen. Das Arbeitsfeld eines Schadchens ist im folgenden Dialog klar umrissen.

„Warum heiratet eigentlich Ihre Tochter nicht, Herr Karpeles?“

„Sie will noch warten.“

„Auf was?“

„Auf an Mann …“

Und den zu vermitteln, war Aufgabe des Schadchens, des jüdischen Heiratsvermittlers.

Mit wachsendem Wohlstand aber wuchs sich auch die Tätigkeit des Schadchens immer mehr zu einem erfolgreichen Geschäftszweig aus, und seine entsprechend skrupellose Geschäftstüchtigkeit, die übertriebenen Anpreisungen der „Ware“ und der zweifelhafte

Umgang mit der Wahrheit über das feilgebotene Objekt zählten für meinen Vater zu den Lieblingsthemen seiner Geschichten und Witze.

„Sagen Sie", ärgert sich ein Heiratskandidat über den Schadchen, „wie können Sie mir dieses Menuwel anbieten als Braut, die is doch stocktaub!"

„Nu, nebbich a Nachteil – Sie können se beschimpfen, was Se wollen, sie wird nichts hören!"

„Aber stottern tut sie auch!"

„Nu, das is doch a Vorteil – so se wird nicht viel reden!"

„Aber sie ist grundhässlich!"

„Nu, is das nicht das Beste – so se wird Sie nie betrügen!"

„– Und dass sie is dreißig Jahr älter als ich –?"

„Also, was verlangen Sie? E i n e n Nachteil werd ma doch noch in Kauf nehmen."

„E i n e n Fehler darf jede haben!" Mit diesem großzügigen Zugeständnis an die Damenwelt gingen in turbulenten Adoleszenzjahren mein damals bester Freund und ich „auf Aufriss", wie man eine auf eher kürzestfristige Bindung ausgelegte Partnersuche damals großspurig nannte. Nachdem uns beide das Leben auseinander getrieben hatte und wir einander etwa jedes Jahrzehnt wieder einmal über den Weg liefen, lautete routinemäßig die erste Frage: „Wie viele sind's für dich mittlerweile?" Wir meinen nicht Damen, sondern die Anzahl der diesen mittlerweile zugestandenen Fehler. Und mit dieser gockelhaften Ironie, die umso weniger ernst gemeint war, als wir beide in festen Beziehungen lebten, verblödelten wir Bauch und Glatze und damit unsere Melancholie über das Älterwerden.

Auf die Idee mit dem einen Fehler hatte mich seinerzeit auch eine andere der väterlichen Lieblingsgeschichten gebracht, jene von dem jungen Mann, der sich von einem Schadchen Vorschläge machen lassen will.

„Zuerst muss ich Ihre Ansprüche kennen", meint dieser, „was für Eigenschaften verlangen Sie denn von Ihrer Zukünftigen?"

„Erstens, sie muss gebildet sein!" Der Heiratskandidat wirft sich in Pose. „Dann, sie muss können die Literatur … und, ganz wichtig, sie muss wissen zu sprechen französisch!"

„Das ist etwas viel auf einmal, aber es dürfte zu bewerkstelligen sein“, nickt der Schadchen, „also, schön … was noch …?“

„Also, sie muss auf alle Fälle sein aus einer hochanständigen Familie … ja, und tugendsam muss sie sein“, türmt der Jüngling Forderung auf Forderung, „und ganz wichtig natürlich ist die Schönheit! Gut gebaut … vorne oben und hinten unten … Sie wissen schon … und Beine muss sie haben, die mich erregen … schlanke Fesseln …“

„Ich versteh –“, unterbricht der Schadchen schon leicht überfordert, um gleich einzulenken, „aber gut, alles da!“

„Dann“, der Bräutigam in spe ist nicht zu bremsen, „sie muss können spielen Klavier … und Kinder … sie muss Kinder lieben, weil ich möchte mindestens –“

„Und weiter …?“, wird der Schadchen jetzt immer nervöser ob solcher Ansprüche.

„Weiter …“, zählt der Heiratskandidat mit hochtrabender Attitüde auf, „also, weiter sie muss können zu machen den Haushalt – aber perfekt … und gut kochen soll sie … und die Verwandtschaft sie muss tadellos sein … und reich muss sie sein … ja, also Geld muss schon da sein genügend … und die Aussteuer, sie muss mindestens –“

Da kann sich der Schadchen nicht mehr zurückhalten und er fällt dem Anspruchsvollen ins Wort:

„Mein lieber junger Mann … wenn Sie ein Mädchen finden, das alles das ist und alles das hat, was Sie sich wünschen, dann müsst sie ja meschugge sein, wenn sie Sie heiratet …“

„Nu“, räumt da der Heiratslustige ein, „m e s c h u g g e d a r f s i e s e i n!“

Nachdem der Schadchen einem Kandidaten die unschätzbaren Vorteile eines Mädchens aufgezählt hat, wendet dieser sich entrüstet zum Gehen und posaunt lautstark:

„Ich werd Ihnen was sagen, ich bin einer, der an all dem nicht im Geringsten interessiert ist, i c h werde nur aus Liebe heiraten!“

Einen Moment stutzt der Schadchen, dann ruft er: „Warten Sie … aus Liebe …!“ Er fängt an, in seinen Unterlagen zu blättern, aber noch scheint er nicht das Richtige zu finden. Nun legt er den Finger an die Lippen, schließt die Augen, „… aus Liebe … aus

Liebe …", um nach längerem Nachdenken erlöst kundzutun: „Keine Sorge – so was hab ich auch auf Lager!"

Der Bankier Kronfeld ist immer in Eile. So lässt er den Schadchen zu sich kommen, und bevor der noch zu Wort kommt, erteilt er schon im Befehlston seinen Auftrag:

„Halten wir uns nicht lange auf. Sie wissen, ich muss meine Tochter verheiraten. Sie kennen sie ja ohnehin. Also, kommen wir gleich zum Mann! Jung muss er nicht sein, jung ist sie selber! Schön und gebildet muss er auch nicht sein, schön und gebildet ist sie selber! Reich muss er scho gar nicht sein, reich ist sie selber! – Anständig muss er sein!!"

„Was", empört sich der Vater des Heiratskandidaten zum Schadchen, „Sie schlagen mir allen Ernstes die Sorl Spitzer als Braut für meinen Kobi vor? Die hat doch mit h a l b Pinne a Verhältnis gehabt!"

„Nu, nebbich!", bleibt der Schadchen unbeirrt. „Wie groß is scho g a n z Pinne?!"

Und diese rein rhetorische Feststellung – denn er war ja verheiratet und seine Schwärmereien blieben platonisch – ließ auch mein Vater spontan hören, wenn man ihm vor der angeblichen oder wirklichen Lebenslust einer Dame warnte, die jedoch ihm gerade deswegen ausnehmend gefiel.

Als ich selbst einmal in jugendlicher Liebesverwirrung Heiratsabsichten äußerte und die Auserwählte in den glühendsten Farben geschildert hatte, entfuhr meinem Vater, indem er meine übertriebene Ernsthaftigkeit gleich richtig deutete und zu entschärfen suchte: „Im Zweifelsfall, lass sie stehen!" Und da mir die Doppelbedeutung dieses Ratschlags bewusst war, relativierte sich mit dem Lachen darüber auch alsbald mein dringlicher Wunsch.

Die Bemerkung bezog sich nämlich auf den Jüngling, der gerade die nicht endenwollenden und mit unzähligen Ausschmückungen gespickten Anpreisungen eines Schadchens über die ideale Braut, die angeblich nicht den kleinsten Fehler aufzuweisen hat, über sich ergehen lässt. Als der Anpreiser einmal Atem holt, unterbricht der Aspirant schüchtern:

„Verzeihen, aber eines haben Sie vergessen –"

„Ich –? Was soll ich vergessen haben?"

„Nu – sie hinkt", wendet der junge Mann ein.

„Hinkt?", ist der Schadchen entrüstet. „– Aber nur, wenn se läuft ...!"

Und so wird klar, dass sich der väterliche Vorschlag, die angebliche Idealfrau im Zweifelsfall stehen zu lassen, keineswegs auf das Verlassen der Geliebten bezog, sondern nur ein Nachdenken über vielleicht allzu idealisierte Vorzüge in Gang setzen sollte.

Gerne erzählte er auch die Geschichten vom alten Anwalt Leiblowitsch, der seinem Sohn, der bereits als erfolgreicher Kompagnon in der väterlichen Kanzlei arbeitet und dem Vater jeden Monat eine andere Flamme präsentiert, mit der er den Bund der Ehe schließen will, diese vehement auszureden pflegt. Und ich kann mich rückblickend des Eindrucks nicht erwehren, dass mein Vater in den Antworten des alten Anwalts ein kleines Körnchen seiner eigenen Weltanschauung wiederfand.

„Du willst dich also verheiraten", stellt dieser fest, als der junge Leiblowitsch ihm wieder einmal des Langen und Breiten die Vorzüge einer neuen Verlobten ins beste Licht gesetzt hat. „Gut! Aber da wär noch a Kleinigkeit, die mich interessieren möcht. Warum willst du heiraten so a mittelloses junges Ding?"

„Ich hab mich eben verliebt", verteidigt der junge Mann trotzig seine Entscheidung.

Leiblowitsch macht große Augen.

„Verliebt, sagst du ... Nu, warum soll man sich nicht verlieben? Ich hab mich auch scho verliebt ... einige Male ... aber, sag mir eines: Wo steht geschrieben, dass man muss sich verlieben in a a r m e s Mädel? ... Warum soll man sich nicht können verlieben in a r e i c h e s Mädel ...?"

„Aber Vater", wendet der Sohn ein, „wieso nimmst gerade du dir das so zu Herzen? Gerade du? Die Mutter hat doch auch kein Geld gehabt, wie du sie hast geheiratet."

„Das kann man doch nicht vergleichen, das is doch wirklich ganz was anderes!", weist der Alte dieses Argument von sich.

„Ganz was anderes? Wieso ganz was anderes?“

„Nu“, kommt es im Brustton der Überzeugung, „i c h hab doch damals auch nichts gehabt!“

Irgendwann ist es dem jungen Leiblowitsch dann doch gelungen, ein Mädchen als Frau heimzuführen. Als die Schwiegertochter mit ihrem sanften Wesen und ihrem Liebreiz den Alten längst um den Finger gewickelt hat, brummt er manchmal Freunden gegenüber, die ihn auf seinen plötzlichen Sinneswandel ansprechen, lächelnd in seinen Bart:

„Sagt nichts! Mein Sally, er hat geheiratet nach dem Talmud. Dort steht geschrieben: Eine schöne Frau, sie is a halbes Vermögen … und eine gute Frau, sie is auch a halbes Vermögen. Und – macht das nicht zusammen a ganzes Vermögen …?“

Ohne professionelle Vermittlung versucht es auch der alte Koppel Perlmutter, ein reicher, aber übelbeleumundeter Geschäftsmann, der endlich seine Tochter verheiraten will, nachdem schon einige Versuche mit dem Schadchen fehlgeschlagen sind. Da lernt er auf einer Geschäftsreise einen jungen Menschen kennen, der ihm ausnehmend gut gefällt. Irgendwie sprechen sie die gleiche Sprache, stellt Perlmutter fest; der könnte einen idealen Schwiegersohn abgeben, überlegt er, und nach einer Abendeinladung konstatiert er erfreut, dass auch seine Tochter Gefallen an dem jungen Mann zu finden scheint. So werden diverse Verhandlungen eingeleitet, die schon nach ein paar Wochen darin gipfeln, dass der Jüngling seine Bewerbung vorträgt. Perlmutter zieht sich nun mit dem jungen Mann in sein Arbeitszimmer zurück, schenkt zwei Gläser Cognac ein und beginnt in geschäftsmäßigem Ton: „Hören Sie zu, ich kann nicht sagen, dass Sie mir nicht gefallen, und ich hab gesehen, Sie gefallen auch meinem kleinen Chávale … so es kann was werden aus der Sache …“

Er nimmt einen großen Schluck, dann steht er auf und beginnt im Zimmer auf und ab zu gehen. „Sehen Sie“, fährt er fort, „die Leute, sie klatschen und reden … und so sie reden auch über mich … Und jetzt – bevor Sie hören irgendwelche Halbwahrheiten über mich, wie ich hab mein Geld gemacht auf nicht schöne Weise, ich werd Ihnen selbst sagen die Wahrheit über mich und meine Geschäfte … Also … Sehen Sie, man sagt ‚nicht schöne Weise‘ … Jetzt frag ich: Was is scho nicht schön? … Ich hab gemacht Bankrott einmal, a einziges Mal nur … Ich hab gehabt a Malheur dabei … der Staatsanwalt, er hat es falsch ausgelegt … Sie verstehen … Nu … Sie wissen schon, nicht wahr …?“

„Ich versteh“, nickt der junge Mann.

„Nu, also …“, Perlmutter offeriert Zigarren und zündet sich selbst ein an, „also, ich werd geben … meiner Tochter … die fünfzigtausend für Mitgift … Sie haben mich verstanden … 50 000! … Nu, und wegen dem kleinen Bankrott … Sie verstehen … ich hab dann noch gehabt einen geringen Ärger … aber nur sechs Monat unbedingt … zusammengerechnet … Wissen Sie, Sie sind a junger Mensch … und meine Tochter … werd ich ihr mitgeben … 60 000 …“

„Hm …“, der Bewerber nickt einige Male, „sechs Monat …“

„Nu, was wollen Sie …“, Perlmutter setzt eine betrubte Mine auf. „Sie können sich denken …“, er wendet seinen Blick himmelwärts, „wie ich wieder bin herausgekommen – ich war a gebrochener Mann … meine Frau – Gott seis gedankt – sie hat gehabt Ersparnisse … so sie hat mir ermöglicht neue Geschäfte … gute Geschäfte … was soll ich Ihnen sagen … Nu, was blicken Sie mich an? … Gut – werd ich ihr mitgeben … sagen wir 70 000 … werd ich ihr mitgeben!“

Der Bräutigam in spe nickt wieder ein paar Mal, dann fragt er ruhig: „Was für Geschäfte?“

„Was für Geschäfte … was für Geschäfte …“, Perlmutter spielt den Beleidigten, „Sie können mir glauben, dass es gewesen sind gute Geschäfte … mit Militärspersonen … Prozente … auf Wechselchen … Also, wissen Sie was – ich werd Ihnen sagen, ich will aufrunden … für meine Tochter auf 75 000 … Geld kann man immer brauchen, nicht wahr … wann man is jung …“

„Nu –“, der junge Mann zieht einige Male an seiner Zigarre und blickt vor sich hin.

„Ja … Nu!“ Perlmutter wird jetzt leicht unruhig und schenkt sich noch einen Cognac ein. „Was soll ich sagen … a Malheur … wann es kommen will, wie soll man es aufhalten … als kleiner Mensch? … Man hat mich nicht gelassen – man hat gesagt, die Geschäfte … sie sind Wucher … Nu, junge Menschen … ich kenn die Liebe – werd ich Ihnen geben … also geben 80 000 … es klingt doch schöner – 80 000 …!"

„Klingen …", murmelt der Junge, „k l i n g en – ja! … Aber, wie lange …? "

„Nu – klingen, was soll scho heißen klingen –!" Perlmutter knallt sein Glas auf den Tisch und baut sich vor dem jungen Menschen auf. „85 000! – ohne Abschlag … werd ich Ihnen geben – was haben Sie gesagt?"

„Wie lange –?", wiederholt der Heiratsaspirant.

„Was fragen Sie, wie lange?" Perlmutter steigert sich in seiner Erregung. „Sie können sich denken … der Staatsanwalt – ein Antisemit … der Richter … alles Antisemiten … der Verteidiger – eine von die sieben Plagen … aber trotzdem … mildernde Umstände hätt man mir müssen geben … zumindest … aber wissen Sie was – werd ich dazu legen noch fünf Tausender …"

Der Bräutigam wiegt den Kopf und schweigt.

„Also gut!", schreit Perlmutter. „Wenn Sie s o einer sind … 95 000 … Gott kennt mich … wegen drei Jahr Gefängnis … wie hab ichs nur überlebt? … machen wir Finale … also – 100 000! … E i n h u n d e r t a u s e n d! … Für mein Kind …!"

Der junge Mann nickt stumm. Perlmutter atmet schwer und stützt sich auf den Tisch. Dann wendet er sich um und fragt:

„Aber – sagen Sie, was ist an I h n e n dran? Schließlich muss i c h auch S i e kennen lernen …!"

„Was an mir dran ist …?", der Jüngling sieht Perlmutter treuherzig an. „Was an mir dran ist … was soll ich da viel sagen?", und jetzt mit einem entwaffnenden Lächeln: „Ich nehm I h r e Tochter!"

Vieles, was als jüdischer Witz erzählt wird, hat seinen Ursprung im heute ausgestorbenen sogenannten „Jargon-Humor", wie er in den jüdischen Varietés und Kabaretts der vorletzten Jahrhundertwende umjubelt wurde. Juden zogen mit Witz und Klamauk und hemmungslos blödelnd über Juden her und ließen dabei kaum ein antisemitisches Klischee aus. Im Publikum wiederum saßen Nichtjuden und Juden einträchtig nebeneinander, wobei sich im Gelächter der Antisemiten oft widerspiegelte, dass sie ihre Vorurteile bestätigt sahen. Unverzichtbarer Bestandteil waren dabei typische Herrenwitze über die Ehe, über Betrüger und Betrogene und somit über „die schönste Nebensache der Welt“.

Dass es dabei meist weit unter der Gürtellinie zuging, tut der Trauer über diese ausgerottete und damit für immer verloren gegangene Unterhaltungsform keinen Abbruch. Und so gebietet mir die Verpflichtung dem Buchtitel gegenüber, von den unzähligen Witzen zumindest einige wenige, auch wenn sie zu den bekannteren gehören, kommentarlos hierherzusetzen.

Seinen tiefen Sinn in der Erhaltung des jüdischen Volkes hat auch das wöchentliche eheliche Beiwohngebot. Es ist aber auch Quelle vieler zotiger Witze und Blödeleien.

So besucht zum Beispiel das Ehepaar Tulpental eine große Geflügelausstellung und kommt gerade dazu, wie ein prächtiger Hahn mit einer Henne seinen Gefühlen den freiesten Lauf lässt. Nachdem beide das heftige Tun eine Weile beobachtet haben, schlendern sie weiter. Eine halbe Stunden später kommen sie noch einmal am selben Käfig vorbei und sehen den Hahn nach wie vor in vollste Tätigkeit vertieft.

Neidisch zupft Frau Tulpental ihren Gatten am Ärmel und zischt: „Siehst du …!“

Der Ehemann hält einen gerade vorübereilenden Tierwärter auf: „Sagen Sie, so ein Hahn, wie lange und wie oft kann denn der – äh – dieses Spiel wiederholen?“ – „No, so an die zwanzig Mal pro Tag –“ Herr Tulpental beginnt blass zu werden, da ergänzt der Wärter: „Jedes Mal natürlich mit einer anderen Henne!“

Nun sieht Tulpental sein Eheweib an und meint triumphierend: „Herst du?!“

Den Schlemihlen vorgegriffen, weil an dieser Stelle unabdingbar, sei der weise Rabbi angeführt, zu dem der Ehemann mit der Klage kommt:

„Rabbi, du kennst unseren unerfüllten Kinderwunsch. Jetzt hat der Doktor als letztes Mittel vorgeschlagen eine Kur in Karlsbad. So bin ich gewesen für meine letztes Geld mit meiner Frau für zwei Monat in Karlsbad – aber geholfen hat auch das nichts!“

„Nu ja, Schlemihl“, meint der Rabbi nachsichtig, „wenn du mitfährst …“

Der alte Mandelbaum in Leitmeritz möchte noch einmal auf Abenteuer gehen, und so besucht er eine kleine, ominöse Bar mit Damenbedienung.
„Rufen Se mir die Paula ins Séparée", bittet er den Kellner.
„Die Paula kommt heut nicht. Sie is in Trauer, ihre Tante is gestorben."
„Sie kann ruhig kommen", seufzt Mandelbaum da, „mit mir hat sie sicher ka Vergnügen ...!"

„Mein Kind", schreit Frau Trenzer den jungen Verehrer ihrer Tochter an, „sie is a anständiges Mädchen, das sich nicht abgeben wird mit einem Lumpen, wie Sie einer sind!"
„Anständiges Mädchen –?", verteidigt sich der Angefauchte. „Ich kann Ihnen sagen, wär sie so anständig, so sie hätt mich nicht besuchen wollen dreimal die Woche!"
„Sie Frechling, woher wissen Sie, dass meine Tochter Sie hat dreimal besuchen wollen?"
„No, hörn Sie – wenn se nicht hätte gewollt, wär se doch nicht gekommen ...!"

„Die Dame, die Sie mir vorgeschlagen haben", nörgelt einer den Schadchen an, „sie ist mir zu hässlich. Sie hat a schiefe Nase, sie hat schlechte Zähne und sie hat ganz eingefallene Backen!"
„Aber auf jede Backe", preist der Schadchen an, „bekommt sie dafür 50 000 Mitgift!"
„Was Sie sagen: zweimal hunderttausend? Das ändert die Sache!"

„Ham Se gern Hängebrüste?"
„Nein!"
„Ham Se gern s o ein Spitzbauch?"
„Nein!"
„Ham Se gern s o l c h e n e O-Füß?"
„Nein!"
„Was ham Se dann a Verhältnis mit meiner Frau?"

„Wann ich derf, ich komm Sonntag zu Dir", kabelt Kohn an seine Braut und erhält die Antwort: „Komm Sonntag – Du derfst!"

Der junge Berl Konitzky ist seit kurzem verheiratet, und nun befindet er sich auf der ersten längeren Geschäftsreise. Als er an einem Abend todmüde ins kleine Grandhotel in Brody kommt und seinen Schlüssel nimmt, zwinkert der Portier ihm zu:
„Sonst wünschen der Herr nichts –?"
„Nein, danke. Gute Nacht."
„Aber der Herr wird doch noch etwas brauchen …?", sagt der Portier mit Triefaugen.
„Ich hab schon gesagt, ich geh jetzt schlafen!"
„Nu … ich hätt a bildschönes Mädel … blond … es is die Frau von an Gemeinderat – also ohne Gefahr …"
„Bitte … nein … lassen Sie mich zufrieden", wird Konitzky jetzt etwas nervös, denn bis zu seiner Eheschließung war er durchaus kein Kostverächter.
„Also will der Herr doch …", lächelt der Portier vertraulich.
Da reißt der Handelsreisende sich zusammen und entschließt sich, den zudringlichen Kuppler loszuwerden: „Also gut – ich will. Aber es muss eine Nonne sein!"
„Eine Nonne – äh – das wird nicht so einfach." Der Portier kratzt sich verlegen den Kopf. „Aber wenn der Herr ein wenig warten –"
Eine halbe Stunde später klopft es an der Zimmertür, Konitzky fährt aus dem ersten Schlaf: „Wer is da –?"
Da antwortet eine resolute Stimme:
„Iach bin's – de Nonn' …"

„Wie geht's eigentlich dem Pollach?"
„Der lebt jetzt in Wien, frettet sich so mühsam durch, hat vierzehn Kinder –"
„Nu, der hat ja schon in der Schule nie aufgepasst …!"

„Sag, wie unterscheidet ma eigentlich gute Morcheln von schlechten?"
„Das is leicht, man kocht sie und gibt sie der Schwiegermutter zu essen … stirbt sie, sind es gute."

„Meine Frau", sinniert Korngold im Dampfbad, „sie wiegt achtzig Kilo … ", und jetzt beginnt er zu rechnen, „alle Jahr fahrt sie nach Karlsbad und nimmt dort acht Kilo ab …", er rechnet weiter,

„das macht … –", da geht mit einem Mal ein Strahlen über sein Gesicht und er frohlockt: „– in zehn Jahren bin ich se los …!"

Der Vollständigkeit halber sei die Variante erwähnt, in welcher die Frau Silberblatt von der Kur in Karlsbad an den daheimgebliebenen Mann telegrafiert: „In vier Wochen schon Hälfte abgenommen – wie lange soll ich noch bleiben? Mali" und die kurze, aber umso prägnantere Antwort erhält: „Noch vier Wochen, Sigi."

Apropos Karlsbad: Vom dortigen Kuraufenthalt schreibt eine Tochter begeistert an die Eltern: „Das Hotel hat wundervolle Einrichtungen! Stellt euch vor, da geht ein Diener frühmorgens um sechs Uhr mit einer Klingel durch die Korridore und ruft laut: ‚Meine Herrschaften, es is sechs Uhr, zurück in die eigenen Zimmer …!'"

Kohn tut geheimnisvoll. Ein Freund bestürmt ihn:
„Du hast dich verlobt, her ich?"
„Ja."
„Und – is sie reich?"
„Ja."
„Und – is sie hübsch?"
„Weiß ich nicht. M i r gefällt se nicht."

Mit Vaters trocken hingeworfenem „Mir gefällt sie nicht" wussten Eingeweihte, dass für ihn zumindest über den Vermögensstand einer Dame kein Zweifel bestand.

Diese Auskunft in abgewandelter Form gab er aber auch, wenn es ihm einmal besonders gut schmeckte, was bei dem Fraß, der – wie schon erwähnt – zu Hause meistens auf den Tisch kam, selten passierte, und wenn er dann ohne Rücksicht auf selbst postulierte Tischmanieren in sich hineinzuschaufeln begann wie ein hungriges Internatskind.

Zu den heikelsten Momenten im Leben eines Schadchens gehörte es nämlich – und damit wird nun der Hintergrund zu der väterlichen Bemerkung geliefert –, wenn die Kandidaten das erste Mal persönlich vorgeführt wurden. Was ein gewiefter Vermittler war, der hatte zuvor schon die Vorlieben und Charaktereigenschaften der präsumptiven Schwiegereltern ausgeforscht, und die Aspiranten wurden peinlich genau angeleitet, wie sie sich im vorteilhaftesten Licht zeigen und den besten Erfolg erzielen konnten. So bringt auch in der folgenden Begebenheit ein Schadchen zum ersten Mal den jungen Max Silbermann in das Haus der für ihn ausgesuchten Braut und schärft ihm zuvor ein:

„Vor allem, Sie dürfen nicht zu viel essen! Die Familie achtet sehr auf Bescheidenheit – nehmen Sie nur wenig vom Angebotenen und Sie werden Erfolg haben!"

Nun sitzt der junge Silbermann, ein verfressener und entsprechend dicklicher Jüngling, bei Tisch, sieht seine ihm zugedachte Braut kaum an und hat sich dafür in die vorgesetzten Schüsseln vertieft, die er mit nicht endenwollendem Appetit und laut schmatzend eine nach der anderen zu leeren beginnt. Der Schadchen hat ihn schon mehrmals unter dem Tisch angestoßen – vergeblich. Max frisst unermüdlich und zum wachsenden Missfallen der Brauteltern weiter. Endlich wird es dem Schadchen zu dumm und mit nur mühsam unterdrücktem Zorn mahnt er: „Max, Sie werden sich den Magen verderben!"

Aber der lässt sich nicht stören und meint nur kauend:

„Lassen Se mich essen – sie gefällt mer nicht!"

Ein kurzes Apropos sei mir gestattet, denn wenn mein Vater bei Tisch eines besonders kargen und dazu noch ungeliebten Essens ansichtig wurde, meinte er manchmal resigniert:

„Ist wieder a Begnadigung dazwischengekommen?"

Und er bezog sich dabei auf den jüdischen Mörder, der zum Tode verurteilt wurde und sich kurz vor der Urteilsvollstreckung hat taufen lassen. Nun ist der Zeitpunkt der sogenannten Henkersmahlzeit gekommen und er fragt den Wärter, was denn zur Auswahl stehe.

„Da hätten wir zuerst ein Dutzend Austern mit einem Gläschen Champagner", beginnt dieser, versiert wie der Ober eines Luxusrestaurants, aufzuzählen, „dann ein Schildkrötensüppchen vor der sämigen Wildterrine auf Sulz, hierauf einen Junglammbraten mit pochiertem Gemüse, danach ein zartes Forellenfilet auf Kressemousse, als Nachtisch Schokoladeparfait mit Mandeln und exotischen Früchten auf Zitronenschaum, und selbstverständlich Käse zum Abschluss und Konfekt zum Mokka. Dazu servieren wir holzfassgelagerten Beaujolais und weißen Burgunder Südwestlage, sowie Spätlese aus dem Elsaß."

„Das ist ja köstlich!" Dem Delinquenten läuft bei der Aussicht auf dieses Festmahl das Wasser im Mund zusammen.

„Aber – was meinen Sie", wendet er mit einem Mal voller Sorge ein, „es kann mir doch nicht am End noch eine Begnadigung dazwischenkommen?!"

Zurück aber zum Thema, und da fällt es schwer, Parität herzustellen, sind es doch zumeist die Ehefrauen, auf deren Rücken die Scherze ausgetragen werden. Deshalb sei zum geringen, aber umso schlagkräftigeren Ausgleich ein Beispiel angeführt, welches den Mann als Düpierten zurücklässt.

So hat eine erboste Ehefrau ihren Gatten so lange verprügelt, bis er unters Bett gekrochen ist und sich dort versteckt hält. Jetzt liegt er da und harrt zitternd der Dinge, die da noch kommen werden.

„Los, Feigling!", schreit die Frau, die sich breitbeinig vor dem Bett aufgebaut hat. „Komm heraus, du Memme!"

„Kommt nicht in Frage!", tönt es da dünn unter dem Bett hervor. „Dir werd ich zeigen, wer der Herr im Haus ist!"

Auch in den nächsten beiden Wortwechseln geht die Pointe zu Lasten des Mannes.

„Sagen Sie, jetzt sind Sie schon vier Jahre Wirtschafterin bei dem Herrn und haben fünf Kinder von ihm – warum heiraten Sie denn nicht?"

„Ja, wissen Se, er is mer nicht sympathisch!"

„Du Schlange hast überall herumerzählt, dass meine Verlobung geplatzt ist!"

„Aber keine Rede – ich hab die Leute lediglich gefragt, ob sie's schon gehört haben."

Ich erinnere mich an ein Männergespräch zwischen Vater und Sohn, als ich gerade in blühender Pubertät wochenlang mit mir haderte, wie ich es zum ersten Mal anstellen solle, die Angebetete zu küssen, mehr jedoch noch mit der Frage beschäftigt war, wie denn ein solcher Kuss überhaupt zu bewerkstelligen sei. Als ich in verschlüsselter Form auf meine Problematik zu sprechen kam, meinte mein Vater lächelnd:

„Du bist doch intelligent, und intelligente Männer reden mit Frauen zuerst einmal viel und möglichst interessant. Aber“, schränkte er ein, „red nie zu viel von Mazzesknödel!“

Und dann erzählte er mir:

Einem einfältigen jungen Mann hat der Schadchen die ideale Braut gefunden, und nun sollen die beiden Heiratskandidaten das erste Mal allein zusammentreffen. Da nimmt der Vater den Sohn zur Seite und belehrt ihn:

„Vor allem red mit ihr! Und wenn du nicht weißt, was, dann hör jetzt zu: Zuerst sprich mit ihr über Liebe, dann sprich mit ihr über Familienangelegenheiten und zum Schluss sprich mit ihr ein wenig über Philosophie!“

Mit ausdruckslosem Gesicht wiederholt der Heiratskandidat die drei Themen und fährt los. Als er zur Auserwählten kommt, ist zwar zuerst die ganze Familie versammelt, aber schon kurz darauf ziehen sich alle diskret zurück und die beiden Brautleute sind allein. Eine Weile herrscht peinliches Schweigen zwischen den beiden, dann besinnt sich der Jüngling des Programms, das ihm der Vater eingeschärft hat: zuerst Liebe, dann Familie, dann Philosophie.

„Und, Fräulein …“, beginnt er linkisch, „lieben Sie die Mazzesknödel?“

„Ja, warum sollte ich Mazzesknödel nicht lieben?“, erwidert das Mädchen. – Stille.

„Und, Fräulein …“, nimmt er den zweiten Anlauf, „haben Sie einen Bruder?“

„Nein, einen Bruder hab ich nicht.“

Die Konversation scheint nun erschöpft, da geht er im Geist noch einmal die vorgegebenen Themen durch. Liebe und Familie sind besprochen, bleibt also noch die Philosophie übrig. Und so gibt er sich zum letzten Mal einen Ruck und fragt:

„Aber, Fräulein … wenn Sie hätten einen Bruder … was glauben Sie – würd er auch lieben die Mazzesknödel?“

So sehr mein Vater auch Übertreibungen liebte – allerdings mussten sie je ironischer, desto besser sein, oder zumindest charmant vorgetragen werden –, so wenig konnte er Aufschneidereien leiden. Der später noch ausführlicher erwähnte Maler Gerstenbrand zum Beispiel, ein anständiger Könner mit dem Pinsel, aber herausragender Zeichner altösterreichischer Szenen mit Lokalkolorit, war für meinen Vater „der weltbeste Maler". Ein gut gebratenes Stück Fleisch in einem Restaurant der Mittelklasse „das beste Steak, das ich in meinem Leben gegessen habe", und so fort. Schnitt aber jemand unverblümt auf und fing etwa an, sich selbst mit Lobhudeleien zu überschütten, konnte es sein, dass sich mein Vater unvermittelt erkundigte: „Und wie breit …?"

Die dieser Bemerkung zugehörige Schadchengeschichte beginnt damit, dass Sami Rothstein, ein stadtbekannter Aufschneider, der es zu raschem Geld gebracht hat, sich nun verheiraten will. Nach etlichen gescheiterten Versuchen nimmt sich der Schadchen ein Herz und redet Tacheles mit dem jungen Mann:

„Rothstein", sagt er, „ich hab mich jetzt monatelang bemüht. Sie sind ja auch nicht unattraktiv, Sie sind erfolgreich, Sie haben Geld, aber ich hab jetzt noch ein letztes Mädel für Sie, die Tochter vom reichen Taussig. Deshalb tun Sie mir um Gottes willen den Gefallen und werfen Sie wenigstens diesmal nicht immer mit so übertriebenen Bemerkungen herum – mit einem Wort, geben Sie nicht so entsetzlich an! Das macht so einen schlechten Eindruck, es stößt die Menschen einfach ab!"

„Wenn Sie meinen", versetzt Rothstein schmallippig, „dann geben Sie mir eben einen Stoß unterm Tisch, wenn Sie finden, ich schneid auf, und dann werd ich eben anders sprechen." Nächsten Tag sitzt man bei Familie Taussig beim üppigen Mahl, alles ist bis jetzt gut gegangen, die Anwesenden scheinen sich glänzend zu verstehen und die Aussichten auf einen Geschäftsabschluss für den Schadchen stehen günstig. Schließlich wird im Salon der Kaffee serviert. Der alte Taussig lehnt sich genüsslich zurück und beginnt zu erzählen.

„Also, wir haben jetzt eine Villa am Land gekauft, sechzehn Zimmer … die lasse ich gerade umbauen … da kommt ein Speisesaal hinein, etwa fünfzehn Meter lang und acht Meter breit –"

Da kann Rothstein nicht mehr an sich halten, er fährt mit lauter Stimme dazwischen:

„Und ich hab eine Villa am Land, da hab ich dreiunddreißig Zimmer –", dem Schadchen wird schwarz vor Augen, aber Rothstein ist nicht mehr zu bremsen, „allein mein Schlafzimmer ist schon vierundsechzig Meter lang … –"

Da empfängt ihn ein fürchterlicher Stoß unterm Tisch. Einen Augenblick hält er schmerzerfüllt inne und dann schließt er bescheiden „– aber nur einen halben Meter breit …"

Wenn ich nun etliche Beispiele für die typische Arbeitsweise eines jüdischen Heiratsvermittlers angeführt habe, dann fehlt noch die Begebenheit des alten Schadchens, der spürt, dass es Zeit ist, sich zur Ruhe zu setzen.

„Avrom", sagt er deshalb zu seinem Sohn, „ich hab dich eingeweiht in alle Geheimnisse von dem Beruf. Ich hab dich mitgenommen viele Jahre als meine Begleitung und ich hab dir gezeigt die Tricks, die man muss kennen zu machen eine gute Heirat. Ich hab dir weitergegeben alle meine Erfahrungen – jetzt hör mich aus: Das Allerwichtigste, was bleibt, ist die Übertreibung! Wenn ein Mädchen hat, sagen wir, tausend Rubel Mitgift, ein guter Schadchen muss behaupten dreitausend. Und so von jetzt ab, mein Sohn, wenn wir kommen zu die Kunden, du wirst alles, was ich sage, bekräftigen und du wirst ordentlich übertreiben dabei. Und so ich werde erkennen, ob du wirst ein guter Schadchen sein und ob du kannst übernehmen mein Geschäft!"

Gesagt, getan. Die beiden ziehen los und gleich beim ersten reichen Juden, dem der Schadchen eine gute Partie für seinen Sohn antragen will, nickte der Alte dem Jungen zu und dann beginnt er:

„Sie müssen wissen, das Mädchen es is aus vornehmer Familie!"

„Was heißt vornehme Familie", fährt der Sohn dazwischen, „reinster jüdischer Hochadel!"

„Die Leut, sie sind reich!", fährt der Alte in seinen Lobpreisungen fort.

„Reich? – Milliardäre … vielfache!", bekräftigt feurig der Nachfolger.

„Das Mädchen, es is nicht übel." Damit gibt der Vater seinem Sohn etlichen Spielraum.

„Sie is e Schönheit! Wie aus dem Journal!“, der Junge gerät immer mehr aus dem Häuschen, „eine Weltbeauté!“
„Nur ein winziges Fehlerchen könnte man anführen …“, der Alte macht ein unverfängliches Gesicht, „sie hat ein ganz kleines Höckerchen.“
„Was heißt Höckerchen –“, schreit da der Junge, „einen Buckel hat sie, groß wie ein Berg!!“

„Sag ehrlich“, fragt einer seinen frisch vermählten Freund, „aus welchem Grund hast du geheiratet? Aus Liebe oder wegen Geld?“

„No, eigentlich, es war mehr so a Kombination aus beiden.“

„Was heißt aus beiden –?“

„Aus Liebe zum Geld.“

Nicht nur Geld, körperliche und geistige Vorzüge waren die Trümpfe, die ein Schadchen schamlos ausspielte, ob dies nun den Tatsachen entsprach oder nicht, auch *Jicheß* gehörte dazu, was sich mit Herkunft nur mangelhaft übersetzen lässt. Je mehr Rabbiner oder zumindest Gelehrte oder allermindestens Lehrer zum Beispiel einen Stammbaum bevölkerten, desto mehr Jicheß besaßen die Heiratskandidaten. Und so versuchten neureiche Juden, für ihre Söhne ein Rabbinertöchterlein an Land zu ziehen, während es wiederum als Ideal galt, für Töchter einen gebildeten jungen Mann aus gutem Haus zu ergattern, der dafür aber auch ruhig unbemittelt dastehen durfte.

„… Aber Jicheß!“, bemerkte mein Vater manchmal, wenn es um Heiratskandidaten ging, die arm waren wie Kirchenmäuse. Und am Ton seiner Bemerkung erkannte man, seine Lebenserfahrung lasse ihn daran zweifeln, dass sich dieser Umstand durch Herkunft mehr als ausgleichen lassen würde, und dann bekräftigte er seine These mit dem Ausspruch einer neureichen Großhändlersgattin, die ihren Freundinnen vom neuen Schwiegersohn vorschwärmt: „Ihr könnt euch gar nicht vorstellen, wie d e r unsere Rachel liebt! Was er ihr an den Augen abliest, müssen wir ihr auf der Stelle kaufen!“

Eine beneidenswerte Mischung aus Geschäftstüchtigkeit und Optimismus zeichnet dafür den Heiratsvermittler in der folgenden Geschichte aus:

„Ich habe“, trumpft der Schadchen auf, der sich beim reichen Bankier Korngold einen Termin ergattert hat und ihm nun im kostbar ausgestatteten Privatkontor gegenübersitzt, „einen Schwiegersohn für Sie, der –“

Da wird er schon ärgerlich unterbrochen: „Ich brauch keinen Schwiegersohn, und schon gar nicht brauch ich eine Vermittlung –“

„Ja aber“, lässt der Schadchen sich in seinem Redeschwall nicht stören, „er is unglaublich reich!“

„Reich bin ich selbst!“, erwidert Korngold blasiert.

„Aber, hören Sie mich aus, der Schwiegersohn, an den ich für Ihr Fräulein Tochter gedacht hab, er is vornehm und von außergewöhnlicher Abstammung –!“

Diese Auskunft macht den potentiellen Brautvater gesprächiger: „Ach ja –?“

„Ja!“, hakt der Schadchen rasch ein. „Wenn ich Ihnen sag, wer er is, Sie werden umfallen vor Staunen, aber –“, wird er jetzt geheimnisvoll, „ich darf es nicht sagen …!“

Das lässt Korngold nicht gelten. „Wenn Sie nicht augenblicklich mit dem Namen herausrücken, lass ich Sie hinauswerfen!“

„Nu“, gibt sich der Schadchen siegessicher, „aber es wird Sie kosten … also, wenn Sie versprechen, es bleibt unter uns …“, und dann nach einer genüsslichen Kunstpause stolzgebläht, „es is der Sohn des Zaren von Russland! Der Thronfolger! Nu, was sagen Sie?!“

„Was??!“ Korngold fällt fast vom Stuhl. „Also, wenn Sie mir d e n bringen, ich zahl alles, was Sie verlangen!“

Glückselig läuft der Schadchen nach Hause und schon in der Tür ruft er: „Sarah, heut hab ich a Geschäft gemacht, du wirst staunen! Die Hälfte hab ich schon – jetzt brauch ich nur noch die Zustimmung vom Zaren!“

Und so soll es dann im Idealfall zur glücklichen Ehe kommen.

„Ich bitt dich, Mendel“, flüstert der schwer kurzsichtige Sami Perlmann, der in einer Stunde die jüngste und schönste von drei Schwestern zur Frau nehmen wird, seinem Freund zu, „geh nicht von meiner Seite bei der ganzen Zeremonie! Du weißt, ich seh so schlecht und ich fürcht mich, dass sie mir am End unterm Hochzeitshimmel noch die älteste unterschieben!“

Drei Hochzeiten wurden in unserem Haus ausgerichtet und trotz aller finanziellen Schwierigkeiten wurde dafür über alle Maßen aufgeboten, was gut und teuer war, und so wurden diese Begängnisse zu triumphalen Festen, an die man sich, nicht zuletzt der lange noch aushaftenden Schulden wegen, intensiv erinnerte. Mit der in ehrlichem Bekennerton geäußerten Absicht „Für meine Gäste nur das Beste!“ kam mein Vater bei den Vorbesprechungen allerdings nicht durch, weil er selbst jene Legende oft erzählt hatte, auf die er sich nun mit feinem Spott bezog.

Reb Laub, der reichste Jude im Schtetl, lud zur Hochzeit seiner einzigen Tochter, und er lud die ganze Gemeinde ein, darunter die vornehmsten und wohlhabendsten Leute. An langen Tischen saßen nun alle und freuten sich schon auf ein opulentes Festmahl, das sie, dessen waren sich alles sicher, nun zu erwarten hätten. Da traten schon die Diener heran und trugen Dutzende Schüsseln auf, aber wie erschraken die Festgäste, als die Deckel abgehoben wurden, denn da sahen sie, dass es Wasser war, nichts als Wasser, das ihnen hier vorgesetzt wurde. Betretenes Schweigen trat ein, und endlich erlaubte sich einer, der dem Brautvater am nächsten stand, die Bemerkung, was es denn mit dieser offensichtlichen Brüskierung auf sich habe.

„Aber, ganz im Gegenteil“, versicherte lächelnd der Gastgeber, „ich habe einen Wahlspruch, und nach diesem wollte ich zum heutigen Festtag meinen Gästen nur das Beste vorsetzen. Und so habe ich den weiten Weg in die Kreisstadt auf mich genommen, um für meine Gäste nur das Beste einzukaufen. Ich komme also zum Fischhändler und frage ihn nach guten, aber wirklich sehr guten Fischen: ‚Was heißt gute‘, schwärmt mir der Fischhändler vor, ‚meine Fische sind die besten der Welt! Sie sind süß, so süß wie Zucker!‘

Nun, dachte ich mir, wenn er mir versichert, die Fische sind so süß wie Zucker, dann ist doch Zucker gewiss besser als Fisch. Und so gehe ich zum Zuckerhändler, um für meine Gäste das Beste zu kaufen, und verlange guten Zucker.

‚Sie meinen, mein Zucker ist nur gut?', ist der Zuckerhändler tief getroffen. ‚Mein Zucker – in allen Erdteilen Sie werden keinen besseren Zucker finden als den meinigen! Mein Zucker, er ist so süß wie Honig!'

Jetzt wird doch jeder verstehen, dass ich nun lieber gleich Honig kaufen will, wenn der Zucker so süß ist wie Honig. Und Gott sei Dank, ich kann es mir leisten, meinen Gästen nur das Beste zu kredenzen. So frage ich bei dem ersten Honighändler am Platz nach gutem Honig für die Hochzeitstafel meiner einzigen Tochter.

‚Schlechten Honig soll ich verkaufen?', ist die Honigfrau entrüstet. ‚Auf der Stelle ich soll tot umfallen, wenn mein Honig nicht der beste Honig ist, den jemals geschmeckt hat die Welt! Mein Honig, er ist so klar wie Öl!'

Nun, was sagt Ihr? Honig wie Öl! Ich aber will für meine Gäste das Beste und da kaufe ich doch nicht Sachen, die sind ‚wie'! So ich bin gleich gegangen zu kaufen gutes Öl. Ich erkundige mich also beim besten Ölhändler und er bricht in Tränen aus:

‚Reb Laub', beteuert er, ‚Reb Laub, das Öl, es ist sicher für die Hochzeit von Eurer Tochter, nicht wahr? So ich werd Euch geben mein feinstes, mein klarstes Öl! Ein besseres Ihr werdet nirgendwo finden, es ist so rein und klar wie Wasser!'

Was soll ich euch also weiter erzählen? Zucker besser als Fische, Honig besser als Zucker, Öl besser als Honig, Wasser besser als Öl – es ist also das Wasser, das besser ist als alles andere! Und so ist es gekommen, wie ich es gesagt habe: Für meine Gäste nur das Beste!"

„Meine Frau und ich, wir streiten nie! Die kleinen Entscheidungen trifft sie, die großen ich", bemerkte mein Vater oft selbstironisch, aber nur der darauf folgenden Pointe wegen, weil diese Feststellung natürlich nicht den Tatsachen entsprach.

„Zum Beispiel, in welche Schule die Kinder gehen, was sie studieren, ob wir ein Haus kaufen oder in der Wohnung bleiben – sowas entscheidet alles sie. Das Große, ob die Einfuhrzölle angehoben werden sollen, ob man den Wehrdienst verlängern soll, ob man einen U-Boot-Krieg mit China anfangen soll – das überlässt sie mir …"

Nur manchmal, wenn auch sein Ehesegen schief hing, brummte mein Vater in sich hinein: „Topitzer!“ Und dachte dabei an die Rede, die der Genannte beim Festmahl anlässlich seiner silbernen Hochzeit auf die Angetraute hält.

„Meine liebe Jentel“, beginnt er mit schwerer Zunge, das halbleere Glas in der Hand zum Toast erhoben, „heute sind es fünfundzwanzig Jahre, dass wir verheiratet sind …!“ Er hält kurz inne, sieht bedeutungsvoll in die Runde und fährt dann fort: „Wenn ich dich nach fünfjähriger Ehe umgebracht hätte … und wenn ich dafür zwanzig Jahre bekommen hätte, dann –“, er schwankt ein wenig und trinkt dann sein Glas in einem Satz leer, „– dann wär ich heut ein freier Mann!“

Zur Ehe gehört natürlich der Ehebruch, bildet dieser doch neben Freuden und Sorgen dess Ehealltags den Humus zahlloser Pointen. Bemerkenswert ist hier wiederum, dass die Männer zwar hin und wieder gehörnt, so gut wie durchwegs aber die Frauen als Opfer dastehen. Es sei denn, man erinnert an den Ehemann, der nach zweijährigem Auslandsaufenthalt nach Hause zurückkehrt und seine Frau zur Rechenschaft zieht, man hätte ihm hinterbracht, sie sei in der Zwischenzeit von Zwillingen entbunden worden.

„Aber Lieber“, beruhigt sie den Aufgebrachten, „glaub doch nicht jedes Getratsche! Du weißt doch: Wann die Leut reden, es is immer nur die Hälfte wahr …!“

„Denk dir“, berichtet Kimmel seinem Kompagnon, „was mir gestern passiert ist: Du weißt doch, meine Frau ist auf Sommerfrische mit den Kindern. Komm ich gestern nachts nach Hause, liegt unser neues junges Stubenmädel schlafend im Bett meiner Frau. Ich wollt kein Aufsehen machen, nehm meinen Polster und meine Decke und leg mich auf den Diwan ins Herrenzimmer zum Schlafen. Was sagst du dazu?“

„Genauso“, erwidert der Kompagnon trocken, „hätt ich dir die Geschichte auch erzählt!“

Auch wenn mein Vater dreimal geschieden war, erinnere ich mich zu diesem Thema nur an zwei kurze Geschichten. Die eine berichtet von Max Porges, der zu seinem Anwalt gelaufen kommt: „Herr Doktor, ich bin tief getroffen, ich will mich scheiden lassen! Stellen Sie sich vor, nach zwanzig Jahren glücklicher Ehe nennt mich meine Frau gestern einen Volltrottel!"

„Aber, mein Lieber", versucht der Anwalt die Wogen der Entrüstung zu glätten, „das scheint mir aber doch kein wirklich triftiger Scheidungsgrund zu sein."

„Was heißt triftig?", erwidert Porges aufgebracht. „Aber die Begleitumstände! Gestern komm ich zum ersten Mal in zwanzig Jahren früher nach Hause vom Büro. Und wen erwisch ich in flagranti? Meine Frau mit meinem Buchhalter! Und wissen Sie, was sie mir seelenruhig sagt? ‚Siehst du, da nimm dir ein Beispiel, du Volltrottel.'"

Zum Rabbi wiederum kommt der alte Karpeles gelaufen und beklagt sich bitter:

„Rebbe, so lange schon ich bin verheiratet … aber jetzt ich kann mit meiner Frau nicht mehr leben! Ich weiß keinen Rat mehr als die Scheidung. Ich schäme mich, zu erzählen, aber es wird immer schlimmer die letzten Jahre – sie trägt mir fort die ganze Einrichtung vom Haus. Sogar die Uhr hat sie mir heut gestohlen!"

„Woher weißt du denn, dass sie hat gestohlen die Uhr?", will der Rabbi beruhigend einwirken. „Kann es nicht sein, du verdächtigst sie unschuldig?"

„Aber Rabbi, wie sie heut aus dem Haus will, hab ich sie doch untersucht, und da hab ich die Uhr gefunden – verzeihen – aber unter ihrem Hemd!"

„Hm", streicht der Rabbi seinen Bart, „das is wirklich schlimm! Aber nun sag mir noch", fährt er nach einer Weile des Nachdenkens fort, „war es eine Taschenuhr oder eine Standuhr?"

Als er schon sichtlich gealtert war und über das Nachlassen aller Kräfte kein Zweifel bestand, blieb der Blick meines Vater manchmal an einer vorbeieilenden jungen Schönheit hängen und melancholisch lächelte er: „Wenn ich noch ein Fahrradl hätt …"

Und ich wusste, er dachte an die Studie über das Sexualleben von Frauen unter dreißig, an der eine aufstrebende junge Sexualforscherin arbeitete. Dabei war ihr in ihren Befragungen aufgefallen, dass etliche Mädchen aus verschiedenen Wiener Außenbezirken eine offene Beziehung mit demselben Mann namens Moses Mandelbaum hatten, der wiederum in der Innenstadt wohnte. In ihrer wissenschaftlichen Neugier sucht sie auch diesen, offenbar mit unerschöpflicher Potenz gesegneten Beglücker auf und findet zu ihrem Erstaunen einen würdigen älteren Herrn mit schlohweißem Haar vor. Frappiert fragt sie ihn:

„Verzeihen Sie mir die intime Frage, aber würden Sie mir für meine Studien verraten, w i e machen Sie das?"

„Ach, das is nicht so schwer", gibt der Alte bereitwillig Auskunft, „ich hab a Fahrradl!"

Den Abschluss des breiten Themas sollen vier Legenden bilden, die zu den Lieblingsgeschichten meines Vaters gehörten.

Ein armer einfacher Jude aus einem Schtetl irgendwo, der aber gesegnet ist mit Lebensweisheit, will seine Tochter verheiraten und lässt sich vom Schadchen der Gegend etliche Kandidaten vorstellen. Denen legt er nun als Prüfung eine Frage vor, um aus der Antwort zu ersehen, ob sie seinen Anforderungen „gut, fromm, gottesfürchtig, aber modern" entsprechen.

„Sag mir", fragt er den Ersten, „wenn du gehst am Schabbes auf der Gasse und findest tausend Zloty, was wirst du tun? Wirst du sie aufheben?"

Der Kandidat zögert keinen Moment: „Am Schabbes? Gott bewahre! Niemals!"

„Nein", schüttelt der Schwiegervater in spe den Kopf, „der ist nichts für mich!"

Die gleiche Frage wird dem nächsten Bewerber gestellt. Der denkt kurz nach und sagt: „Tausend Zloty – am Schabbes? Nu, selbstverständlich heb ich sie auf!"

Aber auch diese Antwort überzeugt nicht und der Schadchen schüttelt schon den Kopf: „Wer soll sich da auskennen? Einen Frommen will er nicht. Einen Ungläubigen will er nicht. Was will er?"

Nach ein paar Tagen bringt er einen dritten Bewerber.

„Wenn wir am Schabbes gehen auf der Gasse", fragt der Jude aus dem Schtetl auch diesen, „und wir finden tausend Zloty – was wirst du tun? Wirst du sie aufheben oder liegen lassen?"

„Aber Reb Schaje –“, antwortet der junge Mann, „zuerst einmal finden und dann werden wir schon weitersehen, was zu tun ist …!“

Und mit dieser Antwort gewann der Kandidat die Tochter.

Die apostrophierte eigene Logik, mit denen die handelnden Personen jüdischer Geschichten oft so herzerfrischend argumentieren, unterstreicht die Erklärung des Mannes, der vom erzürnten Rabbi zur Rede gestellt wird, er sei gesehen worden, wie er am Jom Kippur ein Huhn gegessen habe.

„Wie konntest du“, herrscht der Rabbi den Sündigen an, „wie konntest du an einem solchen Tag, am Tag des Gerichtes, ein Huhn essen?“

„Nu, Rebbe, es is so“, erwidert der Ertappte, „zu essen am Jom Kippur, es is ein großes Unrecht und ich weiß es – aber zu helfen einem jüdischen Mädchen, indem ich ess, is es nicht wichtiger als das Gebot zu fasten?“

„Zu helfen einem jüdischen Mädchen, es ist eine gute Tat. Aber erklär mir, wie soll zusammenhängen ein gegessenes Huhn mit einem armen Mädchen?“

„Rabbi, es war so“, beginnt nun der ganz und gar nicht reuige Sünder seine Erklärung. „Wie ich so geh auf der Gasse, da hör ich sprechen hinter mir zwei junge Mädchen.

‚Heut es is a furchtbarer Tag‘, sagt die eine, ‚alle Juden, sie müssen fasten!‘

‚Was redst du?‘, meint da die andere. ‚Ich möcht haben so viel Tausender als Mitgift, wie viele Juden heut essen!‘

Und jetzt sag selbst, Rabbi: So a armes jüdisches Mädchen – was soll es m i r schaden, wenn s i e hat um einen Tausender Mitgift mehr …?“

Das Folgende hat zwar keinen unmittelbaren Bezug zum Schadchen und seiner Mission, aber von den ewigen Energien zwischen Mann und Frau wird berichtet und von der Weisheit, mit ihnen umzugehen, und damit ist das Thema nicht verlassen, sondern nur fortgeführt.

Schmüle war ein Schammes, ein Gehilfe bei einem berühmten Wunderrabbi, und als dieser einmal für einen Vormittag aus dem

Haus gegangen ist, kommt atemlos ein Mann gelaufen, der ganz offensichtlich dringlich einen Rat vom Wunderrabbi einholen will. Da sticht Schmüle der Hafer, rasch zieht er den Kaftan seines Herrn an und setzt sich dessen Brille auf die Nase, da wird schon heftig an der Tür geklopft, und kaum hat Schmüle geöffnet, bricht es aus dem Ratsuchenden schon hervor:

„Großer Rabbi, verzeih, dass ich ohne Anmeldung zu dir komme, aber ich bin zu einer großen Sünde verleitet worden, an der ich schwer trage – bitte, Rabbi, leg mir eine Buße auf!"

„Erzähl mir zuerst von deiner Sünde", fordert der verkleidete Schammes den Mann auf.

„Stell dir vor, Rabbi", wehklagt der Reumütige, „gestern ist meine Frau für einige Tage weggefahren und wie ich abends komm in das Schlafzimmer und leg mich ins Bett, da plötzlich seh ich – im Bett liegt a junge Schiksse, splitternackt, und lächelt mich an!"

„Und, was hast du getan?", murmelt der vorgebliche Rabbi und setzt dabei ein ernstes Gesicht auf.

„Nu, was hätt ich tun sollen? Wie ich gekommen bin herein in das Zimmer, ich hab sie gar nicht gesehen – erst wie ich bin gelegen im Bett, ich hab sie bemerkt. So ich bin gleich herausgesprungen aus dem Bett und weggelaufen!"

Mit bedächtiger Miene entscheidet Schmüle: „Das, mein Lieber, es is wirklich eine große Sünde! So ich will dir auferlegen eine große Buße. Du wirst jetzt nach Hause gehen und von heute an einen Monat lang Heu kauen. Und dann komm wieder zu mir und wir werden weiter sehen!"

Nach einem Monat kommt der Mann wieder gelaufen, aber diesmal ist es der Rabbi, der allein zu Hause ist.

„Rebbe", berichtet der zerknirschte Mann, „jetzt ich hab einen Monat lang Heu gekaut, so wie du mir als Buße befohlen hast, und jetzt …?"

Der Rabbi erkennt sofort, dass es sich hier um einen Streich seines Dieners handelt, und als dieser zurückkommt, stellt er ihn zur Rede. Schmüle erzählt alles und endet mit den Worten: „Aber Rebbe, sag selbst, wenn einer ist allein zu Haus und er kommt wie durch ein Wunder zu liegen neben einem schönen nackten Mädchen, das ihn anlächelt, und jetzt er läuft davon, dann ist er doch ein Rindvieh – und als ein Rindvieh er muss doch Heu kauen!"

Dass selbst der liebe Gott mit dem Thema befasst werden kann, soll die nächste Legende belegen. In dieser haben die Meyers aus Olmütz ihre Tochter in ein Schweizer Pensionat geschickt. Als sie nach einem Jahr nach Hause kommt, ist sie unübersehbar guter Hoffnung. Die Mutter ist entsetzt, der Vater tobt:

„Wer war das? Wer ist es, dem ich werd den Hals umdrehen?"

„Ich weiß es nicht, Papa –"

„Was heißt, du weißt nicht –?"

„Ich versteh es selbst nicht, Papa –"

„Du verstehst nicht? Ich schlag dich grün und blau, dann wirst du verstehen! Nenn mir auf der Stelle seinen Namen!"

„Und wenn du mich tot schlägst – ich habe überhaupt keine Herrenbekanntschaft gehabt!"

„Keine Herrenbekanntschaft? Hältst du mich für meschugge? Zum letzten Mal – welcher Schuft hat dir angehängt das Kind?"

„Das Kind ... das muss direkt gesandt sein vom lieben Gott, Papa ..."

Eine Woche später sitzen im Himmel Mohammed und Moses und spielen Karten mit dem lieben Gott.

„Ach Gott", seufzt Mohammed, „was hab ich gebeten die Menschen um ein Einziges: Trinkt keinen Wein! Und jetzt schau herunter, was getrunken wird ...!"

„Was soll ich sagen", seufzt Moses, „se sollen trinken, was se wollen – aber was hab ich sie gebeten, sie sollen heiligen den Sabbat ... und jetzt schau herunter am Sonnabend, was gearbeitet wird ...!"

Da richtet der liebe Gott seine gütigen Augen auf die beiden und spricht:

„Mir wollt ihr kommen erzählen von den Menschen? Seht an den Stuhl, auf dem ich sitze. Seit Jahrtausenden sitz ich auf demselben, nie hab ich mich weggerührt auch nur eine Sekunde, das wisst ihr doch, nicht wahr? Und was soll ich euch sagen – gestern krieg ich eine Alimentationsklage aus Olmütz ..."

Was ein Schnorrer ist, war mir schon in frühester Jugend ein Begriff. Schnorrer, oder zumindest etliche Zeitgenossen, die mein Vater als solche bezeichnete, gingen bei uns ein und aus, und nie konnte ich ganz ausmachen, warum sie einerseits mit dieser durchaus abfällig gemeinten Bezeichnung tituliert wurden, andererseits aber der Verkehr mit ihnen ein durchaus freundschaftlicher blieb. Es hatte wohl mit dem Wissen um die ursprüngliche Funktion des Schnorrers im jüdischen Leben zu tun. Dort hatte dieser seinen anerkannten Platz, verhalfen Schnorrer doch gewissermaßen dem sündigen Menschen dazu, Gutes zu tun und dadurch Gott gefällig zu werden.

So wird zu einem für seine Wohltätigkeit bekannten Unternehmer einmal ein mittelloser Blinder gebracht, der sogleich vom Reichen mit einer großzügigen Spende bedacht wird.

„Was wollen S i e denn noch?“, wendet sich der Spender etwas ärgerlich an den Begleiter, der keine Anstalten macht, sich zu entfernen.

„Und – wo bleib ich?“, gibt der Mann murrend zurück. „Ich hab überhaupt gar nichts bekommen …!“

„Sie? Wieso denn Sie?“

„Nu – i c h hab Ihnen den Blinden doch zugeführt!“

Man sah im Schnorrer zwar in seiner überheblichen Aufdringlichkeit und rücksichtslosen Gnadenlosigkeit bei der Durchsetzung seines Begehrens nachgerade den Inbegriff der Chuzpe, die Schnorrer selbst aber sahen sich als Künstler, zumindest als unbestrittene Fachleute im Durchschauen der menschlichen Psyche, wie es etwa der folgende Dialog offenbart.

„Was treiben Sie eigentlich zur Zeit?“

„Ich spekulier an der Börse … in Minen.“

„Sie –? Spekulieren? Wie machen Sie das?“

„Nu – ich stell mich auf vor der Börse, kommt einer heraus mit einer erfolgversprechenden Miene, schnorr ich ihn an!“

Das führt zu dem Schnorrerduo, das sich in Gegenden, in denen lukrative „Geschäfte“ winken, die Straßenseiten aufgeteilt hat. So hat der eine in einem vornehmen Mietshaus gerade ganz besonderes Pech gehabt. Nach Art der Bettler hat er im obersten Stockwerk begonnen, ist aber energisch abgewiesen und, als er nicht weichen wollte, die Stiegen hinunter geworfen worden. Genauso ist es ihm in den nächsten Etagen gegangen. Vor dem Haustor wartet schon sein Kumpan, der inzwischen das gegenüberliegende Haus abgeschnorrt hat.

„Nu –?!“

„Spaß!“

Der Erste wirft verärgert die Tür hinter sich ins Schloss. „Vom vierten Stock, man hat mir geschmissen in den dritten, und von dem dritten in den zweiten, und von da sie haben mir geworfen in den ersten und von dort ganz hinaus …“

Das quittiert der andere, indem sein Blick abschätzig über die teure Fassade wandert, mit dem giftigen Kommentar: „Nebbich a Ordnung in dem Haus!“

Die Palette der Schnorrer reichte vom lästigen kleinen bis zum Meister, der sich dem Angeschnorrten mindestens ebenbürtig, wenn nicht überlegen zeigte. Und so schwankten auch die Lieblingswitze meines Vaters zwischen den armseligen, Bettlern vergleichbaren Schnorrern und den dreisten, selbst von Rothschild anerkannten Vollprofis.

„Wenn Sie bitte morgen wiederkommen“, bescheidet ein Angeschnorrter dem Vertreter der letztgenannten Gattung, „ich habe heute keinen Groschen Geld im Haus.“

„Ausnahmsweise“, gibt sich der Schnorrer unwillig zufrieden, „aber dass mir das nicht noch einmal vorkommt – ich hab mit dem Aufschub von Zahlungen schon halbe Vermögen verloren!“

Die Unbeirrbarkeit eines wirklichen Vollblutschnorrers beweist jener, der beim reichen Bankier Wendriner vorspricht und schon in der Tür dem Sekretär mit eindringlichen Worten sein Anliegen vorträgt. „Sie sehen ein“, schließt er seinen Redeschwall, „meine Lage ist wirklich sehr prekär. Ich muss Herrn Wendriner also unbedingt s o f o r t sprechen!“

Schmallippig repliziert der Sekretär: „Herr Baron Wendriner ist heute Nacht verstorben –“

„Ach, bitte“, beharrt der Schnorrer, der sich durch keine wie immer gearteten Widrigkeiten abwimmeln lässt, „nur auf drei Minuten!“

Von den vielen Rothschild-Witzen, so bekannt die meisten auch sind, wurden von meinem Vater nur wenige erzählt. Vielleicht hing es auch damit zusammen, dass das Oberhaupt des englischen

Hauses Rothschild mehrere Sommer hindurch unser Haus am See mietete und wir mit dieser unvorstellbar reichen, dabei aber äußerst bescheidenen und menschlichen Familie über etliche Jahre in freundschaftlichem Kontakt blieben.

Dennoch sollen einige der unzähligen Begebenheiten und Anekdoten nicht fehlen, die sich um den legendären, aber auch hochverehrten Namen ranken, der im jüdischen Witz quasi als Synonym für Erfolg und Reichtum dasteht. Obgleich das durch das im Folgenden an den Tag gelegte Berufsethos widerlegt scheint.

„Wenn ich möcht haben das Geld vom Rothschild …“, träumt ein Schnorrer gedankenvoll seinem Genossen vor, „also, wenn ich hätt das Geld vom Rothschild, dann ich würd sein noch viel reicher als jenner …!“

„Reicher?“, staunt sein Schnorrergefährte ungläubig. „Reicher als der Rothschild? Wie könntst du sein reicher als der Rothschild?“

„Nu“, meint der Erste ganz ernsthaft, „denkst du, ich würd aufhören zu schnorren?“

Zu den väterlichen Lieblingsklassikern gehörte auch der Dialog zwischen den zwei armen Juden, von denen der erste seufzt:

„Reich möcht ich sein wie der Schönfeldt – jeden Tag a frisches Hemd …!“

„No, wenn das der Schönfeldt kann“, fragt der zweite, „was macht dann der Rothschild?“ – „Der?“, seufzt der erste noch schwerer, um dann im Brustton der Überzeugung zu konstatieren: „Zieht an, zieht aus, zieht an, zieht aus …!“

Rothschild zugeschrieben wurde von meinem Vater auch die Anekdote, in welcher der Milliardär einem Kaufmann rät, eine ausständige Schuld von eintausend Gulden einzuklagen, und der zerknirscht zugeben muss, kein schriftliches Anerkenntnis der Schuld zu besitzen.

„Dann schreiben Sie ihm“, empfiehlt der Finanzmogul, „er möge Ihnen auf der Stelle die geschuldeten eintausendfünfhundert Gulden zurückgeben!“

„Verzeihung, Baron, aber es sind, wie gesagt, nur eintausend“, wendet der Ratsuchende ein.

„Ich hab das schon verstanden", nickt Rothschild, „aber auch er wird Ihnen empört antworten, dass es nur tausend sind, die er Ihnen schuldet, und dann haben Sie das Anerkenntnis in der Hand, mit dem Sie gegen ihn vorgehen können."

„Fünftausend Gulden Unterstützung verlangen Sie von mir?" Der Baron Rothschild steht einem Schnorrer gegenüber und ist einigermaßen entrüstet. „Hören Sie, bei aller Wertschätzung, das ist wirklich zu viel! Aber", fährt er fort, „ich werde Ihnen was sagen, ich will ihnen geben zweihundert jährlich – und das, so lange wie ich lebe."

„Zweihundert jährlich …? So lange, wie Sie leben …? Und damit soll mir gedient sein …?" Der Schnorrer hält mit seinem Missfallen über dieses überaus großzügige Angebot nicht hinter dem Berg. „Ihnen gesagt, Herr Baron – beim dem Glück, was Sie haben, trifft Sie doch schon morgen der Schlag!"

So wie es mein Vater war, bin auch ich ein Frühaufsteher. Was mir aber zum Glück nicht vererbt wurde, ist eine Eigenschaft, unter der die Familie zu leiden hatte, nämlich sein täglicher und heftiger Morgengrant. Den Vater vor dem Frühstück anzusprechen unterließ man besser, nur manchmal, wenn man ihn in aller Herrgottsfrüh nach der Uhrzeit fragte, pflegte er ein mürrisches „In der Früh ist es immer halber neune!" hervorzustoßen. Und das bedeutete dann den untrüglichen Hinweis auf eine beginnende Aufhellung seiner Stimmung, denn damit erinnerte er an den jüdischen Witz, in welchem der Baron Rothschild einen seiner Prokuristen fragt:

„Sagen Sie, Pinkeles, Sie kommen gegen halber zehn ins Kontor – bis wann schlafen Sie eigentlich?"

„Nu, so bis um halber neun …"

„Wissen Sie was", weist der Milliardär seinen Angestellten zurecht, „ich bin der Baron von Rothschild und ich schlaf' bloß bis sechs Uhr … und wenn ich auf die Jagd geh', bloß bis um halber fünf!"

„Ganz recht", erwiderte ungerührt der Gemaßregelte, „S i e wollen eben schon um halber fünf wissen, dass Sie sind der Baron von Rothschild! Aber i c h, wenn ich um halber neune erfahr, dass ich bin der Pinkeles, is auch noch Zeit."

„Von Rothschild persönlich unterschrieben?“, pflegte mein Vater maliziös zu fragen, wenn ihm ein zweifelhaftes Geschäft angeboten wurde. Und das kam so:

Gemessenen Schrittes betritt ein Kunde ein Bankhaus und verlangt blasiert, den Chef persönlich zu sprechen. Nachdem er vorgelassen ist, zieht er ein Papier aus seiner Tasche und erklärt feierlich: „Ich komme einzulösen einen Wechsel über hunderttausend – von Rothschild Frankfurt!“

„Rothschild Frankfurt –?!“ Der Bankier nimmt Haltung an. „Selbstverständlich! Wird augenblicklich erledigt! Geben Sie her!“

Mit großer Geste überreicht der Mann den Wechsel und der Bankier studiert ehrfurchtsvoll das wertvolle Papier. Da stutzt er mit einem Mal irritiert:

„Verzeihen Sie, aber der Wechsel ist wirklich von Rothschild? Der ist doch gar nicht von ihm unterschrieben?“

„Ist das Ihr Ernst –?“, erwidert der Kunde da entrüstet. „Von R o t h s c h i l d brauchen S i e eine Unterschrift?“

Verlassen wir nun mit der nächsten Geschichte die legendäre Dynastie, aber bleiben wir noch einmal in einem herrschaftlichen Palais, dessen Pracht sogar einem Schnorrerprofi wie dem alten Lupowitzky die Chuzpe verschlagen kann. Durch eine List ist es ihm nämlich gelungen, unbemerkt über die breite Marmortreppe des Palais Mendelsohn bis in die Privatgemächer des Barons vorzudringen. Jetzt steht er etwas hilflos im prächtigen Salon und weiß nicht, wohin. Da öffnet sich plötzlich die Flügeltür und die Dame des Hauses, die Baronin von Mendelsohn, steht halbnackt, ein fast durchsichtiges Negligé nur lose übergeworfen, vor ihm. Mit einem spitzen Schrei hält sie die Hände vor ihre Blößen, dabei fällt ihr die letzte Hülle von den Schultern.

Lupowitzky, gleichfalls in entsetzlicher Verlegenheit, reißt sich den Hut vom Kopf, verbeugt sich tief und stammelt: „Hab ich die Ehre – mit Herrn von Mendelsohn persönlich …?“

Manchmal, wenn zu Hause wieder einmal alle Kassen leer zu sein schienen, hörte ich meinen Vater seufzen: „… Wenigstens die *Neue Freie Presse*!“

Und ich wusste, er dachte an die geschäftstüchtige Schlagfertigkeit des Schnorrers Gross.

Der hat gerade den Fabrikanten Max Klein um 20 Kronen angepumpt, da schreit dieser aufgebracht: „Sie, vorgestern Abend habe ich Ihnen erst 50 Heller gegeben, heute sind Sie schon wieder da – was haben Sie gemacht mit dem ganzen Geld?"

„Gemacht? ... Mit Ihre 50 Heller?", und jetzt beginnt Gross sarkastisch aufzuzählen, „das kann ich Ihnen genau sagen: Zuerst habe ich mir einen Wagen mit Chauffeur gemietet und bin in die Wiener Innenstadt gefahren. Dort habe ich im Restaurant *Sacher* diniert und dann hab ich mich auf den Kahlenberg fahren lassen zum Kaffee. Am Abend bin ich in die Oper und danach ins *Tabarin*. Dort habe ich etliche Flaschen französischen Champagner getrunken und bis um fünf Uhr Früh mit den Damen getanzt; und heute brauche ich die 20 Kronen, um mir die *Neue Freie Presse* zu kaufen ..."

„Für mich arbeiten is halt schwer" war die geflügelte Beschreibung dafür, wenn mein Vater beim Schneider, statt ein neues Sakko in Auftrag zu geben, Lederflicken auf die abgewetzten Ärmel des alten setzen ließ.

„Du könntest dir wirklich einmal einen neuen Anzug leisten", sagt nämlich Lewinsky zu seinem Freund Dietrichstein.

„Das hab ich mir auch schon gedacht", stimmt Dietrichstein zu und betrachtet traurig seinen spiegelnden Anzug, „aber mein Schneider behauptet, für mich is so schwer zu arbeiten ...!"

„Für dich – wieso? Du hast doch ganz a normale Figur."

„Das schon, aber ich zahl nix!"

Die Antwort auf einen Pumpversuch: „Sind wir lieber gleich bös ...!" ist da und dort noch manches Mal in Gebrauch, aber der Bescheid meines Vaters: „Alles gesund und munter" verlangt nach Erklärung. Und die liefert einer der beiden Juden, die an einer Straßenecke zusammenstoßen.

„Dich hat der Himmel geschickt!", fällt der Erste gleich mit der Tür ins Haus. „Du musst mir auf der Stelle tausend Schilling borgen – ich bin in der allergrößten Verlegenheit!"

„Das tut mir furchtbar leid", gibt sich der Zweite verständnisvoll, „aber leider – ich hab nicht einen einzigen Groschen bei mir!"

„Und zu Hause –?“

„Zu Hause?“ Der Angeschnorrte lüftet seinen Hut. „Danke!“, und indem er sich eilig zum Gehen wendet: „Alles gesund und munter!“

Auf die Frage, wie denn die Geschäfte gingen, pflegte mein Vater manchmal bitter zu antworten: „General hab ich noch nie einen gebraucht …!“ Und bezog sich dabei auf den Kaufmann Isidor Taussiger, der ein ansehnliches Depot auf der Bank sein eigen nennt, aber die Zeiten sind schlecht, und so kommt er jeden Tag und hebt ein Sümmchen ab. Eines Tages aber ist es soweit und er hat den letzten Betrag einkassiert. Alle Reserven sind ausgeschöpft, sein Konto ist leer. So steht er beim Verlassen der Bank kurz da und atmet tief ein, dann wendet er sich an den patrouillierenden Militärposten vor dem Gebäude und meint mit großmütiger Geste:

„Also von meinetwegen, Herr General, können Sie jetzt nach Hause gehen.“

„Nicht mit fremdem Zucker“ war auch eine Redensart, mit der man bei uns zu Hause jene schnorrenden Gäste bezeichnete, die sich dadurch auszeichneten, dass sie ihr Verhalten durch besonders „chuzpöse“ Rechtfertigungen zu camouflieren trachteten, und ich erinnere mich an die Geschichte, die ihr zu Grunde liegt. Nämlich jene von dem Schnorrer, der von einem freigiebigen Reichen nicht nur großzügig beschenkt, sondern hernach auch zum Tee eingeladen wird. Als der Diener serviert und dabei dem Gast die Zuckerdose anbietet, lehnt dieser dankend ab: „Ich nehm nie fremden Zucker, ich hab meinen eigenen mit.“

„Was heißt eigenen –?“, gibt sich der Hausherr einigermaßen verschnupft. „Sie kommen zu mir, Sie schnorren mich an, Sie lassen sich zum Tee einladen und Sie nehmen sich Ihren eigenen Zucker mit? Glauben Sie vielleicht, wir werden Ihnen nicht genug Zucker geben?“

Darauf der Schnorrer mit sanfter Stimme:

„Aber keineswegs, es steckt keine böse Absicht dahinter. Schauen Sie, ich bin a bescheidener Mensch. Aber ich pflege zu trinken den Tee mit viel Zucker, und ich will doch niemanden über Gebühr schädigen, so ich hab immer mit mir mein Zuckersäckchen, und so ich trink den Tee nur mit eigenem Zucker."

Mit diesen Worten zieht der Schnorrer tatsächlich einen Beutel mit Zucker aus seiner Tasche und leert ihn in die etlichen Gläser Tee, die er sich nun genehmigt. Nach einer Stunde steht er auf, nimmt seelenruhig die Zuckerdose vom Tisch und schüttet den gesamten Inhalt in sein Säckchen.

„Sagen Sie, das ist doch wirklich eine Chuzpe – was machen Sie?", empört sich nun der spendable Gastgeber. „Erst behaupten Sie, Sie trinken Tee prinzipiell nur mit Ihrem eigenen Zucker, und jetzt leeren Sie die ganze Zuckerbüchse in Ihren Sack? Das ist wirklich nicht ganz zu verstehen!"

„Was ist da nicht zu verstehen?" Der Schnorrer stellt beleidigt die leere Zuckerdose zurück. „Meinen Sie, ich hab nichts zu tun den restlichen Tag? Von Ihnen muss ich noch zu andere Leut, und dort werd ich wieder Tee trinken, und das nur mit eigenem Zucker. Aber woher, glauben Sie, soll ich nehmen so viel Zucker? Sie haben mir den Zucker doch angeboten. So ich nehm Ihr Angebot an und beim nächsten Besuch werd ich den Tee wieder mit meinem eigenen Zucker trinken können. Und so tu ich es immer, denn, wie ich schon gesagt hab: Ich trinke Tee nie mit fremdem Zucker!"

Ganz selten malte mein Vater sich aus, „was wäre wenn". Dabei wanderten die Gedanken zurück, was wäre ohne Hitler gewesen, ohne Krieg; was, hätte er in Österreich bleiben und die ihm vorbestimmte Karriere, das dazugehörige Leben leben dürfen; was – und da gingen die Gedanken ein Stück in eine unerreichbar scheinende Zukunft –, wäre er irgendwann der drückenden Sorgen enthoben, würde einmal noch irgendwann ein Stückchen Leben sein, wie er es als Junger erträumt hatte … Und so gehört auch einer der rührendsten aller unerfüllbaren Träume hierher, jener der beiden armen Schnorrer, die unter einer Brücke sitzen und sich schweigend in eine bessere Zukunft träumen.

„Was tätst du machen, wenn du hättst drei Millionen?", unterbricht da endlich eine die Stille.

„Ich?", versucht der Zweite, sich das Undenkbare auszumalen. „Wenn ich hätt drei Millionen …?" Er schweigt eine Weile, dann beginnt er langsam: „Also, wenn ich hätt drei Millionen … ich würd mir kaufen Mehl für die erste Million! … Dann ich würd mir kaufen Rosinen für die zweite Million! Und dann … “, seine Augen werden groß und begeistert schwärmt er, „ich würd backen an großen Sabbatkuchen und dann ich würd hinein übersiedeln …!“

Der Erste ist überwältigt. „Aber, was is mit der dritten –?“, fragt er. „Was würdste machen mit der dritten Million?“

„Die dritte … die dritte lass ich mir für Pessach!“

Und dieser Wunschtraum führt geradewegs zu der Antwort des kleinen Juden im zweiten Wiener Gemeindebezirk, der auf seinen Ausruf: „Gott, möcht ich gern wieder einmal essen im Restaurant Sacher!“ die folgerichtige Frage erntet: „Ja, hast du denn dort schon einmal gegessen?“ und daraufhin aufseufzt. „Nein – aber ich hab schon einmal gemöcht!“

Zu einem sanften Übergang von den Schnorrern zu den Schlemihlen scheint mir am geeignetsten die Episode vom ehrbaren Juden, der beim reichsten Mann der Stadt zu einem Festmahl geladen ist. Das Köstlichste wird aufgetragen, der Gast kann sich nicht sattsehen, umso mehr aber satt essen, und als er kaum noch einen Bissen herunterbringt, wird noch ein Kuchen aufgetragen, der es ihm vollends angetan hat. Er bittet die Frau des Hauses um das Rezept, und mit diesem ausgestattet kommt er selig nach Hause und beschreibt seiner Frau Gang für Gang, Gericht für Gericht die eben geleistete freiwillige Essrobot.

„Aber den Kuchen“, schwärmt er, „den Kuchen, den musst du mir nachbacken!“

Der Mann zieht das Rezept aus der Tasche und beginnt: „Also du brauchst vier Pfund Mehl –“

„Vier Pfund Mehl? So viel hab ich nicht“, fällt ihm die Frau gleich ins Wort, „zwei Pfund werden wohl genug sein!“

„Nu, meinetwegen zwei Pfund, ich bin kein Koch … dann brauchst du drei Pfund Zucker –“

„– drei Pfund Zucker, bist du meschugge, wo soll ich hernehmen drei Pfund Zucker? Wer hat drei Pfund Zucker? Ein halbes Pfund wird nicht recht sein dem Herrn?“

„Meinetwegen, auch ein halbes Pfund", gibt sich der Mann zufrieden, „weiß ich was von Zuckerbäckerei? ... In jedem Fall es braucht noch elf Eier –"

„Nu, sicher weißt du nichts", die Frau wird immer erregter, „elf Eier ich brauch in einem Monat nicht ... wer kocht mit elf Eiern? ... Ein bis zwei Eier! Mit mehr Eiern ich back keinen Kuchen ...!"

„Also zwei ..." Der Mann wird zunehmend zerknirscht. „Aber vier Gläser vom Wein –"

„Wein werd ich kaufen? Wein für Kuchen? Was denn noch ...?"

„Gut, keinen Wein ... Rosinen ...", liest der Mann immer kleinlauter vor, „... ein viertel Pfund ... und Mandeln ... drei Hände voll –?"

„Rosinen und Mandeln sind teuer! Wie soll ich bezahlen so viel Rosinen und Mandeln?!"

Der Mann gibt sich geschlagen: „Also keine Rosinen ... keine Mandeln ..."

Am nächsten Tag bäckt die Frau den Kuchen nach dem reduzierten Rezept, und als er fertig ist, schneidet sie ihn erwartungsvoll an, kostet ein Stück und ruft aus:

„Von allem Schlechten will ich so wissen, wie ich wissen will, was den Reichen eigentlich so gut schmeckt!"

Wie sich die Bedeutung des Schlemihls vom einfältigen Tollpatsch mit zwei linken Händen, vom meist reingelegten Verlierer über den zerstreuten Träumer bis hin zum listigen und gerissenen Zeitgenossen spannt, so weitgestreut sind auch die Geschichten, die sich einem Schlemihl zuschreiben lassen.

Als mein Vater zu Beginn seines langen Sterbeweges das erste Mal längere Zeit im Krankenhaus lag, wurden ihm hin und wieder, wie das bei Langzeitbettlägrigen üblich ist, seine Beine massiert. „... Aber den richtigen!", scherzten wir dann manchmal und ließen ihn mit der Schwester allein.

Preses und Süß haben beide eine Fußoperation am selben Tag hinter sich, und nun liegen sie auch im Krankenzimmer nebeneinander. Täglich wird beiden eine Massage verabreicht, aber während Süß vor Schmerzen jedes Mal laut vor sich hin wimmert, liegt Preses mit verzücktem Gesicht da und gibt sich der augenscheinlichen Wohltat genüsslich hin.

„Sagen Sie, ich kann das nicht verstehen“, wendet sich Süß an seinen Bettnachbarn, „wenn ich massiert werde, ich könnt schreien vor Schmerzen, und wenn Sie massiert werden, lächeln Sie nur vor sich hin?“

Preses grinst: „Bin ich a Schlemihl und lass mir massieren den kranken Fuß?“

In eine ähnliche Kerbe schlägt das Gespräch zwischen den Freunden, die einander auf der Straße treffen. „Ich komm grad vom Zahnarzt“, klagt der eine mit schmerzverzerrtem Gesicht, „weil ich hab Zahnweh, dass ich könnt verrückt werden. Aber er hat nix gefunden. Sag, weißt du ein Mittel gegen Zahnweh?“

„Also, wenn ich einmal Zahnweh hab“, gibt sich der andere fachmännisch, „dann geh ich nach Haus und leg mich mit meiner Frau ins Bett.“

„Was? Und das hilft?“

„Was soll ich dir sagen, es ist das Einzige, was hilft! Du solltest das auch machen!“

„No, wenn du das behauptest – aber sag mir: Ist deine Frau jetzt zu Haus?“

Und jetzt muss jene Geschichte her, die mein Vater je nach Laune ausschmückte, kürzer oder weniger gestrafft, die aber jedenfalls seiner Vorliebe für die langen epischen Erzählungen breiten Raum bot. Es ist die Geschichte vom Gebiss, das sich der Brooklyner Gemüsehändler Moische Greenspan bei seinem Zahnarzt, dem Doktor Katz, machen lassen will. Nun sitzt er in dessen Ordination und hört sich die verschiedenen Kostenvoranschläge an, die ihm naturgemäß alle den Schweiß auf die Stirn treiben.

„Allerdings hätt ich da“, räumt der Arzt nach einer Weile ein, „noch eine etwas preisgünstigere Variante, die kostet einen Bruchteil von den anderen, nämlich 500 Dollar.“

„500 Dollar? Wie ist das möglich?“ Greenspan kann es nicht glauben. „Was ist denn das für ein Gebiss? Was kann ich damit beißen? Wie ist der Tragekomfort? Tut es weh? Und –“

„Viele Fragen auf einmal“, unterbricht ihn der Spezialist. „Ich kann Ihnen das nicht beantworten, denn dieses Gebiss habe ich erst einem Patienten verpasst, aber warten Sie –“, er geht zum

Fenster, postiert sich seitwärts davon, so dass er unbemerkt hinaussehen kann, und winkt Greenspan zu sich.

„Kommen Sie her. Sehen Sie da unten auf der Bank den weißhaarigen Herrn? Das ist der Mann. Er sitzt jeden Tag einige Stunden da und manchmal sieht er zu mir herauf. Gehen Sie doch hinunter und fragen Sie ihn, und dann können Sie immer noch entscheiden."

Greenspan geht also hinunter und setzt sich neben den Mann auf die Bank. „Verzeihen Sie", beginnt er erwartungsvoll, „aber Sie sind doch der einzige Patient mit dem 500-Dollar-Gebiss vom Doktor Katz. Ich überlege, mir das gleiche machen zu lassen, und will mich bei Ihnen darüber erkundigen. Zum Beispiel: Tut es weh?"

Der Angesprochene dreht sich langsam um und sieht Greenspan mit einem langen Blick an, dann sagt er:

„Das Gebiss …? Um 500 Dollar …? Vom Doktor Katz …? Ich werd Ihnen erzählen! Ich bin gekommen nach New York vor zweiundsechzig Jahren … Ich hab vorher gelebt in Brody, dort ich hab gemacht kleine Geschäfte, mal hier, mal dort … ich hab ja gelernt auf Schneider … aber die Zeiten, sie waren schlecht … beide Eltern tot, die Familie zerstreut – Sie müssen wissen, ich war das einzige Kind – nu, so ich hab mich entschlossen und bin herüber nach Amerika … Schon die Überfahrt war schrecklich … Stürme, das Essen, das Zwischendeck … dann das Ankommen, die Kontrollen, das lange Warten auf die Genehmigungen –"

„Verzeihen Sie", unterbricht Greenspan zaghaft, „aber das Gebiss vom Doktor Katz –"

„Natürlich, das Gebiss vom Doktor Katz!" Der Mann bekommt einen eigentümlichen Gesichtsausdruck, dann blickt er kurz hinauf zu den Fenstern des Zahnarztes und fährt fort: „Davon red ich ja gerade! Hören Sie zu, ich will es kurz machen … ich bin also dagestanden mit nichts und hab mir aufgebaut eine Existenz mit Gemüse … schwere Jahre, ich sag Ihnen, sehr schwere Jahre … man macht mit im Leben, aber man übersteht.", er lässt seine Zunge einige Male zwischen Zahnfleisch und Lippen kreisen.

Greenspan versucht wieder dazwischenzugehen: „Ich will nur –"

„Natürlich", der Weißhaarige nickt ihm zu, „das Gebiss vom Doktor Katz! Meine Zähne, Sie müssen wissen, waren nie die besten, schon von Kind auf … was soll ich Ihnen sagen, ich hab geheiratet … aber meine Frau, sie ist krank geworden nach den Kindern … eine Tochter, ein Sohn … man macht mit im Leben …“, er seufzt tief auf, „ich hab erlebt … ich kann Ihnen sagen … mich kann nichts mehr erschüttern … Aber Sie wollten ja wissen vom Gebiss, also hören Sie zu: Meine Tochter, sie is geraten auf eine schiefe Bahn … Männergeschichten … was soll man tun heutzutage als Vater … die Zeiten, sie sind ganz anders geworden als früher … meine Mutter selig und mein Vater selig, sie würden sich umdrehen im Grab, wenn sie wüssten … ja, ja, man erlebt … aber man übersteht … also, das Gebiss … vor mehr als fünf Jahren ich hab es mir machen lassen vom Doktor Katz … vor fünf Jahren, zwei Monaten und neun Tagen, genau gesagt … das neue Gebiss … auch 500 Dollar, man muss sie erst verdienen … was soll ich sagen, mein Sohn er hat gemacht Karriere … und er überweist jeden Monat … für meine Frau … die Medikamente, sie kosten … er hat sein Glück gemacht als Produzent … nicht die großen Filme, aber Los Angeles hat Arbeit für alle … sein Haus … der Swimmingpool, das lebt sich schon … man macht ja mit im Leben, aber man übersteht, wenn man hat so einen Sohn … Jedes Jahr einmal er ladet ein seine alten Eltern zu kommen nach Los Angeles ihn besuchen … meine Frau, sie kann ja nicht mehr … die Reise, der Flug, die Hitze … so ich fahr allein … auch dieses Jahr.“ Mit einem schmatzenden Geräusch stülpt er mehrmals die Lippen nach innen.

„Seien Sie nicht ungehalten“, versucht Greenspan nun schon ziemlich genervt, den Redeschwall zu unterbrechen, „aber das Gebiss vom Doktor Katz –“

„Natürlich, das Gebiss vom Doktor Katz – wovon red ich die ganze Zeit? Sie wollens ja nicht hören … Ich bin also hinüber vor einem Monat nach Los Angeles, aber er war nicht zu Hause … aber ich hör Stimmen über die Gartenmauer, so ich hab mich bemerkbar gemacht und so sie haben mir geöffnet die Türe … drei blonde Schikssen … was soll ich Ihnen sagen … Bikini … die Beine … Figuren aus dem Journal … ich sag Ihnen, man erlebt schon was im Leben … oben ganz ohne, für die Sonne … ich stell ab den Koffer, und die Schikssen, sie laden mich ein zum Schwimmen im Pool … aber ich hab nicht gehabt die Badehose … macht nix, sagen sie, wer schaut schon … so ich bin hinein in das

Wasser ganz ohne, und es sind gesprungen hinein auch die blonden Schikssen, und die eine, sie schwimmt mir entgegen, und sie kommt immer näher geschwommen und näher … mit ihren blonden Haaren und dem oben ohne, und sie schaut mich an mit einem Lächeln … was soll ich Ihnen sagen … und wie sie ist ganz nahe bei mir, sie greift mir so … zwischen die Beine – so! Und d a s es war der e i n z i g e Moment in fünf Jahren, wo mir nicht grässlich geschmerzt hat das Gebiss vom Doktor Katz!"

„Drahte, wo!" Dieser häusliche Appell in Jugendjahren gehörte eigentlich ergänzend in das Kapitel, in welchem vom Prallen, vom Furz, die Rede ist. Aber ich meine, die Vorgangsweise des nächsten Protagonisten ist der eines Schlemihls durchaus würdig. Nennen wir ihn Leonard Schön und lassen wir ihn aus Rzeszów kommen, und lassen wir ihn eingeladen sein bei reichen Verwandten in Wien. Diese residieren in einer jener weitläufigen Ringstraßenwohnungen, in deren Zimmerfluchten, Gängen und Nebenräumen man sich fast verlaufen kann. Nach einem opulenten Diner wird Leonard in einem der großzügigen Gästezimmer untergebracht, aber als er des Nachts ein unaufschiebbares Drängen in seinem Gedärm verspürt und aus dem Raum läuft und sich etwa einem Dutzend Türen gegenübersieht, steht er da und weiß nicht, wohin. Mittlerweile wird der Drang übermächtig, und weil ihm kein anderer Ausweg einfällt, läuft er mit verhaltenden Trippelschritten wieder zurück in sein Zimmer. W o h i n??! Da fällt sein Blick auf die Palme. In heller Verzweiflung reißt er sie aus, samt ihren Wurzeln, und – Aahh! … Danach häuft er die Erde zurück in das Pflanzengefäß, gräbt die Palme wieder ein und legt sich entleert und über die Maßen erleichtert schlafen …

Einige Wochen sind vergangen, Leonard Schön ist schon lange zurück in Rzeszów, da erhält er ein dringendes Telegramm:

„Gästezimmer unbewohnbar – verzeihen dir alles – aber drahte, WO!"

Solange es noch die Einrichtung des Telegramms gab, erinnerte mich diese daran, dass ich mich im Besitz eines österreichischen sogenannten Wehrdienstbuches befinde, dessen authentische und mit allen Amtsstempeln versehene Eintragungen der interessierten

Mitwelt Kunde davon geben, dass ich von 1. 10. 1968 bis 1. 10. 1968 meinen gesetzlichen militärischen Wehrdienst abgeleistet habe und dabei als Funker ausgebildet worden bin. Wer bei dem angegebenen Datum jetzt an einen Druckfehler denkt, befindet sich im Irrtum, denn ich habe an besagtem Tag um sieben Uhr früh meinen Wehrdienst angetreten, habe jedoch um zwölf Uhr mittags des selben Tages mit einer Aufschiebung auf Grund bedingter Tauglichkeit in der Tasche wieder abgemustert. Dass ich in den folgenden Jahren mit Hilfe diverser Anwälte, die mich bei der Begründung unterstützten, die Nation könne auf meine künstlerischen Leistungen während des Zeitraums des gesetzlichen Wehrdiensts, also während damals neun Monaten, keinesfalls verzichten, ohne irreparablen kulturellen Schaden zu nehmen, es zuwege brachte, meine Militärkarriere schweren Herzens zu Gunsten einer Schauspielkarriere zu opfern, mindert angesichts der bodenlosen Dummheit des Amtsweges, welcher besagtes Wehrdienstbuch zur Folge hatte, die Trauer über das verpasste Soldatenleben. Allerdings kann ich mich quälender Sorge nicht erwehren, wenn ich daran denke, dass die Heimat sich im Kriegsfall auf meine amtlich ausgewiesenen Funkerkenntnisse verlassen will, denen ich nicht einmal nach dem obigen Motto „Drahte, wo!“ nachzukommen imstande wäre.

Obgleich – nicht auszudenken, was ich heute, im fortgeschrittenen Alter, noch werden könnte, wenn es nach dem Diktum des alten Salomon Horowitz ginge. Der zitterte zu Zeiten des Ersten Weltkrieges täglich, ins Feld eingezogen zu werden.

„Was fürchtest du dich so vor der Musterungskommission?“, fragte man ihn. „Du bist achtundsechzig Jahre alt, dich werden sie doch auf keinen Fall mehr holen!“

Da straffte sich Horowitz’ Rücken und ein wenig eingeschnappt entgegnete er:

„Wieso nicht? Man braucht doch auch Generäle!“

So wie Rzeszów für meinen Vater jene Stadt war, in welcher er jüdische Witze so gerne ansiedelte, so sind in der jüdischen Folklore die Stadt Chelm und die sogenannten Chelmer Narren das Äquivalent für Schilda und seine Schildbürger. Von den unzähligen jüdischen Geschichten über die Narren von Chelm sei nur eine erzählt. Mein Vater meinte ja immer, das Weltwirtschaftssystem gründe sich eindeutig auf die Narren von Chelm, und führte dafür folgende Begebenheit an:

Damals, vor langer Zeit, saß einmal in der Woche der Weisenrat der Narrenstadt Chelm zusammen, um über die Weltlage im Allgemeinen und die Lage ihrer Stadt im Besonderen zu klären.

„Ist es nicht eine grundverkehrte Welt", hob einer an, „in der wir leben? Die Reichen, die Geld haben wie Heu, kaufen auf Kredit, und die Armen müssen alles bar bezahlen! Wieso ist es nicht genau umgekehrt? Die Reichen sollen mit ihrem Geld auch bar bezahlen und den Armen sollte immer Kredit gewährt werden!"

„Ja, aber", gab ein anderer zu bedenken, „wenn man die Armen auf Kredit einkaufen lässt, werden am Ende die Kaufleute selbst verarmen."

„Nu ", argumentierte der Weiseste des Rates dagegen, „dann kann der Kaufmann ja auch auf Kredit kaufen!"

Apropos Kaufmann. Als waschechter Schlemihl erweist sich der frischgebackene Gemischtwarenhändler Mundi Supp, der folgenden Geschäftsbrief an seinen Lieferanten aufsetzt:

Geehrte Herren, hiemit bestelle ich einen Sack Pfeffer, Sorte A plus, wobei Sie sich betreff prompter Zahlung nach Lieferung auf mich und meine fleißige Frau verlassen können. Im übrigen ersuche ich Sie, einen Augenblick zu warten, ich werde in dem im Souterrain gelegenen Lagerraum nachsehen, ob ich nicht auch noch Vanillestangen und Gewürznelken benötige … Eben komme ich aus dem Lagerraum zurück und will nicht verabsäumen, Ihnen mitzuteilen, dass ich sowohl Gewürznelken als auch Vanillestangen in ausreichender Anzahl vorgefunden habe. Dazu erlaube ich mir zu erwähnen, dass auch Pfeffer noch in gewünschter Menge vorhanden ist. Sie brauchen mir also gar nichts zu schicken. Ich danke Ihnen für die Mühewaltung und zeichne hochachtungsvoll, Mundi Supp.

Ein Schlemihl ähnlicher Geisteskraft namens Rabinowitzky reiste einmal mit einem falschen Pass, darin hieß er Rubinstein. Als er zur Grenze kommt und sein Pass langwierig und zunehmend aufmerksam kontrolliert wird, rinnt ihm der Schweiß in den Nacken, aber er versucht, sich nichts anmerken zu lassen.

„Wie heißt du“, fragt ihn der Grenzsoldat barsch.

Da hat der Jude in der Aufregung den Namen vergessen, auf den der falsche Pass ausgestellt ist. Nervös beginnt er sich am Kopf zu kratzen und gibt dann zu Protokoll: „Also … Rabinowitzky heiße ich jedenfalls sicher nicht!“

„Ja – vielleicht in Schnippischok!“, bekam ich manchmal zur Antwort, wenn ich als Kind eine unglaubwürdige oder augenscheinlich übertriebene Begebenheit erzählte. Das Wort klang lustig, und bislang verband ich mit ihm Kinderreime in der Art eines Joachim Ringelnatz. Schnippischok aber war jener heute nicht mehr existierende jüdische Vorort im seinerzeitigen Wilna und Ort vieler jüdischer Redensarten oder Witze, und das habe ich bis vor kurzem nicht gewusst und als Kind ohnehin nicht. Wie hätte der schmächtige, dünne Bub in der kurzen Lederhose etwa beim frühabendlichen Fangenspielen rund um die St. Gilgener Dorflinde nach der im Wonnemonat täglich besuchten Maiandacht auch ahnen können, dass er Jahrzehnte später ein Buch schreiben würde, in welchem der jüdische Witz die Hauptrolle spielt, und dass ihm dabei der Name Schnippischok aus einem der kleinen Notizheftchen aus Vaters Nachlass wieder entgegenspringen und ihn zu Erkundigungen veranlassen würde.

„Stellt euch vor“, berichtet der Handelsreisende Srole Berl, eben von einer längeren Tour zurückgekommen, seinen Freunden über bestandene Abenteuer, „und wie ich in der Stadt geh über die Gasse, es kommt auf mich zugelaufen ein großer Mann und schlägt mich mehrere Male hart auf den Kopf ohne jedes Wort und ohne jeden Grund …!“

„Nein! So was gibts doch nicht!“ – „Furchtbar!“ – „Unglaublich, du Armer!“ – „Und w o ist dir das passiert?“, rufen die Zuhörer durcheinander.

„Wo? – In Schnippischok!“, erzählt Berl.

„Schnippischok –? Oj wej …!“, schütteln die Freunde die Köpfe. „Das nennst du a Stadt?“

Als das Gegenteil vom zuvor erwähnten Aufschneiden könnte man eine Untertreibung nennen, wenn dieser keine verlogen bescheidene Attitüde innewohnt, die man dem Knecht Yudel jedoch absolut nicht unterstellen kann.

„Yudel, was ist geschehen?", ruft ihn nämlich der Gutsherr zu sich. „Du warst ausgefahren und jetzt fehlt ein Pferd! Wo ist das Pferd?!"

„Nu", meint Yudel mit einfältigem Blick, „es haben gefressen die Mücken ..."

„Gefressen? Die Mücken?" Der Gutsherr tobt. „Wie ist sowas möglich, was soll das heißen, du Tölpel?"

„Nu, es waren so viele Mücken, so sie haben gefressen den Loschek", beharrt Yudel auf seiner Darstellung.

„Erzähl mir nichts, du Narr, Mücken können nicht ein ganzes Pferd fressen!"

„Nu", Yudel kratzt sich den Kopf, als käme ihm gerade die Erinnerung zurück, „e Wölfche war auch dabei ..."

Es war zu Zeiten, als Napoleon gegen Russland zog. Eines Tages, als Jossele Hersch mit zwei Eimern zum Fluss gegangen war, um Wasser zu holen, und als er nun mit den vollen Kübeln seinem Haus zustrebte, kam ihm eine Abteilung französischer Soldaten entgegen. Jossele erschrak, denn nach jüdischem Volksglauben bringen volle Wassereimer Glück, leere hingegen Unglück.

„Wie kann ich sein gegen unseren Zaren und für die Franzosen?", sagte er zu sich selbst und schüttete das Wasser aus, um dem Feind kein Glück zu bringen. Die Franzosen zogen weiter an ihm vorbei, aber als er ohne Wasser nach Hause kam und ihn seine Frau dafür ordentlich schalt, rechtfertigte er sich: „Nischt Glück sollen sie haben, die Feinde durch mich – und so ich hab weggeschüttet das Wasser!"

„Ach, Jossele", ermahnte ihn sein treues Eheweib, „bleib mer gesund, bleib mer stark – aber was hast du dir einzumischen in den Streit von Königen?"

In den achtziger Jahren des letzten Jahrhunderts war das Wiener jüdische Gemeindezentrum im ersten Bezirk eine Zeit lang für

Veranstaltungen aller Art geöffnet, und viele Male war ich dort mit etlichen meiner frühen Soloprogramme zu Gast. Damals noch ohne tiefere Kenntnis politischer Realitäten und ohne konkrete Absicht, fühlte ich aber schon den Wunsch nach Normalität in jüdisch-christlicher Verständigung, war mir dieser Dialog ein Anliegen. Und mein Publikum aus den Wiener Theatern und Vortragssälen folgte mir zunehmend bereitwillig an diesen, damals noch vielen fremd anmutenden jüdischen Veranstaltungsort neben der Synagoge und kam auf diese Weise in zwanglose und unverkrampfte Berührung mit dem über die Gemeindeinformationen eingeladenen jüdischen Publikum. Der damalige Vorstand der Gemeinde muss als junger Mann mit der Familie meiner Großmutter in engerem Kontakt gestanden sein, denn eines Abends begrüßte er die Zuseher, dann kündigte er mich an und hielt dabei mit bewegten Worten, die mir heute entfallen sind, eine Eloge auf meinen Großonkel. Dann verbeugte er sich tief vor mir und gab das Zeichen zum Beginn.

Meistens las ich aus den Werken der sogenannten Wiener Kaffeehausliteraten, allesamt jüdische Dichter, deren scharfer Geist und Humor – für den nicht zuletzt der jüdische Witz noch die Grundlage gebildet hatte – zusammen mit ihnen selbst unwiederbringlich ausgerottet ist.

„Wissen Sie, Ischl wär ja ganz schön, aber 48 Prozent Juden!" – „Ja, und 52 Prozent Jüdinnen!"

Dieser Dialog, von dem offenbleibt, ob die Antwort darin antisemitisch oder philosemitisch gemeint ist, spielt in Zeiten, als das Salzkammergut Mittelpunkt der jüdischen Sommerfrische wurde, als auch meine Familie sich hier ansiedelte. Gehörte es doch nachgerade zur Bürgerpflicht der gehobenen Stände, so auch des jüdischen Großbürgertums und in seinem Gefolge der illustren Vertreter von Kunst und Wissenschaft, dem Kaiser auch im Sommer nahe zu sein.

Die Kaiserverehrung und Kaisertreue der Juden in jenen Zeiten waren sprichwörtlich, sie galten oft als die glühendsten Patrioten, und auch wenn der jahrtausendalte Spruch lautete: „Nächstes Jahr in Jerusalem", im entferntesten Winkel der Monarchie noch blieb Wien der erste Ort der Sehnsucht.

Einer, der noch in diese Zeit hineingeboren und in ihr groß wurde, bekleidete er doch bereits zu Beginn des Ersten Weltkrieges mit vierunddreißig Jahren den Rang eines Oberleutnants, war der älteste Freund meines Vaters, der Wiener Maler Alfred Gerstenbrand. Er hatte bereits im Haus meiner Wiener Großeltern regelmäßig verkehrt und kannte daher meinen Vater, so wie dann später mich, von Geburt an. Über ein halbes Jahrhundert blieb er so mit meiner Familie verbunden, und während der fast dreißig Jahre, die allein ich ihn kannte, war er oft Monate hindurch beinahe täglich bei uns zu Gast. Was immer auch gerade gesprochen wurde, was immer auch geschah, ihm fiel sofort ein Apropos ein, das dazu passte, mit welchem er Gespräche ergänzte oder erweiterte und die augenblickliche Situation mit dem Humor seiner Geschichten und seines Vortrags anzuregen oder taktvoll zu glätten verstand. Eine Fähigkeit, die von ihm abzuschauen ich versucht habe und die mir seit damals nur noch in den seltensten Fallen begegnet ist. Wenn es auch vornehmlich die Atmosphäre um den immer treffenden und zugleich ironisch-wehmütigen Ton des jüdischen Witzes war, in der ich großgeworden und zu Hause bin, und wenn auch dessen Kritik und Selbstkritik mich nicht unwesentlich geformt haben, so habe ich durch den alten Gerstenbrand die andere Seite eines Alt-Wiener Humors kennengelernt und eine Zeit erfahren, in der beider Vermischung, wenn auch nicht gänzlich reibungslos, so doch noch weit von den späteren mörderischen Auswirkungen entfernt war. Ich habe dem alten „Gerstl", wie er genannt wurde, dieser Verkörperung eines Altösterreichertums, in einem meiner Bücher ein eigenes Kapitel gewidmet, und heute fällt er mir wieder ein, weil ihm, dem Erzähler hundertfältiger Geschichten und immer neuer, nie gehörter Anekdoten aus den Endzeiten der Monarchie, zum Leidwesen meines Vaters eine Fähigkeit völlig fehlte: Er konnte keine jüdischen Witze erzählen. Es waren ihm die alten jüdischen Geschichten bekannt, aber erzählen konnte er sie nicht. Meistens begann er mit dem Schluss und fragte meinen Vater etwa:

„Sag, da passert' doch jetzt die G'schicht dazu mit der … du, weißt schon, die Braut, die dann noch dazu hinkt … also, das … wo der Rabbi am Schluss sagt –", und jetzt verriet er auch noch die Pointe und mein Vater fiel ihm verzweifelt ins Wort und versuchte den Witz zu „retten“. Solchen Rettungsversuchen wohnte ich unzählige Male bei.

Vielleicht weil der Kaiser in der folgenden Geschichte die Hauptrolle spielt, begann er speziell diese wiederholte Male mit dem letzten, dem entscheidenden Satz, wobei er kichernd dazu setzte:

„Und ihr müsst’s wissen, das Kuriose daran is nämlich, dass ausgerechnet der Kaiser spricht wie – “, und nein, diesen Pointenverrat begehe ich an dieser Stelle jetzt nicht, sondern ich erzähle zuerst die Geschichte, wie sie mir von meinem Vater in Erinnerung ist.

Cheskel Lubuscher aus dem fernen Baranowicze ist für Geschäfte zum ersten Mal in der Kaiserstadt gewesen und wird bei seiner Rückkehr von allen Seiten mit Fragen bestürmt, vor allem: „Hast du gesehen den Kaiser?“

„Bloß gesehen …“, spannt der Heimgekehrte die Neugierigen genüsslich auf die Folter, „was heißt … bloß gesehen …!“

„Ja, was denn – erzähl uns – so red doch!“, drängen alle.

„Nu, ich hab ihm nischt bloß gesehen …“, berichtet Cheskel stolz, „ich hab em sogar gehört reden e Rede!“

„Wie? Wo? Wann? Wieso?“

Lubuscher strafft sich, immerhin berichtet er von der allerhöchsten Majestät und nicht einmal ein Anarchist täte dies, ohne entsprechend Haltung anzunehmen, sein Gesicht nimmt einen feierlichen Ausdruck an und er beginnt:

„So, ihr müsst es euch vor die Augen denken … wie e Bild! Ich bin gewesen für zu spazieren vor dem Garten, was heißt Schönbrunn, wo er hat sei Haus, unsere kaiserliche Majestät … der Herrschervater über fast sechzig Millionen … was sag ich Haus – Palast! Schloss!“, er legt eine Kunstpause ein. „… Und wann ich gegangen bin zu spazieren vor dem Palast mit dem Park, es is gekommen zu fahren eine Equipage … eilig sie is gefahren, gewiss für wichtige Staatsgeschäfte … und so sie hat umgerissen e kleines Mädchen … schreckt nicht, es is em nichts geschehen, dem Mädchen, bloß ohnmächtig es is geworden … und in grade jennem Augenblick es is angekommen zu reiten der Kaiser … der Landesvater und König … auf dem großen, weißen Loschek er is gekommen zu reiten … mit aller Pracht … die

Majestät und Fürstlichkeit von Lodomerien … der Markgraf von Tirol und Großwojwode von Siebenbürgen … unsere historische Allmacht … mit sein weißem Bart und mit der vollendeten Güte in sein Gesicht … so wie wir ihn kennen gemalt … mit seiner Uniform und mit die Orden und die Sternen … und er hat angehalten den Loschek zu stehen … der Monarch und Patriarch … und die Fenster von dem Schloss … unendlich viele … und ich steh da … e Meter vor ihm oder weniger … die Uniform … und die Federn auf dem Tschako … und die hellen, gütigen Augen, wie wir sie kennen … e Mensch … und so er guckt auf dem Mädchen und er guckt auf mir und er hebt seine Stimme … der Kaiser und König …", Lubuscher hält ergriffen von seiner eigenen Erzählung kurz inne, „und ich – ich hab gehört jedes kleine Wort …!" Wieder schweigt er und sein Blick geht in die Ferne, als könne er dort das Erlebte noch einmal vor Augen sehen.

„Nu! Nu!", rufen die anderen aufgeregt. „Erzähl weiter – was hat er gesagt –??"

Cheskel Lubuscher blickt in die Runde, von einem zum anderen, und ein verklärtes Lächeln zieht über sein Gesicht.

„Gesagt …? Gesagt er hat nischt … aber gesprochen hat er … die Majestät … er hat gesprochen zu fragen: ‚U n d w e m m e n e m e s g e h ö r t d a s K i n d?'"

So war auch diese gejüdelte Frage oft von meinem Vater zu hören, etwa wenn wir Gäste mit Kindern zu Besuch hatten. Aber die Menschen, welchen die Anekdote dahinter bekannt war, starben aus, kaum jemand verstand ihn, schlimmer noch, man verstand es als antisemitische Anspielung, und so habe ich ihn mit den Jahren so nie wieder fragen gehört und auch diese alte jüdische Geschichte ist in Vergessenheit geraten.

Eine Anekdote aber noch über das Zusammentreffen eines Juden mit einem Mitglied des verehrten Kaiserhauses sei an Lubuschers Begegnung angeschlossen; ich habe sie oft erzählen gehört, weil auch diese Geschichte zum Schrecken meines Vaters vom alten Gerstenbrand selbstverständlich von hinten aufgezäumt wurde, wenn sich für ihn zum Vortrag dieser Begebenheit ein Apropos ergab.

Auch der allseits angesehene Moritz Fleckeles ist von einer Wien-Reise zurückgekommen und erzählt jetzt den staunenden Mitbürgern von seinen Erlebnissen. Ihm sitzt die Verehrung für das Kaiserhaus tief im Herzen und zusammen mit seiner Neigung, zur Wahrheit ein durchaus lockeres Verhältnis zu haben, klingt das so:

„Also“, beginnt er, „es war so: Ich geh spazieren an dem Donaukanal am frühen Morgen … es war noch nicht hell … und da hör ich von unten, schon ganz beim Fluss, leise das Rufen: ‚Zu Hilfe! Wer wird retten mein Leben?‘ Ich gehe näher hin und schau hinunter zu dem Wasser, und was seh ich dort gekommen zu liegen? Ich seh dort gekommen zu liegen Seine Hoheit den Erzherzog Leopold Salvator! Ihr könnt euch nicht denken mein Erschrecken darüber … ‚Kaiserliche Hoheit‘, sag ich zu dem Erzherzog, ‚wie sind Sie gekommen zu liegen da herunten?‘ – ‚Ich bin‘, spricht die Hoheit zu mir, ‚von dem Pferd heruntergefallen und mein Fuß er ist verrenkt, so ich kann nicht zurück auf den Weg!‘

Ich zögere nicht und bin geklettert also hinunter, die vielen gefährlichen Meter bis ganz zu dem Fluss … und ich reiche ihm meinen Arm, der gnädigen Durchlaucht … wie er da liegt … so, ihr müsst wissen, hab ich gestreckt den Arm … und ich ziehe herauf die allerdurchlauchtigste Majestät auf den Weg … dann ich hab gerufen eine Kalesche, zu bringen die Majestät zurück zu sein Schloss. Und wie er einsteigt, der allerhöchste Herr, er schaut mir an mit sein gütigen Blick … so wie ein Kaiser er hat geblickt, stolz und mild … und er sagt zu mir: ‚Mein Lieber‘, sagt er zu mir – ihr müsst wissen, er hat gesagt: Lieber! – ‚Mein Lieber‘ also sagt er, ‚ich danke Ihnen, weil Sie haben gerettet mein Leben!‘ Und jetzt er greift in sein Rock und er zieht heraus aus dem Rock eine goldene Uhr und er streckt mir hin die Uhr mit den Worten: ‚Die ist für Sie und sie soll Zeichen sein für meinen Dank!‘ Und dann er ist gestiegen in den Wagen, die Majestät, und er ist davongefahren …!“

Moritz Fleckeles schweigt ergriffen und sein Blick wird weit und das Erlebte steht noch einmal wie leibhaftig vor ihm.

Auch die Zuhörer halten beeindruckt inne und warten gespannt, ob der tollkühne Held noch etwas hinzuzufügen hätte.

Und wirklich dreht sich Fleckeles wieder zu der Zuhörerschar und seine Stimme schwillt an vor Stolz.

„Ich steh da und die Uhr, die goldene, sie liegt schwer in meiner Hand, und da ich klapp sie auf, die Uhr, und was, denkt ihr, war graviert hinein in den Deckel von der Uhr?

Meinem mutigen Lebensretter Moritz Fleckeles von seinem dankbaren Erzherzog Leopold Salvator von Österreich!"

Und im Angesicht dieser bewegenden Geschichte aus vergangenen Zeiten, als Kaiser und Fastkaiser noch auf ihrem Morgenausritt anzutreffen waren, sei mit dem Ausspruch eines Schlemihls geendet, der vor sich hin sinniert: „Das Leben", philosophiert er bedeutungsschwer, „das Leben, es is wie e Wasserfontän' …"

„Das versteh ich nicht!", schüttelt ein zweiter Schlemihl den Kopf und denkt eine Zeit lang angestrengt nach. Endlich fragt er: „Warum is das Leben wie e Wasserfontän'?"

„Warum?" Der erste Schlemihl verfällt in tiefes Brüten. Nach einer Weile nickt er schwer und sagt dann:

„Soll sein – dann is das Leben eben nicht wie e Wasserfontän'!"

Wie dieser Schlemihl zu seiner Erkenntnis gekommen ist, weiß ich nicht zu sagen, aber ich kann mir nicht helfen – irgendwie ist es absolut nicht einzusehen, warum das Leben eigentlich nicht wie eine Wasserfontäne sein soll …?

Die Juden wissen schon

Die deutschsprachige Emigrantenkolonie im und um den kleinen, damals noch verträumten südfranzösischen Küstenort Le Lavandou, bis August 1941 nach Zürich und Paris die dritte Fluchtstation meines Vaters, war eine zusammengewürfelte Gruppe teils illustrer jüdischer Flüchtlinge, die es fast alle nach der Besetzung von Paris durch die Deutschen hierher verschlagen hatte und die einander oft von früher her kannten.

Wenn ich das Wort „Emigranten" verwende, dann deshalb, weil dieses mittlerweile im allgemeinen Sprachgebrauch verankert ist. Und doch ist es eine falsche, unzutreffende Bezeichnung, denn es waren keine Auswanderer, die ein Land wählten, um dort zu bleiben, womöglich für immer. Es waren Vertriebene, Verbannte, die Hals über Kopf vor der Ermordung flüchteten, wenn ihnen das überhaupt noch möglich war, die ihre Heimat und ihr bisheriges Leben, meist auch die Eltern und Verwandten zurücklassen mussten. Und so idyllisch es auch heute klingen mag, in einem malerischen Fischerdorf am Meer gelebt zu haben, der Alltag war alles andere als schön, wie ich es bereits in dem Buch über die Emigrationszeit meines Vaters geschildert habe.

Da waren die Schikanen der Franzosen, die ständige Angst, dass die Deutschen nach der Besetzung von Paris auch bis hierher vorrücken würden, was dann ja auch geschah; die Ersparnisse, so überhaupt welche vorhanden waren, reichten längst nicht mehr zum Überleben, und wie etliche andere, so musste auch mein Vater ein wochenlanges Grauen in einem der französischen Konzentrationslager kennenlernen, bis es ihm drei Jahre später endlich glückte, über die Pyrenäen nach Portugal und von dort über das spanische Bilbao nach Uruguay zu gelangen.

Mein Vater hat wenig aus diesen sieben Jahren erzählt, und ich war leider, so lange er noch lebte, zu jung und im Unterschied zu heute, wo die Beschäftigung mit Exil zu einem Lebensthema geworden ist, noch zu wenig interessiert, um ihn ausführlicher zu befragen. Und wenn lange nach seinem Tod nicht seine umfangreiche Korrespondenz mit den Eltern in meine Hände gelangt wäre, wüsste ich bis heute kaum etwas aus diesen sieben Jahren in der Fremde. Meine Großeltern hatten zusammen mit der Kinderfrau meines Vaters, die bis zu ihrem Tod jahrzehntelange Vertraute und Hausfaktotum blieb, Unterschlupf in Südbayern, sozusagen im Auge des Zyklon, gefunden. Wieso mein Großvater – als junger Mann zwar „stehend“ getauft, aber Volljude nach Nürnberger Rassegesetzen – nicht deportiert wurde, sondern dort gegen Ende des Krieges eines natürlichen Todes gestorben ist, bleibt ein bis heute ungelöstes Rätsel. Es mögen seine Verbindungen zur deutschen Eisen- und Stahl-Großindustrie eine Rolle gespielt haben, wir wissen es nicht und er hat nichts hinterlassen, was auf mögliche inoffizielle Verabredungen höheren Orts schließen lässt, die vielleicht sein und das Überleben seiner Frau sichergestellt hatten.

In Anspielung auf diese unsägliche Gesetzgebung, nach der die „Rasse“ der Großeltern zur Einteilung in Volljude oder Mischling verschiedenen Grades herangezogen wurde, lautete eine beliebte Scherzfrage jener Tage:

„Wer ist heutzutage die begehrteste Frau?“

„Die arische Großmutter!“

„Falsch – die jüdische Urgroßmutter!“

„Warum denn die?“

„Sie hat das Geld in die Familie gebracht und schadet nicht mehr.“

In den Briefen meines Vaters habe ich nicht nur staunend gelesen, wie er sich über Wasser hielt, indem er Fähigkeiten entwickelte, die ihm zuzutrauen er Jahrzehnte später nicht den geringsten Anlass bot, wie zum Beispiel eine kleine Landwirtschaft zu führen. Ich bekam auch Kunde über bunte Abende, über Lieder und Sketche, die für die verschiedensten Anlässe verfasst wurden, und über die darin fixen Programmpunkte, das Erzählen jüdischer Witze. Juden, auf der Flucht vor ihren Verfolgern, spielten als Laiendarsteller Kabarettszenen, sangen Lieder und erzählten einander im gleichen Ton, in dem sie von ihren potentiellen Mördern verunglimpft wurden, Judenwitze mitsamt allen antisemitischen Klischees und Stereotypen, und bannten auf diese Weise mit Selbstspott und Selbstironie für ein paar Stunden ihr Schicksal. Leid wurde zum zynischen Witz, Verzweiflung spottete über sich selbst, vieltausendjähriger und gegenwärtiger Schmerz wurden zu Gelächter. So wurde etwa in Anspielung auf den französischen Orden „Pour le Mérite“ der gelbe Judenstern, den zu tragen sie entronnen waren, sarkastisch „Pour le Semit“ genannt.

Die verzweifelte Suche der Flüchtlinge nach einem sicheren Aufenthaltsland und allein die gesetzlichen Hürden, die neben all den anderen Schwierigkeiten dabei zu überwinden waren, sind nach wie vor so gut wie unbekannt. Und es ist eine traurige Ironie der Geschichte, dass dies alles auf Grund von immer ähnlicheren Bestimmungen, die heute eben von jenen Ländern angewandt werden, aus denen die Flüchtlinge damals kamen, erst vorstellbar wird. Mit verzweifelten Anstrengungen galt es jedenfalls, einen Ort zu finden, wo man gewiss sein konnte, nicht mehr ausgewiesen oder zurückgeschickt zu werden, und wo zumindest erst einmal das nackte Überleben gesichert war.

Mein Vater erzählte auch von der sarkastischen Einteilung, welche von den Emigranten damals vorgenommen wurde, es gäbe zwei Arten von Juden: die Optimisten im Exil und die Pessimisten im KZ.

Und das wiederum führt zu dem vornehm gekleideten Juden, der in einem Reisebüro eine Zeitlang versonnen an einem Globus dreht und sich dann höflich an die Reisebüroangestellte wendet: „Verzeihen Sie – sonst haben Sie nichts anzubieten …?“

Mein Vater hat Witze wie diesen hin und wieder erzählt und nur manchmal erwähnt, dass sie auch Teil der bunten Abende in Südfrankreich waren. Mehr darüber habe ich viel später von der Witwe eines seiner auch dorthin geflüchteten Wiener Schulfreunde erzählt bekommen.

Jeder hatte die legendären Aussprüche des ebenso legendären und in Dachau ermordeten Fritz Grünbaum parat, der die Weigerung eines KZ-Aufsehers, ihm ein Stück Seife auszuhändigen, mit dem Satz kommentierte: „Wer keine Seife hat, sollte sich kein KZ halten.“

Auch der Grünbaum zugeschriebene Ausruf, den er angeblich einmal während eines Stromausfalls auf der Kabarettbühne getan haben soll: „Ich sehe nichts – ich sehe absolut gar nichts – da habe ich mich wohl in die nationalsozialistische Kultur verirrt …!“ war Auftakt und Bestandteil bunter Abende. Dabei wurde auch eine

Tradition aus dem Wiener Kabarett übernommen, die gespielten Witze. Dazu wurden jüdische Witze meist ein wenig umformuliert oder erweitert.

Einer der makaberen Lieblingswitze meines Vaters, der in besagten Vorstellungen gespielt wurde, handelt von den beiden Juden, die wie durch ein Wunder schon seit Jahren in einem Kellerloch mitten in Berlin überleben. Sie haben herausgefunden, dass Hitler an einem bestimmten Tag an ihrem Versteck vorbeifahren werde. In mühseliger Kleinarbeit haben sie eine Bombe gebastelt, damit wollen sie den Diktator in seinem Automobil in die Luft sprengen. Alles ist genauestens geplant, die Uhrzeit, die Stelle des Attentats an der Straßenenge, der unter Straßenniveau gelegene Kellereingang, in dessen Nische sie tief geduckt auf den Konvoi warten, der in den nächsten Minuten vorbeikommen muss. So warten sie mit klopfendem Herzen. Sie warten eine Viertelstunde, sie warten eine Stunde – zwei, doch die Straße bleibt leer. Da flüstert der eine besorgt:

„Es wird ihm doch nichts passiert sein?"

Wie bitter muss damals das Lachen jener geklungen haben, die der Hölle knapp entronnen waren. Aber für ein paar Stunden war zumindest das Weinen vergessen.

Ein Klassiker bis heute ist auch der Traum der drei Juden, die sich vorstellen, was sie tun würden, wenn alles vorbei wäre und sie überlebt hätten. Hitler würde gestürzt sein und sie wären nach Hause zurückgekehrt und hätten nun die Möglichkeit, den Diktator zu bestrafen.

Der eine malt sich aus, er würde Hitler mit Halsband und Leine in einem Käfig im Wiener Prater ausstellen. Dort würden die Schulklassen vorbeigeführt, um ihn anzuspucken und auszulachen, und ihm Bananenschalen und Abfälle in den Käfig werfen.

Der Zweite phantasiert von einer Wunschfee, von dieser würde er um ewiges Leben für Hitler bitten und ihn dann zu einer Million Jahren Dunkelhaft bei Wasser und Brot verurteilen.

Der Dritte lächelt verträumt:

„Ich werd wieder sitzen wie früher jeden Tag zur gleichen Zeit im selben Kaffeehaus. Nur ein paar Tische weiter wird sitzen alt und gebrechlich der Hitler. Ich werd vor mir haben zwei Stöße mit allen Tagesblättern von Wien. Der eine Stoß wird sein die gelesenen und der andere Stoß wird sein die ungelesenen. Da wird aufstehen der Hitler und er wird herübertippeln zu mir ganz gebückt, dann wird er machen a tiefe Verbeugung vor mir, und mit zittriger Hand wird er zeigen auf den Stoß mit den gelesenen Zeitungen, und ganz höflich wird er fragen:

‚Bitte sehr um Entschuldigung, mein Herr, aber das *Journal* ist frei?‘

Und da werde ich sagen: ‚Für Ihnen nicht, Herr Hitler!‘“

Das erinnert wieder an die zwei Juden, die davon träumen, wie es vielleicht einmal wieder zu Hause sein könnte. Man würde im Stammkaffee am Fenster sitzen, kurz vom Schachbrett aufblicken und fragen: „War das nicht nebbich der alte Hitler, der da gerade vorbeigegangen ist …?“

Eine andere Zeitungsgeschichte handelt von dem Juden, der auf der ersten Station seiner Flucht in einem Prager Kaffeehaus sitzt. Dort sieht ihn ein Freund, wie er neben sich das nationalsozialistische Kampfblatt *Völkischer Beobachter* liegen hat und dabei ist, das noch weit radikalere Hetzblatt *Der Stürmer* zu lesen. Empört geht er zu ihm hin und fragt:

„Bist du meschugge, Kamintzky, was liest du diese Schundblätter gegen unsere Leut?!“

„Was heißt gegen unsere Leut? – Das Einzige, was mich heutzutag noch tröstet! Liest man jüdische Presse, man möchte sich glatt umbringen vor Verzweiflung. Da steht nur, Juden haben Geschäftsverbot, Juden haben Kinoverbot, Juden werden misshandelt, Juden müssen fliehen …! Aber schau, was hier steht: Juden beherrschen den Welthandel, Juden beherrschen alle Regierungen, Juden beherrschen die ganze Welt! No, sag selbst – ist d a s nicht tröstlich!?“

Und ich schweife kurz ab, denn dem kleinen Moritzl wird jene Antwort in den Mund gelegt, welche die Bestimmung umschreibt, der diese Schundblätter zuzuführen gewesen wären.

In der Schule lernen die Kinder im Deutschunterricht die Steigerungsformen. Der Lehrer stellt die Aufgabe, einen Satz mit

„lieb und wert“ zu bilden. Ein Schüler zeigt auf: „Die Zeitung *Das Reich* ist mir lieb und wert!“

„Sehr brav“, sagt der Lehrer, „und damit bilden wir jetzt den Komparativ – nun, Karl Heinz?“

„Der *Völkische Beobachter* ist mir lieber und werter!“

„Ganz richtig“, lobt der Lehrer. „Und nun, Moritzl, bilde du uns den Superlativ.“

Da antwortet der kleine Moritzl wie aus der Pistole geschossen: „*Der Stürmer* ist mir am liebsten am Allerwertesten!“

Und bei dieser Gelegenheit ganz kurz noch:
Der kleine Moritzl sitzt mit seinem Vater beim Essen und fragt:
„Tate, wer hat eigentlich den Reichstag angezündet?“
Der Vater: „Ess, ess – und frag nicht solche Sachen …!“

Und da die Hoffnung zuletzt stirbt, wurden allem Ungemach zum Trotz immerzu Träume geträumt für die Zeit nach dem Horror, und wenn es nur gelten sollte, zu Hause zu sterben. Weil, wie Alfred Polgar, der schwere Jahre als Emigrant in Los Angeles verlebte, so treffend wie bitter schrieb: … *wenn man in der Fremde stirbt, selbst in einem richtigen Bett an einer richtigen Krankheit, hat man die Empfindung, eines unnatürlichen Todes zu sterben …*

So stirbt ein Jude hochbetagt und kommt in den Himmel. Auf dem Weg dorthin kommt er an der Hölle vorbei und sieht in einer Zelle Adolf Hitler an einem Tisch sitzen und schreiben. Im Himmel angekommen, fragt er:

„Verzeihen Sie, wenn ich mich einmisch, aber ich hab gesehen beim Vorbeigehen in der Hölle den Hitler sitzen am Tisch und schreiben. Is da a gerechte Straf für den größten Verbrecher der Welt?“

„Sie brauchen sich keine Sorgen zu machen“, beruhigt ihn ein Engel, „er arbeitet gerade eine seiner vielen Sonderstrafen ab. Diesmal muss er *Mein Kampf* ins Hebräische übersetzen.“

Anlass für einen bunten Abend in Le Lavandou war zum Beispiel die Abreise jener, denen es nach unbeschreibbaren Erniedrigungen, Mühen und entmutigenden Rückschlägen gelungen war, die ersehnten Papiere für irgendein endgültiges Aufnahmeland zu ergattern. Die Abschiede waren eine Mischung aus Neid der Zurückbleibenden, Freude der Scheidenden und Wehmut aller.

Als einmal bis zum nächsten Morgen um sechs von einem beliebten Mitglied der Kolonie Abschied genommen wurde, meinte der Gefeierte, er müsse jetzt wirklich gehen.

„Aber wieso, dein Zug geht doch erst um acht", riefen die anderen, „da kannst du doch direkt von hier zum Bahnhof gehen."

„Ja, ich weiß", antwortete der Abreisende, „ich will ja auch nur kurz nach Haus gehen – zum Aufstehen."

Etliche Szenen und G'stanzeln wurden eigens auf die Betroffenen geschrieben, oder Witze wurden dem Anlass entsprechend adaptiert. Auch über das neue Aufenthaltsland wurde fabuliert und gereimt, über die Rückkehr nach Hause, die sicher irgendwann einmal erfolgen würde, über das geruhsame Alter, das man dann zusammen mit der Frau seines Herzens verbringen werde. Und dabei kam unweigerlich auch die Geschichte vom alten Ehepaar Leibowitz zur Sprache.

Dieses hat überlebt und sitzt seit dem Ende des Krieges an jedem Sonnentag jahraus, jahrein im Wiener Stadtpark, immer auf derselben Bank. Schweigend klären beide vor sich hin. Da, eines Tages erhebt der alte Leibowitz seine Stimme und fragt: „Sag einmal, Roserle … waren wir eigentlich scho zusammen, damals im KZ?"

„Ja, aber natürlich, Doberle, erinner dich doch, da haben uns doch die Amerikaner befreit!"

Der alte Leibowitz nickt und klärt weiter vor sich hin.

„Und sag, Roserle …", fragt er nach einer Weile weiter, „waren wir scho zusammen vorher … im Ghetto …?"

„Aber natürlich, Doberle, erinner dich doch, da haben wir doch wohnen müssen mit die andern fünfzehn in dem kleinen Loch von nebbich einer Wohnung."

Der alte Leibowitz nickt und klärt weiter vor sich hin. Dann erhebt er noch einmal seine Stimme:

„Und sag, Roserle … waren wir auch scho zusammen vorher … wie sie uns zerteppert haben das Geschäft … in der Nacht … mit die Steine …?"

„Aber ja, erinner dich doch, Doberle, natürlich waren wir da scho zusammen, ich hab doch damals wollen die Polizei holen und sie sind nicht gekommen – zu uns!"

Da seufzt der alte Leibowitz tief auf und konstatiert bedächtig:

„Roserle … du hast mir ka Glück gebracht …"

„Wie beginnt ein Rabbi in diesen Tagen seine Predigt?", lautete eine der beliebten Fragen. Die Antwort: Er beginnt: „Wir leben nebbich in einer großen Zeit …"

Oder:

„Wie gehts den Daheimgebliebenen?"

„Wie einem Bandwurm: Sie schlängeln sich durch die braunen Massen und haben dauernd Angst, abgeführt zu werden …"

Die riesige Flucht- und Einwanderungswelle, die Ende des vorletzten und Anfang des letzten Jahrhunderts hunderttausende Ostjuden nach Amerika und hier vor allem nach New York geschwemmt hatte, war lange verebbt, als mit Beginn der Nazi-Barbarei auf einer vergleichsweise kleineren Welle etliche zehntausend Juden ihr Leben in die USA retten konnten.

Ein beliebter Witz für alle, die ein sogenanntes Affidavit, den Nachweis eines in Amerika lebenden Bürgen, für den Einwanderer allenfalls zu sorgen, und damit die heiß begehrte Einreisegenehmigung in der Tasche hatten, war die Geschichte, in der Präsident Roosevelt eines Tages seine Berater fragt:

„Sagt mir einmal, wir lassen jetzt wieder so viele Juden ins Land. Nun ist mir aber schon in den Jahren vor meiner Präsidentschaft aufgefallen, dass die Juden immer alles früher wissen als alle anderen. Ich halte das für nicht ungefährlich, andererseits könnte man sich diese Fähigkeit der Juden doch zunutze machen. Kann jemand mir erklären, warum die Juden immer alles früher wissen als andere?"

Keiner der Berater kann dem Präsidenten helfen, niemand hat eine Ahnung. Da sieht der kleine Protokoll-Stenotypist von seinem Tischchen auf und sagt:

„Verzeihen, Mr. President, aber es ist so: Es treffen sich zwei Juden, no, sagen wir in der Bronx in New York, und jeder fragt den anderen: ‚Nu – was tut sich?' Und dann sie erzählen sich das

Neueste … und so es treffen sich jede Stunde tausende Juden und jede Stunde sie fragen und jede Stunde sie bekommen erzählt … und das potenziert sich … und so es sprechen sich alle wichtigen Nachrichten viel rascher herum, als es sonst geht mit den Geheimdiensten!“

Roosevelt ist beeindruckt. Er berät sich kurz und dann beschließt er nach dem Vorbild des großen Harun al-Raschid, sich unters Volk zu mischen und das eben Gehörte auszuprobieren. Er lässt sich einen schwarzen Vollbart ankleben und dunkle Schläfenlocken, dazu setzt er einen dunklen Hut auf, zieht einen langen schwarzen Mantel an und fährt unerkannt nach New York. Dort besteigt er die U-Bahn, steigt in der Bronx aus und fragt den ersten Juden, den er sieht: „Nu – was tut sich?“

Der Jude sieht sich kurz nach allen Seiten um, dann beugt er sich nahe zum Präsidenten und flüstert hinter vorgehaltener Hand: „Roosevelt is in der Bronx!“

Mit den Geschichten des Entkommens und den Fluchterlebnissen, die ich im Laufe der Jahre erzählt bekommen habe, ließen sich Bibliotheken füllen. Zu allem Unbill kam noch hinzu, dass man neben Geduld auch von den abenteuerlichsten Zufällen abhängig war und von Glück und Geschick. Und auch darüber wurde von den Emigranten oft auf tragikkomische Weise gescherzt. So kursierte folgender Witz:

Einem alleinstehenden jüdischen Handwerker aus der Wiener Leopoldstadt ist es gelungen, sich mit Hilfe gefälschter Papiere in die Schweiz zu retten. Dort wartet er auf die Weiterreise. Obwohl er sich einer, wie er meint, perfekten Tarnung unterzogen hat, wäre sein waghalsiges Unternehmen aber beinahe schief gegangen, und so erzählt er immer wieder von neuem die Geschichte seiner wundersamen Rettung.

„Also, es war so: Ich sitz im Zug von Wien nach Vorarlberg. Von dort ich wollt weiter über die Grenze in die Schweiz. Ich hab mir abrasiert gehabt meine Schläfenlocken, ich hab mir kurz geschnitten meine Haar so wie die Nazis, ich hab mir angezogen Lederhosen und einen Trachtenjanker und hab aufgesetzt einen Steirerhut. Da is gekommen kurz vor dem Arlberg ins Coupé a SS-Mann und hat sich gesetzt grad mir gegenüber und hat angefangen mich zu fixieren. Nach einer Weile grinst er so bös und dann sagt er:

‚Ich habe in ganz Europa gekämpft, ich war in Afrika, mir kann keiner was vormachen. So verkleiden könnt ihr euch gar nicht, dass man euch nicht erkennen würde – du bist Jude, nicht wahr!‘

Ich hab gezittert und mir gedacht, es is alles aus, und da hat er weiter gesagt:

‚Aber wir sind keine Unmenschen. Ich sage dir was, wir fahren jetzt lange über den Arlberg und wenn du mich bis Bregenz mit guten jüdischen Geschichten unterhältst, dann lass ich dich dort laufen.‘

Hab ich mir gedacht, er is gewesen in Afrika, werd ich ihm erzählen Geschichten aus Afrika. Und so ich hab angefangen zu erzählen von dem afrikanischen Elefant, der herumlauft in der afrikanischen Wüste und so an Durst hat. Und er lauft und lauft weiter herum und da sieht er an Teich und da geht er hin zum Trinken. Und wie er seinen Rüssel hält in das Wasser vom Teich, kommt geschwommen a afrikanisches Krokodil. Er, der afrikanische Elefant, erschreckt sich zu Tod und denkt sich: ‚Oj, Gefahr!‘ und zieht den Rüssel wieder heraus aus dem Teich. Aber er hat so schnell gezogen, dass er gefallen is hinten in einen Ameishaufen. Und da denkt er: ‚Oj, Gebeiß‘ und is rasch wieder aufgestanden. Aber er is aufgestanden mit so an Ruck, dass er gefallen is nach vorn und wieder gehalten hat sein Rüssel in das Wasser. Da aber kommt geschwommen das afrikanische Krokodil und er erschreckt sich zu Tod und denkt sich: ‚Oj, Gefahr!‘ und zieht den Rüssel wieder heraus aus dem Teich. Aber er hat gezogen so schnell, dass er wieder gefallen is hinten in den Ameishaufen. Und da denkt er: ‚Oj, Gebeiß‘ und is rasch wieder aufgestanden … Und so hab ich weiter erzählt, vom Elefant, der wieder aufgestanden is mit so an Ruck, dass er gefallen is nach vorn, und wieder sein Rüssel gesteckt hat in das Wasser vom Teich, und vom Krokodil, das jetzt geschwommen kommt und er –“

„Sag einmal“, unterbricht ihn da einer, „und d a s hast du dem Mann erzählt? Die ganze Fahrt bis nach Bregenz?“

„No, was willst du?”, lautet die abschätzige Antwort. „– A Goj!“

Das Exil sei, wie es die Dichterin Hilde Spiel einmal formuliert hat, nicht nur eine unheilbare, sondern auch eine vererbbare Krankheit, und ich habe oft erwähnt, dass ich mich, obwohl ein Nachgeborener, zumindest heftig angesteckt habe. Und was mir in meiner langjährigen Beschäftigung mit Exilforschung und im Umgang mit den Exilanten jener Zeit immer wieder aufgefallen ist, das ist ihre Sehnsucht nach der alten Heimat, auch wenn sie mittlerweile in ihrer neuen verwurzelt waren, und das Benennen von Heimat, wie ich es kaum sonstwo erfahren habe. Kaum jemand traut sich heute hierzulande so tief empfunden das Wort Heimat zu verwenden, wie ich es von den Davongejagten, sei es in der Lyrik des Exils, in Gesprächen oder Interviews, gelesen und gehört habe, und mögen auch nach wie vor die Vorbehalte gegen die Menschen in der alten Heimat bestehen, und mögen sie auch noch so groß sein. Und auch wenn mein Vater in seinen Briefen oft mit langen, kabarettreifen Schilderungen seines Emigrantenalltags die fernen Eltern aufzuheitern trachtete, zieht sich auch durch seine Darstellungen das Heimweh wie ein dunkler, endloser Faden.

Viele der Geflohenen waren ja bis zu ihrer Verfolgung oft die eifrigsten Patrioten, und darüber gibt es den Witz, dessen Pointe jenen Kern enthält, der den jüdischen Witz so unvergleichlich macht.

Ein geflohener Berliner Jude, der es vorderhand einmal nach Paris geschafft hat und neben den täglichen Entbehrungen unter größtem Heimweh leidet, wird am 14. Juli von französischen Bekannten zur Militärparade auf die Champs-Élysées mitgenommen. Dichtgedrängt stehen die jubelnden Franzosen und jedem steht der Stolz auf das Vaterland ins Gesicht geschrieben. Auch der Begleiter des jüdischen Emigranten ist überwältigt von Patriotismus und stößt ihn an:

„Was sagen Sie – ist das nicht einmalig? Sehen Sie, wie es marschiert, unser französisches Militär, einfach überwältigend!"

Mitgerissen von der Stimmung meint der heimwehkranke Exilant da überschwänglich:

„Also, da hätten Sie einmal unsere SA sehen sollen!"

Wie das Exil zu den immer noch am wenigsten gekannten Auswirkungen der Nazi-Zeit gehört und bis heute oft ein falsches Bild darüber existiert, so ist auch kaum bekannt, in welch kuriose Weltgegenden es die Exilanten verschlug.

Der Dialog: „Und wohin fährst du?“ – „Nach Tasmanien.“ – „Ist das nicht sehr weit?“ – „Weit von wo?“ zeigt die Resignation darüber, dass man sich sein Aufnahmeland meist nicht aussuchen konnte, und die Sorge, es könnte nicht weit entfernt genug sein, um dem Tod zu entkommen. Wie mein Vater letztendlich in Uruguay landete, habe ich im erwähnten Buch geschildert. Es hätte für ihn aber auch ganz anders kommen können.

So wurde zum Beispiel, weil China keine Aufnahmequote vorschrieb wie die meisten anderen Länder, Shanghai zum Fluchtort vieler Juden, die oft auf abenteuerlichen Landwegen, dabei auch mit der Transsibirischen Eisenbahn, dorthin gelangten.

Oft setzten sich die Sketche der bunten Abende aus mehreren Pointen jüdischer Witze zusammen, eine Methode, der sich auch der Kabarettist Karl Farkas gerne bedient hat. Meist ging es darum, dass zwei Juden einander treffen oder beisammen sitzen, und daraus ließ sich dann eine kunterbunte Abfolge basteln.

Hier sind es zum Beispiel zwei Emigranten, die in einer Bar in Shanghai am Tresen hocken, und der Erste beginnt einen jüdischen Witz zu erzählen:

„Hör zu, der is gut: Rosenblatt und Rosenduft gehen zu einer Bar Mizwa –“, worauf ihn der Zweite unterbricht:

„Sag, kannst du nicht einmal aufhören mit deine blöden jüdischen Witze. Wir sind jetzt in China! Weißt du keinen chinesischen Witz?“

„No, reg dich ab“, sagt der Erste, „erzähl ich dir an chinesischen, hör zu: Wang Hao Tseng und Zhang Luo Ping gehen zu einer Bar Mizwa …“

Nach noch weiter weg – weit von wo? – und ohne, dass einer vom anderen weiß, hat es Silberstein und Kohn, zwei alte Freunde aus Wien, verschlagen. Da will es die Fügung eines Tages, dass sie mitten im tiefsten Urwald aufeinander treffen; beide in Tropenanzügen und bis an die Zähne bewaffnet mit Buschmessern und Gewehren.

„Gott der Gerechte – Silberstein! Was machst du nebbich im Urwald?"

„Ich hab eröffnet an Handel mit Gummi. Ich zapf an die Bäume und verkauf den Gummisaft."

„Und – das lebt sich?"

„No ja, man lebt … mit Malaria … mit die Kopfjäger … mit die Schlangen! Aber sag mir, was machst d u hier?"

„Du wirst lachen, ich verkauf Schlangengift und jetzt brauch ich Schlangen für Nachschub! – Aber sag d u mir, hast du was gehört vom Epstein?"

„Gott, der Epstein! A meschuggener Abenteurer – der is in Wien geblieben!!"

Auch dieser Witz war für eine szenische Darstellung wie geschaffen, und manchmal versuche ich mir vorzustellen, welche Requisiten und Versatzstücke dabei wohl von den „Darstellern" verwendet worden sein mögen …

Einer, den es „nur" nach London verschlagen hat, sitzt dort in einem Pub, vor sich einen Teller mit einem undefinierbaren, typisch englischen Gericht, in dem er misslaunig herumstochert. Nach ein paar Bissen schiebt er den Teller angeekelt von sich und schimpft in Richtung Küche: „Aber herrschen wollen über die Weltmeere –!"

Dazu gibt es folgendes schönes Apropos:
Der Blitzkrieg der Nazis überrumpelte damals die ganze Welt. Bald vermeinte man, über halb Europa die Hakenkreuzfahnen wehen zu sehen. Zwei Juden hat es in den Kongo verschlagen, wo sie fernab jeder Zivilisation hausen. Einmal im Monat suchen sie die nächstgelegene Missionsstation auf, die viele Kilometer entfernt liegt. Dort werden sie mit Nahrung versorgt und dort verschlingen sie alte Zeitungen, um den Kontakt zur übrigen Welt nicht ganz zu verlieren. Da lesen sie einmal in einer brandneuen Ausgabe auf dem Titelblatt: „Deutsche Wehrmacht in Washington einmarschiert – Hakenkreuzfahne über Weißem Haus!"

„Also das", nickt der eine eifrig, „wird ihm das Genick brechen!"

So kam in den Szenen der bunten Abende nicht selten Adolf Hitler vor, oft als ein sich eigentümlich benehmender H. oder als „der laute Herr H". Klassiker waren auch Couplets wie jene, die von Emigranten mitgebracht wurden, die, wie mein Vater, Zwischenstation in der Schweiz gemacht hatten, bevor sie von den dortigen Behörden wieder ausgewiesen wurden. Ein paar Wortfetzen der Lieder, die in den beiden Züricher Exil-Kabaretts, dem *Cornichon* und der von den Thomas-Mann-Kindern Erika und Klaus gegründeten *Pfeffermühle*, gesungen wurden, hatte mein Vater noch im Ohr.

In Nazedonien, in Nazedonien, wo die Urarier wohnen ... wenn der böse Jud nicht wär, wo nähm man dann die Schuldigen her ... wenn der böse Jud nicht wär, ach, er fehlt uns doch so sehr ... Und die Anfangszeile eines Spottliedes auf Hitler *Ich bin der Prinz vom Lügenland, ich lüg, dass sich die Eichen biegen ...*

Goldstein und Goldblatt wiederum haben es geschafft, sie sind in New York angekommen. Dort treffen sie einander jeden Tag und tauschen Neuigkeiten aus:

„Was gibt's Neues?"

„Nix Neues ..."

„Und neues Schlechtes?"

„Der Hitler soll tot sein!"

„Bist du meschugge! Das is doch nix Schlechtes!"

„Es soll nicht wahr sein."

Ein beliebter Kurzauftritt war auch der stramme SS-Mann, der in Anlehnung an Hitlers Anspruch an die deutschen Jungen der Zukunft „zäh wie Leder, flink wie Windhunde und hart wie Krupp-Stahl" einen Juden anherrscht: „Jude, beschreibe mir, woran erkennt man den wahren Arier?"

Der so Angefragte nimmt Haltung ein und schnarrt im Hitlerduktus: „Blond wie Hitler, schlank wie Göring und athletisch wie Goebbels!"

In einer anderen Szene besucht Propagandaminister Goebbels eine Schule. Mein Vater, der ja einige Zeit Schauspieler werden wollte, erzählte, alle hätten sich immer darum gerissen, den hinkenden kleinen Goebbels zu spielen. Der Gefürchtete besucht also eine Schule, um zu sehen, ob seine Propaganda auch bei den Kindern angekommen sei. Mit einschmeichelnder Stimme fordert er sie auf:

„Nun, meine Kinder, was kennt ihr denn für treudeutsche Parolen?"

„Heil Hitler!", ruft einer.

„Jawohl! Das ist unsere erste und unsere wichtigste Parole!", lobt Goebbels. „Wie heißt du denn, mein Junge?"

„Siegebert Müller, Herr Goebbels!"

„Sehr brav", zeigt sich der Minister zufrieden.

„Deutschland, Deutschland über alles!", ruft da ein zweites Kind.

„Das ist ja wunderbar!", ruft Goebbels erfreut. „Tadellos ist das! Und wie heißt du?"

„Fricka Schulze!"

„Das ist schön! Und – wer weiß noch etwas?"

„Möge unser Volk ewig leben!", tönt es da aus der letzten Bank.

„Herrlich! Das nenne ich wahren Patriotismus!", ist Goebbels begeistert. „Und wie ist dein Name, mein Junge?"

„Moische Morgenthau, Herr Goebbels …"

In Wien fragt einer in den ersten Tagen nach dem „Anschluss":

„Was gibt's für neue Witze?

„Dachau!"

Die Einlieferungen in das KZ Dachau hatten ja schon bald nach Hitlers Machtergreifung begonnen, und in Österreich fuhren schon kurze Zeit nach dem Einmarsch der Nazis die ersten Transport ab. Dennoch gelang es einigen Wenigen anfangs noch, nach etlichen Wochen oder Monaten wieder entlassen zu werden. Die meisten versuchten natürlich sofort, aus Österreich zu fliehen, aber nicht allen gelang es. Und selbst das kommentiert ein jüdischer Witz.

Es treffen einander zwei Freunde auf der Kärnter Straße in Wien.

„Das ist aber schön, dass du wieder heraußen bist!", freut sich der eine. „Sag, wie war es so in Dachau?"

„In Dachau“, antwortet der andere laut und vernehmlich für alle Vorbeigehenden, „also, ich muss dir ehrlich sagen, in Dachau ist es mir fabelhaft gegangen! Frühstück ans Bett … Kaffee oder heiße Schokolade nach Wahl … Zeitungen … dann bissl Sport oder Spazierengehen bis zum viergängigen Mittagessen … Suppe, Braten, Nachtisch, Käs und Obst … nach dem Mittagsschläfchen Spiele – Schach, Karten – dann Kaffee und Kuchen … nach dem Abendessen Kino, oder Varieté –!“

„Großartig!“, sagt der andere. „Aber, sag, ich habe unlängst den Pick getroffen, der hat mir ganz andere Sachen erzählt!“

Da beugt sich der Erste etwas vor und raunt mit unterdrückter Stimme: „Den haben sie ja auch schon wieder abgeholt …!“

Dazu gehört auch die Geschichte von dem Juden, der dazu verurteilt wird, sich vom nächsten Tag an eine große Tafel umzuhängen, auf der mit Balkenlettern geschrieben steht: „Juden raus, Arier rein!“ Mit dieser Tafel soll er täglich zehn Stunden auf einem öffentlichen Platz stehen und dazu diese Botschaft immer wieder laut und vernehmlich rufen.

Am nächsten Tag sucht man den Mann in ganz Wien vergeblich, bis man ihn endlich findet. Er trägt, wie befohlen, die Tafel um seinen Hals und ruft auch laut und vernehmlich in einem fort: „Juden raus, Arier rein!“

Ach ja – er steht: auf dem Wiener Zentralfriedhof …

Im Briefverkehr zwischen meinem Vater und seinen Eltern benützten beide Seiten Codenamen, mit denen sie Nazi-Bonzen und Länder umschrieben, um sich so über politische Entwicklungen auszutauschen. Auf diese fast schon rührend naive Weise meinte man, die allgegenwärtige Zensur täuschen zu können. So hieß Göring etwa „die Tante Rosa“, Hitler war „der alte Onkel“, Polen „der Onkel Oloubek“, Frankreich „die Tante Betty“, und so weiter. Wenn es um die diversen Versuche ging, die Eltern nachkommen zu lassen, oder wenigstens selbst aus Frankreich weiter zu flüchten, schrieb mein Vater über sich selbst in der dritten Person als „der Franzl“, sein Vater war „Eduard“.

Das Ganze kann man schon einigermaßen grotesk nennen: Der nach Lesart der Nazis Volljude Herz und seine nach Nazi-

Jargon halbjüdische Ehefrau leben mit Kenntnis der Behörde und geachtet von der Bevölkerung in drei Zimmern eines Bauernhofs am Rande eines kleinen Ortes am Chiemsee, empfangen Besuche von diversen Freunden und Familienmitgliedern und unterhalten einen intensiven Briefverkehr mit ihrem emigrierten Sohn in Frankreich und später, so lange, bis der Postverkehr dorthin unterbrochen wird, nach Südamerika; und sie befleißigen sich dabei für politische Mitteilungen einer Codesprache, die von jedem Mittelschüler sofort als solche erkennbar und entzifferbar ist. Aber das gehörte zu dem Irrwitz, den diese Zeit auch hervorbrachte.

Zum Thema Zensur gehört übrigens auch der Witz über den Juden Ignaz Feigenblatt, der gleich mit dem ersten Transport von Wien nach Dachau deportiert wird. Die Feigenblatts haben einen kleinen Schrebergarten am Stadtrand von Wien, dort pflanzen sie neben anderem Kartoffeln an. In einem Brief schreibt Frau Feigenblatt nun ihrem Mann, sie sei einfach zu schwach, ohne ihren Mann den Garten umzugraben und die Saatkartoffeln einzubringen. Sofort schreibt Feigenblatt zurück:

„Um Gottes willen nicht den Garten umstechen! Ich habe doch dort die Gewehre und das ganze Silber vergraben!"

Am selben Tag schon erscheint die Gestapo und beginnt, den gesamten Garten Zentimeter für Zentimeter umzugraben. Da sie aber nichts finden, ziehen die Männer unverrichteter Dinge wieder ab. Als Herr Feigenblatt diese Nachricht von seiner Ehefrau erhalten hat, schreibt er zurück:

„Jetzt kannst du Kartoffeln setzen!"

Auch zwei weitere beliebte Skteche, die sich bei den bunten Abenden der Emigranten hervorragend als Spielszene eigneten, waren eigentlich jüdische Witze, die typisch waren für die damalige Zeit, in der man alles versuchte, um die tragischen Verhältnisse mit Humor erträglicher zu gestalten.

In den sogenannten Ringwagen, einen Straßenbahnwaggon jener Linie, die in der Wiener Innenstadt die Ringstraße entlang fährt, steigt in den Tagen nach dem Anschluss Österreichs an Nazi-Deutschland ein Gestapo-Mann ein. Der letzte freie Sitzplatz ist ausgerechnet neben einem alten Juden mit Schläfenlocken und Hut, aber auf diesem Platz liegt ein Paket.

Der Nazi sieht sich dadurch so provoziert, dass er brüllt:

„Nimm sofort das Paket weg, Judenschwein!“

„Bitte, warum?“

„Nimm es weg, sag ich dir, sonst erlebst du was!“

Die anderen Fahrgäste mischen sich ein: „Weg mit dem Dreckspackerl, Jud!“ Der Alte rührt sich nicht. Da nimmt der Gestapo-Mann das Paket und wirft es aus dem fahrenden Wagen. Die übrigen Fahrgäste klatschen laut Beifall und der Gestapo-Mann trumpft auf:

„Hast du gesehen: So reagiert man auf eure Frechheiten!“

„Verzeihen Sie“, sagt da der alte Jude mit einem unmerklichen Lächeln, „aber – das Paket, es war nicht meines …“

Auf dem Höhepunkt des nationalsozialistischen Rassenwahns treffen auf einem Gipfel der Tiroler Bergwelt zwei augenfällig waschechte Tiroler aufeinander. Beide angetan mit speckigen Lederhosen, breiten bestickten Hosenträgern und dicken gewalkten Stutzen. Schwarze lange Bärte zieren ihre markanten, von harter Arbeit in der Natur gegerbten Gesichter, aus denen wasserblaue Augen und große, edel gebogene Nasen hervorstechen. Dazu tragen sie noch mächtige Hüte und stützen sich auf knorrige Stöcke.

Beide mustern einander eine Weile stumm, dann stößt der eine grimmig hervor:

„Mir Tiroler, mir segn ja scho ganz so aus wia die Jud'n! Da kchönnt am End glatt so a Jud daher kchommen und sich versteckchen bei uns in die Bergch!“

Darauf nickt der andere zustimmend und meint:„Wemmenem Sie geh'n erzählen …!“

„Schwein!“, schreit ein SS-Mann, der beim Vorbeigehen mit Absicht einen Juden angerempelt hat. – „Süßenthal“, erwidert der Jude und lüftet höflich seinen Hut.

So schwer der Alltag im erzwungenen Exil auch war, so sehr man sich bemühte, das Vertrauen in die Zukunft nicht zu verlieren, so sehr wurde in den Emigrantenkolonien aller Fluchtländer immer versucht, so rasch wie möglich und auf so vielen Gebieten wie möglich Normalität herzustellen, die an zu Hause erinnerte. In allen Berichten liest man neben Theater- und Konzertabenden immer auch über Kabarettvorführungen. Es waren ja fast alle der großen Kabarettisten geflohen. Und so wurden neue Programme geschrieben, oder man hatte erfolgreiche Abende aus der Heimat noch im Kopf, oder man erzählte oder spielte Witze. Und so vermittelten auch die vielen harmlos schlüpfrigen Kalauer und Zötchen, die bei den bunten Abenden in Le Lavandou zum Besten gegeben wurden, vielleicht so etwas wie das Gemeinschaftsgefühl einer Klassenfahrt.

Ein als Szene gespielter Witz war zum Beispiel in einem Dienstbotenzimmer angesiedelt, wohin der junge jüdische Hausarzt geholt wird, da das ungarische Mädchen eines Morgens der Herrschaft gegenüber behauptet, nicht mehr aufstehen zu können.

„Das ist sicher kein Grund zur Sorge, das werden wir gleich haben", beruhigt der Doktor die aufgebrachte Hausfrau. „Lassen Sie mich doch ein paar Minuten mit der Juliska allein ... So, Juliska, und jetzt sagen Sie mir, was Ihnen weh tut."

„Bittä nix, Härr Doktor!"

„Nichts? – Aber warum bleiben Sie denn dann heute im Bett liegen?"

„Bittä, hob ich drä Monate nicht bäkommen Geld. Jetzt, ich bläbe in Bett, bis Gnädige wird bezahlen ...!"

„Sie haben also schon drei Monate kein Gehalt bekommen?"

„Igen."

„Und deshalb bleiben Sie im Bett liegen?"

„Igen."

„Nu, ich bekomm schon über a halbes Jahr ka Geld – machen Sie Platz, ich leg mich dazu ...!"

Zwei Emigranten treffen einander:

„Heil Katz!"

„Heil – ach, d u bist es, Karpeles! Du bist ohne deine Frau?"

„No, die is doch arisch und in Wien geblieben."

„Und was macht sie dort?"

„No, sie kann dort ihr Dasein genießen ...!"

„Und du?"

„Ich genieß da ihr Dortsein!"

Ein Gesellschaftsspiel soll zum Beispiel gewesen sein, sich jüdische Formulierungen für alltägliche Vorschriften auszudenken, die man von zu Hause noch in Erinnerung hatte. Damit machte man sich nicht nur über den sprachlichen Eindeutschungswahn der Nazis lustig, der bekanntlich die wildesten Blüten trieb, es war auch ein ironisches Sichvorstellen, wie es wäre, würden anstatt der Nazis die Juden ans politische Ruder kommen.

Ein gutes Betätigungsfeld für diesen Ulk boten zum Beispiel die Vorschriftstafeln in der Berliner Straßenbahn.

„Fahrgeld ist abgezählt bereit zu halten" änderte man in: „Was meinen Se – der Schaffner is e Wechselstub?"

„Es ist untersagt, mit dem Fahrer zu sprechen!" wurde zu: „Ausgerechnet mit dem Chauffeur müssen S i e reden?"

Und: „Auf- und Abspringen während der Fahrt verboten" hieß: „Springen Se nur – Se wer'n scho sehen, was Se sich alles brechen damit!"

Hatte die oft jahrelange Flucht nach vielen Stationen, auf denen nicht wenige auf der Strecke blieben, endlich ein Ende gefunden und war man in dem Land gelandet, wo man endgültig bleiben zu können hoffte, begann der Lebenskampf oft erst richtig, denn die Aufnahmeländer hatten auf die Flüchtlinge nicht gewartet.

„Name, Beziehungen, soziale Stellung, Empfehlungen, Herkunft, alles Mumpitz, wichtig ist nur Geld, und das habe ich nicht … für diese bittere Erfahrung gibt es nur ein Wort: Emigration", wie mein Vater in einem seiner Briefe schrieb.

Je länger man in der Fremde lebt, desto fremder wird sie ... je näher man ihr kommt, oder ihr zu kommen glaubt, desto weiter rückt sie weg ... je genauer man sie kennen lernt, oder kennen zu lernen glaubt, desto stärker wird die Empfindung, dass man sie niemals richtig kennen wird ... es ist der gleiche Himmel, und es sind die gleichen Sterne und ihr Gefunkle ist das Gleiche wie daheim – aber ihr Spiegelbild in der Psyche ist ein anderes da und dort. Mit diesen Worten wiederum hat Alfred Polgar das Exil so beschrieben, wie ich es all die Jahre von den vielen Emigranten, die ich kennenlernte, immer wieder bestätigt bekommen habe.

Aber die Hoffnung, dass nicht nur Fleiß und Glück dazu gehörten, um nach oben zu kommen, sondern dass das Gottvertrauen, das die Gläubigen unter den Juden auszeichnet, auch zum Ziel führen kann, belegt die Geschichte von dem jüdischen Schneider, der im hintersten Winkel der New Yorker Bronx in einem winzigen Kämmerchen eines heruntergekommenen Mietshauses sitzt und näht und näht. Tagaus, tagein näht er – es sind aber eigenartigerweise nichts als kurzarmige Polohemden. Rund um ihn und bis zur Decke stapeln sich schon Berge davon in den buntesten Farben. Eines späten Abends schließt er seine Nähmaschine, schlägt seufzend die Augen empor zum Himmel und fleht: „Lieber gütiger Gott, jetzt hab ich jahrelang genäht die ganzen wunderschönen Polohemden in allen Farben, was Du hast uns gegeben, und ob ich geh einmal in der Woche damit auf den Markt oder ob ich geh damit in die Kleidergeschäfte, niemand will se mir abkaufen! Lieber Gott, ich hab immer Deine Gebote eingehalten, ich bin gewesen fleißig, ich bin gewesen fromm und ich war tugendhaft, so wie Du es befiehlst. Aber jetzt, ich weiß mir einfach keinen Rat mehr. Bitte, lieber Gott, hilf und sag mir, wie kann ich verkaufen meine schönen bunten Hemden?“ Da öffnet sich der Himmel und eine gütige Stimme sagt:

„Näh ein Krokodil drauf!“

Und von da leitete sich der Seufzer meines Vater „Krokodil müsst' man sein!“ ab, wenn er von einem unerwartet großen Geschäftserfolg anderer erfuhr.

Dass die Polohemden der Marke *Lacoste* natürlich viel früher und nicht in Amerika erfunden wurden, tut dem Witz keinen Abbruch. Dass aber diese ursprünglich als Tennisdress gedachten Hemden zu den ersten gehörten, die das Markenzeichen deutlich sichtbar aufgenäht hatten, ist ebenso evident wie die Tatsache, dass heutzutage vor allen Kaufentscheidungen das Markenlabel steht. Und ist nicht deswegen die Idee mit dem Krokodil Beweis für göttliche Weisheit und Güte und macht diesen Ratschlag zu einem wahren Geschenk Gottes?

Mein Freund, der Schriftsteller Frederic Morton, der als Fritz Mandelbaum mit seinen Eltern von Wien nach New York emigrierte und nach der Berufsstation als Bäcker zum weltbekannten Schriftsteller wurde, gehört zu denjenigen, die es ganz nach oben schafften. Er hat bei den Präsentationen zweier Bücher von mir jeweils eine kleine Rede gehalten. In dem Buch über Flucht und Exil meines Vaters gibt es eine Briefstelle, in der er im schon erwähnten Dünkelsemitismus sich glücklich schätzt, die Überfahrt nach Südamerika nicht mit den vielen Juden im Zwischendeck verbringen zu müssen. Fred Morton nun hob diese Stelle besonders hervor und erzählte dazu eine kleine Geschichte. Er laufe in New York seit Jahrzehnten jeden Tag die gleiche Strecke und dabei vorbei an einer Gedenktafel, die an die Ermordung von „sechs Millionen Helden" erinnert. Und jeden Tag ärgere ihn dieser Begriff, denn es seien keine Helden gewesen, die ermordet wurden und von denen einige wenige entkommen konnten, sondern Menschen wie andere auch; gute und schlechte, starke und schwache Charaktere mit allen Schattierungen auf der menschlichen Charakterskala. Und deswegen freue es ihn, wenn ein Autor diese menschliche Schwäche seines Vaters nicht unerwähnt lasse.

Das lässt mich übrigens an den Witz erinnern, nein, eigentlich an die alte Parabel über zwei Arten von Antisemitismus. Was ist der Unterschied zwischen einem gojischen und einem jüdischen Antisemiten?

Fast jeder Goj ist ein Antisemit von Natur aus. „Die Juden", sagt deshalb der Goj pauschal verallgemeinernd, „also die Juden sind schon was ganz Eigenes. Ein von Grund auf mieses Volk, fast ausnahmslos Schwindler, Geschäftemacher, Diebe, Betrüger – eigentlich gehören alle weg!"

„Und was halten Sie von Mandelbaum?"

„Mandelbaum? Ein sehr anständiger Mensch! Er hat unlängst für mich Holz engros eingekauft und ich kann nur sagen: Das Geschäft, die Abwicklung – tip top!"

„Und Rosenblatt –?"

„Rosenblatt! Ein Herr! Einer der nobelsten Charakter, die mir jemals untergekommen sind. Wir haben in einer Klagsache zusammen gearbeitet, er hat sich durchwegs benommen wie ein Gentleman!"

Von einem Juden hört man: „Die Juden sind nun einmal das auserwählte Volk! Die edelste Nation der Welt! Klüger, weiser – einfach ein ganz einzigartiger Stamm!“

„Und Tanzer?“

„Tanzer! – Hör mir auf mit Tanzer! Ein widerlicher Hund! Er hat mir verkauft Getreide und mich von vorn bis hinten betrogen!“

„Und Springer?“

„Das Letzte! Der Auswurf! Ein wirklicher Verbrecher!“

Und so spricht der Jude auch über Mandelbaum und Rosenblatt und über andere – einzelne – Juden …

Apropos New York: Dort liefert ein junger jüdischer Emigrant aus Berlin den Beweis für den Geschäftssinn, der den Juden immer vorgeworfen wird. Schon nach kürzester Zeit der Eingewöhnung ist es ihm gelungen, beim städtischen Busunternehmen als Fahrer unterzukommen. Nachdem er eine Woche seine Strecke gefahren ist, liefert er eines Tages am Ende seiner Schicht plötzlich die sechsfache Einnahmesumme ab.

„Was war denn heute los?“, wundert sich der Kassier. „Ihre Strecke bringt seit Jahren nie mehr als dreißig Dollar am Tag und Sie liefern hundertachtzig ab?“

„Well“, gibt sich der Berliner schon ganz amerikanisiert, „nach fünf Tagen hab ick jemerkt: die Strecke is mies! Bin ick ne andere Strecke jefahren, über die 16te Straße! Und die – ick sag Ihnen: eine Goldgrube!“

Eine schöne Geschichte von einer Überfahrt erzählte mein Vater einmal und sie könnte fast wahr gewesen sein.

Unter den besser gestellten Juden reist auch ein alleinstehender Uhrmacher aus Teplitz-Schönau mit dem treffenden Namen Goldblatt. Im Speisesaal des Schiffes wird er an einen Tisch mit einem gleichfalls allein reisenden französischen Geschäftsmann platziert. Beide sind der Sprache des anderen völlig unkundig und bis auf die Begrüßung, die täglich gleich abläuft, besteht die Konversation der beiden nur aus Nicken, lächelnden Handreichungen und stummen Höflichkeiten. Jeden Tag nun ergibt es sich, dass Herr Goldblatt schon Platz genommen hat, und wenn der Franzose an den Tisch tritt, macht der eine kleine Verbeugung und wünscht, bevor er sich niedersetzt, höflich: „Bon appétit!“

Und jeden Tag erhebt sich Herr Goldblatt daraufhin leicht, macht ebenfalls eine kleine Verbeugung und erwidert:

„Goldblatt.“

Nach einer Woche nimmt ein Herr vom Nebentisch Herrn Goldblatt zur Seite und meint freundschaftlich:

„Verzeihen Sie, ich möchte nicht unhöflich sein, aber wissen Sie, wenn Ihr Tischnachbar zum Essen kommt, dann stellt er sich nicht vor, er wünscht Ihnen einen guten Appetit.“

Am nächsten Tag kommt Herr Goldblatt etwas später an den Tisch, verbeugt sich und sagt laut und stolz: „Bon appétit!“

Da erhebt sich der Franzose leicht und antwortet strahlend: „Goldblatt!“

Im Zielland angekommen, waren viele Entkommene versucht, ihre bisherigen Lebensumstände zu Hause in bunteren Farben zu schildern, als diese Umstände tatsächlich beschaffen waren, und vielen sollte es nie gelingen, sich in das neue Leben hineinzufinden und sich den neuen Ländern anzupassen. Andere wiederum waren von Beginn an bemüht, sich mit allen Mitteln in die neuen Verhältnisse zu integrieren, ähnlich wie zu Zeiten der Assimilation.

Davon zeugt der folgende Trialog. Einen Satz daraus verwendete mein Vater, wenn von eingebildeten Parvenus die Rede war. Er sagte dann nur: „Ich kenn’ ihn noch …“, und dann folgte eine wegwerfende Handbewegung, die andeutete, dass dies vor langer Zeit, aber unter ganz anderen Umständen gewesen war.

Drei Emigranten sitzen also zusammen.

„Schaut“, sagt der Erste, „dort geht Maurice Lafontaine …“

„Pah –“, berichtigt der Zweite, „ich weiß noch, wie er geheißen hat Moritz Wasserstrahl …!“

Da meint der Dritte trocken: „Ich kenn ihn noch als Moische Pisch.“

Und weil in diesem Buch auch vom geliebten Dackel meines Vaters die Rede ist, soll als Beispiel für die Kategorie der nostalgischen Übertreiber folgender Ausspruch stehen:

„Ach, ja“, seufzt ein Dackel im New Yorker Central Park wehmütig zu einem amerikanischen Pinscher, „in Wien … da war ich Dogge …!“

Übrigens, wie schon erzählt, ging die Taufe oft mit einer Namensänderung einher, um die Assimilation so gründlich wie möglich zu vollziehen.

Und da sitzen auf der Strecke Budapest–Wien vier Herren im Coupé, die sich einander vorstellen:

„Kovacs!“ – „Angenehm, Kondor!“ – „Freut mich, Kovary!“

„Übrigens“, lächelt da der Vierte: „Ich heiß’ auch Kohn …“

Oft wurden die jüdischen Familien auf ihrem Weg ins Exil auch auseinandergerissen, weil es nicht allen gelang, im selben Land Aufnahme zu finden. So ist eine Mutter in Israel gelandet, der Sohn in New York. Nach Jahren der Ungewissheit erfahren endlich beide, dass der andere am Leben sei, und so schreibt der Sohn seiner Mutter den ersten Brief. Darin schwärmt er, wie sehr er sich schon angepasst habe und wie gut es ihm deswegen gehe. Jeden Tag habe er ein Geschäftsdinner mit den einflussreichsten Leuten – natürlich könne er da nicht auf koscheres Essen achten. In seiner Firma würden die Menschen auch am Samstag arbeiten – natürlich könne er da den Sabbat nicht einhalten, und so fort.

Nach Tagen, der Brief muss inzwischen in Israel angekommen sein, bekommt der Sohn ein Eiltelegramm. Darin steht:

„Freude und Gratulation! In Liebe, deine überglückliche Mutter.

P.S. Aber beschnitten bist du noch?“

Dass mein Vater nicht zu jenen schon beschriebenen Emigranten zählte, die sich geschworen hatten, das Land, aus dem sie so schmählich vertrieben worden waren, ja den Kontinent Europa nie mehr betreten zu wollen, sondern zu denen, die auf die allererste Gelegenheit hofften, nach Hause zurückzukehren, und dass er sich am Tag, an dem er vom Kriegsende erfahren hatte, seine Schiffskarte zurück besorgte, habe ich bereits erwähnt.

Tief drinnen aber in den Seelen und Herzen auch jener, die im Land ihrer Zuflucht Wurzeln schlugen und ein neues Leben begannen, steckten die Sehnsucht nach der verlorenen Heimat und der unbewusste Wunsch, irgendwann doch noch zurückzukehren oder vor dem Sterben in der neuen Heimat mit der alten noch auf irgendeine sichtbare Weise verbunden zu werden. Und so habe ich die Gedichtzeile meines seinerzeit emigrierten und vor einigen Jahren in Montevideo verstorbenen Freundes, des Dichters Fritz Kalmar: *Wie sehr man auch sein Herz verpflanze, zwei halbe Heimaten sind keine ganze* in keiner meiner vielen Begegnungen widerlegt gefunden.

Der einzige Ausspruch, der dieses Diktum in Frage stellt, fällt am Ende der Anekdote über den alten Juden, der sich nach Amerika retten konnte und erst Jahrzehnte später nach Erez Israel weiter zieht, ins gelobte Land, ins Sehnsuchtsland der Juden seit Anbeginn. Dort wird er liebevoll aufgenommen, er erhält Staatsbürgerschaft und Pension und lebt in Ruhe und Frieden. Jede Woche findet man den alten Mann in der Synagoge. Dort aber sitzt er offensichtlich tief bewegt da und weint still, aber umso heftiger in sich hinein. Da nimmt sich endlich einer ein Herz und spricht den Alten an.

„Vertrauen Sie sich mir an, warum weinen Sie denn so schrecklich? Vielleicht kann ich Ihnen helfen!“

„Ich weine“, stößt der Alte schluchzend hervor, „weil ich will sein bei meine Leut!“

„Bei Ihren Leuten? – Aber das sind Sie doch, hier im gelobten Land, hier in Erez Israel!“

„Nein“, jammert der Alte, „ich mein, bei meine Leut in Miami Beach …!“

Über Exil im Allgemeinen und die Emigration meines Vaters im Besonderen habe ich schon so viel geschrieben, dass hier nur knappe Ergänzungen angebracht wurden. Und so schließe ich dieses Kapitel mit den beiden Lieblingswitzen meines Vaters zu diesem Thema. Beide habe ich schon als winziger Knirps zum ersten Mal gehört, wenn ich dabei sein durfte, wenn „die Großen“ zusammensaßen und plauderten. Es war dies in den ersten Nachkriegsjahren in St. Gilgen, wo sich Überlebende, Zurückgekehrte und Ehemalige oder Immer-noch-Gestrige wiederfanden. Ob es nun Charakterschwäche oder Charakterstärke war, zumindest nach außen hin sah es so aus, als hätte mein Vater als einer, der zufällig nicht umgebracht worden war, keine Schwierigkeit, Frieden zu schließen mit denen, die zufällig nicht dazugekommen waren, ihn umzubringen. Und so zeugen viele Eintragungen in unseren Gästebüchern von feuchtfröhlichen Begegnungen zwischen den Freunden von früher, die nun bei gehamstertem Schnaps und Speck zusammen saßen und sich dabei, so wie zuvor auch, jüdische Witze erzählten, als wäre nichts geschehen.

Eine köstliche Antwort eines Freundes meines Vaters, der in jenen Nachkriegstagen häufiger Gast war, darf deswegen hier nicht fehlen. Der Mann hatte als gläubiger Jude seinerzeit alle Anstrengungen unternommen, um sich aus Österreich zu retten. Und im letzten Moment war ihm dies mit Hilfe der Kirche, die nach dem Krieg auf die gleiche Weise den übelsten Nazi-Schergen die Flucht ins Ausland ermöglichen sollte, gelungen. Unter der Bedingung, mit dem Sakrament der Taufe in den Schoß der katholischen Kirche einzukehren und dazu noch mit einem beträchtlichen Geldbetrag, war ihm die Flucht geglückt. Nun aber, so ermunterten ihn die Freunde, könne er doch die Taufe wieder rückgängig machen, zumal sie ja unter Lebensgefahr vorgenommen worden war.

„Ach, wisst ihr", lächelte er, „jetzt, wo ich überlebt hab – jetzt bleib ich schon a Goj."

Zurück zu den beiden Lieblingsgeschichten, die ich natürlich damals nicht verstanden habe; aber den Ton habe ich mir gemerkt und mit der Zeit und mit dem Wissen um Zeitgeschichte und um jüdische Schicksale bin ich den beiden Witzen sozusagen nachgewachsen.

Da ist einmal der eine von den zwei armen galizischen Emigranten, die eines Abends müde über die Brooklyn Bridge trotten. Der Tag war lang, die Geschäfte waren gleich Null, der Hunger ist groß. Da sagt der eine zum anderen unvermittelt:

„Gib deinem Herz an Stoß – borg mir tausend Dollar."

„Bist du meschugge?", erwidert der andere. „Wo soll ich hernehmen tausend Dollar?"

So gehen sie weiter, bis nach einer Weile der Erste wieder anfängt: „So borg mir wenigstens zehn Dollar ...?"

„Ich hab keine tausend Dollar, ich hab keine zehn“, sagt der andere, „gib Ruh jetzt!“

Müde schlurfen sie weiter, da beginnt der Erste leise noch einmal: „Einen –?!“

„Her auf!“, schreit jetzt der andere wütend. „Du weißt, ich hab k e i n e n e i n z i g e n Dollar!“

„Nu, dann – trag mich a bissel …!?“

Ich denke, der absolute Favorit meines Vaters unter den Witzen zum Thema NS-Zeit aber war jener, in welchem am Tag nach der Reichskristallnacht ein Jude auf dem Wiener Stephansplatz steht und Flugzettel verteilt. Ein Freund kommt vorbei und fragt ihn, was er denn da tue?

„No, was tu ich? Flugzettel verteilen gegen Hitler!“

„Bist du meschugge, zeig her! – Aber das steht ja nix drauf?!“, ist der Freund perplex.

„Ka Sorge –“, lächelt der andere und wiegt dabei leicht seinen Kopf, „die Juden wissen schon …!“

Dass die Juden schon wissen, mag zutreffen, und nicht zuletzt dieses Wissen ist es, was Neid und Antisemitismus seit jeher geschürt hat. Das Ausmaß aber dessen, was die Mordjahre mit sich bringen sollten, auch nur zu erahnen, das war selbst den Wissendsten nicht gegeben. Und meine fast schon fanatisch zu nennende Europa-Euphorie hat nicht zuletzt ihren Ursprung in dem Gedanken, mit dem ich einmal eine Kulturpreis-Rede beendet habe:

„Nicht gegen Auschwitz marschieren, sondern für ein vereintes Europa. Weil dieses die beste Garantie dafür ist, dass es so etwas wie Auschwitz nie mehr geben wird!“

Keine Zores auf Vorschuss!

„Mach dir doch nicht jetzt schon Sorgen, wer weiß denn, wie es wirklich ausgeht ...“ ist ein wohlmeinender Rat, der schnell von den Lippen geht, will man jemanden davon überzeugen, vor der möglichen Katastrophe sich schon zu beunruhigen, bringe nur unnötigen Kummer. Der Ratschlag meines Vaters: „Keine Zores auf Vorschuss“ ist kürzer, prägnanter und trifft's einfach genauer – aber raten Sie das einmal jemandem in Hamburg oder Castrop-Rauxel, ja selbst in München!

Dass nebstbei der Ausruf: „O Tempora, o Zores!”, frei nach dem lateinischen, den Verfall der Sitten beklagenden Ausspruch „O tempora, o mores – O was für Zeiten, o was für Sitten!“, deshalb auch zu unserer Familiensprache gehörte, versteht sich von selbst.

Und nach wie vor schließen für mich – im Unterschied zu Sorgen, die leidvoller und unheilvoller daherkommen und deren wahrer Umfang meist einer ausführlichen Erklärung bedarf – *Zores* automatisch auch die kleinen ein, mehr verbunden mit einem nicht allzu großen Ärger, und ich bin leichter geneigt, auf die Frage, wie es mir denn gehe, ein paar Zores anzuführen als Sorgen.

Und so komme ich zu weiteren der vielen jiddischen, jüdischen oder gejüdelten Wörter und Redewendungen, mit denen ich groß geworden bin. Ob diese aus dem Jiddischen, ob aus dem Jüdeln als Dialektvariante des Wienerischen, oder aus dem sogenannten Jüdisch-Deutsch übernommen, immer fand ich sie in den jüdischen Witzen wieder, die mein Vater erzählte.

Ähnlich wie die Tradition in ehemals ersten Häusern, manches französisch zu benennen – was heute allerdings anachronistisch wirkt –, wurde bei uns zu Hause der jiddische Ausdruck verwendet; und zwar mit der schon erwähnten Selbstverständlichkeit, die das deutsche Wort gar nicht in Betracht kommen ließ. Im Vergleich wurde dieses fast als primitiv, jedenfalls aber als ungenau und einfach nicht ganz zutreffend empfunden.

Vielleicht aber war dies auch ein insgeheimer Protest meines Vaters der oft geistlosen Gesellschaft gegenüber, die sich aus innerfamiliären Gründen manchmal bei uns einfand und mit der zu oberflächlicher Konversation er sich verpflichtet sah, die er im Grunde seines Herzens verabscheute.

Öffentliches Rülpsen war in unserer Familie natürlich verpönt, so wie es sich gehört. Das heißt, gerülpst wurde von den sechs Kindern und ihren Freunden viel und lautstark, aber es hieß selbstverständlich *grebezen,* und mit dieser Bezeichnung war dem nicht gestatteten Tun das allzu Schändliche genommen.

Wenn gegrebezt wurde, roch mein Vater kurz in die Luft und sagte:

„Zwei Juden sitzen zusammen. Da grebezt der eine laut und ohne sich die Hand vorzuhalten. Der Hauch umweht den anderen heftig. Der dreht sich schnuppernd um und fragt: ‚Und sag, wo kaufst du den Rettich?'"

Der sanfte Hinweis wiederum, man rieche aus dem Mund, wurde umschrieben mit: „Mach e Huch!", was übersetzt heißt: „Hauch mich an!"

Es fragt nämlich einer den anderen:

„Rat', was hab ich gegessen?"

„Mach e Huch!"

Der haucht ihn an.

„Knoblauch?"

„Nein!"

„Mach noch e Huch – Zwiebelach?"

„Nein – Erdbeeren!"

Und so gehörte auch ein lakonisches „Er'ber'n" zum väterlichen Repertoire, um darauf aufmerksam zu machen, es sei vielleicht ratsam, sich die Zähne zu putzen.

Wenn wir angeregt plaudernd vor dem Haus saßen und im See eine Schwanenfamilie vorbeischwamm, konnte die Bemerkung: „Millachs mit Mischpoche" bei Nichteingeweihten schon einige Verwirrung auslösen. Dass *Mischpoche* bis heute allgemein gebräuchlich Familie heißt, ist klar, warum Schwäne aber nach dem gejüdelten Millach, soll heißen Milch, benannt werden sollten, das war selbst eingefleischten Kennern nicht eingängig, auch wenn mir die Assoziation mit einem der Lieblingswitze meines Vaters bis heute klar ist.

In diesem sitzt der alte, blindgeborene Jonas Feingold vor seinem Haus in der Sonne und trinkt wie jeden Tag um die gleiche Zeit ein Glas Milch.

„Gott, wüsst ich gern, wie Millach aussieht …", murmelt er dabei vor sich hin, „wenn ich nur einmal wüsst, wie Millach aussieht …!"

„Nu, das is leicht erklärt", sagt ein Freund, „Millach is weiß!"

„Aber Leo, wo ich doch – nebbich! – blind bin! Weiß ich, was weiß is …?"

„Weiß … nu – weiß is a Farbe … weiß eben … also sagen wir, a Schwan – der is weiß!"

„Aber Leo, wo ich doch – nebbich! – blind bin! Weiß ich, was a Schwan is …?"

„No, a Schwan … a Schwan is a Vogel … mit an krummen Hals!"

„An Vogel weiß ich. Aber krumm? Leo – was is krumm?"

„Krumm … nu – krumm eben … wart einmal: Greif her zu meinem Arm! Wenn ich ihn einbieg in an Winkel – so, greifst du? – das is krumm!"

Langsam tastet Jonas Feingold mit seinen Händen den abgewinkelten Arm seines Freundes entlang, plötzlich geht ein Strahlen über sein Gesicht und selig ruft er aus: „Jetzt weiß ich, wie Millach is!"

Diese Geschichte hat aber noch eine melancholische Fortsetzung.

Zwei emigrierte Juden sitzen am Hafen von Montevideo und sinnen traurig vor sich hin.

„Sogar die Schwäne sind schwarz hier …", seufzt der eine voller Heimweh.

„Ja …", nickt der andere betrübt. „Und weißt du, was ich dauernd überleg: Wie werden wir hier erzählen den Witz vom blinden Feingold und der Millach …?"

Dass wir daheim, wenn wir dazu aufgefordert wurden, nur *Tacheles* geredet haben und niemand verlangte, zur Sache zu kommen, oder gar, jetzt mal Klartext zu sprechen, ist nichts Besonderes, weil das in Österreich, besonders in Wien, zum selbstverständlichen Sprachgebrauch gehört. Und dass etliche jiddische Ausdrücke hierzulande meist über das Rotwelsche in den Dialekt übernommen und so zum verbreiteten, vornehmlich österreichischen Wortgut wurden, mag dazu beitragen, dass ich mich in deutschsprachigen Gebieten außerhalb Österreichs zeitlebens wie im fernsten Ausland fühle.

So gilt auch *Masl,* als *Massel* allgemein gebräuchlich, bis heute als der treffende Ausdruck für jenes Glück, das es etwa bedeutet, durch einen unerwarteten Umstand einem Unglück haarscharf entronnen zu sein, oder etwas Günstiges knapp, aber doch erlangt zu haben. Glück im umfassenden Sinn bedeutet es im Spruch, den bei uns zu Hause die Verheirateten, die selbst schon Familie hatten, zum üblichen Geburtstagsspruch, der meist im Chor aufgesagt wurde, für das neue Lebensjahr mit auf den Weg bekamen: „Masl und Broche der ganzen Mischpoche", also: „Glück und Segen für die ganze Familie".

Masl tow wiederum wurde bei uns richtig verwendet, und erst viel später habe ich den falschen Gebrauch der Redewendung kennengelernt, die sich allgemein eingebürgert hat. Es bedeutet nämlich „Glückwunsch!" und nicht, wie oft gemeint, „Viel Glück!".

V o r einer Premiere etwa ist es also unangebracht, d a n a c h auf jeden Fall gut. Sonst klingt es so, als würden Sie dem Schauspieler gratulieren, dass er es überhaupt bis zur Premiere geschafft hat.

Masl tow, um zur Beförderung zu gratulieren, ist freundlich, nicht jedoch, um für die nun kommenden Aufgaben Glück zu wünschen, es sei denn, man will damit ausdrücken, dass man an der erfolgreichen Bewältigung so seine Zweifel hat, im Sinne eines sarkastischen „Na, dazu wünsch ich aber viel Glück …!"

Auch vom *Schlimasl*, dem permanenten Unglücksraben, habe ich erst später erfahren, aber über ein angerichtetes *Schlamassel* rege ich mich nach wie vor lieber auf als über ein Durcheinander.

Da fällt mir ein, der Schlimasl ist mir doch schon früher zu Ohren gekommen, hat mein Vater doch manchmal geseufzt: „Vom Masl zum Schlimasl – nebbich a Hupfer. Aber vom Schlimasl zum Masl – oj, wie weit!"

Übrigens sehe ich bei *Mischpoche* nie einfach nur die Familie vor mir, sondern dieses Wort lässt vor meinem geistigen Auge gleich die entferntesten Verwandten nebst allen Ahnen mit aufmarschieren; dazu assoziiere ich die Stärke familiären Zusammenhaltes, aber auch Tragödien und Streitereien, kurz, die breite Palette familiärer Konflikte und damit auch den jüdischen Kurzdialog: „Is Mischpoche was zum Essen? – Nein, was zum Kotzen!"

„Jetzt haben wir uns Jahre nicht gesehen", sagt Poldo Hirsch zu seinem ehemaligen Geschäftspartner Abel Singer, „sag, was machen die Kinder?"

„Frag nicht! Mein Sohn – er hat geheiratet!"

„No, das is doch schön!"

„Nebbich, schön! Der hat es schlecht getroffen. Die Frau tut absolut nichts! Sie kocht nicht, sie wascht nicht, sie näht nicht, sie putzt nicht, sie schlaft den halben Tag. E r bringt i h r das Frühstück ans Bett und dann legt sie sich auf den Diwan, blättert in Illustrierten und frisst Bonbons …"

„So ein Unglück", bedauert Poldo Hirsch seinen Freund, „der Arme! – Und die Tochter?"

„No, die hat auch geheiratet, aber ihr Mann is a wirklicher Engel! Er kocht, er wascht, er näht, er putzt. Sie kann den halben Tag schlafen, dann bringt er ihr das Frühstück ans Bett und dann kann sie am Diwan liegen, in Illustrierten blättern und Bonbons naschen … D i e hat wirklich Masl gehabt!"

Nebenbei, so wie vom katholischen Priester, kann man auch von einem Rabbi einen Segen erbitten, eine *Broche.* Im Gegensatz aber zur katholischen Kirche gibt es bei den Juden eine abgespaltene Reformbewegung, welche die strengen Religionsgesetze weitestgehend gelockert hat. Wie sehr, erfährt der strikt orthodox lebende Chaim Jankowitz, der um die Weihnachtszeit zu seinem Rabbi kommt und kleinlaut bittet:

„Rebbe, meine Enkelkinder aus Amerika sind zu Besuch, ich bin alt, ich werd sie vielleicht sehen zum letzten Mal, und sie, die Kinder, sie geben keine Ruhe, sie wünschen sich unbedingt an Christbaum zu stehen im Wohnzimmer. Gibt es a Broche, Rabbi, die du sprechen kannst über den Baum, dass ich den Kindern erfüllen kann ihren großen Wunsch?“

Wie nicht anders zu erwarten, lehnt der Rabbi entrüstet ab. Da wendet sich Jankowitz an einen Rabbiner, der für seine Milde und Toleranz bekannt ist. Aber auch von diesem erfährt er eine kategorische Absage. Hin und her gerissen zwischen Glauben und großväterlicher Bestimmung, fährt Chaim Jankowitz ans Ende der Stadt zu einem sogenannten Reform-Rabbi und trägt dem seine Bitte vor.

„Gerne“, meint dieser freundlich, „ich geb dir alles, was du willst – aber sag mir: Was, bitte, is a Broche?“

Auch eine *Chuzpe* für die Frechheit oder gar für die Unverschämtheit aufzugeben, die mir beide vergleichsweise als zu groß scheinen, oder für eine Dreistigkeit, die wieder zu gespreizt daherkommt, fiele mir beim besten Willen nie ein.

Denn wie anders sollte man zum Beispiel das Verhalten des Bettlers bezeichnen, den die mitleidige Frau mit einer Handbewegung zum Brotkorb einlädt, seinen angeblichen Hunger zu stillen, und der akkurat in den daneben stehenden Porzellanteller langt, in welchem einige Stücke süßen Rosinenmilchbrots liegen? Mit einem Griff nimmt er alle Scheiben des Milchbrots an sich, steckt sich eine in den Mund und die anderen in seine Taschen.

„Es wäre auch Schwarzbrot da gewesen“, sagt die Frau zögerlich.

„Aber Milchbrot ess ich lieber“, erwidert der Mann mit vollem Mund.

„Aber Milchbrot – es is sehr teuer“, wendet die Frau schüchtern ein.

„Aber das is es auch wert, liebe Frau!“, antwortet der Bettler, steckt sich noch eine Scheibe in den Mund und verschwindet.

Anders als mit Chuzpe ist das nicht zu benennen.

Eine oft zitierte Chuzpe wiederum ist die des Elternmörders, der vor Gericht auf mildernde Umstände als Vollwaise plädiert, oder jene des Mannes, der seine Frau ohrfeigt und dabei laut um Hilfe ruft.

Chuzpe hat auch der gebeugt dastehende Blinde an der Straßenecke, in dessen Hut eine mitleidige Dame einen großen Geldschein wirft.

„Gott segne Sie, liebe Frau", sagt der Alte mit gerührter Stimme, „dass Sie ein mildtätiges Herz haben, das hab ich scho von weitem gesehen!"

„Was ist Chuzpe?", wurde früher gefragt und wenig politisch korrekt geantwortet: „Konfessionelle Energie!"

Menschen wiederum, die sich gerne einer Chuzpe bedienen, nennt man *Chuzpeniks*. Und – apropos bedienen – Kellner, von deren Gnade man nicht selten zähneknirschend abhängig ist, erweisen sich oft als waschechte Chuzpeniks.

„Mir bringen Sie den Borschtsch", bestellt ein Gast.

„Den möcht ich Ihnen heut nicht raten", antwortet der Kellner, „nehmen Se Hühnersuppe."

„Gut, nehm ich Hühnersuppe."

„Und Sie?", fragt der Ober knapp den daneben Sitzenden.

„Ich nehm die Bohnensuppe."

„Oj, die Bohnensuppe", schüttelt der Kellner den Kopf, „die is heut nicht zu empfehlen – nehmen Se Graupen!"

„Nu, dann bringen Sie mir die Graupensuppe."

Die bestellten Speisen werden serviert, der Erste kostet seine Hühnersuppe und ruft begeistert: „Joj, is d i e gut! Joj, is d i e a Gedicht!"

„Sagen Sie", wendet sich da der Zweite etwas verärgert an den Kellner, „mir haben Sie die Hühnersuppe nicht empfohlen!?"

„Sie", kriegt er zur Antwort, „haben ja auch keinen Borschtsch bestellt!"

Die folgende Chuzpe hat sicher jeder schon einmal selbst erlebt. Ein Gast sitzt in einem vollbesetzten Lokal und wartet seit geraumer Weile auf eine Gelegenheit, bei einem der vorübereilenden Kellner bestellen zu können. Genervt hält er endlich einen an seinem Ärmel fest und fragt: „Sagen Sie, wie spät is es eigentlich schon?"

„Nicht mein Tisch!", reißt sich der Kellner los und läuft weiter.

In der nächsten Geschichte findet sich dazu auch noch das Wort *brojges*, das mir bis heute speziell in Verbindung mit der Mischpoche treu und wert zur Seite steht, heißt es doch zerstritten, oder einfach böse, im Sinne der Frage: „Borgst du mir hundert Euro?" und der Antwort: „Ach, weißt du – sind wir lieber gleich bös!"

Ein Chuzpenik also sitzt im Nobelrestaurant und hat gerade ein siebengängiges Menu mit teuersten Weinen beendet. Nach einem kleinen Mokka und einem Cognac verlangt er nach dem Besitzer. Der wieselt herbei.

„Ihre Küche is wirklich vorzüglich", lobt der Gast, „es gibt da nur a kleines Problem, aber erschrecken Sie nicht, es wird sich lösen lassen. Ich hab keinen Groschen und werd deswegen nicht bezahlen können. Aber schauen Sie, ich bin a friedliebender Mensch, wir werden deswegen nicht brojges sein, ich hab drei Vorschläge. Ich hab einmal gearbeitet als Bettler – mit großem Erfolg, wenn ich das in aller Bescheidenheit sagen darf –, und jetzt ich schlag Ihnen vor, ich werd mich stellen vor die Tür von Ihrem Restaurant und Sie werden sehen, a halbe Stund und ich hab das Geld zusammen. Nun werden Se sagen, das könnt mir so passen, weil während S i e warten, möcht i c h derweil davonlaufen. Sehn Sie, und dazu ich möcht Ihnen an Vorschlag machen: Sie gehen mit, stellen sich neben mich und passen auf. Nur – ich frag Sie jetzt: Kann sich leisten so a renommierter Restaurantbesitzer sich zu stellen neben ein' Bettler? Und noch dazu vor sein' eigenem Lokal? No, sehen Sie! Und deshalb, ich mach Ihnen an besseren Vorschlag: S i e gehen hinaus und betteln das Geld für die Rechnung zusammen und i c h wart derweil hier!"

Und wenn es noch dieser letzten Erklärung bedurft hätte: Das ist Chuzpe.

Chuzpe ist oft gepaart mit *Machlojkes*, mit Geschäften, mit Gebarungen, die krumm zu nennen eine Spur zu grob, die sauber zu nennen aber auch nicht mehr ganz möglich scheint, werden doch meist die vielfältigsten Wege gleichzeitig beschritten, Beziehungen mehr als ausgeschöpft und gegeneinander ausgespielt, und das ergibt eben Handlungen, die nicht anders als mit Machlojkes zu benennen sind. Und genau so verstand ich die Aufforderung meine Vaters auch, die er mir manchmal mit auf den Weg gab: „Und – keine Machlojkes!"

Man kann Trinkgeld geben, das ist freundlich und manchmal sogar angebracht, oder man gibt *Schmattes.* Welch wohler Klang und welcher Unterschied! Schwingen doch für mich bei Letzterem über die reine Belohnung hinaus, und dennoch weit entfernt von Bestechung, immer auch ein wenig die Absicht mit, die der Schmattesgeber damit verbindet, und das Einverständnis dessen, der den Schmattes empfängt; etwa, dass der Schmattes eine bevorzugte Behandlung beim nächsten Mal zur Folge hat. Und ich sehe dabei stets den vertraulichen Gesichtsausdruck des Schmattesgebers vor mir, mit dem er versucht, das Einverständnis herzustellen, und das lächelnde Nicken des Schmattesempfängers, verstanden zu haben.

Wobei bemerkenswert ist, dass *Schmate* eigentlich neben anderem eine jiddische Bezeichnung für Lumpen ist. Aber als während der großen Inflationen des letzten Jahrhunderts die Geldscheine immer größer und ihr Nominalwert immer höher wurde, waren sie meist nur noch wertlose Fetzen, also kaum ein Trinkgeld wert, und wurden so zum heute noch bekannten Schmattes.

Über die ursprüngliche, meist von amerikanischen Juden gebrauchte Bedeutung erzählte mein Vater die Begebenheit, in der sich eine jüdische Touristin aus New York in einem Pariser Nobelkaufhaus in die Weißwarenabteilung verirrt, wo sie da eine Serviette mit feinem Spitzenbesatz prüfend zwischen ihren Fingern reibt, dort ein besticktes Tischtuch aus handgewebtem Leinen auf seine Knitterresistenz untersucht.

Mit einem spitzen „Madame –?“ stöckelt eine der herausgeputzten Verkäuferinnen mit hochgezogener Augenbraue herbei.

„Tell me“, radebrecht die dicke Alte und hält dabei ein Damastleintuch in die Höhe, wobei sie gleich die ganze Drapierung des Betttuchensembles auseinanderreißt, „combien for cette?“

„Soixante Francs, Madame.“

„You are kidding – sixty Francs for this shmate?“

Darauf die Verkäuferin pikiert:

„Une shmate, Madame? – Quelle Chuzpe!“

Was wiederum *koscher* gekocht ist, kannte ich lange Zeit nur von den gehörten Witzen, und ich glaube, das erste Mal koscher habe ich mit fast dreißig Jahren gegessen. Dass mir aber von Kindheit an ein Umstand oder ein Mensch nicht ganz koscher sein konnte, gehörte zu den sprachlichen Selbstverständlichkeiten, und nie wäre mir eingefallen zu sagen, jemand oder etwas sei mir nicht ganz geheuer.

Dass mir allerdings das woanders als zu Hause sonst nie gehörte Wort *Babe* – ein Wort für Großmutter, bei dem sich die Gelehrten streiten, ob es aus dem Jiddischen oder aus dem Slawischen kommt – unabdingbar geworden ist, wird wohl auch von meiner sudetendeutschen Stiefmutter herrühren, die in Prag aufgewachsen war. Und anders als mit „eine alte Babe" kann ich bis heute eine Frau nicht charakterisieren, die mit den Worten Großmutter, Alte, alte Dame oder alte Frau nicht hinlänglich oder nur unter Zuhilfenahme zusätzlicher Adjektiva zu beschreiben ist.

Das Kosewort *Bubele* übrigens, heute oft als modisches Kosewort verwendet, soll sich daraus ableiten. Mir ist es aus einem Witz meines Vaters vertraut.

„Nu, mein Bubele, so gehst du also heut zum ersten Mal in die Schule …", sagt die jüdische Mutter zu ihrem Sohn, „pass schön auf, was der Lehrer sagt, Bubele … und, Bubele, vertrag dich schön mit den anderen Kindern … sei höflich und iss deinen Schulapfel, Bubele, das is gesund … und wenn du auf der Straße gehst, Bubele, pass auf die Autos auf … und – Bubele, eins noch: Lernen ist was Schönes, weil mein Bubele dann ganz ein gescheites Bubele sein wird, wenn es groß ist …"

Als der Junge nach Hause kommt, überfällt ihn die Mutter sofort mit Fragen:

„Nu, Bubele, wie war es in der Schule? Hast du alles schön brav getan, wie ich es dir gesagt habe, mein Bubele, hast du Freude gehabt in der Schule, Bubele …?"

„Mami", berichtet der Kleine, „ich hab was ganz Tolles erfahren heut in der Schule!"

„Das is schön, Bubele, und was?"

„Mein Name ist Aaron!"

Mit *Ponem* ein Gesicht zu bezeichnen, was nicht nur irgendwie einprägsamer klingt, auch das Gesicht selbst erscheint in der Vorstellung ausdrucksstärker, und mit *Menuwel* – ursprünglich ein Scheusal oder Ekel – eine grundhässliche Person, meist weiblichen Geschlechts, ich wüsste es beim besten Willen nicht klarer zu sagen.

Und dazu gehört gleich das wunderbare Wort *mies*. Ein mieses Wetter ist zwar ein schlechtes Wetter, aber es ist nicht zuletzt deswegen mehr mies, weil auch mir dabei mies ist und nicht schlecht. Und vergällt worden ist mir noch kaum etwas, vermiest aber schon vieles. Und ein Menuwel ist zumeist auch mies; eine weitere Bedeutung dieses verwendbaren Wortes, über das ich irgendwo einmal gehört habe, ausgerechnet dieses aus dem Hebräischen kommende Adjektiv soll eines der Lieblingswörter von Adolf Hitler (sic!) gewesen sein. Und das wieder gehört zu den Treppenwitzen der Weltgeschichte und macht das kleine Wörtchen noch kostbarer, weil diesen die Geschichte mitsamt seinen Verbrechen weggefegt hat, jenes aber unbeschadet lebt.

Ein Schadchen preist einem jungen Mann die Braut an:

„Sehr a feines Mädchen, sehr a feines Haus – a kleiner Fehler nur: Sie hat ka Geld."

Der Heiratskandidat denkt kurz nach, dann meint er munter: „Nu, das macht mir nichts."

„Und – äh – an winzigen Haken, was sag ich, a Häkchen hat die Geschichte noch", fährt der Schadchen vorsichtig fort, „sie hört a bissele schlecht – aber nur auf einem Ohr … das andere is taub."

„Nu, das macht mir nichts …"

„Und es wär da noch a kleine Belanglosigkeit, nicht wert, dass mer darüber redt', ein Aug, es sieht nicht so gut."

„Nu, das macht mir nichts."

„Also gut, wenn mer scho so weit sind – a offenes Geständnis: Sie hat a bissele a Hakennase, a bissele an Damenbart und – ma bemerkt es nur, wenn ma hinschaut – sie hinkt."

„Nu, das macht mir nichts."

„A minimale Kleinigkeit noch: Sie hat ein' Buckel – nicht groß, aber sie hat …"

„Nu, das macht mir nichts."

„Jetzt sagen Sie", ist der Schadchen einigermaßen verwundert über so viel Gleichmut gegenüber einem so miesen Menuwel, „was steckt dahinter, dass Se immer sagen: Das macht mer nichts?"

„Nu, was soll es mir scho machen? I c h heirat sie ja nicht."

Zwei Mütter sitzen in der Konditorei, als ein Mädchen herein kommt.

„Großer Gott", schlägt die eine die Hände zusammen, „schauen Sie sich an dieses Menuwel! Hat man jemals gesehen so a schrecklich unförmige Figur ... und so a Riesennase – ein richtiger Zinken ... und dieses schiefe Maul ... dazu das Gebiss – wie a Pferd ...!"

„Dieses Menuwel", erwidert die andere eisig, „ist zufällig meine Tochter!"

„Was Sie sagen –!", flötet die Erste da. „Bei i h r sieht das alles eigentlich sehr attraktiv aus!"

Jemanden wiederum einen *miesen Bocher* zu nennen, um damit einen zwar nicht durchgehend, aber doch überwiegend schlechten Charakter zu umschreiben – wobei von meinem Vater der Bocher, ursprünglich der Junggeselle, nie ohne das Adjektiv mies verwendet wurde –, ist allerdings heutzutage nicht mehr so geläufig, wie es mir in meiner Jugend war. Ein besserer Ausdruck ist mir aber bis jetzt nicht untergekommen.

Und lange muss ich nachdenken, um etwas anderes zu sagen, wenn es gilt, nicht ewig herumzu*deigezen*, sondern endlich einen Entschluss zu fassen oder zu einer Entscheidung zu kommen, anstatt eben zu deigezen, also etwas bis in die letzten Details bedenkend zu zerreden.

So ist etwa auch, einen Rausch zu haben, das eine – wie charmant hingegen klingt es, *beschickert* oder *schíker* zu sein. Da müsste schon ein wienerischer Schwips herhalten, um zu konkurrieren, oder ein Schwipserl, aber das klingt mir immer irgendwie zu operettig.

Auch dem Begriff „einen Gewinn machen" fehlt eindeutig die geschäftliche Gewitztheit, die im heute immer weniger gebräuchlichen Wort *Rebbach* mitschwingt.

Leider sind so viele Wörter, obwohl in die deutsche Sprache eingegangen, trotzdem so gut wie nicht mehr in Verwendung. So kann ich mich gut erinnern, wen mein Vater als *Schmock* bezeichnete. Ein Begriff, der im Jiddischen eher Trottel meint, manchmal sogar auch Penis, weswegen es ratsam sein könnte, mit dem Wort vorsichtig umzugehen. In unserem familiären Sprachgebrauch hieß so ein affektierter Möchtegern, ein Snob mit herablassender Attitüde. Ich könnte auf Anhieb etliche nennen, auf die auch heute das Wort punktgenau zutrifft, vor allem aus der Schauspielerwelt, mit der ich hin und wieder zusammentreffe, besonders den sehr bekannten – nein, den nenne ich jetzt nicht, ich will ihn auf seine alten Tage nicht kränken.

Und so ersparen in Anlehnung an diese Charakterisierung auch die *Schmockereien* viele zusätzliche Worte der Erläuterung, will man damit Handlungen oder Haltungen eines Schmocks beschreiben.

Einen Ungeschickten, oder den schon im Wortklang abwertenden Tollpatsch, gab es in meinem Elternhaus nicht. Jede Unbeholfenheit machte einen nämlich sofort zum *Untam,* und als solcher bezeichnet zu werden, konnte man mit einem Lächeln aufnehmen.

Auch wüsste ich auf Anhieb kein besseres Wort für ein wertloses Nichts, für Dreck oder Schund zu sagen als *Tinnef.*

Als ich als Volksschulkind ein Jahr in Bonn lebte, wurde mir auch die Redewendung *Tinnef mit Lakritzen* vertraut, was man in etwa übersetzen könnte mit „Ramsch mit süßlichem Trost“.

Mir immer noch unverzichtbar ist auch die von meinem Vater übernommene Bezeichnung für ein Mitbringsel, welches deutlich erkennen lässt, dass der Geber bei der Auswahl nicht nur Mühe, sondern auch Kosten gescheut hat: *Tinnef, das Hochzeitsgeschenk.*

Und so muss ich noch vom jüdischen Drogeriebesitzer erzählen, zu dem ein Kunde kommt und sich beschwert, das Vertilgungspulver gegen Ungeziefer, welches dieser ihm unlängst als hochwirksam verkauft habe, tauge überhaupt nichts.

„Was“, zieht der Drogist die Aussage des Kunden in Zweifel, „m e i n e Mischung soll erfolglos gewesen sein? Ich sag Ihnen, lieber Herr, mein Pulver wirkt großartig – I h r e Wanzen sind Tinnef!“

Und jetzt sage mir jemand, das Wort Dreck wäre hier der Kundschaft gegenüber angebracht oder treffender gewesen?

Ist es nicht geradezu derb, jemanden als psychotisch oder auch nur als verrückt abzukanzeln, wenn man sein merkwürdiges Gebaren oder seine uneinsehbaren Handlungsweisen *meschugge* nennen kann, was meinem Sprachgefühl nach einfach milder und dadurch freundlicher klingt; selbst wenn damit im Jiddischen auch die wirklich psychisch Kranken bezeichnet werden, über die es unzählige Witze gibt. Auch in diesen aber führt meist eine Schlauheit oder ein Verhalten des Meschuggenen, das einem im medizinischen Sinn Verrückten eigentlich nicht zuzutrauen ist, zur Pointe. Da Witze über Meschuggene zu den bekannteren zählen, soll an dieser Stelle einer stehen, in dem nicht der Meschuggene, sondern der Arzt Protagonist ist.

In einer geschlossenen Anstalt sitzt seit Jahren ein als unheilbar eingestufter Mann, der sich hartnäckig einbildet, Papst Leo XIII. zu sein, und jeden Zweifel daran mit rasendem Toben beantwortet. Da bekommt die Station einen neuen Psychiater, jung, jüdisch und ehrgeizig, der sich gleich erbötig macht, sich des angeblich unheilbaren Falles anzunehmen. Und so betritt er eines Tages, ausgestattet mit der Krankengeschichte, das Einzelzimmer des eingebildeten Papstes. Stunden vergehen, Ärzte und Pfleger mit vorbereiteter Zwangsjacke haben sich um die Tür postiert und harren gespannt auf das Kommende. Da geht die Tür auf, und heraus kommt lächelnd der junge Arzt.

„Nun“, wollen die anderen wissen, „was hast du mit ihm gemacht? Hast du etwas erreicht?“

„Es wird schon!“, antwortet der Angesprochene. „Um zwei hab ich ihn schon heruntergehandelt – er glaubt jetzt, er ist Papst Leo XI.!“

Und weil wir schon beim Thema sind, was ein Psychoanalytiker ist, wissen Sie? –

Ein Psychoanalytiker ist ein jüdischer Arzt, der kein Blut sehen kann.

In der Zeit, als die Psychoanalyse in aller Munde war und von Sigmund Freud ausgehend gerade ihren Siegeszug um die Welt angetreten hatte, spielt die Geschichte, in welcher ein altgedienter Wiener Seelendoktor die Hauptrolle spielt. Und sie gehört quasi als Ergänzung zur Geschichte von meiner ersten selbständigen Rodelfahrt.

Im vornehmen Kinderspielwarengeschäft an der ersten Wiener Adresse, dem Graben, ist das Personal der Verzweiflung nahe, denn auf den im Verkaufsraum aufgestellten Schaukeln, Rutschen, kleinen Karussellen und Dreirädern tollen sich von früh bis spät in wildem Spiel die lieben Kleinen aus, und wenn ein Verkäufer versucht, die Kinder von den Geräten wegzulocken, schreien sie, klammern sich hektisch daran fest, bekommen hysterische Schreikrämpfe und werfen sich brüllend auf den Boden. Der Besitzer weiß keinen Ausweg mehr und bittet einen Psychiater um Hilfe, dem der Ruf vorauseilt, tief in die zarte Kinderseele blicken zu können.

Und so erscheint eines Tages ein älterer, weißhaariger Herr mit gütigem Blick, der die Erfahrung langer Jahre ausstrahlt. Ruhig und besonnen meint er lächelnd: „Ich glaube, ich habe eine Lösung für Ihr Problem. Gegen ein Honorar von bescheidenen fünfhundert Kronen werde ich mich bemühen, Sie zufriedenzustellen."

„Fünfhundert Kronen?" Der genervte Geschäftsinhaber will schon aufbrausen, da unterbricht ihn der alte Herr freundlich:

„Ach ja, ich habe vergessen zu erwähnen, Sie haben kein Risiko, das Honorar entsteht natürlich nur bei Erfolg."

Darauf lässt sich der Ladenbesitzer ein und der Doktor beginnt sofort mit seiner Arbeit. Immer noch lächelnd nähert er sich der Schaukel, auf der ein brüllender Dreijähriger sitzt, den seine Mutter gerade vergeblich vom Gerät herabzuzerren versucht. Sachte tätschelt er dem Tobenden das Lockenköpfchen, dann beugt er sich zu ihm hinunter und flüstert dem Kleinen etwas ins Ohr. Augenblicklich verstummt das Geschrei, der Junge steigt vorsichtig von der Schaukel und verlässt an der Hand seiner Mutter das Geschäft.

Nun nähert der alte Herr sich einem Dreirad, über das ein schreiendes Mädchen gebeugt ist und dabei wie wild auf den Boden stampft. Das Gleiche geschieht, er streichelt das blonde Seidenhaar, er flüstert, die Kleine wird augenblicklich ruhig, lässt mit großen Augen von dem Spielzeug ab und lässt sich widerstandslos von ihren Eltern aus dem Lokal führen. Und so geht es mit den anderen Kindern auch und nach kurzer Zeit ist friedliche Ruhe im Geschäft eingekehrt. Die Angestellten und der Chef sind sprachlos.

„Was, um Gottes willen, haben Sie den Verrückten ins Ohr geflüstert?", will der Besitzer wissen."

„Wenn Sie so freundlich wären, mir zuerst das vereinbarte Honorar zu zahlen." Der alte Psychiater macht eine entschuldigende Geste.

„Selbstverständlich, hier", beeilt sich der Ladeninhaber und überreicht das vereinbarte Honorar, „aber – was haben Sie gesagt?"

„Nun", lächelt der Spezialist für empfindsame Kinderseelen und verstaut die vielen Banknoten säuberlich in seiner Brieftasche, „ich streichle den Kleinen übers Haar, dann bringe ich vorsichtig meinen Mund ganz nahe zu ihren kleinen Kinderöhrchen und dann flüstere ich: ‚Jetzt hör einmal zu, mein kleiner Liebling: Du steigst jetzt augenblicklich von der Schaukel, oder du bekommst vom Onkel solche Petsch auf deinen kleinen Toches, dass du vierzehn Tage überhaupt nirgends mehr sitzen kannst …'"

Ist schon der aus dem Dialekt entlehnte Hintern jedem ordinären Arsch oder dem gezierten Popo vorzuziehen – was sind die gegen den soeben erwähnten *Toches*! Und so gehört die Lebensweisheit: „You can not dance with one toches on two weddings!" zu denen, die ich mir für mein Leben gemerkt habe; was vielleicht beim Arsch, mit dem man nicht auf zwei Hochzeiten gleichzeitig tanzen kann, nicht so nachhaltig zu erwarten gewesen wäre.

Und zu *Petsch*, oder dem *Patsch*, wie Schläge in der Einzahl heißen, und zum Toches gehört unbedingt der Dialog zweier kleiner Talmud-Schüler, die seufzend über ihren mühseligen und ihre jungen Geisteskräfte überfordernden Unterricht klagen.

„Wir laufen weg – nach Amerika!", beschließt der eine.

„Weglaufen, nach Amerika? Dort erwischen uns unsere Väter ja doch und dann hauen sie uns den Toches voll!", zweifelt der Zweite am Erfolg dieses Planes.

„Nu, dann hauen wir zurück!", gibt sich der Erste kämpferisch.

„Meschugge?!“, erschrickt der Zweite. „Den Vater schlagen? Und was is mit dem fünften Gebot: Du sollst ehren Vater und Mutter?!“

„Nu“, überlegt der Erste kurz, „dann schlagst d u meinen – und i c h schlag deinen!“

Als meine Schwester, die aus innerfamiliären Gründen zuerst in Deutschland aufwuchs, mit elf Jahren in ihre österreichische Familie kam, kurz darauf mit unserem Vater einmal bei dichtestem Schneetreiben im Auto fuhr und die Flocken tausendfach gegen die Windschutzscheibe wirbelten, so dass man kaum die Straße sehen konnte, meinte sie: „Da kann man gar nich rausgucken, da wird man ja ganz rammdösig!“

Nach kurzem Nachdenken, was gemeint sein könnte, erwiderte der Vater: „Ach, du meinst *mewulbel*!“

Um also auszudrücken, dass durcheinanderstiebende Schneeflocken einen ganz durcheinander, verwirrt werden lassen, stießen hier zwei nicht nur sprachlich verschiedene Welten aufeinander, die gegenseitiges Verstehen erst langsam lernen mussten.

Schejgezl, was jiddisch sowohl einen nichtjüdischen Knaben, öfter aber einen frechen, charmant schlauen Burschen gleich welchen Glaubens meint, wurde ich, der bis in seine mittlere Jugend ein nahezu zwergwüchsiger, aber umso vorlauterer Bub war, von meinem Vater oft genannt.

„Hör dir an den Schejgezl, wie er wieder redet!“ So habe ich es oft gehört und auch dieses Wort natürlich bis heute übernommen.

Wenn ich wiederum mich gar zu sehr in den Vordergrund drängte und meine Anliegen als die wichtigsten der Welt darstellte, bekam ich von meinem Vater ein schönen jüdischen Namen, ich hieß dann *Isidor Mittelpunkt.*

Auch das *Geseires* beinhaltet etwas, das über „penetrante Jammerei“ hinausgeht, und so könnte ich noch etliches aufzählen, das von Kind an trotz katholischer Erziehung und ohne jüdisches Aufwachsen, zu meinem täglichen Wortschatz gehörte. Auch wenn es einige wenige oft gehörte Charakterisierungen gab, die ich wegen ihres antisemitischen Beigeschmacks nicht mehr verwende, so überwiegt die Anzahl jener, die mir nach wie vor unersetzbar sind.

Und so kommen wir zum *Schammes*, ursprünglich ein Synagogendiener, der meist so viele unterschiedliche Dienste verrichtete, dass er schon mehr als Gemeindediener zu bezeichnen war. Teile des Tempeldienstes wurden dabei auch von nichtjüdischen Männern übernommen, weil ein jüdischer Schammes am Sabbat ja nicht arbeiten darf.

So betet einmal ein kleiner Jude in der Synagoge; zuerst leise, dann immer lauter, immer inbrünstiger wird sein Gebet, dabei schlägt er sich von Mal zu Mal heftiger auf die Brust und ruft dazu aus: „Joi da doi! Joi da doi …!"

Da klopft ihm der gojische Schammes von hinten auf die Schulter und meint:

„Sie, mit Gewalt werden Sie da nichts erreichen."

Dazu ist mir noch ein väterlicher Lieblingswitz im Gedächtnis, der folgender kurzer Erläuterung bedarf. Neben verschiedenen anderen Einnahmequellen für eine jüdische Gemeinde wurden zu hohen Feiertagen manchmal Synagogenplätze im Vorverkauf angeboten und der Schammes stand dann wie ein Kartenabreißer im Kino am Eingang und kontrollierte die Eintretenden.

Einmal kommt kurz nach Beginn der religiösen Feierlichkeiten ein Mann gelaufen und will noch in die Synagoge hinein. Der Schammes fragt ihn nach seiner Eintrittskarte, aber der Mann beteuert, er wolle gar nicht dem Gottesdienst beiwohnen, er brauche nur eine Minute, um einem Freund eine wichtige Mitteilung zu machen. Der Schammes glaubt ihm kein Wort, bleibt eisern und verwehrt ihm den Eintritt. Da beginnt der Mann laut zu jammern, er müsse unter allen Umständen hinein, nur einen Augenblick, denn er müsse seinem Freund Jussel Baum unbedingt mitteilen, dass dessen Haus soeben abgebrannt sei. Der Schammes wiegt bedächtig den Kopf:

„A Mitteilung? A Freund? A abgebranntes Haus?" Dann droht er mit seinem Finger und meint listig: „Gibs zu, Ganef, du willst beten!"

Ach, ja, ein *Ganef*, ein Gauner, war natürlich auch ich – je nach Gelegenheit – für meinen Vater manchmal, und ich habe diese Bezeichnung immer als genauso liebevoll empfunden, wie es Schimpfworte meist werden, wenn sie durch die Verkleinerungsform entschärft sind.

Auch wenn mein Vater jemanden bei einer Gaunerei ertappte, die als Verbrechen zu bezeichnen noch nicht angebracht schien, dann nannte er ihn einen Ganef, und das klingt für mich bis heute allemal menschlicher als Gauner.

Seinen eigenen Schammes wiederum kann ein Rabbi haben, und der fungiert dann wie ein Haushälter, begleitet seinen Dienstgeber auf Reisen und vieles mehr.

So wie der Schammes, der mit seinem Rabbi in einem Gasthof abgestiegen ist und den Auftrag erhält, seinen Herrn am nächsten Morgen zur vereinbarten Zeit zu wecken. Die Sonne scheint schon durchs Fenster, da klopft er an die Tür des Rabbi:

„Verzeihung, Rebbe, aber ich will nur fragen – es war welche Uhrzeit, wo ich sollt wecken? War es sechse? Oder war es sieben?“

„Es war fünf!“, ruft der Rabbi wütend. „Das hab ich doch ausdrücklich gesagt! Wie spät ist es denn jetzt?“

„Jetzt – achte!“

So erweist sich in den jüdischen Witzen der Schammes nicht selten als einfältiges oder gar dummes Faktotum, das untergeordnete Dienste verrichtet, zum Beispiel seinem Herrn die Hausschuhe, die Schlapfen, die Schlappen zu bringen, oder der selbst in Schlapfen daherschlurft.

Und das führt zum *Schlattenschammes*, der nach etlichen unergründlichen Verballhornungen dazu geworden ist, besteht doch heute kein Hinweis mehr auf die Bedeutung des Wortes *Schlatten*.

Bei meinem Vater war noch eine Verballhornung hinzugekommen, denn bei uns hieß er der *Schlackenschammes*. Für mich war dieser Name als Kind immer einleuchtend, denn zu den ungeliebten Haushaltsdiensten, zu denen ich zusammen mit meinen Geschwistern abgestellt war, gehörte auch das Nachheizen des im

Keller stehenden Zentralheizungsofens, der damals noch mit Koks befeuert wurde. Und dazu gehörte auch die höchst unbeliebte Arbeit, den Ofen von den verkrusteten Kohleschlacken zu säubern.

Mein Vater bezeichnete mit Schlackenschammes einen Assistenten oder Privatsekretär, sozusagen den Schatten eines meist bedeutenden Zeitgenossen, einen, der sich gschaftlhuberisch, also unangenehm betriebsam und wichtigtuerisch sich einmischt in Dinge, die nicht seine sind; einen, der liebdienernd sich in alles hineindrängt, sich dabei irgendwann unentbehrlich gemacht hat und nun die Sonnenstrahlen des Herrn, die auf ihn fallen, als die eigenen vor sich her trägt.

„Er ist der Schlackenschammes vom ...“, und schon war neben der Tätigkeit auch klargestellt, um welche Art von Mensch es sich handelte.

Lozelachs und *Schmonzes* gehören seit jeher zu meiner Sprache, und auch wenn sie nicht im Duden zu finden sind, ist klar, dass Schmonzes weit mehr bedeutet als dümmlich flaches Herumgerede und Lozelachs nicht alle Witze meint, sondern mehr die schnell erzählten Scherze, solche, die nicht so in die Tiefe gehen.

Und wie anders als *Schmonzetten* sollte man nennen, was mir als Fernsehschauspieler regelmäßig das buchstäblich Letzte an hehrer Schauspielkunst abverlangt.

Sollte nun jemand meinen, mein Sarkasmus sei *schofel*, schäbig, ja, gemein, dann begrüße ich erst einmal freudig das vertraute Wort und überlege mir dann, wie ich mit diesem Urteil weiterleben werde.

Darüber aber, dass ich jemanden, der Tatsachen negiert oder keinem Argument zugänglich ist, nur *Nebochant* nennen kann, gibt es sicher keine Diskussion.

Und beharrlich sträuben sich meine Lippen, anstatt von einer *Mezzie* von einem (horribile dictu!) Schnäppchen und an Stelle des schon erwähnten *Rebbach* über einen finanziellen Vorteil zu berichten.

Eines der wichtigsten Wörter aber ist für mich nach wie vor der *Soff*.

„Erklär nicht umständlich herum – sag einfach, was ist der Soff?“, drängte mein Vater, zum Kern der Sache, auf den Punkt zu kommen. Aber das meint es noch nicht ganz. „Worum geht's – was ist der Soff, der Sinn des Ganzen, das Ende?" Nein, auch das trifft es noch ungenau. Der Soff von etwas ist das, was man nicht umfassend erklären kann, es ist eben der Soff, und wenn man weiß, was der Soff ist, dann versteht man eben auch, was Soff ist – zumindest ich.

Die *Schiksse*, die als Pendant zum Schejgezl eine Nichtjüdin, allerdings eine attraktive und junge meint, war mir durch meinen Vater ein Begriff, bevor ich wusste, dass dieses Wort erst im deutschen Gebrauch eine abwertende Bedeutung erfahren hat. Dennoch fällt es mir schwer, eine Dame mit ungewöhnlich freizügigem Lebenswandel gleich mit einer Hure, also einer *Chonte* zu vergleichen, steht mir doch mit *Schiksse* ein Wort zur Verfügung, dem diese Bedeutung zwar erst zugewachsen ist, was aber gerade deswegen eine vergleichsweise schaumgebremste Charakterisierung ermöglicht.

Vielleicht haben sich aber auch für mich mit den Jahren, weil schon in der Familie tradiert, viele Bedeutungen verschoben. Dennoch fühle ich mich mit all diesen Wörtern und Redewendungen aus den jüdischen Witzen meines Vaters treffsicher ausgerüstet und will sie nicht missen.

Das Wort der Wörter aber, das mir teuer und unverzichtbar ist und in seiner Vielschichtigkeit heute so gut wie nicht mehr verstanden, weil kaum mehr gesagt wird, d a s Jubelwort schlechthin, ist *nebbich*. Über dieses Wort, eigentlich eine Interjektion, eine dazwischengeworfene Meinungsäußerung, gibt es seitenlange Abhandlungen, aber immer behält es sich ein Teilchen von Unübersetzbarkeit vor. Beharrlich sträubt es sich gegen eindeutige Erklärungen und bietet sich doch zum vielfältigen Gebrauch dar: „Nimm mich, benütze mich, du wirst es – nebbich – nicht bereuen!"

Nebbich springt einen unvorhergesehen an, seine Kraft erhält es aus Geistesgegenwart, aus verkappter Gefühlsregung, aus einer blitzartigen Erkenntnis der Lage, oder es stellt diese erst her.

Nie wurde das Wort von meinem Vater als Substantiv verwendet, und ich habe erst spät erfahren, dass es als solches auch einen schwächlichen Niemand bezeichnen kann, einen geborenen Unglücksraben, einen, der trotz größter Beflissenheit ungeschickt bleibt, und ähnliches mehr.

Für mich ist es d a s universelle Wort, in welchem, mehr ironisch als ernst verwendet, immer jene Wahrheit aufblitzt, die jeder Ironie innewohnt; gleichzeitig ist es imstande, die Ironie zu doppeln, indem es diese selbst wiederum ironisch relativiert und somit auf eine unaufdringliche Weise wieder ernst wird.

Aufschneidern, Wichtigtuern, schnöseligen Finsachblasern ist mit nebbich blitzschnell auch das kleinste Lüftchen aus den Segeln genommen. „Na, und wenn schon …!“, oder „Na und?“ geben nur ungefähr wieder, was dieses Wort alles kann. Nicht Neid, nicht Widerspruch, kein Bedauern will es ausdrücken, eher lebensweise Nachsicht, aber diese auf den Punkt gebracht. Die Anwendung ist immer möglich, ob es um weltgeschichtliche Wichtigkeit geht oder sozusagen um nichts. Beispiele aufzuzählen würde Seiten füllen, deshalb will ich nur noch zwei anführen.

„Dem XY wurde nebbich der große Staatspreis zugesprochen“, bedeutet unter anderem: „Der XY hätte ihn schon längst verdient gehabt; dass er ihn erst jetzt bekommt, ist eine Augenauswischerei; außerdem ist der Staatspreis längst nicht das, was dem XY eigentlich zustehen würde; und überhaupt, der Staatspreis selbst ist ja schon lange nicht mehr das, was er einmal war…“, und so weiter und so weiter.

Die lakonische, mit entspannter Gelassenheit oder verächtlicher Geste hingeworfene Antwort „Nebbich!“ auf die Nachricht, der XY habe den Staatspreis erhalten, würde unter anderem bedeuten: „Was, der? Jeder weiß, dass er Freund und Geschäftspartner des Juryvorsitzenden ist; die Jury hat wieder einmal bewiesen, wie unfähig, korrupt und voreingenommen sie seit Jahrzehnten agiert; dass allerdings d e r den Staatspreis bekommen hat, braucht den, der ihn eigentlich schon lange verdient, schon deswegen nicht zu kratzen, weil dieser Preis ohnehin schon lange keinen Mehrwert mehr bringt; außerdem, man ist ja nicht so, soll er glücklich werden damit, was bedeuten schon Staatspreise …“, und so weiter und so weiter.

Das waren jetzt zwei etwas theoretische, willkürlich gewählte Beispiele, genauso gut aber hätte ich über die Nachbarin erzählen können, die im Hof ihre Teppiche ausklopft, und ich hätte dabei das Wort an etlichen Stellen der Erzählung einfügen und ihr auf diese Weise mehrere verschiedene Bedeutungen geben können.

Oder ich berichte vom kleinen Moritzl, der nach Hause kommt und sich unbillig behandelt fühlt: „So ungerecht! So a schwerer Schulaufsatz, was wir heut gehabt haben – bin ich durchgefallen in Deutsch!"

„Und was war das Thema?"

„Deutschland."

„No, was gibt's da zum Durchfallen?"

„Nu, weil ich geschrieben hab: Deutschland ist nebich ein armes Land!"

„Also zeig einmal her den Aufsatz … no, natürlich – da musst du ja durchfallen, wenn du schreibst nebbich mit nur e i n e m B!"

Oder ich erzähle, wie in der Pariser Metro ein alter orthodoxer Jude neben einem Schwarzen sitzt, der ein in Hebräisch geschriebenes jüdisches Wochenblatt liest.

„Pardon", fragt der Alte höflich, „ich möchte Sie nicht belästigen, aber – sind Sie Jude?"

„Gott soll abhüten", erschrickt der Schwarze, „das hätt mir nebbich noch gefehlt!"

Nebbich ist nahezu immer und überall anwendbar, es kommt aber auch auf das Gegenüber an, was und wie viel verstanden wird. Nebbich schweißt Eingeweihte zusammen, für Uneingeweihte bleibt es unergründlich. Doch sogar wenn nur man selbst versteht, wie man es meint, genügt es auch, denn nebbich ist ein Wort, dessen Anwendung eine unglaubliche Befriedigung verschafft. Zumindest mir, der seinen holprigen, pseudogermanistischen Diskurs mit dieser Liebeserklärung an das kleine geniale Wort und die Fülle seiner Bedeutungsnuancen hiemit abschließt. Und wenn eine davon mit dem Ausruf: „… es soll nie über mich kommen!" umschrieben werden kann, dann schließe ich: „Das Unglück, dieses Wortes je verlustig zu gehen, das möchte ich – nebbich! – nie erleben!"

Was die zahllosen Aussprüche meines Vaters betrifft, stand meist gar nicht mehr der jüdische Witz, aus dem der Ausspruch oder das Wort stammte, im Mittelpunkt, sondern nur noch das geflügelte Wort, der geflügelte Satz, der sich im Familienjargon breitgemacht hatte und unsere Sprache ungemein bereicherte.

Wenn er etwa meinte, etwas sei *keine Sache von Betreff*, machte mein Vater unmissverständlich klar, dass etwas für ihn keine Bedeutung habe oder zu unwichtig sei, um darüber auch nur ein Wort zu verlieren, ihn also gar nicht betreffe, und diese gehört zu den Redewendungen, die mir heute noch lange vor einer allgemein gebräuchlichen Erklärung reflexartig einfallen.

Wenn der geliebte Dackel meines Vaters namens Ratibor von Stieberheim, der im absoluten Zentrum der Familie stand und dem ich in dem Buch *Mit Éjzes bin ich versehen* ein ganzes Kapitel gewidmet habe, im Wohnzimmer auf dem Schoß seines Herrn eingerollt schlafend aufseufzte und dabei plötzlich bestialisch zu stinken begann, so dass alle aus dem Zimmer oder zum Fenster stürzten, um zu lüften, dann wussten wir, was jetzt kommen würde. Das in seinen Hund vernarrte Herr'l lächelte selig und stellte fest:

„Sei' einzige Freud!"

Eines der vielen geflügelten Worte in unserer Familie, variantenreich gebraucht, dessen Ursprung nur Familienmitgliedern und Zugeheirateten bekannt war. Letztere allerdings brauchten oft Jahre, bis sie alle die vielen Codewörter und Familienzitate, denen im erwähnten Buch übrigens auch ein Kapitel zugeeignet ist, mitgekriegt hatten. Und hierauf dauerte es wieder Jahre, bis sie die Fertigkeit oder den Mut erlangten, sie auch anzuwenden.

„Sei' einzige Freud!", oder „Die einzige?" kam von dem in einer ärztlichen Ordination gejüdelten Dialogsplitter:

„Leiden Sie an Blähungen?"

„Was heißt leiden? – Mei' einzige Freud!"

Die Abwandlung dieses Kurzgesprächs verlegt dasselbige aus der Ordination hinaus ins Leben:

„Leiden Sie an Blähungen?"

„Höchstens an Ihren!"

Einer der Favoriten meines Vaters, wenn er vom verklungenen Tonfall sprach, den er bei jüdischen Witzen so liebte, ist jener, in dem Frau Bronsky aus Lemberg ihrem Mann, der geschäftlich in Moskau zu tun hat, ein Telegramm folgenden Inhalts schickt:

Sagt operieren operieren. Worauf der Gatte zurück telegrafiert: *Sagt operieren operieren.*

Als Herr Bronsky die Moskauer Hauptpost verlassen will, wird er vom KGB als Spion verhaftet und in ein Verhörzentrum gebracht. Dort herrschen ihn die Geheimdienstler an: „Geben Sie uns sofort den Code bekannt, den Sie verwenden!"

Herr Bronsky ist verwundert: „Welchen Code?"

„Reden Sie nicht herum, wir haben Ihre Telegramme!"

„Aber, meine Herren", klärt der Verdächtige auf, „es is so: Meine Frau war gestern beim Arzt für Darmgeschwüre und er, der Professor, er will operieren. Sie wissen, ein Telegramm kostet. Also hat Sie mir nur telegrafiert: ‚Der Doktor sagt, er will operieren. Soll ich mich lassen operieren?'

Und ich hab geschickt ein Antworttelegramm: ‚Er sagt, er will operieren? Also, dann lass dich operieren!'"

Ohne Tonfall und – Sie werden merken – ohne Hände ist dieser Witz nicht zu erzählen.

Apropos – ich schweife kurz ab, denn zu unserem Dackel fällt mir noch ein, dass Besucher, die vor dem lautem Gebell des nervösen Hundes zurückschreckten, von meinem Vater mit den Worten beruhigt wurden: „Keine Angst – er weiß es!"

Damit bezog er sich auf den hochgeehrten weisen Rabbi, der mit seinen Schülern am Waldesrand sitzt und mit salbungsvoller Stimme darüber spricht, wie doch der Weise allein mit der Kraft seines Denkens alles Ungemach der Welt zu besiegen vermag, als unter wütendem Kläffen ein großer Hund auf die Schar losgestürmt kommt. Augenblicklich rafft der weise Rabbi seinen Kaftan zusammen und rennt, so schnell er kann, in den Wald, ihm nach seine Schüler. Als sie alle in Sicherheit und einigermaßen zu Atem gekommen sind, fragt einer der Jünglinge zaghaft, aber doch mit leisem Vorwurf in der Stimme: „Rabbi, warum bist du gelaufen, als wenn der Todesengel wär gewesen hinter dir? Du weißt doch, in deiner großen Weisheit, dass ein Hund, der bellen tut, nicht beißt."

„Gut“, erwidert der weise Rabbi, „das weiß i c h – aber weiß es auch der Hund?“

Ob sich die von Ratibor Verbellten durch den väterlichen Hinweis auf das Wissen des kläffenden Dackels damals beruhigen ließen, weiß ich nicht mehr zu sagen, aber ich bin mir sicher, dieses außergewöhnliche Tier, das mit zunehmendem Alter immer menschenähnlichere Züge annahm, wusste es …

So, und jetzt zurück zum Vorgehabten – nein, eine Abschweifung noch, weil es eine so herrliche Dackelgeschichte ist.

Graf Chorinsky ist für einige Tage von seinen Gütern auf Einkaufsreise nach Krakau gereist. Dort lässt er seinen Vertrauensmann, der seine Geschäfte in der Stadt besorgt, zu sich ins Hotel kommen und trägt ihm neben verschiedenen Besorgungen auch noch auf:

„Pass auf, Mendel, die Gräfin wünscht sich einen Dackel, also geh in die Stadt und sieh, dass du einen zu kaufen kriegst.“

Mendel Chaimowitsch nickt: „Also schön, Herr Graf … ein Dackel … was wollen Se auslegen für einem Dackel, Herr Graf?“

„Also, ich denke, für fünfzig, sechzig Zloty wirst du schon einen schönen Dackel bekommen, Mendel …“

„Fünfzig … sechzig … “, Mendel Chaimowitsch wiegt seinen Kopf und zupft seinen Bart, „für einem wirklich schönem guten Dackel, wie ihn Frau Gräfin kann brauchen …? So ein Dackel, er muss aussehen nach etwas! So ein Dackel … es macht einen Unterschied, ob man ihm braucht für – sagen wir – die Frau Karpeles, oder für Frau Gräfin –!“

„Na, also meinetwegen, soll er kosten siebzig Zloty – wenn er nur schön ist!“, erhöht der Graf die Summe.

„Siebzig Zloty …? Was sind heute siebzig Zloty für einem Dackel … einem schönem – einem ausgezeichnetem Dackel – erster Klass … Se werden scho zahlen müssen wenigstens – nu, sagen wir zweiundsiebzig … oder besser gerechnet, fünfundsiebzig Zloty, Herr Graf. Unter dem es wird nicht zu finden sein der Dackel für Frau Gräfin. Sie können mir glauben, Herr Graf!“

„Also zum Teufel – dann meinetwegen! Fünfundsiebzig Zloty! Aber keinen einzigen Zloty mehr! Hast du verstanden, Mendel?“

Mendel Chaimowitsch notiert sich den Auftrag, knöpft sich den Mantel zu und will sich schon zur Tür wenden, da zögert er etwas und bleibt dann, den Hut in der Hand, verlegen stehen.

„Was ist, Mendel? Auftrag hast du, Geld hast du – was willst du noch?"

„Entschuldigen, Herr Graf, es is nur – es wäre a kleine Frage noch, nämlich: Was is das, a Dackel …?"

Jetzt aber dorthin, wohin das zuvor Erzählte eigentlich führen sollte, nämlich zum Furzen, zum *Prallen*, zum *Farzen*, welches in jüdischen Geschichten offensichtlich eine große und immer wiederkehrende Rolle spielt. So etwa in der Frage: In welchem Satz kommt das Wort Chefarzt vor? Antwort: Moische farzt.

Und sagen Sie selbst, klingen der nachgerade onomapoetische *Prall* und das dazugehörige *Prallen* nicht ungleich charmanter als der banale Furz. Da auch mein Vater seinen Blähungen zeitlebens breiten und hörbaren Raum gab, sind mir die Scherze darüber nach wie vor geläufig, und es mag die zwar koschere, aber üppige jüdische Küche sein, die zur Vielfalt geführt hat, in welcher der Prall Thema etlicher jüdischer Witze ist.

So sei zum nun Folgenden vorweg angemerkt, dass es sich bei *Klabrias* um ein im vorletzten Jahrhundert gerne gespieltes Kartenspiel handelt, und wenn die vier dafür notwendigen Spieler beisammen saßen, dann nannte man das eine *Klabriaspartie*. Und das erinnert mich wieder daran, wie sehr mein Vater von der gleichnamigen und heute gänzlich vergessenen Jargonposse schwärmte, die bis zum Ende der Zwanzigerjahre des letzten Jahrhunderts von den legendären Jargonbühnen in Budapest und Wien aufgeführt wurde. Liest man heute die Vorlage, dann wundert man sich über den gigantischen Erfolg, den dieser Schwank Jahrzehnte hindurch in tausenden Aufführungen verzeichnete, geht es doch um vergleichsweise harmlose Gespräche und Kalauer, welche vier Juden beim Kartenspiel, eben jener Klabriaspartie, zum Besten geben. Zum jahrelang ausverkauften Publikumsrenner wurde diese jedoch erst durch die wechselnden Starkomiker und ihre Stegreif-Improvisationen, die dann oft wochenlang zum Stadtgespräch avancieren konnten.

Als Beispiel sei einer der unzähligen Dialoge angeführt, in welchem einer der Kartenspieler der Frau eines anderen die größten Komplimente macht und dabei speziell ihre Haarpracht hervorhebt.

„Se gibt sich aber auch Acht auf ihre Haar“, bestätigt der Ehegatte stolz, und indem er vergisst, dass er damit das streng gehütete Geheimnis einer Perücke preisgibt, fährt er fort: „Alle Nacht sie sperrt die Haar ein ins Nachtkastele!“

„Her auf, zu was erzählst'e das?“, schilt ihn seine Frau, blass vor Scham.

„Nu, warum denn nicht? Ma soll wissen, dass wir hab'm a Nachtkastele!“

Das Entrée genannte Eingangslied der Hauptfigur mit Namen Simon Dalles, dessen Name sich vom jiddischen Wort für Armut oder Pleite ableitet und der somit sozusagen Programm ist, konnte mein Vater noch auswendig, so oft hatte er das Stück gesehen, und er hat es in Ermangelung jeglicher Musikalität in einem nur entfernt an eine Melodie erinnernden Singsang zitiert.

Das Klabrias, das Klabrias, das is mein ganzes Leben.
E Dadel geb ich nix eher far e Barches mit Zibeben.
De Karten können meine Frau in größten Zorn oft bringen.
Ich glaub, sie wird vor Gift und Gall
noch einmal gar zerspringen.
Ich mach mir aber nix daraus, denn ich heiß Simon Dalles.
Das Klabrias, das Klabrias ist auf der Welt mein Alles ...

Kartenspieler sind ja bekanntlich Leute, die nichts dabei finden, Karten zu spielen mit Leuten, die sich hinsetzen und nichts anderes tun, als Karten zu spielen. Und um damit endlich zum Prallen zu kommen, sei von der Klabriaspartie im Café Abeles erzählt, bei welcher der Kaffeehausbesitzer hinter den Spielern steht und kiebizt, als plötzlich einer der Mitspieler sich seiner Blähungen mit einem so eindeutigen wie unüberhörbaren Laut entledigt. Die in Konzentration Versunkenen schrecken auf, da meint der Cafetier entrüstet:

„Sie Schwein! Was meinen Sie, möchten die Leut' sagen, wenn Sie so einen Lauten fahren lassen im Café Sacher?“

„Was sie sagen möchten? Sie würden sagen: Wenn Se prallen wollen, müssen Se gehen ins Café Abeles!“

Und so wurde Abeles in unserer Familie zum Synonym für Furz, und der vornehmste Besuch konnte bei Tisch sitzen, wenn eines der Kinder sich kurz mit den bedauernden Worten verabschiedete: „Ich bitte vielmals um Entschuldigung, aber ich muss kurz ins Abeles“, oder noch verschlüsselter, „ins Café“ – die gewagte Version lautete „Verzeiht mir, aber –“, und jetzt mit einem Entschuldigung heischenden Gesichtsausdruck, dazu ein leichtes Schulterzucken, dabei die Arme angewinkelt und die Handteller nach außen gedreht, „aber – Abeles!“ –, dann war für die Eingeweihten der zwingende Sachverhalt klar und nicht selten geschah es, dass der Gast in eilfertiger Höflichkeit ein „Selbstverständlich“ murmelte, während die Übrigen das Lachen nur mühsam unterdrückten.

Apropos bei Tisch: Es gab einen Lieblingswitz meines Vaters, den er am liebsten dann erzählte, wenn er in besonders illustrer Gesellschaft eingeladen war oder wir selbst irgendwelche „Fürschtlichen“ zu Gast hatten, deren männlicher Teil dann meist herzlich lachte, während die hochadelige Weiblichkeit errötend zur Serviette griff und sich etwas länger als notwendig damit über den Mund wischte.

Dodi Spranger, ein ungarischer Jude und alter Freund im Hause der Fürstin Pauline Metternich, die zu ihrer Zeit selbst ein Wiener Original war, ist bekannt für seine Unbekümmertheit, mit der er zu fortgeschrittener Stunde und egal in welcher Runde ganz und gar nicht salonfähige Witze zum Besten zu geben pflegt, und er ist wieder einmal zum Diner bei seiner Freundin geladen.

„Bitte, Dodi“, fleht die Fürstin, „heut’ hab ich eine Partie wirklich wichtiger Leut’ da, ich weiß nicht, ob die deinen Humor verstehen, ich bitt’ dich also, sei so gut und halt dich heut ein bisserl z’rück, ja?“

Dodi Spranger verspricht es, und bei gepflegter Konversation sind die ersten Gänge bereits serviert. Da verfällt Spranger plötzlich in unterdrücktes Lachen, er besinnt sich, schüttelt den Kopf und isst weiter. Aber immer wieder überkommt es ihn, bis er sich endlich nicht mehr halten kann und prustend quer über den Tisch ruft: „Pauline hehe – bittä mich später ärinnern – Stichwort Arschloch!“

Mich erinnert das wieder – man verzeihe mir den kleinen Seitschritt, bevor es wieder zurück zum Prall geht – an die beiden kleinen Lieferanten aus Tarnopol, die beim reichen Wiener Grossisten Fritz Gutmann zum Abendessen eingeladen sind. Mit beiden steht dieser seit Jahren in unbeanstandeter geschäftlicher Verbindung, und so hat sich eine gewisse Vertrautheit entwickelt. Diese nützt der Kaufmann, um eine Bitte für den kommenden Abend vorzutragen. Die zwei haben nämlich die unangenehme Angewohnheit, sich bei jeder Gelegenheit irgendeine Körperstelle zu kratzen und zu reiben, und so macht er sie darauf aufmerksam, dass dies bei der noblen Gesellschaft, die sich bei ihm einfinden werde, peinlich auffallen würde, und er ersucht sie, sich für die kurze Zeit des Mahles zu bezwingen. Der Abend ist in vollem Gange, die zwei Gäste aus der tiefsten polnischen Provinz benehmen sich manierlich und beteiligen sich sogar, so gut es ihnen möglich ist, an den Gesprächen. Doch die Lust, ja der Zwang, sich zu kratzen, wird immer unbezähmbarer. Beide können sich kaum noch beherrschen. Sie nicken einander kurz zu und der Erste beginnt unvermittelt in die Runde zu erzählen:

„Ich muss bitte erzählen von meinem Vetter … es is a getaufter Mann … und als Getaufter, er is geworden a richtiger General“, und nun spricht er immer drängender, „was glauben Sie, er hat für eine Uniform –? Oben hier (er greift sich an die linke Schulter und reibt sie kräftig) – Epauletten … oben da (er fasst sich an seiner rechten Schulter und drückt und knetet sie) noch größere Epauletten … und da … und da … (mit beiden Händen kratzt er wild seine Brust und stöhnt dabei genüsslich) … Orden und – Orden – und Orden … und an seine Hosen … ich kann Ihnen sagen (dabei streicht und drückt er seine Schenkel bis hinunter zu den Waden) … breite rote Streifen“, und mit einem lauten „Aahhh –!“ lehnt er sich zurück und schließt: „Ja … das is m e i n Vetter! – Allerdings zweiten Grades“, fügt er in bescheidenem Ton hinzu, als könne er damit dem eben Erzählten Sinn und Zusammenhang geben.

Sein Landsmann hat seinen Zwang währenddessen nur mit äußerster Mühe unterdrückt, jetzt aber bricht es aus auch ihm hervor: „Und ich hab an Vetter … er is nischt getauft – er is nischt kein General – am Wochenmarkt er verkauft die Hühnerkeulen, und er hat … (er kratzt sich die Schultern) … keine Epauletten … (er kratzt sich weiter) … nicht eine einzige … und mein Vetter, er hat … (er bearbeitet seine Brust) … keine Orden … auch am Rücken … (entsprechend verrenktes Kratzen) … ka einziger … und Hosen trägt er … (er fängt an, sich die Beine zu reiben) … schwarz … und manchmal enger – manchmal weiter … und von ganz unten bis ganz oben … (mit diesen Worten hat er beide Beine ausgiebig fertig gerieben) … ka einziges kleines rotes Streiflein … (er hält einen Augenblick beseligt inne) … aber ich sag Ihnen … (und mit einem Ruck fahren beide Hände an den Kopf und beginnen dort heftig zu kratzen) … S o r g e n hat er … S o r g e n …!"

Aber ich will ja noch vom Prallen weiter erzählen. Vielen wird die folgende Geschichte bekannt sein, in welcher noch einmal die schon erwähnten koscheren Wiener Restaurants *Tonello* und *Neugröschl* die Hauptrolle spielen. Zu Tonello also kommt ein Gast in offensichtlicher Eile, denn schon in der Tür ruft er kurz angebunden:

„– Der Tscholent fertig?"

Der an der Schank lehnende Zahlkellner, ohne sich umzudrehen, mürrisch:

„Nein … noch nicht."

„Was heißt n o c h nicht?", ruft gereizt der Gast. „Im Neugröschl prallen se schon!"

Übrigens betritt einmal ein Stammgast das Lokal und wird vom Kellner mit einer für alle Anwesenden hörbaren Devotheit begrüßt:

„G'schamster Diener, Herr Direktor, einen schönen Tisch hätt ich für Sie, Herr Direktor, wie ist das werte Befinden heute, Herr Direktor, und die Mazzesknödel heut sind besonders gut, Herr Direktor –"

Da unterbricht ihn der Angesprochene selbstbewusst:

„Zu mir brauchen Se nicht mehr Herr Direktor sagen, seit gestern hab ich an neuen Posten!"

Das Folgende hat jetzt nicht unmittelbar mit Flatulenz zu tun – obwohl, vielleicht verändert sich ja der einschlägige Ton je nach Schweregrad des im nächsten Gast-Kellner-Dialog dargestellten Leidens.
Ein Gast also fragt den Kellner, der unruhig von einem Fuß auf den anderen tritt: „Was is? Ham Se Hämorrhoiden?"

Antwort des Kellners:

„Wanns auf der Speiskarte steht."

Ein dummer Herrenwitz und des jüdischen Witzes eigentlich unwürdig, aber der Vollständigkeit und des Tones halber nicht vergessen.

Um aber vom Prallen weiter zu berichten: „Vöcklabruck!" gehörte auch zu den von allen sofort begriffenen Ausrufen in der Familie, auf den hin entweder der Rufer aufsprang und sich entfernte oder man selbst entweder das Zimmer verließ oder das Fenster öffnete, um frische Luft herein zu lassen. Das Wort fand auch als Frage Verwendung. Wenn nämlich ein eindeutiger Geruch den Raum durchzog und man meinte, den Verursacher ausgemacht zu haben, genügte ein mit leicht angehobener Augenbraue hingeworfenes „Vöcklabruck?", um die Sachlage zu klären. Und das kam von der Geschichte im Zug, in welchem zwei Juden sitzen, die beide ihre Blähungen kaum noch zurückhalten können und nun mit wachsender Dringlichkeit nach einem Weg zur möglichst unauffälligen Druckentledigung suchen. Bis endlich der eine, dabei eine Seite seines Gesäßes leicht anhebend und mit ansteigender Tonhöhe und Lautstärke fragt:

„Wo fahren Se hiiiiiieen??"

Daraufhin der andere, diese Möglichkeit erfreut übernehmend und wie zuvor der Erste seinerseits eine Gesäßhälfte lüftend, mit tiefer und gepresster Stimme:

„Nach Vöckklabrrrruck!!"

Die Eleganz, sich unter gleichzeitiger Zuhilfenahme höflicher Konversation und verbalem Nachdruck Erleichterung zu verschaffen, ist zumindest nachahmenswert. Die Stadt Vöcklabruck aber, deren Buchstabenkombination zur hilfreichen Camouflage des eigentlichen Vorhabens benützt wurde, sei an dieser Stelle endlich öffentlich um Verzeihung gebeten.

Mein Vater befand sich schon in reiferen Jahren, als ich geboren wurde, und dementsprechend schwer fiel es ihm, mit einem Kleinstkind etwas anzufangen. Meine junge Mutter hingegen war ganz erfüllt von ihrem Mutterglück. „Quel odeur!" lautete deswegen sein gespielt verzückter Ausruf, um damit uneingeschränktes Hochgefühl selbst über die unangenehmeren Seiten der Elternfreuden zu demonstrieren, nachdem er an meinen Windeln gerochen hatte. Aber diese Redewendung hat nun wirklich nichts mit jüdischen Witzen zu tun, sie ist mir nur eingefallen, weil der frisch gebackene Papa angeblich bei der Äußerung dieses Befundes jedes Mal französisch gejüdelt haben soll.

Zurück also zum Thema. Wenn mein Vater sein Gegenüber entweder für einen Kenner hielt oder für einen zumindest Belehrbaren, besonders aber, wenn er jemanden als hoffnungslosen Fall einstufte, von dem man weder aktiven noch passiven Humor erwarten durfte, konnte es sein, dass er mit einem Mal nur so funkelte von Anspielungen, die sich auf Pointen jüdischer Witze bezogen, und vom fragenden Gesichtsausdruck bis zum verständnislosen Kopfschütteln konnte er alle Reaktionen ernten. Die Höflichen gingen darüber hinweg, aber man sah ihnen deutlich an, dass sie meinen Vater für nicht ganz zurechnungsfähig hielten.

Begann zum Beispiel einer, seine beruflichen Tätigkeiten in allen Einzelheiten zu schildern, konnte ihn mein Vater mitten hinein mit der Frage unterbrechen: „– Und davon lebt die ganze Familie?"

Auch diese Frage hat eine Prall-Geschichte zum Ursprung, nämlich den oft und gern erzählten Vater-Sohn-Dialog, in welchem der frühreife Sohn eines Tages wissen will:

„Tate, sag, was is das, a Dichter?"

„A Dichter ...? No, der ... schreibt Gedichte."

„Und was is das, Gedichte?"

„No, a Gedicht ... also das is ... zum Beispiel: Das Pferd steht im Stall und lasst an Prall."

„Was?", wundert sich der Kleine. „– Und davon lebt die ganze Familie?"

Die Sorge des Sohnes um das Auskommen der Familie zeigt typischen jüdischen Familiensinn und Geschäftssinn gleichermaßen und war eines der vielen geflügelten Worte jüdischen Witz-Ursprungs in unserer Familie.

Die Geschichte hat aber eine Fortsetzung:

Das Dichterproblem beschäftigt auch eine Gemeinde, deren Ältester einen Sohn hat, der nach Wien gezogen und dort als Schriftsteller zu erheblichem Wohlstand gekommen ist. Seinen Gemeindemitgliedern hat nun der Alte vergeblich zu erklären versucht, was ein Dichter sei. Endlich fällt ihm eine Möglichkeit ein, die Sache zu klarzumachen, und er sagt zu Mendel Weißbroth:

„Hör zu, also die Hauptsach bei dem Dichten, es is, dass bei die Zeilen hinten alles is gleich! Zum Beispiel wenn ich sag: ‚Weißbroth seine Schwester – is die krumme Esther!‘ Verstehst du, so macht sich a Gedicht …!“

„Aber es is doch gar nicht wahr!“, empört sich da Mendel Weißbroth.

„Aber gleich is es!“, erwidert der stolze Dichtervater.

Nach einigen Minuten dumpfen Brütens geht ein Strahlen über Weißbroths Gesicht und er sagt: „Nebbich a Kunst, das mit dem Dichten – das kann ich auch!“

„Nu, dann probier's, wenn du glaubst.“

„Schön! Also werd ich sagen: Weil du hast geprahlt mit deinem Sohn – es soll dich treffen der Schlag! – Nu –?“

„Aber das is doch nicht g l e i c h!“, schreit der so Angesungene.

Da zuckt Weißbroth mit den Achseln und meint:

„Hab i c h vielleicht gesagt, es muss g l e i c h sein?“

Man verzeihe mir an dieser Stelle den abrupten Übergang, aber meine Assoziationen führen mich zu Dichtungen ganz anderer Art und zu einem alljährlich wiederkehrenden Ausspruch meines Vaters.

Als ich mehrere Jahre hindurch Adventkonzerte veranstaltete und mich dafür stets auf der Suche nach unbekannten oder vergessenen Musikstücken befand, bekam ich Einblick in ein Musikarchiv mit Biographien und Kompositionen von teilweise vergessenen, emigrierten oder ermordeten jüdischen Komponisten. Wie staunte ich dabei über die riesige Anzahl von Weihnachtsliedern, kleinen Oratorien zum Advent und zum weihnachtlichen Anlass in der sogenannten stillsten Zeit im Jahr. Das ließ mich an den Satz meines Vaters denken, den er immer dann zum Besten gab, wenn auf Straßen und in Geschäften die alljährliche Weihnachtshektik ausbrach, und den er dem kleinen jüdischen Geschäftsmann in den Mund legte, der vom kurzzeitigen Handel mit Christbaumschmuck das ganze Jahr über glänzend lebt: „Gott, Du gerechter, hab ich doch immer schon gesagt: Dieser Christus is doch gewesen a großer Mann. Was hat er nicht gebracht in die Welt für a gutes Geschäft mit Weihnachten …!"

Und apropos jüdischer Geschäftsmann und katholische Kirche. Zu den absolut unverzichtbaren Wörtern gehören noch die *Éjzes*, dem Duden nach oft *Ezzes* geschrieben, aber für mich in der ursprünglichen Schreibweise sowohl in Schrift wie in Wort weicher und dadurch stimmiger. Dieses jiddische Wort für Tipp, für Ratschlag gehört zur Pointe einer meiner Lieblingsgeschichten, deren Schlusssatz ich nicht nur zu einem Buchtitel erwählte, sondern der auch zu den Stehsätzen meines Vaters gehörte.

Es ist jene von dem Bettler, der neben dem Hintereingang der Wiener Stephanskirche hockt, vor sich mit beiden ausgestreckten Händen ein kleines Schild haltend, auf dem in ungelenken Buchstaben geschrieben steht: „Nehme nichts von Juden!"

Ein Vorübergehender, der dies liest, bleibt kopfschüttelnd stehen und sagt wohlmeinend:

„Wenn ich Ihnen einen guten Rat geben darf – hier hinten werden Sie nicht viel verdienen!" Worauf der Angesprochene ein Kreuz schlägt und missmutig kontert:

„Gelobt sei Jesus Christus, mit Éjzes bin ich versehen!"

Wenn man nun meinem Vater einen Ratschlag gab, der ihm in einer ohnehin schon misslichen Situation gerade noch gefehlt hatte, pflegte er genau das zu antworten, und auch ich habe diesen Ausspruch, wie so vielen andere, von ihm übernommen.

Dazu muss ich allerdings noch anmerken: Witze zu erklären ist beinahe so schlimm wie Witze vorzulesen oder wie Witzegeschmack abzuprüfen, aber obiger ist der einzige, bei dem ich mich dazu hinreißen lasse, dieses Tabu zu brechen. Er wird nämlich heute fast durchwegs mit dem Wort „versorgt“ erzählt; mit Éjzes, mit guten Ratschlägen, hielte der Bettler sich in dem Fall also für versorgt. Das ist zwar vom Inhalt her richtig, aber die Pointe funktioniert nur einigermaßen. Denn die Kombination des katholischen Segens und der gejüdelten Begründung mit einem Verbum, das in der katholischen Kirche einen hohen Stellenwert einnimmt – wird man doch mit Heiligen Sakramenten versehen und eben nicht versorgt –, das ist jener Feinschliff, der vielen nichtjüdischen Witzen fehlt, und man sehe mir nach, wenn ich bei diesem darauf bestehe.

Witze zu erzählen bedeutete, wie gesagt, für meinen Vater eine Kunstfertigkeit, die beherrscht werden musste. Die Gelegenheit dafür musste ebenso passen wie das Apropos und die Überleitung. Deshalb litt er Qualen, wenn jemand, wie es oft geschieht, mit übertriebener Heiterkeit ankündigte, jetzt einen furchtbar lustigen Witz erzählen zu wollen. Wenn dieser Jemand dann anhub und schon nach den ersten Worten sich verbesserte, noch einmal anfing, sich in Nebensächlichkeiten verhedderte, und wenn ihm schlussendlich die geschundene Pointe zwischen den Sätzen zerrann, erkannte man am schnellen Wippen der Fußspitze seines über das andere geschlagenen Beines, dass mein Vater im nächsten Augenblick jenen Satz fallen lassen würde, den er bei solcher Gelegenheit meist kurz vor dem mühsamen, kaum mehr erhofften Schluss trocken einzuwerfen pflegte: „Quietsch machte die Pointe – und weg war sie …!“ Oder es tönte mitten hinein in die verzweifelten Witzbemühungen ein gequältes: „804!“

Damit hatte es die folgende Bewandtnis, deren Ursprung in einer k.u.k. Geschichte des Schriftstellers RodaRoda liegt. In dieser fordert ein österreichisches Armeekommando während des Ersten Weltkrieges von einem Infanterieregiment die Nummern der noch verfügbaren Lastautomobile an und erhält daraufhin ein Telegramm folgenden Inhalts:

„A.O.K. Lemberg 1044 – 1369 – 804 – 219 – 539 – 337.“

Der diensthabende Offizier reicht diese Depesche routinemäßig an ein Armeebüro zur Dechiffrierung weiter. Auftragsgemäß erfolgt hierauf am nächsten Tag die Übersendung des entschlüsselten Textes: „Koreanische Kaiserfamilie bei Marburg in Steiermark durch Torpedovolltreffer mit Rinderschmalz verlobt." Dieser Meldung ist allerdings noch der bemerkenswerte Zusatz beigefügt: „Rückfrage empfohlen, da Irrtum nicht ausgeschlossen!"

Die Fortsetzung der Geschichte ist es nun, die zum Ausruf meines Vaters führt, und in dieser spielt unsere Frau Pollak wieder die Hauptrolle. Die ist nämlich bei einer Abendgesellschaft zugegen, bei der einer der Anwesenden die obige Anekdote unter schallendem Gelächter der Anwesenden zum Besten gibt. Am nächsten Tag trifft die Frau Pollak eine Freundin und erzählt ihr vom vergangenen Abend:

„Also, ich sag dir, gestern war es dermaßen lustig! Da hat doch der Louis einen Armeewitz erzählt, so mit Nummern ... also der war köstlich! Ich würd ihn dir ja rasend gern erzählen, aber ich kann leider nicht – ich hab blöderweis die ganzen Zahlen vergessen!"

Wie tief mein Vater seine Zugehörigkeit zum Judentum fühlte, weiß ich nicht, und heute kann ich es kaum glauben, dass wir darüber nie gesprochen haben. Aber die Hingabe, mit der er seinen Sprachschatz pflegte, den jüdelnden Ton liebte oder jüdische Witze erzählte, mag das Band gewesen sein, das ihn stärker mit seinen Ursprüngen verbunden hat, als er selbst es wahrnahm. Vielleicht gab es auch deshalb keinen Christen oder Juden bei ihm, sondern nur die Einteilung in *Goj* und „einer von unsere Leut'".

Und vielleicht erzählte er deswegen so gerne den Witz von der Mutter, die mit ihrem kleinen Sohn im Bus in Tel Aviv unterwegs ist und mit ungebremstem jiddischem Redefluss auf das Kind einspricht. Jedes Mal, wenn es kurz zu Wort kommt, antwortet es hebräisch, und jedes Mal unterbricht die Mutter: „Sprich jiddisch mit mir!"

Da mischt sich ein Herr ein und meint empört: „Wie kommen Sie eigentlich dazu, von dem Kleinen immer zu verlangen, dass er jiddisch sprechen soll?"

Die Antwort dürfte den israelischen Fahrgast einigermaßen getroffen haben, denn mit der gleichen Empörung erwidert die Mutter:

„Nu, damit er nicht vergisst, dass er Jude ist ...!"

Tate für Vater war zu Hause nicht gebräuchlich, aber aus den Witzen meines Vaters war es mir genauso vertraut wie *Mame*. Deswegen hieß es bei uns zu Hause auch nie: „Wie geht's deinem Vater und deiner Mutter?", sondern, so wie im Jiddischen üblich, erkundige ich mich nach wie vor: „Wie geht es dem Vater und der Mutter?"

Und „Unberufen, gut" oder meist nur noch „Unberufen" im Sinne von „Gott sei Dank" lautet meine Antwort. Das ist zwar nicht jiddisch, aber es ist eine jüdische Formulierung, die mir in Fleisch und Blut übergegangen ist.

So wie dem Patriarchen einer Großfamilie, der mit siebenundneunzig Jahren als Zeuge vor Gericht geladen ist.

„Alter –?", fragt der Richter kurz angebunden.

„Siebenundneunzig – unberufen!"

„Wie bitte?"

„Verzeihen Sie, Herr Richterleben, ich hab gesagt: siebenundneunzig – unberufen."

„Antworten Sie ganz einfach nur auf meine Frage, ja? Also, wie alt sind Sie?"

„Verzeihen, ich hab doch geantwortet … siebenundneunzig – unberufen!"

„Passen Sie einmal auf! Sie stehen hier vor einem Gericht. Da werden Fragen klar beantwortet, ohne irgendwelche Privatkommentare hinzuzufügen, haben Sie das verstanden? Widrigenfalls muss ich Sie wegen Missachtung des Gerichtes belangen!"

Da mischt sich der jüdische Anwalt ein:

„Erlauben Sie, Herr Gerichtsrat, dass ich den Zeugen frage?" Dann lächelt er diesem aufmunternd zu und fragt: „Unberufen – wie alt sind Sie?"

„Siebenundneunzig", lächelt da der Alte freudig zurück.

Und das führt unweigerlich zu der Abwehrformel von allem Bösen und Schlechtem, inklusive Unglück: „Gott soll abhüten".

„Es wird ihm doch – Gott soll abhüten – nichts passiert sein!" – „Was meinst du, weil er im Auto unterwegs ist, wird ihm ein Felsbrocken auf den Kopf gefallen sein?" – „Gott soll abhüten!"

Das verkürzte „Gott behüte!" wiederum dient dazu, einer Besorgnis einen ironischen Anstrich zu geben. „Sollte ich – Gott behüte! – den Haupttreffer in der Lotterie machen." – „Ja, und was würdest du dann mit dem vielen Geld – Gott behüte! – alles kaufen?"

Um das Ganze in eine kleine Geschichte zu packen, sei jene vom Tunnelprojekt erzählt, welches öffentlich ausgeschrieben und dessen Bauauftrag von einer jüdischen Firma an Land gezogen wurde, die ein sensationell niedriges Angebot gelegt hatte. Auf die eingehenderen Fragen des Tunnelbetreibers erläuterte der Firmeninhaber, es werde von der einen Seite sein Sohn den Tunnel beginnen, von der anderen Seite er selbst, und beide würden sie so lange graben, bis sie einander erreicht hätten. Auf den Vorhalt, gerade dieses genaue Zusammentreffen gehöre zu den schwierigsten technischen Herausforderungen überhaupt, und auf die Frage: „Was machen Sie, wenn sie – Gott behüte! – aneinander vorbeigraben?", erwiderte der Tunnelgräber gleichmütig: „No, dann kriegen Sie eben – Gott behüte! – zwei Tunnel statt nur einem."

Und das führt geradewegs zum Ausruf: „Was tut Gott!" Diese kleine Beifügung zur Bekräftigung einer überraschenden Wendung erweist sich mir als eine im täglichen Sprachgebrauch schlichtweg unentbehrliche Wendung. Mit ihr delegiert man das Unerwartete gewissermaßen an Gottes Unergründlichkeit und Allmacht und entlässt sich selbst damit aus der Verantwortung. Auch dieses Sätzchen lässt sich ernst oder, sagen wir, ernst gemeint anwenden, noch besser aber ironisch bis sarkastisch.

„Ich hab zum ersten Mal in der Lotterie gespielt und – was tut Gott! – ich hab den Haupttreffer gewonnen!" wäre eine Variante. Die darauf folgende: „Und – was tut Gott! – es waren zwei Euro fünfzig ..." Oder: „Jetzt hab ich seit Jahrzehnten ein Klassenlos und – was tut Gott! – mein Los ist nicht ein einziges Mal gezogen worden." Eine Variante, die immer passt: „Noch vor der Wahl habe ich gesagt, dieser unfähige Trottel kann unmöglich Minister werden, und – was tut Gott! – er ist es geworden!"

Diese Varianten seien noch mit zwei Beispielen aus dem väterlichen Fundus ergänzt.

Herschel Seliger aus Rzeszów kommt von einer langen Geschäftsreise aus Paris zurück und nun hat er seiner Frau eine Menge zu erzählen. Noch ganz erfüllt von dem großen Abenteuer, berichtet er von den Sehenswürdigkeiten der französischen Hauptstadt, von ihrer Größe und dem dichten Straßenverkehr, von den eleganten Menschen auf den Boulevards und von der Metro. Das Einzige jedoch, was ihm Ärger bereitet hatte, waren die, wie er meinte, unverschämt hohen Preise in den Restaurants.

„Da bin ich“, erzählt er, „gegangen in a koscheres Restaurant, was soll gewesen sein das beste in der Stadt, und hab mer geben lassen a Supp. Nu, was denkst du, hat die gekostet?“

Frau Seliger schätzt vorsichtig: „Zwanzig Kreuzer –?“

„Stuss, zwanzig Kreuzer – ich hab gezahlt umgerechnet eineinhalb Gulden …! Dann ich hab mer geben lassen gefillte Fish. Gut waren se, exzellent sogar – aber, wenn hoch, sie hätten dürfen kosten vierzig Kreuzer. Und was hat man genommen dafür?“

„Nu, was wird ma genommen haben – einen Gulden?“, schätzt die Frau noch einmal.

„Drei Gulden siebenunddreißig Kreuzer – umgerechnet! … Dann ich hab gegessen Küchel und Kaffee. Rat’, was se haben verlangt dafür, die Verbrecher? Wenn siebzig Kreuzer – umgerechnet – es wär scho gewesen teuer, aber da ich möcht nichts gesagt haben! Ich aber hab bezahlt siebzig Kreuzer u n d drei Gulden! Was sagst du, Lea?“

„Gott der Gerechte“, jammerte die Frau, „wieso lässt Du zu, dass so beraubt werden ehrliche Menschen am hellen Tag … und das nur für zum Essen! Wie hast du’s, Herschel, nur machen können, zu geben für solche Preise …?“

„Nu“, erwiderte Seliger, „ich hab müssen. Aber wie ich bin herausgekommen aus dem Restaurant und wie ich will anfangen zum gehen, da steck ich so meine Händ in die Taschen und – was tut Gott! – find ich doch drin zwanzig silberne Löffel!“

Falk Schirokauer wiederum erzählt von seinem größten Abenteuer, das er einmal auf einer Schlittenfahrt in einem eiskalten polnischen Winter ohne Gottes Hilfe um ein Haar nicht bestanden hätte.

„Also, so es is gewesen: Wir sind gefahren mit dem Schlitten … zwei Loscheks (auch diese jiddische Bezeichnung für Pferd war mir als Kind viel geläufiger als die deutsche) haben gezogen den Schlitten über den höchsten Berg, und wie wir sind gekommen auf die höchste Spitze von dem Berg, da, auf einmal der Schlitten is geraten in ein Rutschen, und das Rutschen, es is immer schneller geworden … und die Loscheks, sie haben nicht gekonnt aufhalten den Schlitten … und so, wir sind gerutscht so schnell wie ein Blitz herunter von dem steilen Berg … da – auf einmal wir sind gewesen auf einer weiten weißen Fläche, welche is gewesen ganz voll mit Schnee … Und es hat gerufen der Kutscher: ‚Oj Gewalt!‘ und dann er hat gerufen: ‚Wir sind geraten auf dem mächtigen, auf dem gefährlichen See!‘ Und er hat nicht gerufen gehabt zu End, so is schon zerbrochen das Eis von dem See mit einem schrecklichem Gekrach … so wie ein Donnerschlag … und der ganze Schlitten, und die zwei Loscheks, und wir alle, welche sind gewesen auf dem Schlitten, sind gefallen tief hinunter bis auf den Grund von dem kalten See …“

Schirokauer schweigt bewegt, zu heftig scheint die Erinnerung an das Erlebte ihn zu übermannen. Die Zuhörer halten den Atem an. Endlich traut einer sich zu fragen:

„Falk, erzähl uns – wie hast du dich gerettet?“

„Gerettet …“, Schirokauer scheint wie aus einem bösen Traum aufzuwachen, „gerettet …–?“, wiederholt er mit zitternder Stimme. „Und wie gerettet! Denn – was tut Gott! – die ganze Geschichte, sie is nicht wahr …!“

Oj, Gewalt ist mir von Jugend an vertraut und viele Verwandte und Freunde sagen es bis heute. Seit Generationen erzkatholisch, gehen sie in die Kirche, feiern Erstkommunion und Firmung ihrer Kinder, aber sie heben die Hände und rufen bei vielen Gelegenheiten, sei es in bewusst übertriebener Wut und Bestürzung, in gespieltem Schmerz oder ironisierter Verzweiflung: „Oj!“ und „Oj, Gewalt!“ Irgendwo tief drinnen lebt sie noch, die Erinnerung an die Ahnen, sitzt es noch, ein verschüttetes Zugehörigkeitsgefühl …

Dazu gehört auch der Gebrauch des kleinen Wörtchens *Nu*. Als Frage genügt es allemal, um jedes weitere Wort sich erübrigen zu lassen. Als verbaler Seufzer, als Ausdruck von Vergnügen oder Einsicht, als Aggression oder als herzliches Einverständnis, kopfschüttelnd oder nickend, gelächelt oder ernst gesprochen, versieht es seinen wichtigen Dienst, und wenn man etwas relativieren will und *Nebbich* ein wenig zu stark aufgetragen wäre, kann es unverzichtbar sein.

Wirklich gut gelaunt und sorgenlos sah ich meinen Vater selten. Nie mehr sollte sein Leben nach der Rückkehr aus dem Exil den Glanz bekommen, den es zuvor gehabt hatte. In gewisser Weise gebrochen, war er nicht mehr imstande, an sein Leben vor dem Exil anzuschließen; auch der Ton war weg, die Menschen, die diesen Ton sprachen, die unbenennbaren Codes, welche diese Menschen verbanden, die Schlagwörter, die man einander zuwarf und jeder wusste Bescheid. Und so umwehte ihn immer ein Hauch von Resignation und die ließ er in die jüdischen Witze einfließen, so dass auch den lustigsten Pointen immer eine leichte Melancholie innewohnte. Und so schwingt auch in meinem Lachen über jüdische Witze und ihre Protagonisten immer die Nostalgie mit: „So waren sie, als es sie noch gab …“

So manche Stunden meiner Jugend habe ich mit meinem Vater verbracht, in denen er mich diese Zitate, diese Redewendungen lehrte, die Geschichten dazu erzählte, und dann konnte es sein, dass in seinen Blick der Glanz kurz wiederkehrte, in dem sich mir eine versunkene Welt widerspiegelte. Und wenn er dann selten, aber doch, mit Menschen zusammentraf, zu denen sich plötzlich eine Brücke des Verstehens spannte, oder gar auf gleichem Niveau repliziert wurde, dann brachte das eine Saite in ihm zum Klingen, die ich sonst nie hörte. Seine Augen leuchteten, er wurde jung und gelöst und fühlte sich sichtlich heimisch. Dann sprühte er vor Lebendigkeit und Lebensfreude, seine meist wehmütig resignative Grundhaltung war wie weggeblasen und weit über das Witzeerzählen hinaus hatte er oft große Gesellschaften einen ganzen Abend lang in der Hand wie ein Marionettenspieler.

Alle paar Jahre tauchte ein Freund aus verwehten Vorkriegszeiten bei uns auf, der sich wieder einmal auf Europatrip befand. Er war im Fach des eleganten Bonvivants am Wiener Burgtheater engagiert gewesen und hatte es nach dem Beginn der Nazi-Barbarei noch geschafft, aus Österreich zu entkommen. Nun hatte er es als Schauspieler auch in Hollywood zu einigem Ansehen gebracht und in etlichen sogenannten A-Movies mitgespielt. Meistens war es Sommer, wenn wieder einmal einer seiner Besuche erfolgte, und dann saßen er und mein Vater vor unserem Haus wie Schulbuben beisammen und erinnerten sich an die jüdischen Geschichten und Witze ihrer Jugend und übertrumpften einander im komödiantischen Erzählen. Endlich war einer da, der den Ton nicht nur kannte, sondern auch konnte, und das Vergnügen beider war unüberhörbar.

Was überhaupt ein Jude ist, darüber wird gestritten, seit es Juden gibt. Wenn ich meine jüdische Abstammung von der mütterlichen Seite schon erwähnt habe, dann geschah dies auch im Bewusstsein, dass sich die unzähligen Witze über die schon sprichwörtlich übertriebene Bindung zwischen einer jüdischen Mutter, einer *Mame,* und ihren Kindern, speziell den Söhnen, sicher auch auf die erwähnte Bedeutung der Mutterschaft zurückführen lassen.

In zwei oft gehörten Beispielen meines Vaters wird im ersten von der Mutter erzählt, die auf dem Kinderspielplatz neben der Sandkiste sitzt, in der ihre zwei kleine Buben spielen. Da kommt eine Dame vorbei, sieht den beiden eine Weile zu und erkundigt sich freundlich:

„Wie alt sind denn die Kinder?"

Und prompt erhält sie die Antwort der stolzen Mutter:

„Der Doktor ist zweieinhalb und der Anwalt wird nächsten Monat vier!"

„Wie geht's Ihren Söhnen?", wird in der zweiten Geschichte eine typische jüdische Mame gefragt.

„Also, Chaim gehts glänzend!", erwidert sie. „Ein prachtvoller Sohn! – Starchirurg – Professor an der Uniklinik – Riesenprivatpraxis – die Patienten kommen sogar von auswärts!"

„Großartig – und Rafael?"

„Rafael ...", die Augen der Mutter beginnen zu glänzen, „ein Genie – Anwalt – beste Klientel – gewinnt jeden Prozess!"

„Fabelhaft, Gratulation! Und was is mit Jossel?"

„Ach, Jossel", seufzt die Mutter leicht, „Jossel is Schuster ... was soll man sagen, er liebt es – aber", und jetzt schwillt ihre Stimme zu stolzem Klang, „e i n e s kann ich Ihnen versichern: Wenn Jossel nicht wär – wir würden alle verhungern!"

Kurioserweise gilt das Kind einer jüdischen Mutter auch dann „automatisch“ als jüdisch, wenn die Mutter erst vor der Geburt des Kindes zum Judentum übergetreten ist, was wiederum nach den unsäglichen NS-Rassegesetzen einen reinen Arier ergeben hätte. Ist es nun das Blut oder die Religion, was einen zum Juden macht? Ist es die Lebensart, die Einstellung zum Judentum, die Denkweise? Dieses Thema beschäftigt nicht nur die Juden. So bin ich, wie gesagt, für Juden von der Geburt her erst einmal Jude, wäre aber kurioserweise unter Hitler, auf Grund zweier jüdischer Großväter und einer „gemischten“ Großmutter, ein sogenannter Mischling soundsovielten Grades gewesen, und wenn auch sicher verfolgt und mit Schikanen drangsaliert, so doch wahrscheinlich dem KZ entronnen. Das Gleiche gilt für meinen Vater, dessen Mutter, meine Großmutter, Tochter einer Jüdin und eines Christen, also für Juden Volljüdin war, unter Hitler jedoch überlebte. Ihr Mann wiederum, mein Großvater, beiden Anschauungen nach Volljude, war über seine Verfolgung entrüstet, hielt er doch seine Taufe als Vierundzwanzigjähriger für Nachweis genug, mit dem Judentum absolut nichts zu tun zu haben.

„4X000PQ^{2988}, sehr erfreut“, stellt sich ein Außerirdischer einem anderen Außerirdischen vor. „P000xx1/q^{333}“, erwidert höflich der andere.

„Komisch“, wundert sich der Erste, „Sie sehen gar nicht jüdisch aus!“

Wie weit übrigens die bereits erwähnte Assimilation führen konnte, zeigte sich in unserem weitverzweigten Familienclan am jüdischen Onkel meiner Großmutter, der sich taufen ließ und es nicht nur zu einem der größten ungarischen Historiker, sondern auch bis zum katholischen Bischof brachte, der im Vatikan ein und aus ging und angeblich nur seiner jüdischen Herkunft wegen nicht zum Erzbischof ernannt wurde.

Ob dies aber auch wirklich verbürgt ist, bleibt unklar, gibt es doch eine Anekdote aus der Zeit um die vorletzte Jahrhundertwende, als in Ungarn ein Erzbischof mit Namen Dr. Mezaros, dessen arische Abstammung sich angeblich nur äußert lückenhaft nachweisen ließ, im Amt war und in Olmütz ein Kardinal namens

Dr. Cohn residierte. Als dieser einmal ein Hochamt zelebrierte, bei welchem der Erzbischof assistierte, bemerkte der Kardinal, dass der Weihwasserkessel fehlte. Um ihn rasch herbeizuschaffen, wurde ein Ministrant ausgeschickt. Als der nach einer Viertelstunde immer noch nicht zurückgekehrt war, raunte der Kardinal dem Erzbischof zu:

„Ich bitt' dich, geh und schau nach, wo der Goj so lang bleibt!"

Die verqueren und dennoch tödlichen Nazi-Einteilungen in Halb- und Viertel- und Volljuden hatten offenbar den großen jüdischen Filmkomiker Groucho Marx inspiriert, dem die Anekdote zugeschrieben wird, in welcher er einige Male vergeblich um Aufnahme seines Sohnes, eines begeisterten Schwimmers, in einen exklusiven Club angesucht hatte, der keine Juden aufnahm. Als sein Antrag zum dritten Mal abgelehnt wurde, wandte er sich an den Vorstand mit dem Vorschlag:

„Okay, Ihre Statuten verbieten, dass Juden aufgenommen werden. Mein Sohn aber ist nur Halbjude – darf er dann wenigstens in Ihrem Pool bis zum Nabel eintauchen?"

Die schon erwähnte Wiener Großmutter, die Mutter meines Vaters, war eine kluge und äußerst humorvolle Frau, an die ich mich nur als alte Dame erinnern kann und die eine Eigenschaft hatte, mit der sie die Familie zur Verzweiflung brachte. Mein Vater nannte es *die jüdische Hast*. War es jemand, dem jegliches Wissen um Jüdisches fehlte – erstaunlicherweise begegnen einem immer mehr solche Menschen –, dann mutierte mit der ihm eigenen Ironie die jüdische zur ostgotischen Hast und stieß nun prompt auf das erwartete, weil provozierte und umso größere Nichtverstehen darüber, was denn nun wohl damit gemeint sei.

Die Hast meiner Großmutter allerdings fiel eindeutig in jüdische und gipfelte in jenem von ihr dabei gebrauchten Halbsatz, der in unserer Familie zum geflügelten Wort avancierte: „... damit ich rechtzeitig –!"

Stunden vor einer geplanten Abreise stand sie nervös und alle anderen bedrängend mit Mantel und Stock da – „Damit ich rechtzeitig ...!"

Tage zuvor suchte sie hektisch ihre Sachen zusammen und ließ schon einmal ihr Gepäck packen – „Damit ich rechtzeitig ...!"

Mit diesem Wunsch, der im fortschreitenden Alter immer drängender wurde, verstand sie es, ihre Umgebung rasend zu machen. „Am End' versäumen Frau General noch den Zug!" Damit pflegte mein Vater die Reisehektik seiner Mutter zu kommentieren. Was er damit meinte, habe ich aus den Notizbüchlein entziffert.

Es geht um den jüdischen Reisenden Sammel Derschowitz, der im einzigen Hotel des Städtchens kein Zimmer mehr bekommt. Ein einziges Bett sei allerdings noch unbelegt, meint der Portier, das aber befinde sich in einem Raum, in dem schon ein General schlafe.

„Hören Sie", schlägt Derschowitz vor, „es is spät, der Herr General schlaft sicher schon; ich muss morgen früh rechtzeitig aufstehen, vor sechse, damit ich nicht versäum den Zug, geben Se mir das Bett im Zimmer vom General und wecken Se mich auf weit vor sechse, so – keiner wird was merken."

Mit Hilfe einer kleinen pekuniären Unterstützung gibt der Nachtportier sich überredet. Derschowitz schleicht also ins Zimmer, kleidet sich im Dunkeln rasch aus, um den General nicht zu wecken, dann legt er sich vorsichtig in das leere Bett und schläft ein. Um halb sechs Uhr morgens wird er leise vom Portier geweckt. „Es is halber sechse – nur damit Sie rechtzeitig sind im Zug ...!"

Derschowitz schreckt auf und zieht sich hastig an, bemerkt aber in der Eile nicht, dass es die Kleider des Generals sind, und so läuft er, ohne die Verwechslung bemerkt zu haben, auf die Straße. Dort begegnet ihm ein Soldat, erstarrt, nimmt Haltung an und steht Habt Acht, bis Derschowitz vorüber ist. Der wundert sich: „Wie kann wissen jener Soldat, dass ich hab geschlafen zusammen im Zimmer mit an General ...?"

Da kommt ihm ein Offizier entgegen, und auch dieser salutiert stramm. Derschowitz kommt aus dem Staunen nicht heraus: „Die Gojim, wie können sie wissen, mit wem ein Jud hat geschlafen im selben Zimmer?"

Auf dem Bahnhof fragt der Bahnbeamte untertänig: „Wo solls denn hingehen, Exzellenz –?" Derschowitz versteht die Welt nicht mehr: „Ja, sind denn die Leut meschugge geworden, oder ich? Wieso sie wissen alle –?“ Er steigt in seinen Zug und fährt ab.

Nach einer Weile sucht er das stille Örtchen auf und da erblickt er sich im Spiegel. Zutiefst erschrocken fährt er zusammen und stammelt:

„Gott im Himmel! Der Schlag soll treffen den Portier! Ich sag ihm, er soll mich wecken um halber sechse, und er weckt den General! Und was mach i c h jetzt? – Am End versäum ich noch den Zug!“

Zu dieser Zugversäumgeschichte gehört noch jene vom Juden, der auf dem Bahnsteig auf und ab läuft, sich dabei die Haare rauft und verzweifelt lamentiert:

„Oj Gewalt! So dringend hab ich wegfahren müssen! Und jetzt versäum ich den Zug! Oj wej, meine Geschäfte, oj, meine Geschäfte ... wer wird mir ersetzen die Verluste ... oj, dieses Unglück ...!“

Ein mitleidiger Reisender fragt: „Sagen Sie, um wie viel sind Sie denn zu spät gewesen?“

„Um zwei kleine Minuten nur ... nicht mehr ... zwei Minuten – und alles ist verloren!“

„Was? Um zwei Minuten? Hören Sie, Sie schreien ja, als ob es gewesen wär um zwei Stunden!“

Die Antwort des Juden, als ihm der Zug gerade vor seiner Nase davonfährt und er dies mit einem galligen „Kunststück!“ kommentiert, ist sicher weithin bekannt.

Die Reaktion des anderen Juden aber, der mit zwei schweren Koffern atemlos auf den Perron gelaufen kommt und gerade noch sieht, wie sich der letzte Waggon aus dem Bahnhof entfernt, vielleicht weniger:

„Was rennst du?“, ruft er dem Zug mit einer abschätzigen Geste hinterher. „Ich hab sowieso nicht fahren wollen!“

Es mag deswegen so viele jüdische Zuggeschichten geben, weil in Zeiten von Fuhrwerk und Staubstraßen die Bahn das zentrale Transportmittel darstellte, das auch ausgiebig genutzt wurde. So sitzt im Zug nach Tarnopol im überfüllten Waggon dritter Klasse ein Jude, der im allgemeinen Geschnatter der unterschiedlichsten Fahrgäste als Einziger unbeweglich und stumm sitzen bleibt, einen zugedeckten Korb auf seinen Knien. Plötzlich beginnt der Zug ein unerwartet rasches Tempo einzulegen, die Fahrgäste werden gehörig hin und her geschüttelt, immer rasender wird die Fahrt und der Jude, der bis jetzt still dagesessen ist, beginnt voller Angst zu schreien: „Gewalt! … Schma Jisroel! … Oj wej, a Zusammenstoß … Gott soll abhüten an Zusammenstoß …!“

„Was schreist du?“, fragen die anderen. „Der Zug rennt a bissel, wie soll passieren a Zusammenstoß?“

„Ihr habt gut reden“, ruft der Jude panisch, „was könnt ihr scho verlieren? Aber ich – ich führ mit einen Korb frische Eier!“

Viele Juden waren so arm, dass selbst das Billet dritter Klasse oft ein fast unüberwindliches Hindernis für eine Reise darstellte. Zahllos sind daher auch die Geschichten vom Fahren ohne Fahrkarte.

So kommt ein Jude von einer Reise zurück ins Schtetl und berichtet:

„… Und im Zug nach Grajewo, es is passiert was Merkwürdiges. Ich sitz und klär a bissel, da es kommt herein der Kontrollor! Und wie er schreitet durch den Waggon und wie er is vorübergeschritten an meinem Platz – er bleibt plötzlich stehen – und er dreht sich um – und er kommt zurückgeschritten – und jetzt er bleibt stehen genau vor mir – und er hebt seine Äugen und er blickt auf mich so starr, so durchdringlich – genauso wie als hätt ich ka Fahrkarte –“

„Nu, erzähl weiter“, rufen die anderen gespannt, „und du? Was hast d u getan?“

„Ich? – Was soll ich getan haben? Ich hab zurückgeblickt auf ihm – genau so wie als hätt ich eine …“

Nach diesen kurzen Gedankensprüngen, die uns zum Reisen mit der Bahn geführt haben, will ich aber zurückkehren zu den Wörtern und Redewendungen, die meine Jugend begleiteten.

Wenn wir als Kinder etwas absolut nicht wollten und wussten, wir würden mit ernsten Argumenten erfolglos bleiben, dann riefen wir im Chor: „Da schrien die Jidden: Neeeiin!“

Und es war diese Art, unsere einhellige Ablehnung mit einem Zitat aus einer jüdischen Geschichte und somit sanfter auszudrücken, die dann meist den gewünschten Erfolg nach sich zog. Die dazugehörige jüdische Anekdote erzählt von Moische Shaffer, dem größten und einzigen jiddischen Seiltänzer, was lebt auf der ganzen weiten Welt, und sie lautet so:

In Pohodna, einem kleinen Schtetl gelegen am Fluss Pruth, is stehengeblieben eines Tages eine klapperige Karosse, die war gezogen von zwei dünne Loscheks. Heraus aus der Karosse es is gestiegen eine lange, dünne Gestalt, a Mensch, schwarz die Augen, schwarz die Haare, schwarz der Bart und angetan mit einem langen schwarzen Kaftan. Und er hat gehabt umgehängt ein kleines Trommelchen und er hat angefangen zu schlagen auf sein Trommelchen: törömm törömm … törömm törömm … und dann er hat angefangen zu rufen:

„Jidden!", er hat gerufen, und dann noch lauter: „Jidden … kömmt her und hört mir zu, ihr Jidden! Am Mittwoch von der nächsten Woche wird kommen in das Schtetl Pohodna der größte und einzige jiddische Seiltänzer, was lebt auf der ganzen weiten Welt! Und jener wird tanzen auf einem Seil, das gespannt is über dem Fluss Pruth in der Höhe von fünfundzwanzig Meter – soll sein nicht unter zehn – was sind die höchsten fünf Meter, die man kann zählen! Und wenn er hat herüber getanzt über dem Fluss Pruth auf dem Seil, er wird tanzen wieder zurück auf dem Seil, das gespannt is über dem Fluss Pruth in der Höhe von fünfundzwanzig Meter – soll sein nicht unter zehn – was sind die höchsten fünf, die sind zu zählen! Und wer von euch Jidden mag schauen, den Moische Shaffer, welcher is der größte und einzige jiddische Seiltänzer, was lebt auf der ganzen weiten Welt, der soll kommen am nächsten Mittwoch und er soll bezahlen nicht mehr als unter weniger als drei kleine Zloty!"

Dann hat der lange schwarze Mensch noch einmal geschlagen auf sein Trommelchen: törömm törömm … törömm törömm und dann er is hineingestiegen wieder in seine klapperige Karosse, die gezogen war von zwei dünne Loscheks, und er is weggefahren.

Am nächsten Mittwoch alle Jidden von dem Schtetl Pohodna sind gestanden am Ufer von dem Fluss Pruth und über dem Fluss war gespannt ein Seil in der Höhe von ungelogen zwei fast ganze

Meter! Und es haben gewartet alle die Jidden. Sie haben gewartet eine Stunde, sie haben gewartet zwei Stunden, und wie sie gewartet haben drei Stunden, so haben sie schon gehört herankommen die klapperige Karosse, die gezogen war von zwei dünne Loscheks; und wie die Karosse is herangestürmt und wie sie is stehengeblieben, da is herausgestiegen aus ihr wieder der Schwarze, und wieder er hat umgehängt gehabt sein kleines Trommelchen und er hat geschlagen sein Trommelchen: törömm törömm ... törömm törömm! Und er hat gerufen: „Jidden! Aus dieser edlen Karosse heraus wird steigen Moische Shaffer, welcher is der größte und einzige jiddische Seiltänzer, was lebt überhaupt auf der ganzen weiten Welt!"

Und dann wirklich es is herausgestiegen aus der Karosse ein ganz kleines Männchen, alt gewesen mindestens dreiundneunzig Jahr, ganz vertrocknet schon, ganz zitterig und ganz tapperig und gestützt auf a dünnes Stöckele. Und das Männchen es is hingegangen mit kleinen schwachen Schrittchen zu dem dicken Seil, das war gespannt über dem Fluss Pruth in der Höhe von zwei fast ganze Meter, und er is gestiegen hinauf und dann er hat gestellt das Spitzchen von sein linkem Füßlein ganz zögerlich auf dem Seil – und hat wieder zurückgezogen. Und dann er hat gestellt das Spitzchen von sein rechtem Füßlein ganz zögerlich auf dem Seil – und hat wieder zurückgezogen. Und dann er hat geblickt hinunter zu die Jidden, zu seine Brüder; in die Augen von jedem einzelnen Jidden er hat geblickt, und sein Blick es war ein gütiger und sanfter; und er hat angefangen zu sprechen mit heller Stimme zu die Jidden und er hat gesagt:

„Jidden", er hat gesagt, „ihr seht hier den größten und einzigen jiddischen Seiltänzer, was lebt überhaupt auf der ganzen weiten Welt. Und er wird tanzen auf dem Seil, das gespannt is über dem Fluss Pruth. Aber Jidden, es gibt a schreckliche Möglichkeit, die ich muss besprechen mit euch, meine Brüder: Wenn ich gleich werde tanzen auf dem Seil, das is gespannt über dem Fluss Pruth, es kann geschehen, dass in der Mitte von dem Seil über mich kömmt ein Schwindelgefühl. Und wenn über mich kömmt ein Schwindelgefühl in der Mitte von dem Seil, es kann geschehen, dass ich werde stürzen herab von dem Seil, und es kann geschehen, dass ich werde stürzen mitten hinein in den Fluss Pruth. Und,

Jidden, mitten in dem Fluss Pruth, es kann geschehen, dass ich werde untergehen, weil ich verstehe nicht das Schwimmen. Und dann, Jidden, dann es wird nicht mehr geben den größten und einzigen jiddischen Seiltänzer, was lebt überhaupt auf der ganzen weiten Welt. Und jetzt ich frage euch, Jidden, meine Brüder: Soll ich wirklich tanzen auf dem Seil, was gespannt is über dem Fluss Pruth?"

Da es is gegangen ein Aufstöhnen durch die Reihen und es haben geschrieen die Jidden mit einem Mund und mit einer Stimme es haben geschrieen die Jidden: „Neeeiiin!"

Und da, Moische Shaffer, der größte jiddische Seiltänzer, der was lebt überhaupt auf der ganzen weiten Welt, is wieder herabgestiegen von dem Seil, das war gespannt über dem Fluss Pruth, und er is gegangen mit kleinen schwachen Schrittchen zu der klapperigen Karosse, die war gezogen von die zwei dünnen Loscheks, und er is hineingestiegen und er is weggefahren aus dem Schtetl Pohodna, ohne zu tanzen.

Und so er hat es getan entlang dem ganzen Fluss Pruth ...

Um Ausreden sind Kinder nie verlegen, sei es zu Hause, sei es in der Schule. Aber wenn man die Ausreden von Kindern mit denen von Erwachsenen vergleicht, so erweisen sich, auch wenn durchschaubar, jene der Kinder zumeist als rührend und phantasievoll, jene der Erwachsenen als platt und dumm.

Mit der Frage „Also was hat geraschelt?" ermunterte mein Vater, dem nichts Menschliches fremd war, auf den Punkt oder, besser gesagt, zur Wahrheit zu kommen, hatte man sich in einer Ausrede so verheddert oder war sie so haarsträubend, dass jede Glaubwürdigkeit rettungslos vergeben war. Und das kleinlaute Eingeständnis fiel auf diese Weise ein wenig leichter, als wenn es durch Schimpfen und Drohungen hätte erfolgen müssen.

Die Frage meines Vaters kam von dem Witz über den Fuhrmann Jankl. Dieser kommt einmal, als die Nacht über das Schtetl Kutno schon fast hereingebrochen ist, in rasender Fahrt und mit abgehetzten schweißnassen Pferden angefahren und hält mitten auf der Hauptstraße. „Gerettet!", ruft er laut. „Gerettet ... oj Gewalt ... ganz allein ich hab mir gerettet!"

Die Bewohner von Kutno kommen herbeigelaufen und fragen: „Erzähl, Jankl, was is passiert?“

„Ich bin gefahren mit mein Wagen und die Loscheks durch den Wald“, beginnt Jankl, „da, auf einmal es springen hervor von hinter den Bäumen, ich sage euch, hundert Wölfe! Noch ein Augenblick und sie werden springen auf den Wagen – sie werden springen auf die Loscheks – sie werden springen auf mich! Darum ich fass in eine Hand meine Peitsche, ich fass in die andere Hand den großen Stock, um zu schlagen auf die Bestien, wenn sie werden springen, und jetzt ich –“

„Aber Jankl – h u n d e r t Wölfe? Wie ist das möglich? Bist du sicher, es waren hundert?“, zweifeln die Dorfbewohner.

„Nu, was is hundert“, antwortet Jankl, „hundert, wie mans eben so sagt – mit fünfzig ihr werdet nicht zufrieden sein.“

„Aber Jankl, fünfzig Wölfe? Wo sollen hergelaufen kommen fünfzig Wölfe? Wer hat scho gezählt jemals fünfzig Wölfe?“, zweifeln die Mitbürger am Todesmut des Fuhrmannes.

„Zählen soll ich auch noch in der Gefahr?“, entrüstet sich der Held. „Fünfzig es heißt mindestens – soll sein, zwanzig! Aber zwanzig R i e s e n e x e m p l a r e! Nu, es werden nicht genügen zwanzig?“

Die Zuhörer schütteln ungläubig ihre Köpfe: „Zwanzig Wölfe vertreiben? Nur mit Peitsche und Stock! Das soll glauben a Meschuggener!“

„Was wollt ihr gehen handeln mit mir? Vor zehn Wölfen ma kann schon genug Angst kriegen … groß wie Bären … auch scho vor fünf … ja sogar vor drei!“

Die Menschen um ihn herum zweifeln immer mehr:

„No, wir möchten sehen den, der kämpft gegen drei Wölfe und dann kommt angefahren nach Hause ohne ein winziges Kratzerle!?“

Jetzt wird Jankl wütend: „Und wenn auf den Wagen is gesprungen e i n Wolf, was is gewesen der größte und was is gewesen der wildeste Wolf, was lebt im dem ganzen Wald – is das am End a Vergnügen? Darf man am End da nicht sich fürchten zu Tode um sein Leben?“

„Natürlich darfst du, Jankl, es is nur so: Noch nie man hat gehört von an Menschen, der besiegt hat nur mit Peitsche und Stock an Riesenwolf, der hat gesprungen auf ihm –“

Darauf Jankl aufgebracht:

„So? Man hat nie gehört? Ja, dann weiß ich nicht, was hat so geraschelt im Gebüsch?"

Als eine Form der Ausrede kann man durchaus auch eine elegante Umschreibung gelten lassen. Wie jene der achtzehnjährigen Sidi Kohn, die ihren besorgten Eltern vor der Schiffsreise versprechen musste, täglich von hoher See aus ein Telegramm zu schicken. Und so lesen die Eltern:

12. Juni: Wetter herrlich – Aufmerksamkeit des Kapitäns erregt – er verfolgt mich mit Liebesanträgen.
13. Juni: Kapitän liebestoll – sagt, wenn ich ihn nicht erhöre, sprengt er das Schiff samt 1000 Passagieren in die Luft
14. Juni: 1000 Passagieren das Leben gerettet.

Die jüdischen Lieblingswitze, die mein Vater erzählte, spielten, wie ich schon erwähnt habe, zum überwiegenden Teil in der Zeit des Fin de siècle und in den Jahrzehnten danach entweder in Wien, der damals weltweit drittgrößten jüdischen Stadt, oder in jenen legendären Gebieten von Galizien, Polen oder Russland, in denen die heute ausgerottete und damit untergegangene Kultur des sogenannten Ostjudentums blühte.

Ich lernte daher auf diese Weise, lange bevor ich nach Wien zog, eine Stadt kennen, wie ich sie so nie wieder fand. Und da ich noch zu jenen Jahrgängen zähle, für die der Geschichtsunterricht in der Schule mit dem Ersten Weltkrieg endete, musste ich mir die darauf folgende Zeitgeschichte selbst beibringen. Weil mein Vater über sein Exil so gut wie nichts erzählte, oder wenn, dann wie von einem interessanten Abenteuer, waren mir die Dimensionen von Antisemitismus lange Zeit nur ein nebuloser Begriff.

Heute erfahre ich in diesem humorbegabten Land Österreich, in dem auch der jüdische Witz wieder kräftige Lebenszeichen von sich gibt, die Kuriosität, gleichzeitig antisemitische Angriffe zu erleben und – vornehmlich von Aufarbeitungs- und Betroffenheitsmonopolisten – völkischer Gesinnung und Tümelei verdächtig zu sein.

Am Tag, als mein Dokumentarfilm *Vergiss das Wort, vergiss das Land* über österreichische Emigranten in Israel im österreichischen Fernsehen lief, hatte ich die Gelegenheit, dazu ein Radiointerview zu geben, in dem ich auch über meine jüdische Herkunft und meine Beziehung zum Judentum sprach. Am Tag nach der Sendung stand ich mit meinem Wagen in einer kleinen Kolonne bei einer Garage in der Wiener Innenstadt. Ein Passant zwängte sich verärgert durch die stehenden Autos, erblickte und erkannte mich offensichtlich, denn er lenkte seinen Schritt näher zu meinem offenen Autofenster, dann quetschte er im Vorübergehen und mit einem wütenden Blick auf mich ein: „Saujud" zwischen den Zähnen hervor, und ohne auf meine Reaktion zu warten, hastete er weiter.

Mein Ausspruch: „Ich bin ein jüdischer Buddhchrist, ich lebe meine jüdischen Wurzeln, meine christliche Erziehung und meine buddhistischen Erkenntnisse" hat mir schon manche öffentliche Kritik eingebracht, ich würde mir auf diese Art aus verschiedenen Glaubensrichtungen bequemerweise nur die Rosinen herauspicken, um mich für nichts wirklich entscheiden zu brauchen, und so fort. Nun muss ich zugeben, dass ich von frühester Jugend an Schwierigkeiten mit Lagerdenken jeglicher Art hatte. Heute leiste ich mir lagerfreies Denken als intellektuellen Luxus, den ich allerdings in einem Land, dessen Proporzdurchseuchungsgrad, die Wendehälse mitgerechnet, bei über hundert Prozent liegt, nicht zuletzt damit bezahle, dass ich mir mein Auslangen im Ausland suchen muss.

Trotzdem ein unverbesserlicher Homo austriacus, werde ich oft gefragt, manchmal beinahe angegriffen, warum ich Tracht, besser gesagt, das, was Städter gemeiniglich dafür halten, nicht nur anziehe, sondern öffentlich für eine Bekleidung einstehe, die für viele von zumindest völkischem Gedankengut nicht zu trennen ist. Ich habe etliches darüber geschrieben und dabei zum Beispiel erzählt, wer der jüdische Großindustrielle Konrad Mautner war, der um die vorletzte Jahrhundertwende in seinem Sommerfrischenort Grundlsee zum verdienstvollen Chronisten und Bewahrer von Volkskunst und Brauchtum wurde. Ich habe auch geschrieben und erzählt darüber, und das durchaus im Bewusstsein, dass es sich bei der sogenannten Tracht meist um eine Art Ferienverkleidung handelte, dass es vor allem Juden waren, die seinerzeit in der Sommerfrische Dirndl und Lederhose trugen, dass diese Art von Tracht aber auch in den damaligen sozialistischen Arbeiterbewegungen en vogue war. Und ich habe darauf hingewiesen, dass nach dem sogenannten Anschluss Österreichs an Nazi-Deutschland im März 1938 zum Beispiel das Bundesland Salzburg als Erstes schon kurz darauf jenes Gesetz exekutierte, nach welchem Juden das Tragen von Tracht verboten war.

Dabei kursierte in den Jahrzehnten davor der Witz, die Verantwortlichen für den Salzburger Fremdenverkehr hätten in ihrer Zuvorkommenheit gegenüber den vielen jüdischen Sommerfrischlern eine weltweite Ausschreibung gemacht. Ergebnis sollte die Neuzüchtung einer Kuh sein, die nicht mehr „Muh!“ von sich geben sollte, sondern „Nu?“.

In meiner Dankesrede anlässlich der Verleihung des Konrad-Mautner-Preises für Verdienste um Tracht und Volkskunst und der Ernennung zum Botschafter der Tracht habe ich unter anderem ausgeführt:

„Trägern von Tracht pauschal völkische Gesinnung und mehr zu unterstellen, wie das oft geschieht, ist vorauseilende politische Korrektheit jener halbgebildeten Gesinnungsparvenus, die das mit geschichtsbewusster Aufarbeitung verwechseln. Ich trage Tracht, weil sie kleidsam ist, weil es zu den von mir gepflegten Traditionen gehört und weil ich sie als Jude heute, zum Unterschied von den Jahren 1938 bis 1945, wieder tragen darf. Wenn wir uns – sei es aus falsch verstandener politischer Korrektheit oder aus Unwissen, sei es aus Unwillen oder Bequemlichkeit, sich auseinanderzusetzen, oder sei es aus Gleichgültigkeit unserer Geschichte, unserer Vergangenheit, unseren Wurzeln gegenüber –, wenn wir uns also nicht zu Werten bekennen, wie sie Tradition oder Volkskultur darstellen, Werten, die schon lange vor ihrem Missbrauch bestanden haben, wenn wir Begriffe wie etwa Heimat, Ehre, Treue ihrer Besudelung nicht entreißen, dann geben wir nachträglich denen Recht, die missbraucht haben, und denen, die es heute unter ähnlichen Vorzeichen wieder oder immer noch tun.“

Dabei war mir nicht lange zuvor anonym ein Titelblatt eines Revolverblattes im wahrsten Sinn des Wortes zugeschickt worden, aus einer Zeit, als Zeichenwitze noch nicht Cartoons hießen.

Das Schundblatt nannte sich *Schwarze Korps-Zeitung der Schutzstaffel der NSDAP* und war datiert mit dem 30. Juni 1930. Vorne prangte eine Karikatur, gezeichnet in der übelsten denunzierenden Nazi-Manier, darstellend ein Ehepaar, angetan mit Lederhose und Dirndlkleid, mit Schläfenlocken der Mann, mit langen, gekrümmten Nasen beide, und darunter stand: „Die einzige Tracht, die man diesen Typen zugestehen soll, ist eine Tracht Prügel!" – Tu felix Austria …

Wer hat geschrieben? gehörte auch zu den unzähligen geflügelten Sätzen meines Vaters. Es war die je nach Stimmung augenzwinkernd oder seufzend gestellte Frage, wenn seine Frau ihm mitteilte, dass heute viel Post gekommen sei.

So wie in der Geschichte über den Herrn Jonathan Bloch, der überaus erschöpft von einer Geschäftsreise aus Berlin zurückgekehrt ist und, nachdem er bald zu Bett gegangen ist, sich nun im Traum wälzt und dabei murmelt: „Else! Oh – Else! Ach – Else!" Schluchzend sitzt ihm am nächsten Morgen seine Frau gegenüber:

„Leugne nicht, ich weiß alles! Du hast mich betrogen und sie heißt Else! Ich lass mich scheiden!"

„Aber mein Schmeckerle", begütigt Herr Bloch, „so sei doch nicht kindisch. In Berlin war ich beim Rennen und hab gesetzt auf a Pferd, was hat geheißen Else, und da hab ich verloren 200 Mark und davon hab ich müssen träumen."

Drei Tage später knallt ihm Frau Bloch beim Mittagessen wütend einen Brief auf den Tisch.

Herr Bloch macht ein möglichst unverfängliches Gesicht. „Wer hat geschrieben?"

„Wer geschrieben hat? – Dei' Pferd!"

Wie in jeder Familie war auch bei uns das Auslangen mit dem allwöchentlichen Taschengeld ein leidiges Thema.

„Was machst du eigentlich immer so schnell mit dem ganzen Geld?", fragte mich mein Vater einmal, als ich ihn schon am Dienstag um Vorschuss auf die nächste Woche anbettelte. Und wie aus der Pistole geschossen kam meine Antwort:

„Weiß ich!? – Gibst du mir denn eins?!"

Was zu sofortiger Auszahlung eines Vorschusses nebst Extraremuneration für vorbildliche Übertragung einer jüdischen Pointe ins reale Leben führte.

„Was machst du für a Gesicht?“, beginnt der dazugehörige Dialog.

„Ach, ich ärger mich nur über mei Frau! Den ganzen Tag gehts nur: Gib mer a Geld, gib mer a Geld, gib mer a Geld!“

„Ja, aber, was macht se denn mit dem vielen Geld?“

„Weiß ich? – Geb ich ihr denn eins?!

Neben den bis hierher aufgezeigten Attributen jüdischer Witze gehört für mich die Ironie, mit welcher mit Sterben und Tod umgegangen wird, zum Beneidenswertesten. Und deswegen seien in der Folge und weitgehend kommentarlos eine Reihe der Lieblingswitze meines Vaters aus der Abteilung „Vergnügliches vom Sterbebett“ hierher gesetzt.

Vor einem schwarz drapierten Hauseingang stehen zwei jüdische Leichenbestatter und heben gerade einen leeren Sarg aus dem Leichenwagen. Ein Vorübergehender fragt:

„Bitte, wer ist denn da gestorben?“

Darauf einer der beiden:

„Was is, ha'm Se keine anderen Sorgen?“

Schmerzerfüllt erzählt Perl Spitzer seinem Freund vom wochenlangen Sterben seiner Frau. „Und weißt du, was am End dann noch das Spital gekostet hat: Zehntausend!“

„Zehntausend?“, staunt der Freund, der die lange Fahrt von Tarnow auf sich genommen hat, um zum Begräbnis zu kommen. „Also, für zehntausend hätt sie bei uns in Tarnow a Jahr lang sterben können!“

In Tränen aufgelöst kommt Jonas Lobowitzer zum Bahnschalter: „Mein Bruder … is gestorben … ich muss … nach Bruck!“

„Bruck an der Leitha? Bruck an der Mur? Bruck am Ziller?“, fragt der Beamte.

Da wischt sich Lobowitzer die Tränen ab und fragt treuherzig: „Und was von die drei wär das billigste?“

Die beiden Antworten auf die Frage, warum die Juden auf eine Frage immer mit einer Gegenfrage antworten müssen, habe ich schon angeführt. Eine der spontanen Lieblingsantworten meines Vaters auf Fragen aller Art lautete: „Frag nicht!“

Es begegnet nämlich der fünfundneunzigjährige Samuel Feinstein auf der Straße einem Bekannten, der ihn fassungslos anstarrt, war Feinstein von den Ärzten doch schon aufgegeben gewesen. Alle hatten mit seinem sicheren Tod gerechnet, und jetzt hatte sich der Greis unerwarteterweise erholt und war ganz offensichtlich dem Tod buchstäblich in letzter Sekunde noch einmal von der Schaufel gesprungen. Nun steht er leibhaftig vor dem Mann, der im ersten Überraschungsschreck stumm bleibt und nicht weiß, wie er reagieren soll.

„Nu, was is?“, beklagt sich Feinstein. „Ich sterb fast und du stehst da und fragst nicht einmal, wies mer geht.“

„Entschuldige“, stottert der Zurechtgewiesene, „wie geht's dir?“

Worauf Feinstein eine wegwerfende Handbewegung macht und seufzt: „… Frag nicht!“

Drei Freunde sind auf einer Bergtour, dabei stürzt einer ab und stirbt. Nachdem nun die zwei beratschlagt haben, wie man das Unglück möglichst schonend der Ehefrau des Verunglückten beibringen soll, geben sie ein Telegramm folgenden Inhalts auf:

„Kobi schwer erkrankt – Beerdigung übermorgen.“

Im Café Grünbauer, mitten in der Kartenpartie, trifft den noch gar nicht alten Teitelbaum der Schlag. Betroffen stehen die Freunde um den Toten und überlegen, wie und vor allem wer seiner Ehefrau die Todesnachricht überbringen soll. Kobi, der Taktvollste in der Runde, meldet sich, er traue sich zu, das schwere Amt mit aller gebotenen Sensibilität zu übernehmen und der armen Frau die schwere Nachricht so schonend und zartfühlend wie nur möglich beizubringen. Er fährt also in die Kleine Neugasse, läutet an und als die Frau öffnet, fragt er mit Grabesstimme:

„Entschuldigen Sie viele Male, aber wohnt hier die Witwe Teitelbaum?“

„Nein, hier wohnt nicht die W i t w e Teitelbaum, hier wohnt die F r a u Teitelbaum!“

Empört will sie die Türe zuschlagen, da stellt Kobi seinen Fuß dazwischen und meint:

„Se wer'n jetzt lachen – aber: hier w o h n t die Witwe Teitelbaum."

Die Frau Kohn im dritten Stock stirbt. Am nächsten Tag kommen die Leichenbestatter und läuten irrtümlich bei Kohn im ersten Stock. Der Herr Kohn öffnet.

„Bitte, wir kommen zum Abholen die Leiche der Frau Kohn!"

Da ruft Herr Kohn nach hinten:

„Sali, mach dich fertig – sie sind scho da!"

Dafür lässt wiederum eine Ehefrau auf den Grabstein ihres verstorbenen Mannes die Inschrift setzen: „Ruhe in Frieden – bis wir einander wiedersehen!"

Löwy und Peniczek, zwei Handelsvertreter, die sich ein Auto teilen, sind zusammen auf Tour und verunglücken im Nebel bei einem ungesicherten Bahnübergang. Geistesgegenwärtig ist Löwy im letzten Moment aus dem Auto gesprungen, während sein Geschäftspartner von dem heranbrausenden Zug zermalmt wird. Einige Wochen später stattet Löwy zusammen mit seiner Frau der Witwe Peniczek einen Kondolenzbesuch ab, und beide sind überrascht über die gute Laune der offensichtlich gar nicht mehr Trauernden.

„Gott, den Schmerz", sagt die, „den hab ich schon ziemlich überwunden. Es hat gezahlt die Bahnverwaltung dreihunderttausend … die Lebensversicherung fünfhunderttausend … und von der Firma hab ich bekommen noch einmal fünfzigtausend!"

„Siehst du –", wendet sich da Frau Löwy giftig zu ihrem Mann, „und d u hast wieder herausspringen müssen!"

Rosa Goldblatt liegt im Sterben. Schwach hält sie die Hand des Gatten, der am Sterbebett sitzt, und sagt mit leiser Stimme: „Kaum werd ich tot sein, wirst du dir nehmen a junge Geliebte … du wirst sie verwöhnen … mit meinem Schmuck … mit meine Pelze … und wohnen wirst du mit ihr in unserem Haus … und dann wirst du sie heiraten … und in einem Jahr wirst du vergessen haben dein treues braves Weib …"

Da streicht der Gatte liebevoll über die kalte, schweißnasse Stirn der Sterbenden und meint begütigend: „So reg dich doch nicht auf, mein Schmeckerle … jetzt sterb erst einmal, und dann seh'n mer weiter!"

Hier ruht
Jakob Arpeles
Ein tüchtiger Kaufmann
Und ein ehrlicher Mensch

„Joj", wundert sich ein Freund des Toten, der zum ersten Mal das Grab besucht, über diese Inschrift, „jetzt hat er scho so a kleines Grab – und drei Leut liegen drin!"

Bemerkenswert fand ich es schon immer, dass die meisten jüdischen Witze über Sterben und Tod unter Ehepaaren spielen und darin auf einigermaßen drastische Art Scherz mit Ehe und verblühter Liebe getrieben wird.

So steht am Zentralfriedhof, jüdische Abteilung, seit Jahr und Tag einmal in der Woche ein Mann an einem Grab. Man sieht seinem Gesicht die Verzweiflung an. Stundenlang bewegen sich seine Lippen in einem offenbar immer gleichen Gebet und schmerzgebeugt wiegt er sich dabei im Takt der Worte. Dabei laufen ihm heiße Tränen über die Wangen. Mittlerweile ist er vielen Friedhofsbesuchern bekannt und man macht einen pietätvollen Bogen um ihn. Da fasst sich einer ein Herz, er nähert sich behutsam dem Trauernden und hört diesen schluchzen:

„Du hättst nicht sterben dürfen …! Warum, o Gott, hast Du grad i h n zu Dir geholt! … Du hättst nicht sterben dürfen!"

„So a schwerer Verlust, der Sie getroffen hat", sagt der Besucher ergriffen. „Man beobachtet Sie ja schon seit Jahren hier, deshalb verzeihen Sie, wenn ich frag: W e r hätt denn nicht sterben dürfen?"

Da dreht sich der Klagende um und presst mit tränenerstickter Stimme hervor:

„Der … erste Mann meiner Frau …!"

Zwei Freunde treffen einander und führen ein angeregtes Gespräch. Beim Verabschieden sagt der eine: „Und lass deine Frau herzlich grüßen –!"

„Du wirst lachen“, sagt der Zweite, „die is heut Früh gestorben.“
„Was?! Heut Früh? Das kann doch nicht wahr sein!“
„Was heißt, kann nicht wahr sein – komm spaßeshalber mit und schau dir an die Leiche!“

David Finkelstein liegt in den letzten Zügen, da flüstert er plötzlich seiner Frau zu: „Rosi … zieh an dein Seidenkleid … nimm die schöne Brosche … und deine Ohrringe und die Perlenkette …“
„Aber Dovidl, mein Geliebter“, schluchzt die Frau, „grad in so einem Moment …?“
„Grad in so einem“, flüstert der Sterbende, „gleich wird kommen der Tod und es könnt doch sein – vielleicht gefallst d u ihm dann besser …!“

„Bitte, Herr Chef, kann ich morgen Urlaub haben. Ich würde morgen gern gehen zum Begräbnis meiner Schwiegermutter.“
„Ich auch“, seufzt der Chef, „ich auch …!“

Das erinnert an das Telegramm: „Schwiegermutter verstorben – was tun – begraben oder verbrennen.“
Antwort: „Beides – sicher ist sicher.“

„Mein Lieber …“, flüstert die todgeweihte Lea Rosenblatt zu ihrem Gatten, der gramgebeugt am Bettrand sitzt, „ich weiß, du hast dich nie verstanden mit meiner Mutter … deiner Schwiegermutter … aber ich hab a letzte Bitte an dich … Versprich mir, wenn sie mich werden hinaustragen zum Grab … geh hinterm Sarg mit ihr … Arm in Arm …“
„Also, das – das kann ich nicht – das ist a u s g e s c h l o s s e n!“, wehrt Herr Rosenblatt entschieden ab.
„Aber es ist mein allerletzter Wunsch!“, fleht die Sterbende.
„Also gut“, knirscht der liebende Gatte, „wenn das wirklich dein allerletzter Wunsch is – ich machs! Aber das eine sag ich dir – – d e n Tag hast du mir h e u t schon vermiest!“

Preses liegt seit Monaten schwerkrank danieder, aufopfernd gepflegt von seiner Frau. Eines Nachts richtet er sich plötzlich auf und bittet:

„Jetzt is es bald aus mit mir … du weißt, wie gern ich gegessen hab deinen herrlichen Apfelstrudel … einmal ich möcht noch essen deinen herrlichen Apfelstrudel … steh auf und mach mir einmal noch deinen herrlichen Apfelstrudel …"

„Also, jetzt is genug mit Faxen!", schreit da die Gattin schlaftrunken. „Jetzt wird nix gegessen, jetzt wird gestorben!"

Als Preses gestorben ist, kommt die ganze Verwandtschaft von nah und fern zum Begräbnis angefahren. Nur die steinalte Tante Mia erscheint zu spät und klagt:
„So gern hätt ich ihn noch gesehen, meinen Sami, so gern … und jetzt is scho geschlossen der Sarg … so a Unglück …!"
Frau Preses versucht sie zu beruhigen:
„Mach dir keine Vorwürfe, ich hab ihn mir heut Früh noch angeschaut – er hat unberufen glänzend ausgesehen!"

Auch der kranke Ignaz Springer ist in der Nacht plötzlich gestorben. Seine Frau hat ihn wochenlang gepflegt, unterstützt von dem alten jüdischen Hausarzt, der Springer sein halbes Leben lang begleitet hat. Am Morgen ruft Frau Springer den alten Doktor an und teilt ihm die traurige Nachricht mit. Mit verhaltenem Schluchzen erzählt sie:
„Und … gestern Abend ist er noch ganz ruhig eingeschlafen … und um Mitternacht ist er ganz normal aufgewacht … und hat noch a bissel Milch getrunken –"
„Und hat er da sehr geschwitzt?", fragt der Arzt.
„Nein, überhaupt nicht", sagt Frau Springer und bricht wieder in Tränen aus.
„No bitte", tröstet sie der Arzt, „d a s ist aber ein gutes Zeichen!"

„Südtiroler Schnitzarbeit!" Ob altes Silber, ob Möbel oder Schmuck, mit dieser in möglichst fachmännischem Ton geäußerten Zuordnung bezeichnete mein Vater zur Ratlosigkeit vieler vorwiegend jene Antiquitäten, die alles andere waren als Schnitzarbeit. Und kaum einer wusste mit dieser völlig unverständlichen Kategorisierung etwas anzufangen, stammt sie doch aus dem Munde des sterbenden Antiquitätenhändlers Yoblowitzer. Erst vor wenigen Jahren mitsamt seiner Familie zum Katholizismus konvertiert, ist es vor allem seine Tochter, die sich dem neuen Glauben in tiefer Frömmigkeit und mit Leib und Seele verschrieben hat. So ist auch sie es, die jetzt dem Sterbenden weinend ein Kruzifix reicht. Der alte Yoblowitzer umschließt es mit zittrigen Fingern, hält es in stiller Inbrunst vor die brechenden Augen und man hört ihn leise murmeln:

„Südtiroler Schnitzarbeit ... wahrscheinlich um 1470 ... kein besonderes Exemplar ... wahrscheinlich eine Fälschung ...“, und dann stirbt er.

Über die mancherorts gepflegte jüdische Sitte, einem Toten nichts Schlechtes nachzusagen, sondern, im Gegenteil, ihn erst dann zu bestatten, bis jemand mindestens ein gutes Wort über ihn gesagt hat, gibt es etliche Witze.

Im ersten der beiden einschlägigen Lieblingswitze meines Vaters ist ein Verbrecher hingerichtet worden. Vor dem Galgen stehen stumm seine Frau und seine fünf kleinen Kinder und starren auf den Toten, der an seinem Strick hin und her baumelt. Da geht mit einem Mal ein Lächeln über das Gesicht der Frau und wie verklärt sagt sie:

„S c h ö n hängt er, der Vater!“

Im zweiten ist der unbeliebteste Mann der Gemeinde gestorben, ein Geldverleiher, der für seinen Geiz und seine Unerbittlichkeit berüchtigt war. Das Begräbnis ist schon im Gange, aber niemandem fällt auch nur die geringste Kleinigkeit ein, die man dem Mann an Gutem nachsagen könnte. Da drängt sich der Synagogendiener vor, postiert sich vor den Umstehenden und verkündet in gerührtem Ton:

„Mohnnüdelach hat er so gern gegessen!“

Dass beide Nachreden zu den geflügelten Sätzen in unserer Familie gehörten, steht für mich außer Zweifel, habe ich sie doch immer wieder zitiert gehört. Und wenn es auch pietätlos erscheint, die beiden Sprüche standen in vielfachem Gebrauch, ob auf Begräbnissen unliebsamer Zeitgenossen oder um Schmerz und Trauer mit einem Witz zu bannen.

„Ich muss Ihnen eine unglaubliche Mitteilung machen“, sagt der Arzt zur Ehefrau, „auch wir Ärzte stehen immer wieder wie vor einem Wunder – stellen Sie sich vor, Ihr Mann hat die Krise überwunden. In drei Wochen wird er wieder völlig gesund sein!“

„Großer gütiger Gott!“, schlägt die Frau die Hände vors Gesicht und fängt zu weinen an. „Was wird er denn da anziehen? Ich hab doch schon alle seine Anzüge verkauft!“

Mein bester Ratgeber war mir immer mein Vater. Seine schon früh an mich gerichtete Aufforderung: „Was immer passiert, und wenn du einen Mord begangen hast – komm zuerst zu mir und wir werden sehen, was zu tun ist“ ließ mich wirklich mit allem zu ihm kommen, auch mit Dingen, die man normalerweise mit Eltern nicht bespricht. Wie auch immer unsere Männergespräche ausgingen, ob ich seinen Ratschlag annahm oder nicht, am Ende fasste er zusammen: „Also, für alle Fälle die eiserne!“

Dieser gute Rat bezog sich auf die Empfehlung des Isaak Morgenthau, der seine letzte Stunde herannahen fühlt und seinen einzigen Sohn ans Sterbelager ruft:

„Sally, es is soweit, ich werd gehen zu Gott … Aber die Juden, sie sind noch in der Verbannung und wer kann wissen, wann wird kommen die Erlösung … Aber wir Juden glauben daran, dass es wird kommen eines Tages der Messias, so wie es steht in die Bücher … Möglich, dass er wird kommen noch dieses Jahr … Möglich, dass er wird kommen im nächsten Jahr … Wenn also der Messias wird kommen, dann die Gojim – so es steht geschrieben in die Bücher – sie werden gehen über die eiserne Brücke, und diese Brücke, sie wird einstürzen … die Juden aber, sie werden gehen über die papierene Brücke, und diese Brücke, sie wird bleiben fest … So sagen wir Juden und es is gewiss wahr … Nun aber versprich mir – wenn der Messias kommt –“, und jetzt umschließt der alte Morgenthau mit letzter Kraft beide Hände des Sohnes mit den seinigen und sieht ihn beschwörend an, „du geh für alle Fälle über die eiserne …!“

Mein Vater wurde zum Sterben von der Familie in ein kleines Provinzspital gebracht. Es war eine Zeit, in der auf dem Land noch zu Hause gestorben wurde; und durch rotbackige Krankenschwestern, meist Bauernmädchen, denen von Kind auf das Sterben ein geläufiger Vorgang war, erfuhr er jene einfache Herzlichkeit, die im Betrieb eines großen städtischen Krankenhauses gar nicht möglich ist, und überhaupt nahm man sich dort ungleich menschlicher seiner an. Auch mit ihm war jene rätselhafte Wandlung vorgegangen, die ich bei fast allen erlebt habe, die ich mit unheilbarem Krebs aufgegeben im Sterben liegen sah, jene merkwürdige völlige Verdrängung des unausweichlichen nahen Todes. Es mag eine gnadenvolle Begleiterscheinung dieser Krankheit sein, auf diese Weise die letzten Wochen und Tage erträglicher werden zu lassen. Zum Gerippe ausgezehrt, ohne Gebiss, das nicht mehr in den Kiefer des geschrumpften Schädels passte, und rund um die Uhr mit Morphium gegen die Schmerzen versehen, scherzte er, wenn er nicht im Halbschlaf dahindämmerte, trank hie und da ein Gläschen Sekt und machte Pläne für die Zeit nach seiner baldigen Entlassung. Bei meinem letzten Besuch schlief er und durch die Decke zeichneten sich die Knochen der kaum noch menschlichen Gestalt ab, die von dem ehemals stattlichen Mann noch übrig war. Als er nach einiger Zeit erwachte und mich aus halbgeöffneten Augen erblickte, murmelte er zahnlos: „… Und wer is im Geschäft?!“ Dann gluckste er fast unhörbar in sich hinein und dämmerte wieder ein.

Die Verdrängung war wohl für einen Moment lang aufgehoben gewesen, er aber reagierte darauf mit der Pointe eines oft erzählten jüdischen Witzes. Für mich jedoch hat dieser seit damals eine zusätzliche Bedeutung bekommen, denn lächelnd denke ich dabei an den Abschied von meinem Vater.

Der alte Teitelbaum, Feinste englische Stoffe en gros, liegt im Sterben, um ihn weinend versammelt seine Familie. Mit geschlossenen Augen und brüchiger Stimme fragt er:

„Rose, mein Weib … bist du da …?“

„Ja … mein Liebster …“, schluchzt die Frau.

„Lea, meine Tochter … bist du da …?“

„Ja … Vater …“, schluchzt die Tochter.

„Sigi, mein Sohn … bist du da …?“

„Ja … Vater …“, schluchzt der Sohn.

Da richtet sich der Sterbende ein wenig auf, öffnet kurz seine Augen, blickt voll Entsetzen um sich und ruft mit letzter Kraft:

„Und wer is im Geschäft!?“

Die Geschäfte meines Vaters waren zeitlebens so schlecht gegangen, dass es keine Rolle mehr spielte, dass er „unabkömmlich“ auf dem Sterbebett lag. Und so hatte sein Motto „Keine Zores auf Vorschuss“ auf eigene Weise seinen Sinn erfüllt.

Mein Lebensmotto aber ist das des alten Juden, der im Sterben liegt, rings um sein Bett die Familie, Verwandte und Freunde, alle tief in die gemurmelten Sterbegebete versunken. Stundenlang beten sie, immer schneller wird ihr Gesang und immer eindringlicher. Da erwacht der Sterbende noch einmal und sagt mit brechender Stimme:

„Sterben werd ich – aber hetzen lass ich mich nicht!“

Und wenn ich es mir aussuchen dürfte: Ich würde mir wünschen, auch mein Sterben geschähe mit der Pointe eines jüdischen Witzes auf den Lippen.

Pollak-Nachlese im Telegrammstil

Das Folgende als Epilog zu bezeichnen, erschiene mir doch als zu hochgeschraubt. Besser gefällt mir, es in guter Wiener Tradition „zum D'rüberstreuen“ zu nennen, weniger gut Gesinnte könnten es auch auf gut Wienerisch eine „Rest'lverwertung“ heißen.

Aber um einen Rest handelt es sich bei den folgenden sogenannten „Sagern“ der Frau Pollak mitnichten und der Begriff Verwertung im Zusammenhang mit Geschriebenem klingt fatal nach literarischem Gnadenbrot.

Wenn ich das Kapitel über die Frau Pollak an dieser Stelle in Kürzestform komplettiere, dann geschieht das, weil sich die Aussprüche dort mit denen hier in einer Weise ergänzen, dass diese in Kenntnis jener noch einmal alles wiedergeben und zusammenfassen, was einen echten Pollak-Spruch auszeichnet. Darum seien zum Ausklang, im Telegrammstil sozusagen und ohne erkennbar beabsichtigte Reihenfolge, jene ihrer Äußerungen hierher gesetzt, die mir noch zur Verfügung standen und die ich für diesen Platz aufgehoben habe.

Die Frau Pollak über ihre Windhunde:
„Verkauft hat man sie mir als original englisch – aber bellen tun sie wie die hiesigen.“

Die Frau Pollak:
„Was a echter Hermelin is, das is a weißes Füchslein, über und über besetzt mit schwarzen Schwanzeln.“

Die Frau Pollak zu Salutschüssen in Schönbrunn:
„Was knallt da so?“
„Eine kleine Prinzessin ist geboren worden!“
„Knallt das immer so bei die Habsburger?“

„Bei Migräne, Frau Pollak, hilft oft ein Fußbad –“
„Hören Sie auf – auf so gefährliche Mittel lass ich mich nicht ein!“

Der Führer im ägyptischen Museum:
„Und diese Mumie hier hat ein Alter von fünftausend Jahren."
Die Frau Pollak:
„Gott, wie die Zeit rennt!"

„Küss die Hand, Frau Pollak, hat auch Sie der Patriotismus zum Ball des Kriegsvereines geführt?"
„Nein, mein Chauffeur."

Der Herr Pollak:
„Warum lässt du das Fenster offen – auf der Gasse hats vier Grad!"
Die Frau Pollak:
„No, im Zimmer haben wir nur 18 Grad, da lass ich die 4 Grad herein und dann haben wir angenehme 22!"

Herr Pollak, gerade vor dem Ertrinken gerettet, liegt am Ufer und jemand ruft:
„Einen Arzt! Er braucht dringend künstliche Beamtung!"
Die Frau Pollak:
„Das kommt überhaupt nicht in Frage! Für meinen Leopold nur e c h t e!"

„Stellen Sie sich vor, Frau Pollak, in New York wird alle fünf Minuten ein Mann überfahren!"
„Mein Gott, der Arme!"

„Gnädige Frau, darf ich mir erlauben zu bemerken, Ihre Standuhr scheint nicht ganz richtig eingestellt."
Die Frau Pollak:
„Wieso? Wenn die Zeiger auf zwei stehen, dann schlägt sie eins und dann weiß ich, dass es in fünf Minuten viertel drei is …"

Die Frau Pollak zu ihrem Mann:
„Dass du mir nicht mehr einladst diesen Koritschoner! Das letzte Mal hat er sich so impotent zu mir benommen, dass ich davon noch ganz indigniert bin."

Die Frau Pollak bestellt telefonisch *Die Fackel* von Karl Kraus und buchstabiert:
„F wie Ferd – A wie Empire – C wie zum Beispiel – K wie Christ – E wie Imperial und L wie Elektrische.“

Die Frau Pollak berichtet:
„Mein Sohn schreibt von der Safari, gestern hat er an riesigen Irrigator geschossen.“

Der Herr Pollak in der *Zauberflöte* zu seiner Frau:
„A Koloratur hat die Königin, umwerfend!“
„Du, schau lieber auf ihren Gesang statt auf ihren Hintern!“

Der Herr Pollak:
„Also, an’ Charme was die Dame dort hat …!“
„Was jüdelst du? Das is ganz a billiger Regenschirm.“

Die Frau Pollak erzählt:
„Stellts euch vor, gestern im Theater hab ich Glück gehabt: Fallt der Herr neben mir aus seinem Sitz und is tot, der Schlag hat ihn getroffen – wie leicht hätt der mich treffen können!“

Die Frau Pollak:
„Ich find den Mond viel wichtiger als die Sonne. Der Mond scheint in der Nacht, wo’s wenigstens finster is, aber die Sonne scheint nur am Tag – und da is es sowieso hell!“

„Sagen Sie, Frau Pollak, Sie kennen doch die X, warum hat die eigentlich nie geheiratet?“
„Aus Pietät für ihre Mutter.“
„Ich versteh nicht –“
„No, die is ja auch unverheiratet geblieben …“

Die Frau Pollak:
„Was heißt: Er betrügt sie mit einer anderen? Es ist seit Jahren dieselbe!“

„Wissen Sie Frau Pollak, sowie mich meine Frau das erste Mal betrügt, bring ich mich um!“
„No geh – und das zweite Mal?“

„Frau Pollak, was sagt eigentlich Ihr Sohn, dass seine Frau den kleinen Isidor so oft verprügelt?“
„Das macht sie nur aus Rache – sie glaubt, der Bub is nicht von ihm.“

Die Frau Pollak:
„Mein Mann und ich können nix besprechen, wenn unser Sohn dabei ist.“
„No, sagen Sie ihm, er soll sich die Ohren zuhalten.“
„Hab ich schon – aber ich hab gemerkt, dass er versucht, durch die Finger zu hören!“

„Frau Pollak, man erzählt sich, Ihr Mann gehört auch diesem übelbeleumundeten Club an?“
„Aber ka Red’ – er is doch nur Ehrenmitglied!“

„Stellen Sie sich vor, Frau Pollak, Ihr Mann und ich haben beide am 5. August Geburtstag –“
„Was? – Dann seids ihr ja Zwillinge!“

Herr und Frau Pollak lesen Zeitung.
Die Frau Pollak: „Sag, Leopold, warum sind jetzt alle Minister von Wien weg?“
„Wie kommst du drauf?“
„No, weil da steht: Der Ministerrat tagt in Permanenz!“

Der Herr Pollak: „Mein Herzerl – mein Gold – mein Juwel …“
Die Frau Pollak: „Hör auf, Anspielungen nutzen bei mir gar nix!“

Die Frau Pollak über ihren Mann:
„Einmal nennt er mich Gans, einmal nennt er mich Engel – also a Geflügel bin ich auf jeden Fall …“

„Apropos Mischpochenzores, Frau Pollak, was macht eigentlich das schwarze Schaf der Familie, Ihr missratener Vetter, der nach Rio ausgewandert ist – hört man von dem irgendetwas?“
„Vor zwei Jahren haben wir die Nachricht bekommen, dass er sich umgebracht hat – das war das einzige Lebenszeichen.“

„Sagen Sie, Frau Pollak, wie waren Sie damals mit Ihrer Hochzeitsreise zufrieden?“
„Also, ich hab mich auf mehr Strapazen gefasst gemacht.“

Die Frau Pollak zu ihrer Tochter:
„Wie geht’s dir nach der Hochzeitsreise?“
„So so la la, ich hab unruhige Nächte.“
„No, das gibt sich ...“

Die Frau Pollak verzehrt mit hörbarem Genuss eine Portion Eis und seufzt:
„Ach – warum is Eisessen ka Sünde ...“

Ein Tischherr flirtet:
„Frau Pollak, wären Sie manchmal gern ein Schwan?“
„Um Gottes willen – den ganzen Tag mitn Bauch am kalten Wasser!“

„Frau Pollak, das Kindermädchen badet Ihren Sohn bei über 40 Grad!“
„Ach, was versteht a kleines Kind scho von Temperatur?“

Die Frau Pollak fragt ihren Sohn nach der Schule:
„Warum hast du heut nachsitzen müssen?“
„Ich hab nicht gewusst, wo die Pyrenäen sind.“
„Recht geschieht dir, das nächste Mal wirst du dir merken, wo du deine Sachen hingetan hast!“

Die Frau Pollak in der Schweiz:
„Seht ihr ... dort ganz weit hinten am Horizont ... dieser w i n z i g e weiße Punkt – das is der Mont Blanc!“

Die Frau Pollak:
„Was, jetzt im November wollen Se nach Nizza fahren, wo in Wien grad die Martinigänse beginnen?“

Die Frau Pollak im Ostseebad über einen Mann, der große gefüllte Wasserbottiche transportiert: „Was macht der Mann da?“
„Der bringt Meerwasser in Privathäuser und Hotels, um Kranken ‚ein Seebad zu Hause‘ zu ermöglichen. Zehn Mark pro Bottich.“
Die Frau Pollak am nächsten Tag bei Ebbe:
„Gott, muss der gestern verdient haben!“

„Frau Pollak, können Sie schwimmen?“
„Selbstverständlich!“
„Ach – und wo haben Sie es gelernt?“
„No, im Wasser!“

Die Frau Pollak kann auf einer Italienreise ihre von innen versperrte Badezimmertür nicht mehr öffnen und zetert lauthals:
„O Dio mio! Helft’s mer – io eingerigoletto!“

Die Frau Pollak nach einer Kur in Marienbad:
„Dort sind sie sehr christlich. Es gibt a protestantische Kirche für die Protestanten, a katholische für die Katholiken u n d eine Synagoge für die Kurgäste!“

Die Frau Pollak:
„Stellen Sie sich vor, mein einziger Bruder, der beim Militär is, is transferiert worden!“
„Nicht verzweifeln, gnädige Frau, ich hab mich auch schon einmal von meinem Bruder trennen müssen –“
„Ja, von an gewöhnlichen Bruder! Aber was ma ein’ Bruder beim Militär hat, das is doch was anderes!“

Die Frau Pollak:
„Ich hab gehört, in Deutschland is noch a großer Antisemitismus, in Österreich is es scho toleranter, aber am tolerantesten solls in Rumänien sein: Da kann ein Israelit heutzutag schon Oberrabbiner werden.“

Der Arzt:
„Gnädige Frau, es scheint sich bei Ihrem Herrn Gemahl eine Lungenaffektation zu entwickeln –"
Die Frau Pollak spontan:
„Herrlich! Da müssen wir an die Riviera!"

Die Frau Pollak zu Besuch bei einer anderen neureichen Dame, die sie geziert fragt:
„Pouvez vous français, Madame Pollak?" – „Äh – hm?" – „Pouvez vous français?" – „Was meinen Sie?" – „Ob Se französisch sprechen?" – „Ich? No, selbstverständlich!"

Die Frau Pollak:
„Wenn ich zu essen und zu trinken hab, kann ich die größten Strapazen entbehren – mit Ausnahme von Schlaf!"

Die Frau Pollak:
„Ein Witwer, der sofort wieder heiratet, verdient gar nicht, dass ihm die Frau gestorben is!"

Das Dienstmädchen heulend:
„Ich wollt', ich wär tot und begraben –"
Die Frau Pollak:
„Das könnt Ihnen so passen, den ganzen Tag im Sarg herumliegen und nix arbeiten!"

Ausgerechnet am Begräbnistag ihrer besten Freundin muss die Frau Pollak sich einen Zahn ziehen lassen.
Der Zahnarzt:
„Ich werde Sie ein wenig mit Lachgas betäuben."
„Kommt nicht in Frage – ich bin in Trauer!"

„Frau Pollak, wie sind Sie in der Lotterie nur auf die Trefferzahl 48 gekommen?!"
„Ich hab geträumt von Gott und dass ich seh die sieben fetten Kühe aus der Schrift. Und ich seh sie, hab ich geträumt, sechs Mal – und sechs mal sieben is achtundvierzig …!"

„Sagen Sie, Frau Pollak, haben Sie in Paris auch den *Père Lachaise** besucht?"
„Natürlich – aber nur zweimal getanzt und gleich wieder gegangen."

„Man hört jetzt so viel von Irredentisten**, Frau Pollak – was mögen das nur für Leute sein?"
„Irre Dentisten? – No, meschuggene Zahnärzte!"

Die Frau Pollak im Panoptikum über eine Truppe besonders kleingewachsener Liliputaner:
„Also, ich hab scho größere Zwerge gesehen."

„Sagen Sie, Frau Pollak, wohnt in Ihrer Gasse nicht ein gewisser Fisch?"
„Ja, auf Nummer achtundzwanzig – Hecht heißt er."

„Was meinen Sie, Frau Pollak, lebt der Mensch von innen nach außen, oder eher von außen nach innen …?"
Die Frau Pollak: „Ich möcht sagen: Ja!"

„Man sagt, Sie sind eine Kennerin, Frau Pollak. Ich gehe heute Abend in die Oper zu *Tristan und Isolde*, wie ist das?"
„Nicht schlecht – nur der Schluss is a bissele überstürzt …"
„Aha, und sonst –?"
„No, ma lacht!"

Und mit dieser Kurzkritik, die Richard Wagner zum sofortigen Mord getrieben hätte, geht das Kapitel zu Ende und mit ihm dieses Buch.

Ich habe die Futzelschrift in den kleinen Notizbüchern meines Vaters leidlich versucht zu entziffern und aus den Bruchstücken wieder ein Ganzes zu formen; ich habe mich dabei weit zurück erinnert an lange vergessene Begebenheiten, an Gefühle und

* Bekanntester Pariser Friedhof mit zahlreichen Gräbern internationaler Berühmtheiten

** verkürzt: Heim-ins-Mutterland-Politiker

Stimmungen, und vieles ist dabei aufgestiegen, das den vorgenommenen Inhalt dieses Buches gehörig gesprengt hätte.

Das letzte Wort aber sei der Titelheldin überlassen und es zielt auf Pollak'sche Weise so haarscharf daneben, wie es ebenso wahr und unwiderlegbar ist, so dass dem nichts mehr hinzuzufügen bleibt. Das Schlusswort der Frau von Pollak selig lautet:

„Zum Klavierspielen muss man geboren werden, sonst wird man nie a guter Pianist!"

Bücher von Miguel Herz-Kestranek im Ibera Verlag

Mit Éjzes bin ich versehen

ISBN 978-3-900436-70-4

Ein „gemein gutes“ Buch ! (Der Standard)
Ein sehr gescheites Buch…mit Lächeln und leiser Wehmut (Wiener Zeitung)
Ein Buch zum Gernhaben (Kronenzeitung)
Ein unerhörtes literarisches Debut…und kein einziger Satz ist ungekonnt – alles sitzt! (Fred Morton, NY)

–

auch als **Doppel-CD!** – gelesen von Miguel Herz-Kestranek

ISBN 978-3-85052-102-4

Wie der Auer Michel einen Christbaum holen ging

Mit dem Knecht Auer Michl aus dem Salzkammergut ist dem Autor abseits von Kitsch und Weihnachtsklischees eine Figur voll herzlicher Eigenwilligkeit gelungen. Ein heiter berührendes, ein österreichisches Weihnachtsbuch!

ISBN 978-3-85052-143-7

–

auch als **CD!** – gelesen von Miguel Herz-Kestranek

ISBN 978-3-85052-162-8

Wosweawowaunwia en Wean – Einbligge en de Weana Sö!

ISBN 978-3-85052-144-4

„Mit der Akribie des Pathologen das Innenleben des Wieners zerlegt“ (Die Presse)
Ein exzellenter Dialektpoet … einer Artmann-Teuschel-Kein’schen Tradition würdig …“ (Moagenschtean)
„schräg, böse, originell“ (Der Falter)

–

auch als **CD!** – gelesen von Miguel Herz-Kestranek

ISBN 978-3-85052-158-1

Bücher von Miguel Herz-Kestranek im Ibera Verlag

Wortmeldung – Polemiken , Pointen, Poesien

ISBN 978-3-85052-240-3

… das zornigste Buch des Jahres! (Kurier)

Witziges, Überdrehtes und Gescheites … (Der Falter)

„Sarkasmus, Witz, Humor und Ironie … auf hohem Niveau“ (Dr.S.G.)

Miguel Herz-Kestranek ezieht als so aufmerksamer wie kritischer Zeitgenosse in politischen und kulturpolitischen Grundsatzfragen klare Position, sitzt häufig zwischen allen Sesseln und steht auf dem Standpunkt, dass man dem sogenannten Ernst des Lebens am besten mit satirisch gestimmter Heiterkeit begegnet… (Wiener Zeitung)

Winterliches und Weihnachtliches aus dem alten Wien

wieder entdeckt von Miguel Herz-Kestranek

ISBN 978-3-85052-203-8

Uns ward ein Kind geboren – Wiener Weihnachtslegenden von Georg von Terramare

....heiter ergreifende Legenden, wie etwa die Entstehung der Namen 'Krapfenwaldl' oder 'Kahlenberg', schließen sich mit köstlich gezeichneten Typen, Charakteren und farbigen Bildern der Wienerstadt zu einem bunten österreichischen Reigen....da purzeln die Engerln als quicklebendige Barocknackedeis durcheinander, der Hl. Josef wird zu einem biederen Tischler, und als Urheber der Volkszählung entpuppt sich der k.u.k oder auch republikanische Teufel ...

ISBN 978-3-900436-71-1

–

auch als **CD!** – gelesen von Miguel Herz-Kestranek

ISBN 978-3-900436-87-2